国家级一流本科课程配套教材

清华积极心理学十六讲

赵昱鲲 彭凯平 著

清华大学出版社
北京

版权所有，侵权必究。举报：010-62782989，beiqinquan@tup.tsinghua.edu.cn。

图书在版编目（CIP）数据

清华积极心理学十六讲 / 赵昱鲲，彭凯平著 . —北京：清华大学出版社，2024.4（2025.4 重印）

ISBN 978-7-302-62154-6

Ⅰ.①清⋯ Ⅱ.①赵⋯ ②彭⋯ Ⅲ.①人格心理学 Ⅳ.① B848

中国版本图书馆 CIP 数据核字（2022）第 208249 号

责任编辑：	纪海虹
封面设计：	文　静
责任校对：	宋玉莲
责任印制：	刘　菲

出版发行：清华大学出版社
　　　　网　　址：https://www.tup.com.cn, https://www.wqxuetang.com
　　　　地　　址：北京清华大学学研大厦 A 座　　邮　编：100084
　　　　社 总 机：010-83470000　　邮　购：010-62786544
　　　　投稿与读者服务：010-62776989, c-service@tup.tsinghua.edu.cn
　　　　质量反馈：010-62772015, zhiliang@tup.tsinghua.edu.cn
印 装 者：三河市龙大印装有限公司
经　　销：全国新华书店
开　　本：170mm×240mm　　印　张：21　　字　数：349 千字
版　　次：2024 年 4 月第 1 版　　印　次：2025 年 4 月第 6 次印刷
定　　价：78.00 元

产品编号：083811-01

前言

最近几年，积极心理学在我国得到迅猛发展，在教育、传播、文化、社会治理、社会心态、社会心理服务体系建设、组织管理和家庭关系等诸多领域开始发挥越来越多的作用。总体来说，积极心理学将目光瞄准了人类的幸福、美德、助人、意义等正向的心理活动，特别强调人类的品格优势与美德，并用科学的方法建构这个学科最根本的价值主张——为建设一个更加美好的人类社会提供力量。

积极心理学在我们国家的兴起与发展，与积极心理学自身阳光明媚的学科特质有关，更离不开中华民族伟大复兴这个大时代的机遇。最直接的表现就是，积极心理学的价值主张与我国人民日益增长的精神文明和文化崛起的需求相契合。

作为中国最早将积极心理学进行系统性研究与推广的学术机构之一，清华大学成立了国内第一个积极心理学研究中心，成功举办了六届中国国际积极心理学大会，组织了很多培训与实践工作来推动积极教育、积极企业、积极家庭、积极社区、积极社会心态等应用项目，成果斐然。以清华大学积极心理学研究中心为主要代表的清华大学积极心理学科研与实践应用团队亦成为中国积极心理学学科建设的一股不可忽视的中坚力量，团队的各项工作也在国内外产生了广泛的影响，为清华大学心理学专业的学科建设与社会服务作出了许多贡献。

在上述诸多工作中，有一项工作一直是我们重点关注的，就是关于清华大学的积极心理学课程与培训的建设工作。为什么我们对这项工作如此重视呢？诱因之一是全球流行起来的"幸福课"。众所周知，在很长一段时间内，在国内影响力最大的"积极心理学"课程是泰勒·本-沙哈尔博士的"哈佛幸福课"。很多人都是经由这门课开始知道了还有积极心理学这一门学科的。客观来说，"哈佛幸福课"对积极心理学在中国的启蒙与推广贡献很大。但是，在这个过程中，我们也看到，由于"哈佛幸福课"原本是本-沙哈尔在哈佛大学开设的"积极心理学"课程，其大量的课程影音内容都是来自当时的课堂实录，说的是英文、听众是哈佛大学的学生、讨论的也是西方社会的种种现象。不得不承认,"哈佛幸福课"虽然很精彩,但毕竟对于地球另一面的中国人的生活来说有点遥远;并且,"哈佛幸福课"课程本身所呈现的默认设置是西方社会的文化背景,放在西方社会,这样的课程当然没有什么问题,但如果把课程直接置入中华文化的背景下,那这课程中的许多内容或者说法对于中国听众来说,难免会产生某些隔膜。所以,当我们意识到这个问题后,如何丰富或者改造这样的课程,使之成为更加适合中国文化、中国社会与中国人的积极心理学科普课程,就显得十分必要且紧迫了。

时间来到2018年,当时国内学者出版的积极心理学著作逐渐增多,但是系统化的视频课程与核心教材还没有问世。特别是在网络时代,视频的传播力如此之大,那为什么不把我们之前的想法更直接了当地通过视频传播的方式进行一次尝试呢?为此,我们与"学堂在线"合作开设了全国第一门"积极心理学"MOOC课程(Massive Open Online Course,大规模开放在线课程)。

我们的想法是希望用更加生动的方式,用比较通俗的语言,把积极心理学跟中国文化作更多结合,用中国人更熟悉的例子,把跟中国人生活最相关的部分讲解出来,并且告诉人们积极心理学并不只是研究幸福,也绝对不是简单的"幸福课"。幸福是积极心理学最重要的一项价值追求,可它不是积极心理学的全部,甚至只是很小的一部分。积极心理学包含着更多的内容,除了幸福之外,还有美好生活、积极社会、情绪价值、认知与神经科学、人类的社会关系、文化与归因、智力与学习等太多激动人心的领域。甚至,我们可以将其理解为所有心理学科的一个新的方向。在这个大方向里,理应包括五千年中华文明对世界的贡献。

在设计这个课程的结构时,我们想到,百年前梁启超先生用《周易》里"天行健,君子以自强不息;地势坤,君子以厚德载物"这句话激励清华学子,而"自强不息,厚德载物"亦成为清华大学的校训。因此,我们也把整个MOOC积极心理学的内容分为"厚德载物"篇和"自强不息"篇两个部分。在"厚德载物"篇中,课程设置主要关于"人类的美德和幸福",其中内容包括:美好人生、幸福、品格优势与美德、习得性乐观、积极情绪、助人心理与行为、人际关系和沟通、亲密关系8个话题,重在让我们体验到人生的阳光面,并帮助别人收获更多积极心理。当然,这部分内容也是目前大部分流行的积极心理学书籍写的最多的话题。

在"自强不息"篇中,我们则注重中华文化与积极心理学的结合,将课程主旨定位于中华文化中的"修齐治平"中的修身的积极心理学诠释，内容包括：福流、积极动机、自我、价值观与人生意义、坚毅与自律、创造与美、积极身心、积极心理学应用8个话题。这部分的内容侧重在帮助人们把事情做成、做好、做得有意义。

总体来说，在这个课程中，我们努力将中国文化和当代积极心理学有机地结合起来。例如，我们会用中国人所熟悉的例子，比如苏东坡、玄奘法师，来讲解积极心理。这也包括了我们两位作者自己生活中的例子。比如书中第1讲、第9讲的前半部分例子中的"我"指彭凯平，其余部分的"我"指赵昱鲲。再例如，我们会用中国经典思想来印证现代积极心理学的一些结论，如"自我决定理论"把动机按照自主程度分为受控动机、整合动机、内在动机，这就印证了孔子说的"知之者不如好之者，好之者不如乐之者"。诸如此类的例子，在这个课程中有很多。

更重要的是，我们根据中国人的思想特点，大幅地调整了课程的内容侧重比例。比如西方科学家讲积极心理学，强调"别人很重要"。我们一方面也花了一定的篇幅讲积极人际关系，但是我们也意识到，西方积极心理学家强调人际关系的重要性，是因为他们的人际连接较为淡漠，而中国人的人际连接其实已经很强，因此，我们在课程中更加强调"你很重要"，大幅讲解自主的重要性。

另外，很多人都把"积极心理学"误解成"幸福心理学"。对此，我们也在课程中进行了有针对性的正本清源。西方文化更多地强调人的主观感受，但对于中国人来说，我们在衡量一个人的积极心理时，更看重人对社会作的贡献（"厚德载物"），以及哪怕贡献不大，但是否尽心尽责了（"自强不息"）。这种东方式的幸福观尽管也关注个体的感受，但更加弘扬为群体带来的意义。换句话说，中国人的幸福不仅是一种快乐的情绪状态，或者一种对生活的满意度，它更加在乎的是一种超然的境界，一种生命中的浩然之气。

幸运的是，这门课上线之后，获得了很多的支持与欢迎。2019年，这个课程获得了清华大学"优秀慕课奖"，也被国内多家高校采纳为本科生课程。2023年4月，这门课荣获中国教育部颁发的"国家级一流本科课程"荣誉。正所谓，时间与社会反响是检验工作质量的最佳标准。为了让更多的人能够了解到这门课程，我们决定把这门课的内容整理成一本书，以更好地服务于广大积极心理学爱好者，特别希望与有志于为创建中国式的积极心理学进行探索与实践的广大朋友们共同分享，共同进步。

  当然，我们不仅希望这本书对于大家了解积极心理学有所帮助，更希望这本书对于提升中国人的蓬勃心理起到真正的促进作用。我们也欢迎大家将这本书作为特定的教材在自己的课堂中使用，或者作为参考材料，并且也愿意听取大家的反馈，以便我们在未来的新版中做得更好。由于水平有限，书中的错漏之处也请大家不吝指出。

  最后，让我们一起拥抱积极心理学，自强不息，厚德载物。

赵昱鲲　彭凯平
2024年2月9日大年三十

目录

第1讲 美好人生 / 1

第2讲 幸福 / 10

第3讲 品格优势与美德 / 22

第4讲 习得性乐观 / 40

第5讲 积极情绪 / 58

第6讲 助人心理与行为 / 75

第7讲 人际关系和沟通 / 100

第8讲 亲密关系 / 125

第9讲 福流 / 150

第10讲 积极动机 / 170

第11讲 道德、价值观与人生意义 / 184

第12讲 积极自我 / 202

第13讲 坚毅与自律 / 229

第14讲 创造力与美 / 253

第15讲 积极身心 / 275

第16讲 积极心理学应用 / 286

参考文献 / 307

第1讲　美好人生

为什么要学习积极心理学？

一、积极心理学是关于美好生活的科学

美好生活是古往今来所有人的向往。著名积极心理学家、原密歇根大学教授克里斯托弗·彼得森（Christopher Peterson）教授在《遇见你的幸福心灵》（2012）一书中提出美好生活的四个要素：

（1）大爱精神。一个人爱自己、爱别人、爱国家、爱民族、爱社会，这样的爱是美好生活特别重要的心理成分。试想如果你嫁入豪门，所有的物质需要都已满足，有车子，有房子，甚至还有仆人，但是缺乏爱，这样的生活是美好的吗？所以美好生活一定要有爱，更要有大爱。

（2）活得开心、活得积极。阳光拂面，春暖花开，都会让我们产生愉悦的感觉，这样的感觉越多，我们的生活当然越美好。

（3）有价值、有贡献。人觉得自己活得有价值、有贡献是一种特别美好的感受。"自我效能"（self-efficacy）由斯坦福大学心理学家阿尔伯特·班杜拉（Albert Bandura）于20世纪70年代在《思想和行为的社会基础》中提出，定义是："人们对自身能否利用所拥有的技能去完成某项工作的自信程度"。自我效能感影响或决定人们对行为的选择，以及对该行为的坚持性和努力程度。它影响人们的思维模式和情感反应模式，进而影响新行为的习得和习得行为的表现。自我效能感高的人期望值高，爱显示成绩，遇事能理智处理，乐于迎接应急情况的挑战，能

够控制自暴自弃的想法——需要时能发挥智慧和技能。自我效能感低的人则畏缩不前，害怕失败，情绪化地处理问题，在压力面前束手无策，易受惧怕、恐慌和羞涩的干扰——当需要时，其知识和技能难以发挥。所以，人一定要觉得自己有用，有价值。

（4）有意义感

这种意义感不是一种抽象的概念，是我们深切的身心感受。在看潮涨潮消、花开花落时会有感触或感动，这就是意义感。

可见，科学的心理学，特别是积极心理学是我们建设美好生活的重要科学指导。

二、积极心理学体现了中华民族的智慧

中国士大夫的八个核心价值是：格物、致知、诚意、正心、修身、齐家、治国、平天下。中国传统文化特别强调"正心"的作用。中国近代史上有成就的人都强调"心"的意义。毛泽东16岁写作文，开宗明义讲的就是"我心即宇宙，宇宙即我心"；曾国藩提出"凡成大事者必先知人，知人者必先知己，知己者必先知心"。因此，"正心"是做好事业的前提。

学习积极心理学能够帮助我们真正从科学的角度理解什么是"诚意""正心"，以及如何做到"诚意""正心"。

三、积极心理学体现了与众不同的人性

达尔文的进化论提出，所有的生理特性和心理特性，无论是其他物种还是我们人类，都是漫长的进化历史选择的结果。从爬行到直立行走，大脑皮质不断地变大，这样的变化是怎么产生的呢？达尔文提出两个特别重要的选择机制。

一个是自然选择机制。一种特性如果利于我们生存、利于我们适应变化的环境，那么这种特性就有意义。所以，我们身上很多的特性都是利于我们生存的特性。

另一个是性选择机制。"性选择"指的是人类在进化过程中，葆有的是那些利于我们自身繁殖的特性。凡是利于人类繁殖的特性，肯定有其竞争的优势。那么性选择的标准是什么？不是适者生存，而是美者生存，如雄性孔雀几千万年始终保持孔雀开屏的特性。从自然选择的角度来讲，孔雀开屏其实不利于它的生存，容易被天敌看见，进而被吃掉。而且，张开的尾巴不利于孔雀行走和逃跑。因此，从自然选择的角度来讲，孔雀开屏很难解释。但是从异性选择的角度来讲，孔雀

开屏就很容易解释，它能够吸引异性产生繁殖行为，然后这个基因就被留存下来。

进化论中有很多选择机制，包括自然选择、性选择、合作选择，还有类群体适应选择等。笔者（彭凯平）曾经做过一个研究，比较了几千万年的进化史到底让人类在组织形态学方面产生了哪些变化，这些变化又对应着人类怎样独一无二的特性。

1. 人脑结构与积极的人性

人脑有情感加工区域，所以人一定是讲感情的，感情是人类特别重要的心理特性。"问世间情为何物，直叫人生死相许。"可见，生命一定是要活出感情的，这也解释了为什么大爱是对我们过上美好生活特别重要的心理需求。人脑有学习的区域，所以我们能够学习了解新的东西；人脑有做梦的区域，所以我们憧憬未来、向往未来，我们有梦想、有追求。

2. 迷走神经

科学家发现，人身上最古老的一条神经通道叫作迷走神经，它发源于人类最古老的脑区——脑干，这是运动控制区域。和其他动物相比，人类的脑干不是最大的，说明人类的运动能力不是最强的。人类脑区中有很多与繁殖相关的区域也不是最大的，这说明人类繁殖能力也不是最强的。和动物比生存、繁殖、斗争、残忍的本能，我们都比不过。但最后我们掌握了主动权，靠的是什么？靠的是我们人与众不同的人性。

以前，我们以为迷走神经只跟呼吸、消化、心跳及腺体分泌有关，但现在发现，其实迷走神经和我们的人性发展密切相关。当动物四足爬行的时候，迷走神经是扭曲的；当人站立起来以后，我们的迷走神经是张开的。当迷走神经张开时，我们能感受到人性的快乐、积极、幸福和崇高。有很多例子可以证明这一点：看见一幅美好的画面，你会情不自禁地喝彩，会抬头挺胸，张开我们的迷走神经喊一声"好"；看见个不好的事物，我们的共同反应是什么？一定是扭曲压迫我们的迷走神经。比如说你的手被针扎了一下，你会怎么叫？一定是"嘶"一下，紧缩你的迷走神经；或者我们会喊一声"哎哟"，低着下巴憋着胸压迫迷走神经。

著名哲学家康德曾经说过一段意味深长的话："有两种东西，我对它们的思考越是深沉和持久，它们在我心灵中唤起的惊奇和敬畏就会日新月异不断增长。

这就是我头上的星空和心中的道德。"康德为什么把仰望星空和思想道德连在一起？当我们仰望星空的时候，我们张开了迷走神经，这唤醒了我们心中伟大的人性，所以道德之心油然而生，这就是进化选择出来的积极的人性。

3. 镜像神经元

1995年，意大利帕尔马大学的著名神经心理学家贾科莫·里佐拉蒂（Giacomo Rizzolatti）发现，人类大脑的前额叶有一组神奇的"神经元"，他把它叫作"镜像神经元"（mirror neuron）。为什么叫作"镜像神经元"呢？当我们看到别人在和自己做同样的事情时，双方会产生相同的"神经元"放电，就像两面镜子互相印证了彼此的心理活动。正是因为有了这样的"镜像神经元"，所以我们才能够理解别人的感情，明白对方的意图，了解大家的计划。合作、学习、模仿、沟通情感、道德都需要"镜像神经元"的参与。而这是我们人的特性，是我们人的竞争优势，是进化选择出来的人类与众不同的特性。从人性的角度来讲，进化选择的是积极的人性，而积极人性是我们"积极心理学"的理论基础。

"镜像神经元"已被证明。在猴脑中存在一种特殊的神经元，能够像照镜子一样通过内部模仿而辨认出所观察对象的动作行为的潜在意义，并且作出相应的情感反应。这个发现一经公布，立即在全世界科学界引起巨大反响。科研人员把这种具有特殊能力的"神经元"称作"大脑魔镜"。

有"镜像神经元"的存在，人类才能学习新知，与人交往，这是因为人类的认知能力、模仿能力都建立在"镜像神经元"的功能之上。人脑中存在的"镜像神经元"具有视觉思维和直观本质的特性，它对于理解人类思维能力的起源、人类文化的进化等重大问题有重要意义。它可以帮助我们迅速理解他人意图，体验他人情感，因此它是语言建立的基础。

美国著名心理学家乔纳森·海特（Jonathan Haidt）曾经做过一个有趣的研究（Silver & Haidt, 2008）。他把44对正在喂奶的妈妈和她们的孩子一起请到心理学实验室，请这些妈妈观看三组不同的视频：娱乐视频、一般视频和让人感动的视频。心理学家发现，其中感动的身心反应和幸福的身心反应居然是完全一样的。当妈妈们感动的时候，会全身发热、嗓子发紧，眼泪可能会流出来，话说不出来，乳汁分泌增加。当我们极度幸福的时候，也是全身发热、嗓子发紧，眼泪流出来，话也说不出来。这说明我们人类是积极高尚的生物。我们把自己最幸福的神经反应和最道德的神经反应居然等同起来，重叠起来。

积极心理学是关于积极人性的科学，学习积极心理学可以让我们弘扬伟大的积极人性。

四、积极心理学是健康长寿的秘诀

肯塔基大学的神经心理学教授大卫·斯诺登（Daivd Snowden）从1986年开始对一些长寿的妇女进行了长达30多年的追踪研究（Danner et al., 2001）。有一批修女住在美国明尼苏达州郊外的一个修道院里，这些修女平均年龄已经高达102岁，非常健康。斯诺登教授想知道这些修女长寿的秘密，于是他对这些修女进行了追踪研究。他发现，这些修女大脑都有老年痴呆症的病灶，换句话说她们生理的衰老其实和其他老人没有什么区别。但是为什么这些大脑中的老年痴呆症的病灶没有影响到她们的生活、工作和她们的记忆、行动，没有影响到她们的健康和寿命？斯诺登教授发现，心态积极阳光的修女的寿命要比其他修女平均长10年。这位教授自己开始做研究的时候，还是个年轻的助理教授，30多年后自己都快退休了，还有28位老人活得非常好。虽然他不能完成一个统计学的平均数的计算，但是他做了一些阶段性的研究报告。比如，他对其中的180位修女在她们20多岁申请入修道院时写的个人陈述材料进行文本分析，看有多少修女在写申请材料的时候流露出积极阳光的心态，用到了爱、满意、幸福、希望、快乐，有多少修女充满了平淡而毫无激情的描述。他举了一个例子，有两个修女同一年被修道院录取，而且很巧地分在同一个宿舍。但一个修女活98岁，另一个修女只活到59岁。尽管她们的生活条件、生活方式、作息习惯、饮食习惯都是一样的，但是从她们年轻时候的自述可以看出来，她们的心态、性格都是不一样的。所以，积极心态才是我们健康长寿的不二法门。

总之，我们提倡大家学点积极心理学，因为它是我们追求美好生活的科学基础，是我们民族的传统智慧，它也是我们人的天性，是健康长寿的秘诀。

最后，用我国著名哲学家冯友兰先生在抗日战争期间所写的《贞元六书》中的自述作为结束语。冯先生在抗日战争最艰难困苦的时候一直在书斋里头呕心沥血写作中国哲学思想史。有些人不以为然，为什么不能做一些打仗的事情、实实在在的事情，写思想史、写哲学有什么用？冯先生不为所动，坚持写完中国哲学思想史，最后分成六本书出版，即《贞元六书》，其中第一本叫《新原人》。在《新原人》的第一页，冯先生说了这样一段意味深长的话：

"为天地立心，为生民立命，为往圣继绝学，为万世开太平。"此哲学家所应自期许者也。况我国家民族值此贞元之会，当绝续之交，通天人之际，达古今之变，明内圣外王之道者，岂可不尽所欲言，以为我国家致太平，我亿兆安身立命之用乎？虽不能至，心向往之。非曰能之，愿学焉。

我们不可能随时随地、无处不在地有这样的积极心态，但是我们一定要有向往之心，学习之心。虽不能至，心向往之，非曰能之，愿学焉！向往学习将成就我们积极幸福的人生。

积极心理学这门课怎么学？

积极心理学是研究美好生活的心理维度的科学。

美好生活不仅仅有物质维度，还有心理维度，那就是怎么才能度过一个美好的人生。美好人生要探讨的是你要成为一个什么样的人，有什么样的品格，有什么样的灵魂，你的人生意义是什么。亚里士多德把美好人生叫作 eudaimonia，"好命运"（eu 是古希腊语中"好"的意思，daimon 是"命运"的意思）。他认为，美好人生取决于这个人是不是有美德，有没有发挥美德，会不会反思人生，会不会做一个有意识的自己人生的决定者。亚里士多德还认为，美好人生在于节制，不能够放纵自己，要有一定的自律、自我规范。总之，美好人生的关键在于美德、反思和节制。

与之相对的是伊壁鸠鲁这一派哲学家，他们把美好人生定义为 hedonia（hedon 是古希腊语中"愉悦"的意思），美好人生就是我感到开心，我享乐，我有很多的感官刺激（Ryan & Deci, 2001）。

心理学家对于美好人生的研究也分为两个不同的派别。一派继承了亚里士多德的观点，他们把幸福看成 Well-being，也就是人处在一个好的状态，蓬勃积极向上地为社会作贡献，自己感到有活力、有兴趣、有激情，这样的状态才是幸福的。现代积极心理学运动的发起人马丁·塞利格曼（Matin Seligman）认为，积极心理学要研究的是 Well-being，即全面的幸福、全面的蓬勃。他提出了 PERMA 理论，包含五个"支柱"（见图 1.1），其中 P 是 Positive emotion（积极情绪）；E 是

Engagement（投入），我愿意去做一些事情，哪怕别人不给我报酬，但是我还是特别喜欢做；R 是 Relationship（人际关系）；M 是 Meaning & Purpose（人生意义）；A 是 Accomplishment（成就），包括一个人在这个社会留下的痕迹、其人生影响或对外界的改变等。五个支柱都是建立在同样一个基石之上的，那就是品格优势与美德。正如亚里士多德所提倡的，这座幸福大厦追求的是一个全面蓬勃的人生，而不仅仅是自己的快乐感受。类似的，美国心理学家（Ryff & Keyes）提出人类的心理幸福要素是自主、个人成长、自我接纳、人生目标、掌控感和积极人际关系（1995）。

图 1.1　PERMA 理论示意图

如果从 Hedonia 这个角度来研究幸福的话，很多时候我们称它为"主观幸福感"（Subjective Well-being），即主观上感受到多少幸福，跟客观上有多蓬勃、作多大贡献没有太大的关系。这其实更近于英语里的 Happiness，这个词在中文里面有时就直接被翻译成"快乐"，因为它多指主观的感受。

很多人对积极心理学有一个误解，以为它就是研究幸福的。其实积极心理学还研究其他构成美好人生的因素，比如意义。维克多·E. 弗兰克尔（Viktor E Frankl）说："幸福不是追求来的，而是随之而来的。如果你追寻快乐，你不会找到它。幸福是追求其他事物的副产品。"弗兰克尔是研究人生意义的心理学家，他的家人都死在纳粹集中营，他自己也是九死一生才活下来的。但是，就算在集中营里随时面临死亡威胁的时候，他仍然活出了人的尊严，仍然时刻在追寻生命的意义。他认为，幸福是意义的副产品。

但意义其实也是副产品，这一切都是美好人生本身的副产品。你把自己的人生过得美好，自然就有了意义，也自然就有了幸福。

积极心理学还研究品格优势和美德、情绪、关系、福流、动机、自我、价值观、意义、坚毅、自律、创造、美及你的身心关系。当这一切都做到之后，你自然就会变得更幸福。假如你并没有做到，而仅仅只是学这些知识，那是没有用的。

王阳明说："知而不行，只是未知。"你好像知道这个道理，但你不去做，那你并没有真的知道。如果你真的知道，你就应该自然而然地想去做，你在情感上就会自然而然地喜欢去做，那才是真的知道。《论语》里说："贤贤易色，事父母能竭其力，事君能致其身，与朋友交，言而有信，虽曰未学，吾必谓之学矣。"只要你能做到儒家认为的很重要的这几样事情，哪怕你没有受过教育，但仍可认为你这个人很有学问。也就是说，做到了，就是知道。

前面提到彼得森说过："积极心理学不是一种观赏运动"，观赏运动就是你吃着土豆片喝着啤酒，坐在沙发上，或者坐在观众席上，看别人在运动。你真正要做的是投入到这个运动当中去。马丁·塞利格曼也说："积极心理学，至少有一半是在脖子以下"，就是说，你仅仅在头脑里知道了这些东西是没有用的，你还要用脖子以下的躯体去行动、去做到。

【作业】

本章布置的作业叫"三件好事"，就是每天晚上你写下今天发生的三件好事以及好事的原因，这些好事不用是升职、加薪、结婚生子那样的大事，可以是日常生活中常见的小事。我们经常都只会注意坏事，还有大的好事，小的好事就被忽视了，而这些本来是可以让我们的人生过得更幸福、更积极、对别人作出更好评价的机会。

塞利格曼和他的团队把实验参与者随机分为两个小组（Seligman et al., 2009）。一组来做"三件好事"的练习；作为对照组，另一组每天写一些自己想到的事情，无所谓好坏。结果表明，记录"三件好事"的人幸福指数一直在上升，而对照组一开始做的时候幸福指数有一点点提升，但很快就降了回去。抑郁指数也是一样的，"做三件好事"的人的抑郁指数有一个大幅下降，而对照组没有太大的变化。这证明"三件好事"这样一个简单的干预方法确实能够提升幸福感，减少抑郁（见图1.2）。

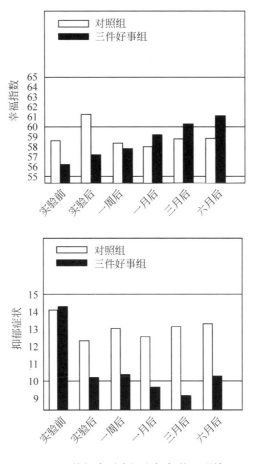

图1.2 三件好事对幸福和抑郁的干预效果

【推荐阅读】

[美]马丁·塞利格曼:《持续的幸福》,赵昱鲲 译,杭州:浙江人民出版社,2012。

[美]克里斯多弗·彼得森:《遇见你的幸福心灵》,何峻 译,北京:机械工业出版社,2014。

Csikszentmihalyi, M. & Seligman, M. Positive psychology. *American Psychologist*, 2000:55(1), 5–14.

第2讲 幸福

对幸福的科学研究方法

如何科学地研究幸福？在科学研究中，第一步是对幸福进行定义和测量。对主观幸福感的测量一般用爱德华·迪纳（Edward Diener）在1984年提出来的3个指标，即正面情绪、负面情绪和生活满意度。[1]

迪纳曾做过一个研究，通过自我报告的问卷来做评估，还对调查对象进行访谈，持续跟踪搜集他们6个星期的情绪报告，总共做了42次。他还让另外7个人来评价调查对象，其中至少有3个是调查对象的家人，还有3个是他的朋友。最后，他让调查对象回忆自己以前的幸福状况。结果发现，这些报告最终都指向同一个结论——自己来评估自己的幸福程度跟别人对自己的评价、长期的自我表现是一致的。所以，用这样一个自我报告的形式来衡量幸福是可靠的（Sandvik et al., 2009）。

钱与幸福的关系

关于幸福的问题，第一个大概就是："越有钱就越幸福吗？"1974年，美国经济学家伊斯特林提出了一个"伊斯特林悖论"（Easterlin, 1974）。他发现，并

---

[1] Zhang, J., Yang, Y., & Wang, H. 2009. "Measuring subjective well-being: A comparison of China and the USA." *Asian Journal of Social Psychology* 12（3）: 221-225.

不是经济越发展，人民就越幸福。图 2.1 来自 2004 年的一项研究。从 1955 年到 2004 年这 50 年，美国人的年平均收入经过通货膨胀系数的调整之后连续上升，翻了 1 倍以上，但是大家的幸福感基本上是持平的。这说明，虽然经济在发展，虽然自己的钱越来越多，可是大家并没有变得更幸福。这就是所谓的"伊斯特林悖论"。

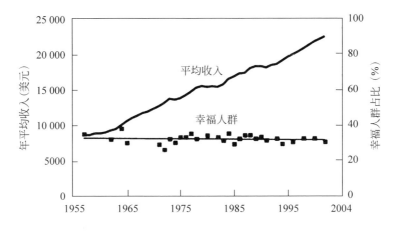

图 2.1　美国人年平均收入与幸福人群占比的关系

图片来源：the State of the World, 2004。

近几十年，我们的收入可以说得到了翻天覆地的增长，但是我们的生活满意度却没有多大的变化。这是为什么呢？根据伊斯特林的解释，这可能主要有两个原因。第一是享乐适应。虽然我们过得越来越好，但是我们很快就适应了这种生活水平，所以我们的生活满意度并没有随着生活变好而增加。第二是社会比较。也就是说，虽然经济发展了，大家的生活变好了，可是由于大家都变好了，因此也就没有觉得自己的生活相对变得更好，自然不觉得自己更幸福。换句话说，就是我们不仅要比别人更有钱，而且要很快地比别人更有钱，只有这样，享乐适应才来不及跟上去，我们的攀比心也得到了满足，这个时候人才能感到更幸福。

如果自己比其他人更有钱，那会不会变得更幸福呢？对此也有很多研究，比如"诺贝尔奖"获得者丹尼尔·卡尼曼就做了一个相关研究（Kahneman & Deaton, 2010）（见图 2.2）。他调查了美国不同人群的收入和他们的幸福情况。关于幸福，他测量了 4 个指标：生活满意度、正面情绪、痛苦和压力。结果显示，生活满意度基本上随着家庭收入一直持续上升，但情绪是一开始在低收入群体里面可以随着收入的提高快速上升，可是一旦过了中间点之后就基本上变成了一条水平线。生活满意度变高了,但情绪却未必变得更好。反过来说,虽然你的情绪并没有变得更好,可是一想起自己这么有钱就非常开心,对生活就会很满意。这个也验证了我们中国人经常说的一句话:"金钱不是万能的,但是没有钱是万万不能的。"

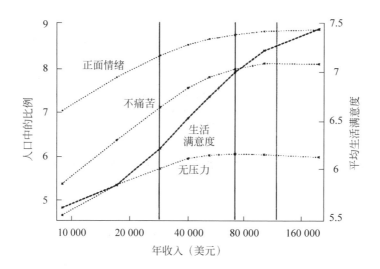

图 2.2 美国人家庭收入与幸福(包括正面情绪和生活满意度)的关系

所以对于低收入者来说,钱确实很重要。对于那些比较贫困的人群,我们应该尽量想办法使他们富起来,而不要整天跟他们说:"幸福不取决于金钱。"但是,对于中产阶级来说,钱能买到的幸福就减少了。看这张图中间有两条竖线,一条线划在年收入 3 万美元,一条线划在 7.5 万美元,把美国家庭按当时的收入平均分为三部分。从此图可以看出,进入中间那部分之后,正面情绪随着收入增长的曲线就明显变缓了。也就是说,对于中产阶级来说,钱能买到的幸福开始减少了。而一旦过了 7.5 万美元,虽然是美国人中最富有的 1/3,幸福和金钱的关系却变成了一条水平的线。尽管从图上来看,生活满意度随着金钱一直在上升,但是,这个横坐标其实是一个对数,也就是说,真实的生活满意度和金钱的关系也是一个边际效用递减的曲线。所以,对于富人来说,钱不能让他更快乐,只能够让他更满意一点。

清华、北大和康奈尔大学合作的研究发现(Zhang et al., 2009),中国人的生活满意度和收入的相关系数(0.24)稍高于美国人(0.19)。美国人的正面情绪、负面情绪与家庭收入均不相关,而中国人的正面情绪和家庭收入还是显著正相关的，可是负面情绪和家庭收入就不相关了。也就是说，对于中国人来说，家庭收入越高，正面情绪确实会越多一些，但是负面情绪并不会变得更少。因此，幸福和家庭收入之间在中国并不是同比例增长，不是越有钱就越幸福，而是一个复杂的关系。

为什么中国人的家庭收入和幸福的关系系数比美国人高呢？对于这个问题也早有研究（Inglehart et al., 2008）。从国际上来看，幸福和金钱的关系对于经济不发达和发展中国家更紧密，对于发达国家就不那么紧密。中国的人均 GDP 水平相对低，所以幸福和我们的收入还是关系比较大的。

既然中国还是一个发展中国家，金钱对我们来说相对重要，那么我们还是得把钱看得重一些，这样才会更幸福，对不对？其实也不完全对。美国加州大学的索尼娅·柳博米尔斯基和迪纳等人（Lyubomirsky et al., 2005）做了一个研究，调查一个人看重的东西和幸福状况之间的关系。结果发现，假如一个人越看重钱，那么幸福程度就越低；而如果越看重爱以及与别人的关系，幸福程度就越高。如图 2.3 所示，对于金钱的看重程度和生活满意度的关系是递减的，而对于爱的看重程度和生活满意度的关系是递增的。

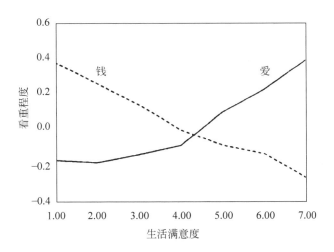

图 2.3　对金钱和爱的看重程度与生活满意度的关系

为什么呢？柳博米尔斯基和迪纳作了如下解释。第一，如果一个人过度看重金钱，就会使他忽略生活中其他重要的东西，比如爱、兴趣、健康，这样反而让他远离幸福。第二，追求金钱是一个永无止境的目标。它不像跟别人有一个很好的关系之后，你满足于这样的关系，会让你感到更幸福；可是赚钱没有满足的尽头，赚了还想再赚，由此永远达不到幸福的境界。第三，有些人在生活中找不到其他目标，不知道怎么去从爱当中得到幸福，不知道怎样发展自己的兴趣，连自己在生活中真正想要的东西都不知道，所以只好跟着别人一样追求钱。这可能是因为他们本来就不幸福，所以没有办法，只好去看重钱了。也就是我们经常说的那句话"一个人穷得只剩下钱了"，因此这些人只好把钱作为生活中最看重的东西。第四，在生活中这么看重钱的人，一般来说也会是一个攀比心特别重的人，特别注重跟别人比较。毕竟，钱是一个特别容易比较出结果的东西，而爱、价值观、人生意义都难以比较。

虽然并不是人越有钱就越幸福，但是有钱人的幸福在某些维度上确实是更高的。不过，相关不等于因果，这并不能够代表是金钱促进了这些幸福程度的上升，因为其实还存在另外一种可能性，就是幸福的人本来就可能赚钱更多。

迪纳（Diener et al., 2002）就做过这样的研究，他跟踪一些人19年，发现当初那些在大学时就感到幸福的人，在19年之后收入会更高，对生活更满意而且很少被解雇。也就是说，其实幸福在很大程度上是可以预测一个人将来有多成功的。所以，存在着另外一种因果关系，就是幸福促进了人的成就，而不仅仅是成就来促进幸福。

也有人做了这样一个研究：为了证明金钱和幸福之间的相关关系，直接就给研究对象一部分钱，看看是不是会让他变得更幸福（Dunn et al., 2008）。哈佛大学商学院给了一批大学生每人5美元，给了另外一批大学生每人20美元，让他们来花这笔钱。结果有两种不同的花法：其中的一半人把钱花在了自己身上，另外一半人把钱花在了别人身上。谁会更幸福呢？研究显示，把钱花在别人身上的人更幸福，而且这种幸福跟花的是5美元还是20美元没有关系。也就是说，幸福跟钱的数量关系不大，而跟你把钱怎么花掉关系很大。研究者随后在加拿大、印度、乌干达和南非重复了这个实验（Aknin et al., 2013），结果一模一样，哪怕这笔给出的钱在乌干达已经是比较大的数目。这说明，钱的金额没有那么重要，重要的是怎样花这笔钱。

研究者还做过一个大规模的调查。比如说，年终奖怎么花？跟你的幸福有没有关系呢？他们发现，如果把钱花在自己身上，幸福感没有太大变化；假如把钱花在别人身上，花多少钱跟幸福感却有一个显著的相关度。这再次说明，你怎样花钱比你拿到多少奖金对你的幸福影响更大。

影响幸福的其他因素

除了金钱之外还有些外部因素会影响幸福,比如外表和幸福有什么关系呢?有人为了改变自己的外表做美容手术,术后对自己的外表很满意,幸福感似乎也提升了一些。但长期看呢?挪威科学家对1 500多名挪威女性进行了长达13年的跟踪研究(Von Soest et al., 2012),发现其中有大约5%的人做过美容手术,但相对来说,她们却是不太幸福的人。因为这些做过手术的人和没做过的人相比较,仍然对外表不满意。这得出两个结论:第一,对外表过于关注的人,一开始就不太幸福;第二,做完手术之后,也不会达到你想象的那种神奇效果。

什么因素对增加幸福感没有帮助呢?就是这些外界的东西。伊斯特林总结出了为什么经济发展不能促进幸福的两大原因:第一个是攀比心(这在前面讲过了);第二个是享乐适应。人类是特别容易适应环境变化的。《孔子家语》说:"善人居,如入芝兰之室,久而不闻其香,即与之化矣;与不善人居,如入鲍鱼之肆,久而不闻其臭,亦与之化矣。"意思是,你如果经常闻到香味,时间长了,就闻不出香味来了;如果经常闻到臭味,你的鼻子也会很快适应,一会儿就闻不出臭味来了。我们的适应不仅体现在生理上,也体现在心理上。假如一个人一直对你非常好,时间长了,你也不觉得他对你有多好;反之,有人经常对你不好,时间长了,你也不觉得他对你有多不好。如果有好事发生,时间长了,你就适应了这个好事。假如经常有坏事发生,时间长了也会适应。这就是"享乐适应"。

人类为什么会有享乐适应呢?这和生理上的适应性是一样的原理。因为大脑有一个机制,如果大脑持续地接受一个高强度的刺激,那么大脑就会自动调低对它的反应,否则大脑受不了。这是进化给我们的一个适应性机制,可以保护我们免受刺激的伤害,也提醒我们注意变化。这对于我们的生存和繁衍有促进作用。因此,如果是一个负面的事情发生了,这个机制就可以让我们更快地适应它,我们不会因为一个负面的打击就一蹶不振,每天闷闷不乐。反过来,当有一件好事发生了,我们也能很快地适应,然后再去追求更好的事情,这样的话我们的成就将会变得更高。

从这个角度来说,适应性机制是进化给予我们的一个能促进生存和繁衍的武器,可是对于我们的幸福却有一些副作用。因为人类必须不停地追求更多更好的东西,才能够变得跟以前一样幸福。有人就取了一个形象的名字,叫作"幸福跑步机"。你在这个跑步机上不停地跑,结果你的幸福程度仍停留在原地,而你并没有变得更幸福。显然幸福不是一个名词,而应该是一个动词,幸福是一个运动的状态,是你一直在做,然后才能够得到的状态,而不是一个你得到之后就不再失去的状态。幸福来自你每天都必须要做的一些事情,这才是幸福的根源。

感到幸福的另一个诀窍就是靠经历,而不是靠物质。有科学家调查了一些大学生(Howell & Hill, 2009),问他们上次把钱花在经历上的感觉如何,结果发现把钱花在经历上,比如说去旅游或者去看展览、听音乐会,会比买东西让人觉得钱花得更值,也会觉得更幸福。而且,把钱花在经历上之后,攀比心也会变得更少,这说明我们把钱花在经历上比把钱花在买东西上能够更加促进幸福。不仅如此,人们也更喜欢把钱花在经历的体验上。

有研究表明,一个人更喜欢谈论自己花钱做了一件事情的经历,而不是花钱买了一样东西(Kumar & Gliovich, 2013)。而且,我们也会更加喜欢有共同经历的人,而不是有共同东西的人。因为经历比东西更加能定义一个人。

那为什么人们还是会把钱花在买东西上面,而不是花在经历上面呢?因为我们往往会严重低估钱花在经历上的值得程度。研究者让研究对象事先估计(Pchelin & Howell, 2014),假如把钱花在经历上或者把钱花在买东西上面,各会带来多大幸福。结果发现,大家都认为如果把钱花在经历上面肯定会变得比买东西更幸福,事后评估果然也是这样的。可是对于钱花得是不是值得,大家的事前预测与事后评估反而有较大不同(见图2.4)。

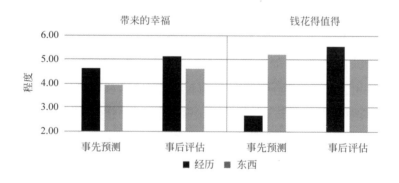

图2.4 把钱花在经历和东西上的对比

大部分人事先都预测买东西更值得,把一样东西放在家里,以后每次看见这样东西就会变得更开心,值!可是如果出去旅游一趟,或者去看一个博览会、听一场音乐会，钱花完就没了，事后可能不会觉得钱花得值。所以，大家会预测还是买东西钱花得更值。可是当真的有了这段经历，我们往往认为钱花得值的评价程度反而更高。也就是说，我们会事先觉得钱还是买东西更值，但是事后却会觉得还是花在经历上更值。因此我建议把钱花在经历上，而不是买很多东西。

研究者认为，其原因主要有三点（Gilovich et al., 2014）。

第一，把钱花在经历上面，一般来说这个经历还有别人参与其中，那么这就更多地促进了人际关系的连接。

第二，人经常是通过经历来定义自己的，而不是通过拥有的东西来定义自己的，你的经历是你人生的一部分。所以，在经历了一段事情之后，它能够更加促进自我认知，让自己更加清楚地知道自己是一个什么样的人。

第三，经历所给予的是一种内在价值，它不好攀比。

经历需要花费时间，尽管有些美好的经历不要钱也能实现，但是你本来可以用这段时间来赚钱。所以，你可能需要做一个有意识的决定：宁可少赚一点钱，但也要花更多的时间去做一些对我人生更有意义的事情，比如，陪孩子等，这能够让我变得更幸福，也让我觉得人生更有意义。

事实上，也有研究能够证明这一点（Whillans et al., 2016）。研究者发现，把时间看得更重的人，比把钱看得更重的人更幸福。所以，我们可以在经历上多花些钱，同时不要把所有的时间都用来挣钱，而是把时间多用在对你更有意义的事情上面。

这就是本讲要介绍的获得幸福的方法，共有两条：一个是别人很重要，为别人服务能让你更幸福；一个是经历很重要，把资源用在经历上面，可以让你更幸福。

当然，本书后面还有很多讲，基本上每一讲的内容都可以促使你变得更幸福。比如，怎么发挥品格优势和美德，怎么才能有更多的积极情绪，怎样构建更好的人际关系，怎样在你的人生中取得更大的成就并从中得到更多的意义，怎么构建一个更加积极的自我，怎样才能有一个更积极的动机，你的福流、价值观和意义是什么，怎样创造美、得到美，怎样能够获得一个积极的身心合一的状态等，这些显然都能够促进你的幸福。但是，积极心理学并不是幸福心理学，并不以幸福为唯一的目标。反过来，幸福是当你能够达到上述这些状态时的一个副产品。所以，哪怕是那些不能直接促进幸福的事情，我们也仍然要强调，仍然要学习，仍然要去做。

幸福的局限

幸福并不是你人生的唯一目标。有的人说，人活着就是为了得到幸福，对此我不同意。我个人经常会做一些明知会让自己不幸福的事情，比如说走神。曾经有一篇发表在《科学》杂志上的文章说，走神的人不幸福（Killingsworth & Gilbert, 2010）。可是，在我不需要做事情的时候，我还是蛮喜欢走神的。从脑科学上讲，人在走神的时候，激活的是我们大脑的默认模式网络。当我们的大脑什么事都不做的时候，并不是大脑就关闭了，而是大脑的一些区域会被激活起来，那就是大脑的默认模式网络。这些网络可以把大脑里的一些好像无关的信息进行重新组合，然后产生一些稀奇古怪的念头，也就是想象力、创造力的一个源泉。所以，喜欢走神的人很可能其创造力更强。

有很多研究发现，一个人要想获得幸福，就要活在当下，专注目前做的事情，不要去想过去，也不要去想未来，活在当下就好。这非常有道理。但是每个人都需要经常想想过去、想想未来，当然也要想想现在，这样的话人生才会比较有意义。

美国心理学家和他的团队研究了什么事情能够促进幸福，什么事情能够促进人生的意义（Baumeister et al., 2013）。结果发现，大部分促进幸福的事情也能促进人生意义。比如说，跟别人的交流、做你喜欢做的事情、为社会作贡献，这些都会让你觉得很幸福又很有意义。但是，也有某些事情并不会让你觉得幸福，甚至反而让你觉得不幸福，可是它是有意义的。比如说，你思考过去与未来和你现在生活之间的关系，这个就好像乔布斯那次在斯坦福大学毕业演讲里说的："有一条线把你的人生给串起来了。"但是，进行这样的思考其实有时候是蛮痛苦的，它会降低你的幸福感，可是它会提升你的意义感。

所以不仅要活在当下，而且要经常去想过去和未来。幸福不是人生的唯一目标，还有其他很多事情也很重要。

太幸福了也不一定好。耶鲁大学的科学家就有这方面的研究，并发表了一篇文章叫作《幸福有阴暗面吗？》（Gruber et al., 2011）。这篇文章分析了为什么幸福并不总是好的，什么时候以及什么样的幸福是不好的。文章开头就引用了亚里士多德的一句话，正确的数量、正确的时间、正确的目的、正确的方法非常重要。

基于此，科学家指出有四种不好的幸福。

第一种是过度的幸福。并不是人越开心、越幸福就越好，因为太多的积极情绪会导致过于冒险的行为发生，比如酗酒、暴食暴饮或吸毒等。人在太"嗨"的时候确实容易做出某些不恰当的行为，而且会忽略危险，或忽略这些危险的严重程度，做出一些轻率的举动。所以人们不能过于幸福。

第二种是不合时宜的幸福。当不幸发生的时候，你就应该有负面情绪，不必强求幸福。在你经历别人的不幸时，比如，当别人遭遇了亲友去世的痛苦的时候，你不应该在他面前表现出幸福的样子。如果你自己遭受了一个挫折，觉得情绪低落，这是可以接受的。不要责怪自己："我为什么不幸福？我就算遭受了挫折，我也应该变得幸福才对。"这是不对的。有时不幸福没有关系，当坏事发生的时候你还硬要追求幸福，那就不合时宜了。

第三种是用一些错误的方法去追求的幸福，比如，期望靠避免挫折或者走捷径的方法获得幸福，就是错误的。再比如，觉得不幸福就大吃大喝一顿，或者去逛街、上网购物，这确实让你可以短暂地幸福一下，但是从长远来看，其实这伤害了你的幸福。

第四种是错误的幸福类型。比如说，靠压倒别人得到幸福。为了满足自己的攀比心或虚荣心，靠贬低别人得到幸福，这其实是一个错误的幸福类型，应该避免。

因此，并不是幸福越多越好，越长时间的幸福就越好，其实恰到好处的幸福才是最好的。

假如你太看重幸福的话，其实很可能你平时反而更不幸福。有科学家调查发现（Mauss et al., 2011）：那些比较看重幸福的人在低压力的情况下，比不看重幸福的人更不幸福。只有在高压力的情况下，双方才没有显著的区别。科学家解释，在高压力的情况下双方都不太幸福，所以你看重不看重幸福没有太大区别。可是在低压力的情况下，那些比较看重幸福的人经常会觉得失望，由此反而降低了他的幸福，增加了他的抑郁（见图2.5）。在我们的人生中，大部分情况下不会有那么大的压力，就算有那么大的压力，看重幸福的人也不会比别人缺少幸福感或更不快乐。

当然，这只是一个相关研究。有人会问，会不会是不太幸福的人才更重视幸福？有科学家对此也做过实验（见图2.6）。他们把人群分为两组：一组被告知幸福很重要，提醒你要注重幸福；另外一组不被告知这样的信息。结果发现，结论跟刚才是一样的。如果给他一个负面情绪的刺激，故意让他不快乐，结果看重幸福和不看重幸福的人的反应是一样的。可是如果给他一个正面的刺激，就是有意地让他快乐起来，结果发现，那些被告知幸福很重要的人反而没有那些不被告知的人幸福。这就证明了幸福与重视程度的因果关系，即如果太看重幸福的话，反而让你平时感觉不到幸福。

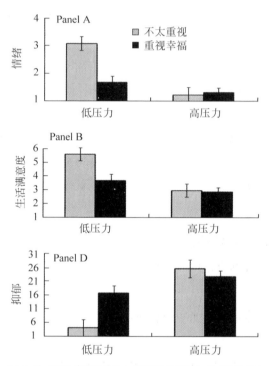

图 2.5　看重幸福与不太看重幸福的人的心理对比

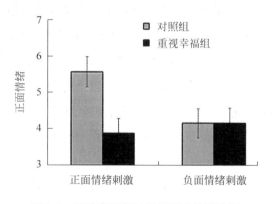

图 2.6　看重幸福有时候反而会妨碍幸福

【推荐阅读】

［美］埃德·迪纳 & 罗伯特·迪纳:《改变人生的快乐实验》，江舒 译，北京：中国人民大学出版社，2010。

［以］泰勒·本–沙哈尔:《幸福的方法》，汪冰、刘骏杰 译，北京：当代中国出版社，2011。

［美］索妮娅·柳博米尔斯基:《幸福有方法》，周芳芳 译，北京：中信出版社，2014。

［美］索妮娅·柳博米尔斯基:《幸福的神话》，黄珏苹 译，杭州：浙江人民出版社，2013。

［美］Diener, E., & Ryan, K. Subjective well-being: A general overview. *South African journal of psychology*, 2009:39(4), 391–406.

第3讲　品格优势与美德

什么是品格优势与美德

马丁·塞利格曼在《持续的幸福》一书中提出，积极心理学要研究的是人类如何获得蓬勃美好的人生（Well-being）。这需要五个支柱，分别是积极情绪、投入、人际关系、人生意义和成就，而这五个支柱有同样一个基石，那就是品格优势与美德。

塞利格曼在《真实的幸福》一书中讲过一个故事。

> 我在我家后院与五岁的女儿妮可一起除草时，终于发现学术骨干的真正含义了。我承认我虽然写过一本书及很多论文来论述孩子的问题，但其实我也许真的不知道该怎么和孩子打交道。我是一个目的性强而又不浪费时间的人，所以假如我在除草，我就一心一意地除草。但妮可却不是，她把草丢到空中，又唱又跳，干扰我的工作，于是我责备了她两句，把她赶走了。几分钟以后她又走了回来。
>
> "爸爸，我有话对你说。"
>
> "妮可，什么事？"
>
> "爸爸，你还记得我五岁以前的样子吗？从三岁到五岁的那段时间我几乎每天都在哭闹。在我五岁生日那天，我决定不再哭闹了，那是我做过的最难的一件事。假如我可以停止哭闹，那么你是否也可以变成一个不是坏脾气的人？"

女儿妮可的一句话正中我的要害！我是一个坏脾气、爱抱怨的人，活了50年时间都没驱散心中爱发脾气的阴霾。在过去的10年里，我就像一朵乌云在这个充满阳光的家庭里飘移，我所有的好运都不是因为坏脾气而得到的，而是因为有这么好的运气。所以在那一刻，我下决心要改变自己。

我明白了，要教育好妮可不能通过校正她的缺点来做到，她自己可以改变自己，只要她肯下决心。我的任务应该是培养她的优势，利用她表现出来的优势去引导启发她……

如果心理学的作用是把人放对位置，使他们能够发挥自己的优势并对社会有益的话，那么心理学家们就应该有很大的发挥空间。我们是否可以建立一门讨论生命中美好东西的心理学？是否能建立一套优势与美德的指标，使人们的生命充满价值？父母和老师能否应用这门科学教育出坚强且有活力的孩子，并让他们为进入社会作好准备，为争取更多的机会而发挥他们的优势？成年人也可以通过学习这门心理学，而使自己变得更幸福、更充实吗？

心理学中有一大堆关于病人受苦受难的内容并不适用于妮可。她所要的，以及全世界孩子所需要的都是积极的动机（爱、仁慈、能力、选择及尊重生命）。它们和消极念头一样都是动机，但积极的动机却会带给我们满足、幸福及希望。只有发展优势和美德才能得到积极体验。

人们会问：孩子怎样才能获得优势和美德？

有一本《精神疾病诊断与统计》的书从负面来描述人的特质，塞利格曼则希望有一本内容相反的书，专门描述人类的正面特质：有什么优势，有什么美德，有什么能力为社会作贡献，使别人和自己的生活变得更美好。因此，他邀请了他的好朋友、密歇根大学的彼得森教授一起来研究，人类到底有什么样的品格优势和美德。他们把研究结果写成了《品格优势和美德》(*Character Strengths and Virtues*, Peterson & Seligman, 2004)。他们研究了古今中外的各个主流文明，比如说，中国的儒释道、犹太教、伊斯兰教、基督教、印度教、日本的武士道、美国的童子军军规等，总结出古往今来主流文明都推崇的六大美德，每个美德下面又有3~5项优势，总共是24项品格优势，如图3.1所示。

图 3.1 主流文明推崇的六大美德和 24 项品格优势

这些优势和美德要符合以下几个标准。

（1）经常呈现。

（2）必须有价值，对社会有贡献。

（3）是目标而不是手段。我们追求这里面的所有品格，是因为我们认为它们都是好的。比如，我就是想做一个谦虚的人，不是因为我谦虚的话别人就会喜欢我，别人喜欢我，我就可以挣更多钱。那样的话，这些品格就成了手段。我们追求谦虚，是因为它本身就是好的，所以它就是最终的目标，而不是我们为了达到其他目标的一个暂时手段。

（4）这些品格不仅仅是某些缺点的反面。并不是你没有某一项缺点，就能自动获得相应的品格。比如说善良和爱，并不是说如果你不凶恶、不冷漠，就自然会变得善良并拥有爱了，而是必须能够打心眼里对别人有共情的心理，能够体会到别人的痛苦，愿意去帮助别人，这样才能拥有善良和爱。

（5）不妨碍别人，却令人景仰。当你发挥这些品格的时候，别人并不会觉得你这人怎么那么嘚瑟，而是你拥有了这个品格会让人们景仰。比如，你在发挥领导力这个优势的时候，并不会让别人觉得你这人怎么那么霸道而不喜欢被你领导，反而会认为你以身作则，用自己的道德示范，用你的情感来领导集体，因此心甘情愿地被你领导，并景仰你的领导力。

（6）这些品格都应该是社会提倡的。这 24 项品格优势不仅学校里面的老师在教，在课堂上提倡，甚至在课堂之外，各种各样的机构和组织也会提倡这些优势。

（7）能够通过后天培养。有的人一生下来就比其他人漂亮，那是天赋而不是一个品格优势。品格优势必须是通过有意识地培养、有意识地训练使其能够大幅提升的。

（8）普适。这些品格优势适用于所有文化，而不仅仅适用于西方文化。

心理学家总结了所有主流文明所推崇的品格优势后，最终得出的一个体系。下面将按6大美德进行分类，并具体分析24项品格优势。

1. 智慧

让人能够更好地获取和应用知识的美德。

（1）创造力：强调你的独创性和原创力，让你以新奇、有效的方法来思考和做事，它包括但不仅限于艺术成就。

（2）好奇心：对事情有兴趣，寻求新奇的体验，对于新体验采取一种开放的态度，对于当前体验本身感兴趣，能够找到引人入胜的主题和论题，能够开拓和发现新的知识。

（3）思维能力：对于外来信息持一种开放态度，不会先入为主地就对一个东西下判断。因此它也是一种批判性思考能力和判断力，让你能够全方位地考虑问题，而不急于下结论。能够依照事实证据调整思路，并公平衡量所有的证据。

（4）好学：自发地或正式地掌握新技能与知识，这跟好奇心有很强的关联，包括系统地增加自己的知识。

（5）洞察力：能够给别人以明智的忠告，能够以一个对自己和别人都合理的方法来观察、诠释世界，能够经常看到别人看不到的角度。

2. 勇气

展现意志、完成目标和面对内外部对抗的情感品格优势。

（1）勇敢：不屈服于威胁、挑战或痛苦，面对反对意见仍然能够弘扬正确的事实和坚持自己的观点，在处于少数的时候也据理力争。认为对的东西就会坚持，这也是一种勇敢。如创业或坚持自己最想做的职业，你坚持做下去，就很勇敢。

（2）坚毅：指人的毅力和勤奋，做事能够善始善终，面对障碍的时候能坚持不懈。有很强的执行力，享受完成任务的快乐。

（3）正直：指能够坚持真理，而且诚实。不说谎，对别人敢于披露自己真实的想法，有一种诚恳真挚的表述，不虚伪，能对自己的情绪和行为负责。

（4）活力：指在面对生活的时候能够兴奋而又充满能量，有热情且富有激情，不会半途而废或三心二意。以探险的态度去生活，对于生活充满兴趣，并且完全拥抱生活，让人感到你活力四射。

3. 人道

对他人友善相待并给予帮助的人际品格优势。

（1）爱：珍惜和他人的亲密关系，特别是相互的关爱与分享，愿意和别人亲近。需要强调的一点是，爱不仅仅是付出、爱别人，也包括被别人爱。

（2）善良：慷慨以及对别人的培育、关照、同情、利他和友善，你愿意帮助别人，愿意为他们做善事，愿意照顾别人。

（3）人际智力：能够了解自己和他人的动机与情感，在任何社交情景下都举止得体，明白如何让别人认同，知道怎样能够让别人觉察自己的情感并被接受，有很强的共情能力。

4. 正义

在健康的社会生活中公民所应具有的品格优势。

（1）公民精神：这不仅仅指作为社会的公民要遵纪守法，更重要的是一种社会责任。此外，还要有很好的团队精神。作为团队成员，对团队要忠诚，要按时完成自己的任务。还要注意团队成员之间的相互合作，以保障工作顺畅。

（2）公平：以公平和公正的态度对待所有的人，不让人觉得你对别人有偏见，给每个人以平等的机会。

（3）领导力：鼓励自己所在的团队成员完成任务并且保持团队和谐。能够组织团队活动并且了解团队状况，让你的团队成员心甘情愿地、非常高兴地跟着你一起来完成任务。

5. 节制

我们对任何事都要把握好尺度。

（1）宽恕：宽恕那些做错事的人，接纳他人的缺点，给他人第二次机会。

（2）谦逊：不要以自己的成就而骄傲，不炫耀，不认为自己就比别人更特殊。

（3）审慎：对自己的选择很谨慎，不过分冒险，不因为鲁莽做事而后悔。

（4）自我规范：即对自己的控制，能够规范自己的情感和行为，自律性强，能够控制自己的情绪，不因为一时冲动而做事。

6. 超越

锻造我们同宇宙和整个世界更广泛的连接，并给生命带来意义。

（1）欣赏：当看到自然界那些非常壮美的景物或者伟人表现出来的那种令人难以置信的品格，你会关注并且欣赏他们的美丽和卓越。还有生活中很多领域所呈现出的那些杰出品格和技能，可以是自然、艺术，也可以是教学、科研、日常生活的方方面面。当你看到这些东西的时候，你会感到敬畏，感到惊喜，感到崇敬，而且真心实意地欣赏它们。

（2）感恩：明白和感激目前美好事情的发生以及别人对你的好。当生活环境处在一个很好的状态时，你愿意花时间去表达感激和感恩。

（3）希望：对未来比较乐观，有前瞻性，对生活采取的是一个未来取向，期待未来美好并且努力去实现它，相信通过努力可以给自己带来美好的生活。

（4）幽默：喜欢开玩笑，经常面带笑容。别人看见你就很高兴，你能为他人带来欢笑。总是看到光明的一面，而且带着一种玩心、一种游戏感去度过你的人生。

（5）灵性：对于宇宙的更高目标和意义有清晰的认识，在一个更大的图景中能清楚自己的位置。根据生命的意义来塑造行为，会让你自己觉得心安。灵性可能跟宗教有关系，也可能是一种非宗教的信仰。只要觉得自己的人生有目标，那就是一种灵性。总之，让你觉得生活不仅仅是目前的生活，还有一种超越于我们生活之上更高的目标、更深的意义，这就是一种灵性。

7. 盖洛普34种优势

关于人类的优势有各种各样的总结方法，盖洛普公司曾经总结过34种优势，这34种优势和上述的24种品格有部分重叠，但也有很大的不同（见图3.2）。

奋斗方面	成就	信仰	自信	行动	专注	追求	适应	纪律	排难		
思维方面	回顾	公平	审慎	前瞻	搜集	战略	分析	思维	统筹	关联	理念	学习
交往方面	包容	个别	沟通	交往	和谐	责任	体谅					
影响方面	完美	统率	积极	伯乐	竞争	取悦						

图 3.2　盖洛普 34 种优势

首先，盖洛普优势聚焦于职场场景，即探讨什么样的优势可以帮你取得最好的表现。而积极心理学的品格优势则适用于所有的人生场景，不仅仅是在你的职场中有用，在你的家庭、个人成长、学习当中也有用。

其次，盖洛普优势更多地涉及一个问题：什么样的优势让你表现得最好？而品格优势涉及的问题是：什么样的优势能够让你实现美好的人生？所以，品格优势更多地体现为一种道德取向，带有一种人生的意义在里面，而不像盖洛普优势目的性那么强。比如说，盖洛普系统里的"取悦"就不是一个品格优势。

最后，盖洛普优势主要是从西方的公司文化里提炼出来的，而品格优势是致力于搭建一个跨文化的所有人类都适用的优势体系，比如说"自信"。在西方社会，尤其是在英美公司里面是非常强调"自信"的，但是在很多东方国家的文化中并不推崇"自信"。因此，"自信"这个优势就没有出现在品格优势里面。

事实上，如果我们把品格优势这个体系和中国文化进行更详细的对比就会发现，它和儒家所提倡的道德体系特别接近。在六大美德中，"人道"相当于"仁"，"正义"相当于"义"，"节制"相当于"礼"，"智慧"相当于"智"，"勇气"相当于"勇"，只有"超越"好像跟儒家不是特别对应。因为儒家似乎不太讲超越，孔子说"未知生，焉知死""子不语乱力怪神"。但如果你对儒家有很深入的了解，会发现儒家其实非常强调对现实物质世界的超越，更不用说中国文化里面还有道家、佛家，它们也是非常强调超越的。

所以，品格优势虽然是西方人总结出来的，但却是跨文化的，和中国文化结合得特别紧密。当然，在构建这个体系的过程中，中国文化本身就是一个重要的思想来源。品格优势这样一个概念，天生就和中国文化特别契合。中国人特别强调道德，强调修身，强调要提升自己的品格修养，这是儒家的一个核心主张。儒家的经典之一《大学》在开头就说"大学之道，在明明德"，意思是人天生就有这些道德，只不过是被后天各种各样的因素所影响，被欲望所遮蔽，这些"明德"变得没有那么明亮了，所以，《大学》中讲，一个人一辈子要做的最大的学问就是"明明德"，让被蒙蔽了的那些道德重新明亮起来。因此，《大学》才强调："自天子以至于庶人，壹是皆以修身为本。"我们也知道，儒家的"修、齐、治、平"是以修身作为第一步的。修身是为了什么呢？就是明明德，使你的品格优势变得更加完善，然后才能够做其他事情。就像塞利格曼所主张的，在品格优势的基础上，要建立起积极情绪、投入、人际关系、意义及成就这五项支柱，这样才能搭建出一个美好、蓬勃、幸福的人生。

这也符合西方哲学的观点。从"教育"这个词来看，英语中的"educate"来自古希腊语，"e"表示"外面"，"ducate"表示"引"，合起来 educate 这个词在古希腊人那里表示"引出"，即把你生命中本来就有的美好东西引出来；而不是说，我是一名教师，我知道很多美好的东西，现在你听我的，我把我的好东西灌输给你，把你教成一个好人。苏格拉底说："教育不是灌输，而是点燃火焰。"意思是说，我们每个人本来都具有非常好的材质，只不过需要通过教育来点燃和激活。积极心理学认为，所有的人天生都有这 24 种品格优势，只不过有些人在某些品格上显得比较强，有些人在另外一些品格上显得比较强。

如何发现品质优势与美德？

你可以扫描二维码测量自己的品格优势。

当你测量了品格优势，看到自己的优势列表时可能会发现，你最强的优势并不一定是你最喜欢的。标志性优势指的不仅是你最擅长，而且是你最认同的优势。你在运用它们的时候感觉兴奋、投入、激情澎湃，甚至神圣；你在发挥这些优势的时候越来越兴致盎然，而不是越来越累。你会想方设法地找到运用这些优势的新途径、新项目。塞利格曼举过一个例子，他有一个优势是领导力，但是他不喜欢当领导，他说："我每次开完会都觉得筋疲力尽。虽然能够富有成效地来布置任务，并激励大家完成它，但是我心里并不喜欢。我每次开完会之后就只想回到家里，跟我的家人待在一起。"他真正擅长而又认同的优势是创造力、好学、好奇心，这些优势他既喜欢又擅长。因此，领导力就不是他的标志性优势，因为他仅仅擅长而并不是太喜欢。

如果不方便作测试，积极心理学中有一个办法叫作积极自我介绍，即通过讲述你的最佳故事，来让别人认清你身上的品格优势和美德。它可以是你的一个成就，比如赢得了一项比赛、获得了博士学位、拿下了一个很难拿到的订单、完成了一项很难完成的任务；也可以是你展现了某一项美德，比如，帮助了别人、激励了别人、在诱惑面前坚守了自己的原则、在压力之下能够坚持不懈地努力。在讲完这个最佳故事之后，再问一句，这个故事体现了你什么样的优势？这个方法可以让他人从情感和故事的角度认识到你身上的优势，而不仅仅只是干巴巴的标签，所以这也是一个让你和他人拉近距离的最快的方法。

光发现自己的优势还不够，我们还要能够经常发现别人的优势。下面给大家介绍两个方法。第一个方法是从优势到人。先想到一个优势，再想想什么样的人能够成为具有这项优势的榜样，他可以是名人，也可以是你身边的人。第二个方法是从人到优势。先选一个人，让你想一想他有什么样的优势，他同样可以是名人或身边的人。

（1）从优势到人。在《品格优势与美德》这本书里，作者在阐述每一项优势之前都会讲一个故事，也就是我们刚才说的"优势榜样"。书中这些故事都非常感人，但故事的主角都是西方人，因为塞利格曼和彼得森只熟悉西方。在其他文化中，尤其是在中国文化中有没有这些榜样呢？当然有。比如"坚毅"这一品格优势的中国榜样是鉴真。鉴真和尚为了弘扬佛法六次东渡日本，九死一生，但最终东渡成功，把佛法弘扬到了日本。

（2）从人到优势。我们想想苏东坡有什么优势？他有创造力，他写的词非常优美，并传诵至今。他还非常好学，有好奇心。他不仅是一位文学大家，还是一位书法家、画家甚至美食家。他对于各种各样的艺术，甚至人生的各个方面都充满着好奇，愿意去探索、去学习。他正直，既不依附于当时朝廷的新党也不依附于旧党，所以才导致无论是新党上台还是旧党上台都会打击他，但是无论怎样，他都坚持自己的政治观念不变。他乐观，无论人生遇到什么样的挫折，都仍然热爱生活，从不放弃。他还宽恕，朝廷换了皇帝，原来的奸臣被贬斥，他被重新启用，但是他并没有打击报复政敌，反而宽恕了他们。我们可以看到，像苏东坡这样的人，他的优势实在太多了。

我们再来分析一下《西游记》中的猪八戒，看看他有什么样的品格优势。他有爱、有活力、有好奇心，特别喜欢生活中各种各样美好的东西，并充满激情地投入生活。他有没有勇敢呢？好像一开始的时候他比较胆小，但是到后来，他也慢慢变得勇敢起来了，看见妖怪再也不退缩了，而是冲上去。他有没有坚毅呢？一开始他确实动不动就说要散伙，经常嚷嚷分行李回家，但是后来见师傅被抓走了，他还是勇敢地跟着孙悟空追着妖怪打到了底。他有没有灵性呢？我们知道很多文学评论家都说，其实猪八戒展现了人类的欲望，也就是说他跟灵性是绝对相反的。但在故事的后期，他变得越来越有灵性，最终也修成了正果。

猪八戒就是一个普通人，他跟苏东坡不一样，苏东坡好像是那种天生的奇才，天生就具有很多非常突出的品格。可是苏东坡这样的人可能几百年才能出一个，我们大部分人都是像猪八戒一样的普通人，身上有各种各样的弱点、缺点，但这并不是没救了，并不是说后天就不会有提升。在西天取经这样一个漫长的旅途当中，经过各种各样的磨练，我们可以看到，猪八戒也逐渐发展出越来越多的优势，原来的优势变得更强大，原来的弱点也逐渐被克服并转为优势。所以，我们看待别人时应该用看猪八戒的角度去看他。如果拿苏东坡的标准去要求别人，就会觉得周围所有的人都没指望了；但是如果用看猪八戒的角度去看别人，就会发现，他们现在虽然有缺点，但只要给他们时间、机会和要求，他们就会慢慢变得更好（Peterson，2006）。

所以，我们对待别人应该用一种欣赏的眼光，不仅看到他们身上已有的闪光点，并且要看到他们可以提升的潜力，即他们潜在的闪光点。你用这样的眼光看他们，可以促进他们变得越来越好。

要怎么样发现别人的优势呢？我们有一个干预方法，就是积极地介绍他人。也就是说，讲一个故事来体现别人最佳的一面。比如，我介绍彭凯平老师的时候，不会只列举他的那些头衔，而会讲这样一个故事：彭老师在1979年考入了北京大学心理学系，后来他跟随北大心理学系的周先庚教授一起做研究。周老师毕业于清华大学心理学系。其实清华大学才是国内最早设立心理学系的学校，只是在1952年院系调整时，心理学系被划归到了北京大学。于是，周老师也从本来的清华大学心理学系教授变成了北大教授。但是，周老师心中一直有个清华情结。后来，彭老师从北大心理学系毕业后出国到密歇根大学深造，最后在伯克利大学当教授，他会经常回国来看自己的老师。周老师就常对彭老师说："凯平啊，我还是有这样一个梦想，有一天心理学系能够重新出现在清华大学，你一定要帮我实现这个梦想啊！"彭老师一直记得自己恩师的这个嘱托，并待机会成熟时终于回到了清华大学，重新建立了心理学系。

这个故事可以展现彭老师最好的一面，从中我们可以看到他身上的很多标志性优势。第一是感恩。他记得老师的嘱托，学成后报效祖国。第二是勇气。他放弃了在伯克利大学终身教授这样的优越位置，回到清华大学这样一个传统上大家认为的工科大学创建心理学系，这样的勇气不是每个人都有的。第三是爱和善良。他愿意帮助周老师实现愿望。

发挥优势比修补缺点更重要

为什么积极心理学这么强调优势呢？因为发挥优势比弥补缺点更有效。当然，我们也并不是说对缺点置之不理，而是要通过发挥优势来弥补缺点，重大的缺点仍然需要改正。

盖洛普公司曾经做过一项覆盖29个国家、7个行业、34家单位的19 187名员工的大规模调查（Council，2002）。结果发现，领导跟下属怎样传递信息，是强调优势还是劣势，对下属的业绩有重大影响（见图3.3）。假如领导主要强调下属做得好（业绩优势）、有什么优点（个人优势），会促进下属的业绩变得更好；假如更多地强调下属哪儿做得不好（业绩劣势）、有什么缺点（个人劣势），那就会影响下属的业绩。进一步的分析发现，这主要是通过直接影响，强调优势，带来下属更高的自主投入、责任感、工作匹配和支持感等一些间接因素。我们可以看到，对于强调优势，无论是直接影响还是间接影响都比强调劣势要好得多。所以，这就是为什么领导或单位有一个强调优势的文化可以让下属做得更好。

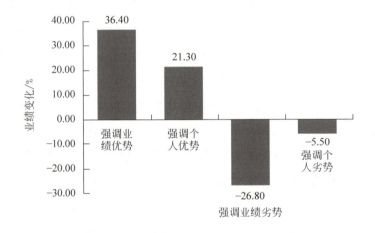

图3.3　领导风格对业绩的影响

事实上也确实有人通过对2 000多名经理开展调查（Clifton & Harter，2003），发现注重发挥下级员工优势的经理的成功可能性比那些不注重发挥下属优势的经理要高86%。能够发挥优势的员工也一样，在争取顾客方面表现优异的可能性要高44%，在生产力方面要高38%。

盖洛普公司的唐纳德·克利夫顿（Donald Clifton）被称为"优势心理学之父"。

他曾经做过一项研究，发现那些能够让员工发挥优势的团队，其员工（优势组）的投入度是对照组的 2 倍以上。投入度是一个跟业绩非常紧密相关的因素，它是指一个员工哪怕没有额外的奖金，没有什么奖励，也愿意投入到工作当中去的程度。投入度高的员工更看重这份工作带来的乐趣、激情与意义，也很乐意把自己的工作推荐给其他人。投入度是对于业绩的一个直接影响因素（见图 3.4）。

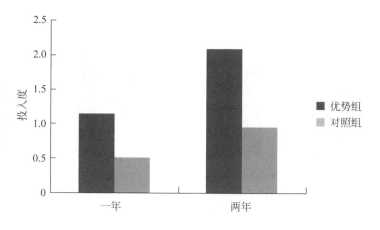

图 3.4　强调优势能提升员工投入度

这不光是对工作而言，教育也一样。现在倡导一种"优势教育"（Cantwell, 2006）。首先测量学生的优势、老师的优势；然后鼓励老师发挥自己的优势来教课，同时鼓励学生有意识地发挥自己的优势。比如说阅读、上课、考试，学生可以通过发挥自己的优势让这些活动变得更有趣，而且学习起来更有成效。老师们也发现：当他们采取了这些优势教育的方法之后，学生们很少缺课，上课的比例变高了；很少私下说话，上课的注意力也提升了；在课上讨论的问题也多了 3 倍；交作业更及时。那些进行优势教育的同学无论是在成绩、行为表现还是投入度上，都有大幅提升。

品格优势对教育有用，对于教养也有用。现在兴起的"优势教养"就是让父母了解孩子的优势，并且鼓励孩子发挥自己的优势。研究发现（Waters, 2015），如果父母能够更好地鼓励孩子发挥优势，孩子就能够发展出一种正面应对风格。比如说，如果作业做不好，他会想办法来完成这份作业，而不是说算了，完成不了就完成不了，或者对自己说这个作业反正也不重要。在进行社交的时候，假如受到不好的对待，孩子不要忍受或逃避，而要勇敢地站出来，找老师、找家长解决这个问题。优势教养能够培育更强的正面应对风格，从而使孩子承受更小的压力。

有研究者做过一个相关实验（Sheely-Moore & Bratton, 2010），他们让一部分家长用优势教养的风格来带孩子（优势教养组），并跟对照组进行对比。从图3.5可以看出，优势教养组的行为问题在实验之后会大幅下降，而对照组基本上没有太大变化。父母压力，也就是父母自己感受的那种焦虑感或是带孩子的压力更是大幅下降，而对照组基本没有什么变化。可见，假如父母能够采取一种优势教养的方法，确实对孩子、对父母自己都很有好处。

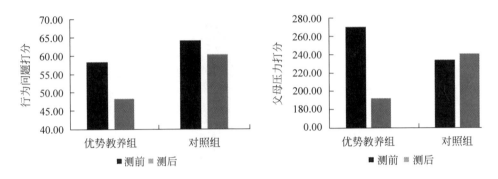

图3.5 优势教育前后的对比

当然，强调发挥优势的重要性并不是说就不要弥补缺点了，关键要看是什么样的缺点。我们可以把人比喻成一艘船，人的优点好比是船的风帆和发动机。缺点好比是船上的洞，它能使船进水，甚至让船下沉。缺点分两种，一种是致命的，还有一种是不太致命的。致命的缺点必须弥补，可是对于那些不太致命的缺点，比如，有时候偶尔也能进一点水，让你这艘船开得不顺畅，但是它不会让船立刻就下沉。假如一艘船天衣无缝，却没有动力，那么它到了海上也只会随波逐流，即使永不下沉，也走不到自己要去的地方，因为它连自己的方向都没有。假使你把一个人所有的缺点都弥补掉了，他很可能最后也没有优点了。这样的人也只能随波逐流，跟着大家走，不会有一个美好的人生。

很多人在测出自己的优势之后，第一件事并不是看自己最突出的五项优势是什么，而是先看自己最糟糕的五项是什么，然后赶紧弥补这些劣势，进而提升自己。提升自己有没有用呢？当然有用，尽力补齐自己的短板肯定有好处。比如说，我最弱的一些优势包括审慎、坚韧和自我规范。我也曾经想办法来弥补自己的这些劣势，可是利用优势和弥补劣势有一个重大的区别就是：利用优势越用越顺畅，越用越喜欢，越用越强，因此越愿意用下去；而弥补劣势，虽然可以很好地弥补自己的短板，但其实违背了自己的天性，我是不太喜欢的，只要有机会就不愿意再用下去了。

尽管我尽力去提升自己的审慎、坚韧以及自我规范，但是弥补到一定阶段之后就觉得实在是太难了。好在我是学积极心理学的，知道弥补一个人的缺点并不仅仅要靠自己，有时还要靠别人、靠团队。如果你有一项劣势，那么就需要在团队里面找一些在这方面正好是优势的同伴，这样你们互补就行了。比如说，我的审慎、坚毅、自我规范比较差，在清华大学成立了积极心理学研究中心之后，我招的第一个同事就是一位审慎、坚韧和自我规范比较强的人，那么她就能帮我更好地去完成那些我不擅长的事情，而我则可以集中精力做我能够做好的事情。所以，用这个方法就能更好地弥补自身的缺点，而不是要每个人把自己的每个缺点都弥补上。

关于优势，这里还要强调"中庸之道"，也就是亚里士多德说的"正确的数量、正确的时间、正确的目的和正确的方法"。亚里士多德认为，优势应为过多和过少两个极端之间的平均。因此即使具有优势，也不要走极端，如果走到极端，它很可能变成一个恶习。事实上，彼得森在去世之前所做的一项重要工作，就是试图找出这些优势在非常缺乏的时候是什么样子，在非常过度的时候又是什么样子。他发现，无论是缺乏还是过度，其实都是不好的。比如说，缺乏勇敢是怯懦，但是过于勇敢却会变得莽撞；坚韧缺乏的时候是脆弱，遇到一个挫折就会放弃，但是过于坚韧就会变得固执；正直和真诚缺乏的时候是虚伪，可是过于正直和真诚的人就会觉得自己总是对的，变得自以为是；没有活力的人会死气沉沉，可是假如活力过强就会变得很躁动。所以，品格优势走到了极端，对人会产生不好的影响。

发挥优势的方法

一、换一个新领域来发挥优势

当优势经常局限在某一个领域里时，可以尝试把它运用到另外一个领域里，很可能仍然有效。比如，我最突出的优势是创造力，这对于我的学术研究会很有帮助，并且也可以运用在育儿领域。我儿子三岁的时候，我发现他玩的乐高玩具实在太难了。儿子当时看了那个说明书，觉得搭不出来。于是，我就发挥自己的创造力，用这些乐高玩具搭了一些简单的模型跟他一起玩，他跟着我一起搭这些模型，玩得不亦乐乎。我另外的优势是好奇心和好学，这让我喜欢带孩子去博物馆和科技馆参观、体验。因此，你可以试着把自己在一个领域的优势转换到另外一个领域中去。比如说，有些老师在学校里对学生特别爱护，对自己的同事也特别友好、善良，可是回到家之后对自己的孩子却非常严厉，对自己的配偶也不太友好。那么，我建议他们可以把工作领域的优势迁移到自己的家庭里，说不定会取得非常好的效果。

二、在劣势场景中怎么运用优势

什么叫"劣势场景"呢？就是你没有办法发挥自己的优势，而被迫启用自己的劣势来应对你不喜欢但又必须面对的事情。这在我们生活中很常见。很多人就跟我说，你们的积极心理学太理想化了，人生哪有那么美好，有时候遇到那些难做的事儿，积极心理学能怎么办？积极心理学当然有办法。

1. 优势充电

优势充电是指以发挥优势来补充被劣势消耗掉的心理能量的方式。我们在做自己不喜欢做的事情时会消耗心理能量，当消耗到一定的程度之后，整个人就会失去控制，看见什么都烦躁，这经常发生在白天工作很不顺利、被人训斥或任务没能及时完成的情况下。那么，该如何给心理重新"充电"呢？睡觉、运动都是不错的充电方式。但在工作的时候没有办法睡觉、运动，怎么办呢？有一个简单的方法：发挥优势的时候就是在给心理充电。比如说我比较弱的一项品格是审慎，因此我特别害怕做财务报告、报销手续等，但又非做不可。以前我每次做这些的时候都要拖到最后一天，结果常常做到中途就崩溃掉了。这让我相信我果然是很不擅长做财务报告的。结果，下次对它就更加害怕了。但是后来我想到，可以用发挥优势的方法来处理它。现在我会提前两天做财务报告，并且每做一个小时之后，就看书或者写作一个小时。后面一个小时让我感到很开心，那么心理能量就恢复了一些，然后再去做财务报告，再来看书、写作。这样一来，虽然都是用了两天的时间，但其中一半的时间是在看书、写作，也没有浪费，我用另外一半的时间很顺利地把这个任务完成了。这就是"优势充电"，以防止我们逼着自己去做一件不喜欢做的事情，结果把心理能量给消耗干净，最后反而做得更差。

优势充电只是一个治标不治本的方法，虽然用这种方法可以把自己的心理能量给填充了，但是你仍然会不喜欢做这个事情。所以，这里还有一个釜底抽薪的方法，就是想办法运用优势把你不喜欢做的事变成喜欢做的事情。比如，塞利格曼曾经讲过一个故事，他让他们家小孩洗碗，小孩不喜欢洗碗，可是塞利格曼是心理学家，他有办法。他测量了孩子的优势，结果发现，他们家的一个小男孩有一项最突出的优势是领导力，他喜欢也擅长领导别人。于是，塞利格曼就说，我们家成立一个洗碗小组。然后他让这个小男孩当洗碗小组的组长，并指挥他的两个姐姐洗碗。这下他就特别喜欢洗碗了。这就是运用优势把不喜欢做的事情变成了喜欢做的事情。

再比如说，我非常喜欢孩子，但有时候带了两三个小时孩子之后也确实挺累的，变得有点疲乏了，怎么办呢？我就想到要发挥优势，如创造力。我会跟他一起搭一个我从来没有搭过的乐高玩具模型，或者跟他一起编故事，或者带他去博物馆。这既满足了我的好奇心，发挥了我好学的优势，同时他也过得很开心。用了这样的方法之后，我们就会不再那么讨厌劣势场景了，反而会逐渐喜欢上那些以前讨厌的事情。

2. 优势对话

最后一种发挥优势的方法叫作"优势对话"。它是指两个人或更多的人在一起表达自己的优势，描述自己的优势，然后欣赏自己和别人的优势，最后设计一个活动，大家一起来发挥优势。比如说，詹姆斯·帕维尔斯基（James Pawelski）和他太太合写了一本书：《幸福婚姻》（*Happy Together*, 2018）。书中描述了他跟太太的一种优势对话，他们把它称为更浪漫的"优势约会"。怎么做的呢？他们先各自描述自己的优势，然后发现彼此有一些优势是相同的。比如说，他们发现彼此都很有创造力，于是就一起庆祝自己和对方都拥有这种创造力优势，并描述创造力给自己带来多少好处、多少欣喜，然后再说自己有多么欣赏对方身上的创造力。同时，他们也发现各自的一些特别的优势，比如说詹姆斯有一项优势是谨慎，他性格比较慢，遇到事情的时候总要先想一想，把事情的各个角度都想完全，然后再行动。而他太太有一项优势是活力，她遇到事情特别兴奋，能够充满激情地把事情做完。他们俩都意识到自己优势的可贵，也意识到对方优势是多么可爱，然后就一起讨论：我们都有创造力，并且一个比较谨慎，一个比较有活力，那么我们可以一起来做一件什么事情，把我们的优势都发挥起来呢？最后他们决定写一本书。因为他们都很有创造力，写作是他们都喜欢的，而且也是都擅长的。詹姆斯比较谨慎，所以可以更多地从逻辑的角度、科学的角度将材料内容关把好；

但是因为太谨慎，有时候会比较慢，他上一本书写了好几年才写完。他太太充满活力，可以作为整个项目的推手，去找那些出版商把这些琐事给搞定，然后整天催促老公和自己一起来写书。最后，两个人发挥优势互补，同时又相互促进，很顺利地就把这本书写完了。两个人在一起相互感恩，觉得对方的优势真的是对自己很好的补充，而且，共有的优势又是两个人很好的共振和爱的基础。

当然，这不仅仅局限在夫妻关系中，一个团队里面的几个人也可以在一起做这样的优势对话，最后大家一起设计一个活动，来把所有人的优势都发挥出来。

【作业】 发挥标志性优势

首先，写下你的标志性优势，然后想一想，在接下来的这一周里打算怎样在新的场景中用新的方法发挥标志性优势。对于标志性优势，你至少每一项要写一条，并说明在下周里你计划怎样发挥。具体怎么做呢？我来举三个例子。

第一个例子是"爱"。假如你的标志性优势是"爱"，你对别人充满爱心，别人也很爱你，那么，你可以不仅仅是在心里爱，而且要把它表达出来，比如拥抱别人，然后说出来，写出来。因为在这个时代我们已经很少用手写信了，一般都是用电脑打字。用手写的东西，会让别人更加感受到你的爱。而且，现在大家更觉珍贵的其实并不是金钱，而是每个人的时间，所以不要只是买一个礼物来表达你的爱，你可以花时间给这个人亲手制作一个礼物，跟他一起聊天、一起看电影、打牌等，这些都是表达爱的一种方式。

第二个例子是"善良"。善良很可能是你的标志性优势，你对人充满善意，喜欢帮助别人，但是有时候因为太忙了，你觉得没有时间去帮别人，怎么办呢？我们可以借用佛教的一种方法叫"颜施"。也就是说，你不仅仅是用行动，你在态度上对别人和颜悦色，这其实也是一种对别人的帮助。你看到别人的时候总是充满善意地打招呼，微笑地表扬他、赞许他，帮他开门等这些细小的助人行为其实也都是一种善良。当然了，你也可以用积极心理学的一种干预方法——"助人惊喜"，就是出乎别人意料地助人。在某种情况下别人能够猜到你可能会帮他，但如果你出乎意料地去帮他一下，让你这个善良的品格优势得到发挥，你自己也肯定会特别开心。

第三个例子是"欣赏"。我们都对美和卓越的事物感到享受。首先你可以关注周围环境的美，无论是自然的，还是建筑、美术、音乐等的美。平时自己只是匆匆路过的地方，一旦放慢脚步就会留心到那里的美。另外，还可以欣赏别人，注意到别人身上有什么样的优势。你正好可以用今天的结论，想一想他们身上有什么样的优势会影响到自己的生活。这样，你会更加欣赏别人，也会更加感恩。

塞利格曼的团队对这个干预方法做过研究（Seligman et al., 2005），如图3.6所示，黑色是发挥优势组，白色是对照组。在幸福指数方面，黑色实验组的人每天都在发挥优势，他们的幸福指数在逐步上升，而在抑郁症状方面则一直在下降。所以，每天用一个新方法去发挥优势，就可以提升你的幸福，减少你的抑郁。

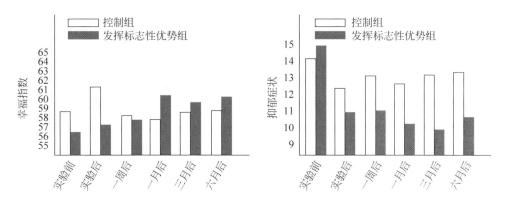

图3.6　发挥优势能提升幸福、降低抑郁

【推荐阅读】

［美］马丁·塞利格曼:《真实的幸福》，洪兰 译，沈阳：万卷出版公司，2010。

［美］瑞安·涅米耶克、罗伯特·麦格拉斯:《品格优势》，赵昱鲲、段文杰 译，北京：电子工业出版社，2022。

Park, N., Peterson, C., & Seligman, M. E. Strengths of character and well-being. *Journal of social and Clinical Psychology*, 2004:23(5), 603–619.

第4讲　习得性乐观

乐观的障碍：负面偏差

在讲乐观之前，我们首先要讲一讲乐观的一大障碍——"负面偏差"，它是导致很多人不够乐观的一个原因。什么是"负面偏差"？它的第一个表现就是人会有一种倾向，即会更多地关注负面心理。在 2000 年，大卫·迈耶斯（David Myers）根据《心理学摘要》（*Psychological Review*）杂志的内容做了一个统计，发现关注愤怒、焦虑、抑郁这些负面心理的研究文章数量是关注喜悦、快乐、满意这些正面心理研究的 14 倍（Myers, 2000）（见图 4.1）。

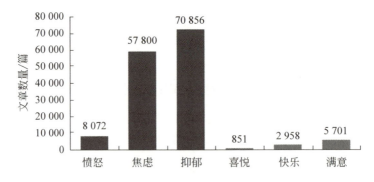

图 4.1　《心理学摘要》上对负面心理和正面心理的研究文章数量比较

这是不是说明心理学家的心理比较阴暗，专门关注人类的负面心理呢？有人听说我是研究心理学的，他们的第一个问题往往是："你为什么要学心理学？是不是你心理有问题？"当然不是。这个问题类似于："你为什么学医学？是不是你身体有病？"因为心理学家也是人，所以我们也会本能地更加关注负面的东西，本能地倾向于研究人类的负面心理。

一、负面偏差的表现

美国心理学家罗伊·F. 鲍迈斯特（Roy F. Baumeister）曾经发表过一篇文章，总结了负面偏差的种种表现，这篇文章的题目就叫《坏比好强大》（2001）。中心意思是，我们人类天生就会更加关注坏的东西，而不是好的东西。

1. 坏印象比好印象更容易形成

通常，我们对别人的坏印象比好印象更容易形成。假如一个人一直做好事，但是最后做了一件坏事，大家对他会怎么想？用一个词来讲就叫作"晚节不保"。反过来，一个人只要做了一件坏事，他做多少好事都很难弥补。我在高中时读过一篇英语课文《一次做贼，终身为贼》（Once a thief, always a thief），讲一个年轻人有一次偷了东西，后来只要镇上邻居家里丢了什么东西，大家都首先怀疑是他偷的，哪怕他后来已经改过自新，做了一个诚实的好人。这是因为坏印象已经保留在人们的心中。

你可能也会说，中国人还有另外一句古话叫"浪子回头金不换"，最典型的例子是我们古代故事里的周处。他以前是个坏蛋，后来发奋自新，不也是得到了很好的评价吗？可是如果我们看史书原文，就会发现他以前做的坏事叫作"好驰骋田猎，不修细行，纵情肆欲，州曲患之"。也就是说，他比较意气用事，喜欢打架，但是并没有干出什么伤天害理、杀人放火的事情。可是他怎样才最终改变自己给人的坏印象呢？需要杀死南山的猛虎、水中的蛟龙。他虽然干了这两件大好事，他的父老乡亲对他的印象却还是个坏蛋。当他跟蛟龙斗了三天三夜，消失不见，别人都以为他和蛟龙同归于尽了，于是大家一起庆祝，而不是哀悼他。这说明他虽然已经对社会作出了贡献，这个贡献比他的危害还大，但大家仍然觉得他是个坏人。那么大家对他的评价是怎样变好的呢？后来，他去拜访名师，励志好学，并成为了一个忠臣，最后战死沙场。这时大家才觉得，这个人还真的是个好人。

我们可以发现，要纠正一个坏印象不是不可能的，但是要做出比以前做的坏事多得多的好事。这是因为人总是优先看别人的缺点，看坏的地方，我们对人更容易形成坏印象而不是好印象。

2. 坏事比好事对人的影响更大

负面偏差的第二个表现是坏事比好事对人的影响要更大。举个例子，假如最近期末考试完了，你拿到了自己的成绩单，数学 98 分，语文 95 分，英语 80 分，那么你的第一反应是什么？肯定是：英语怎么考得这么差？你不会去想，我语文考得还真不错，数学考得也挺好，而是看哪儿出了问题。在我身上还真实地发生过一次，我孩子第一次考试，拿回来的数学成绩是 98 分。其实 98 分挺好的，但是我的第一反应是：怎么会丢了两分？我就把他的卷子拿过来，先看看他错在哪里。这其实是人的本能反应——不是看你哪儿做得好，而是看哪儿出了问题。

你可能会说，小学生嘛，你当然对他的期望是门门都考 100 分，锚点比较高。其实不完全是。心理学家通过实验发现，人对于坏事的关注比好事更大，跟我们的锚点没有关系，而是因为我们更加关注坏事。举个例子，假如我们扔骰子，只扔一次，如果你赢了，我给你 10 万块钱，如果你输了，你给我 9 万块钱。有谁愿意跟我玩？估计没有。为什么？因为对于一般人来说，输 9 万块钱的难受程度远远大于赢 10 万块钱的高兴程度。这是人类的一个正常心理。诺贝尔经济学奖获得者丹尼尔·卡尼曼（Daniel Kahneman）和阿莫斯·特沃斯基（Amos Tversky）发现了一个规律：人类并不是经济学所假设的理性经济人，而是受很多情感本能影响的非理性的决策者（1979）。

他们发现了一个叫作"心理价值"的函数，如图 4.2 所示。

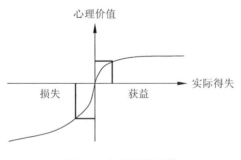

图 4.2 心理价值函数

这张图表示人心理上的得失感和实际的得失感并非等比例增减，它不是一条斜率为 1 的直线，而是一条曲线。首先表现为边际效用递减，也就是说，我得到 10 万块钱的开心程度并不是我得到 1 万块钱的开心程度的 10 倍；反过来，我丢了 10 万块钱的难过程度也不是我丢了 1 万块钱的难过程度的 10 倍。更重要的是，我们可以看到上面和下面这两个部分线的斜率是不同的，损失时更加陡峭。同样损失和获益的数目，获益时的开心程度比不上损失时的难过程度。赢了10万块钱的开心程度，比不上损失9万块钱的难过程度，这是一个普遍规律，因为我们更关注坏事，坏事对我们的冲击更大。

3. 坏言行比好言行对关系影响更大

负面偏差的第三个表现是坏言行比好言行更加影响彼此关系。举个例子，假如有个老师看了这本书，然后跑过来跟我说，你写得真好。我会说谢谢，但我跟他的关系并不会因此就变得特别好，而且我可能在三分钟之后就忘了这个事情了。可是如果反过来，我有一个同事跑过来说，你这本书写得真差，我的反应可能是："你说我的书差，你行你上啊！你写的书比我还差，你有什么资格批评我？"然后我会三分钟就忘了这个事情吗！肯定不会，不要说三分钟之后不会忘记，我会记他一辈子。我跟他的关系也就这么被破坏了。这个例子说明，坏话比好话更加影响人际关系。

心理学家威尔斯（Wills）等人曾经做过一项研究（1974），他们调查了夫妻之间的互动和婚姻质量的关系。结果发现，在影响婚姻质量的可解释因素中，那些正面互动的影响只占到25%左右，而负面互动的影响则占到了65%左右，余者来自中性互动。也就是说，负面互动对于婚姻质量的影响远远大于正面互动。不仅如此，他们还发现，在夫妻互动里面，负面互动往往比正面互动反应更快，更频繁。假如夫妻中有一方做出一个比较负面的行为或举止，另外一方也很可能做出一个负面的互动，其相关度达到了0.6左右。而反过来，正面互动的相关度只有0.3左右，而且还不显著。也就是说，在夫妻互动当中，一方说出坏话、做出坏事的时候，对方很可能马上就反击；而说好话、做好事的时候，对方却很可能无动于衷。

当然，你可能会说：那是不是因为夫妻互动中负面的东西比较多，所以影响比较大？其实完全相反。调查发现，无论是行为还是情感，夫妻互动都是正面的远远多于负面的，大概是3倍之多。也就是说，我们经常给配偶送花或开门，让对方感到我是爱他/她的，这远远要多于让对方感到我不爱他/她的频率。可是，虽然正面的事情是负面的3倍，但是它的影响却远远不如负面大。这就说明，坏言行比好言行更加影响我们的亲密关系。

专门研究夫妻关系的专家发现（John Gottman，1999），幸福夫妻的正负面交流比例是 5∶1，而离婚夫妻的正负面交流比例是 1∶1 以下。因为正面的影响不如负面，假如你负面说了 1，那你正面要说到 5，才能够抵消负面的影响。在企业里面也是一样。调查发现，一个高业绩团队的正负面交流比例也是超过 5∶1，而一个低业绩团队的正负面交流比例则会低于 1∶1（见图 4.3）。所以说，坏话比好话要更加影响彼此的关系。

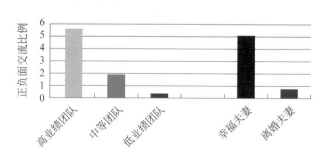

图 4.3　正负面交流比率和团队业绩、夫妻关系的对应图

为什么会这样？这是因为我们的大脑天生就对坏刺激比对好刺激反应更强烈，而且留下的印象更深。当有一个新刺激出现的时候，脑电图显示，大脑对于坏刺激的反应会更快，产生的脑电波振幅会更大，留下的记忆也更深刻。有一部电影叫作《头脑特工队》，这部电影用拟人的方式表现了人类大脑对应的五种基本情绪，从右到左依次是难过、害怕、快乐、厌恶和愤怒（见图 4.4）。

图 4.4　人类大脑对应的五种情绪

那么，图中这五个卡通人物所代表的五种情绪在大脑中的真实样子是怎样的呢？大脑的扫描图片显示，难过、害怕、厌恶和愤怒在大脑唤起的区域要比快乐大得多，而且程度要高得多，即这些负面刺激引起的负面情绪要强烈得多。

事实上，我们也可以从另外一个角度去理解负面偏差：负面情绪有四个，而正面情绪只有一个。什么意思呢？当好事发生的时候，我们只要开心快乐就行了；可是坏事发生的时候，我们就要分门别类。比如说，假如是一只老虎扑过来了，你应该害怕；假如一个势均力敌的坏人想要侵犯你，那你不能害怕，你应该愤怒，要反击。所以，我们人类需要以不同的情绪来应对不同的坏事。在应该愤怒的时候害怕，或者在应该厌恶的时候难过，这对我们是不利的，因此，我们才需要不同的情绪来应对不同的坏事，而好事基本上只要一种情绪就够了。

二、为什么会有负面偏差？

为什么人类会出现负面偏差？这不是跟自己过不去吗？明明有好事让我们更开心，可是我们却整天关注坏事。这从进化上讲其实很好理解，因为坏事的后果比好事更严重、更不可逆，因此我们必须更加关注坏事。举个例子，假如远古时期的一个人走出自己的村子，发现树上结满了果子，这是一件好事，他看到之后如果饱餐一顿，就一天可以不吃饭了。但他同时注意到树下的草丛里窸窸窣窣的，好像有一只老虎。那么这个时候他是要优先关注好事还是坏事？他肯定要先关注老虎。假如老虎把他吃了，那么这个事情就很严重，而且不可逆。假如他没有注意到果子，后果当然也不好，他会饿肚子，但也许过一会儿就会发现另一棵果树，也可以吃一顿，这个后果是可逆的，而且结果没有那么严重。所以我们进化出了负面偏差这种心理，让我们总是优先关注坏事而不是好事。这样，我们才能够更好地生存和繁衍。

负面偏差其实是进化带给我们的武器，让我们可以更好地传递自己的基因。但是，其代价就是我们会产生负面情绪。当你总是关注坏人、坏事、坏信息的时候，负面情绪会更大。总看一个人的缺点，那你对这个人会怀有更多愤怒、恐惧和仇恨。如果更关注身边的坏事，那么你会有更多的绝望、焦虑、抑郁等负面情绪。但是假如更多地看人的优点，那么你会对这个人怀有更多的欣赏、感恩和爱；看到他周围有很多好事，那你会对这个人怀有更多的希望、自豪、欢乐等正面情绪。所以，负面偏差虽然能够让我们更好地生存和繁衍，但也让我们付出了减少幸福的代价。

三、以积极心理平衡负面偏差

你可能会说，我不在乎负面偏差，我虽然不幸福，但是我取得了更多的成就，能够赚更多的钱，能够繁衍更多的子孙，我愿意。这在古时候可能是对的，因为负面偏差确实可以提示你周围的危险。可是在现代社会里，我们的危险远远没有古时候那么多，而且远远没有那么致命，且很难遇到生死攸关的威胁。而那些所谓的坏事，比如说没有找到工作，或者是一次考试没过，远远不像我们想象的那么可怕，而且它们经常是可逆的。这次工作没找到，或者被裁员了，你还可以去找下一份工作；这次考试没过，很可能还有补考的机会。但是目前我们的心理还是跟两万年前差不多，有非常牢固的负面偏差，总会更加关注周围的坏事而不是好事。这就让我们对世界，包括对自己和对别人产生带偏差的判断，对人的印象比真实的要坏，对自己的评估比真实的要更糟糕，对世界的看法比真实的要更负面。

所以，称之为"偏差"，不是没有道理的，它会让你对这个世界的看法产生一定的扭曲。人类的大脑能处理的信息极为有限，1秒钟大概只能处理2 000比特，但实际上会有4 000亿比特进来，所以大脑只能处理到其中极小一部分信息。哪怕是在读这本书的当下，你其实还在感知着周围的温度、椅子的硬度、衣服和皮肤的接触、周围的背景声音等信息。除非这些信息忽然出现变化，不然你现在根本就不会注意到它们。你的感觉器官时刻都在向大脑传递这些信息，但是大脑的注意力极为有限，如果它判断信息跟你目前做的事情不相关，大脑就会自动把它们给屏蔽掉。这就导致我们对这个世界的看法经常会产生偏差，我们只看自己想看的东西。负面偏差让大脑一直在关注，有没有人会害你，地上有没有坑，天上有没有石头会掉下来。这个时候，你的注意力更多用于紧张地扫描周围的环境，看有没有坏人、坏事、坏信息，而不会去看今天有没有好人、好事、好信息。

这就会使我们对周围的世界产生一个过于负面的判断，这也是积极心理学的价值所在。心理学家虽然是研究心理的，但其实他们也有负面偏差。过去我们过多地研究了人类的负面心理，因此我们需要用积极心理学来平衡一下。但这并不是说人类的负面心理就不要研究了。积极心理学绝对不是否认负面心理，而是说我们也应该对人类的正面心理进行一定的研究，来平衡负面偏差。所以，在第1讲才布置了"三件好事"的作业。它要求你每天晚上写下今天发生的三件好事以及发生好事的原因，尤其是那些小的不引人注目的但其实几乎每时每刻都在发生的好事。用这样一个练习有意识地扭转我们的负面偏差，有意识地让我们来关注生活中的好事。

【作业】积极档案

本节作业叫"积极档案"，就是收集那些积极的材料，并放在醒目的地方，使你经常可以提醒自己：我的生活中原来还有这么多美好的东西，我原来还是挺好的、挺强的。可以选择各种各样的积极材料，比如说亲朋好友的照片，可以提醒你有很多人爱着你，而且你也爱着他们。还有你过去取得的成绩，比如竞赛名次或学位等，这样你就会提醒自己，其实我还是挺牛的。还包括一些美好的回忆，比如，你去一些好玩的地方度假的照片，它让你想起西藏的圣洁、迪士尼的乐趣等，可以反复回味。这些美好的回忆也可以包括你跟朋友在一起玩时的影像，虽然那些东西可能很普通，但是看到那些人，你就回忆起从前那些美好的场景，你会觉得人生还是值得度过的。

另外，你可以憧憬未来，把自己想要过的日子写下来或者画出来，放在自己的桌子上，这样每次看到它的时候就会想到，我还有一个值得奋斗的未来，我的人生是有希望的。你可以画出自己戴着博士帽的样子；你可以想象自己将来有个小孩，成为父亲或母亲，跟小孩子一起享受天伦之乐的样子；你还可以有向往的地方，有些地方你还没有去过，你可以想着去看看。这方面我从儿子身上学到了很多。他最向往的地方是月球，因为他想做一名宇航员，他想在月球上走一走。于是，他画了一个月亮，放在自己的桌上，这样他就会想到有一个奋斗的目标——当我在月亮上行走的时候有多好玩。当然，我们还可以放一些其他的照片，比如说海边或草原等，当你一想到要去那个地方，你就觉得特别开心、特别宁静、特别向往，这也是一个积极的档案，可以让你产生积极的情绪，让你想到这个世界上还有很多美好的地方等着你去。

最后，还有艺术，你可以在手机里下载一些喜欢的音乐，平时当作背景音乐放一放，这会让你整个人的精神都变得更加振奋；或者将那些名画、诗句、书法挂在墙上，当你看到它们的时候会觉得世界如此美妙。这种艺术美可以让自己感到无比享受和向往。它可以让我们看到生活中美好的一面。另外，还可以把你的一些积极榜样——政治家、科学家、艺术家的照片或名言放在眼前，让你想到，其实人还是可以活出一个非常精彩的人生，我虽然不能像他们一样，但至少可以向他们看齐。这时候你会产生一个更加积极的动力，并且会对这个世界有一个更加积极的判断。也就是说，这些好人好事在不断出现和发生，这个世界并不是只有坏人坏事。

乐观的好处

乐观的人更健康，而且成绩更好、表现更好。有一个著名的研究（Havard Second Generation Study,2019），研究人员从20世纪30年代开始定期跟踪研究哈佛的200个男生（其中包括后来成为总统的肯尼迪），且一直延续到现在。这项研究发现，这些哈佛的男生和一些波士顿的市民的身体状况在当时都差不多，到现在也没有太大的区别。也就是说，上哈佛大学并不能让人变得更健康。那么什么能让人变得更健康？他们发现有一项预测因素值得关注，即上大学时候的乐观程度。如图4.5所示，从40岁开始，一个人的健康程度可以从他在上大学时的乐观程度得到预测，即你在上大学的时候有多乐观，在一定程度上可以预测你在将来有多健康。彼得森（Peterson）也做过一项研究，发现比较乐观的大学生会比那些比较悲观的大学生更健康，悲观的大学生得传染病、流行感冒的概率是乐观学生的两倍以上。

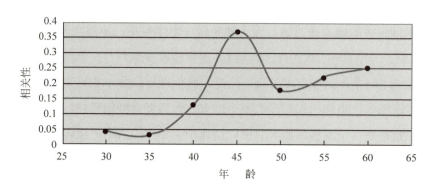

图4.5 乐观与健康的相关度随时间的变化

当然，这些研究都属于相关研究。我们也都知道相关不等于因果。所以，马丁·塞利格曼后来做了一个实验，他和团队把一些癌症病人分为实验组和对照组。

实验组接受乐观的认知疗法治疗，让他们变得更乐观。结果发现，这些病人跟对照组相比，免疫细胞活性变得更高。由此可见，乐观的人确实是会变得更健康。

另外，乐观的人其工作表现也会变得更好。比如，塞利格曼对大都会保险公司的销售员做过研究，发现乐观的员工比不乐观的员工的业绩要高20%，而最乐观的那1/4员工比最不乐观、最悲观的那1/4员工的业绩要高50%。对于一些能力不足的应聘者，一开始大都会保险公司都不想聘用他们，但后来发现他们比较乐观，于是把他们又招了进来。结果发现，他们前两年的平均业绩比其他那些所谓能力比较好的员工还要高出27%。

必须指出，保险销售员特别需要乐观情绪，因为他们经常会遭受挫折。对于某些从业者，比如医生或律师，可能谨慎、保守一点会更好，但是我们至少可以看到，乐观对于某些行业的员工业绩是有非常大的促进作用的。

对于大学生也一样，乐观的大学生成绩会更好，这也是塞利格曼在宾夕法尼亚大学所做的一个研究。当时，宾大想根据学生以前的成绩，比如高中成绩或SAT成绩（即美国的高考）来预测他们在大学期间的成绩，却发现根本预测不准。于是，他们请塞利格曼来分析这个问题，塞利格曼说，你们其实也应该加入乐观这个因素。结果发现，加入乐观因素后的确能够更好地预测大学生的成绩。

乐观的方法

该如何实现乐观？首先我们要弄清楚乐观的一个机制，这就要回到塞利格曼的成名研究——习得性无助（1975）。

他发现，假如把一条狗绑在一个通电的电板上，一通电，这条狗就会遭到电击，会很痛苦，可是它逃不出去。这样时间长了之后，即使有一天你把它的脚松开，通上电它也不逃了，只是躺在那里呻吟。塞利格曼把这种现象叫作"习得性无助"。本来狗遭到电击，它本能地会逃走，但是它发现自己无论怎样挣扎都跑不脱，就习得了这样的一种无助感，从此放弃了斗争，放弃了努力，而接受了被电击的命运。这种无助是后天习得的，所以叫"习得性无助"。

人类也是一样。塞利格曼以大学生为对象进行实验，让他们总是能听到一个噪音，且噪音无法被关掉。后来塞利格曼给这些大学生换了一个场景，结果发现，虽然他们只需要轻轻地动一下手指就可以把噪音关掉，但他们却不去做这个尝试，而是仍然忍受噪音。人们在经历了挫折和失败之后，再次面临同样问题时会产生无能为力的心理状态和行为，这就叫"习得性无助"。

习得性无助和抑郁症有重要的关系。塞利格曼后来还成了一位心理治疗师，他治好了不少患抑郁症的病人。但他发现，虽然治好了他们，可是他们并没有因此就变得快乐和乐观。仅仅把病人从 -100 变到 0 还不够，还得想办法把他从 0 变到 100。因此，塞利格曼在这个基础上又开始研究"习得性乐观"。他不仅想知道人是怎样在后天变得无助的，更想知道人如何能在后天通过一些练习把自己变得更加乐观。

塞利格曼发现，有 1/3 的狗无论你怎样电击它，换了一个环境后它仍然要做尝试；也有 1/3 的人无论你怎样用噪音去骚扰他，但当换了一个环境，他还是要去试一试。反过来，也有 1/10 的狗或者人好像天生就悲观，哪怕你没有用那种习得性无助的环境去束缚它/他，换了一个环境它/他也不会去努力改变自己的处境。

塞利格曼觉得很有意思的是：为什么有些人一开始就比较乐观，而有些人一开始就比较悲观？为此他做了更深入的研究，然后发现，这和"归因风格"有很大关系。即当一件事情发生的时候，要看你把它归结成什么样的原因。

一、归因风格

1. 悲观的归因风格

（1）永久性归因——PmB，B 代表 Bad（坏事），而 Pm 代表 Permanent（永久），PmB 指坏事的永久性归因。即当一件坏事发生的时候，你是倾向于把它解释为一个永久性的原因，还是一个暂时性的原因。假如是一个永久性的原因，你就会把当前的坏事推断成了永久的坏事。比如说，你忘了配偶或者是男女朋友的生日，这有可能出于两种原因：要么是"我太忙了"，要么是"我不擅长记生日"。"我太忙了"是一个暂时性的归因。我现在很忙，明年也许就不忙了，明年不忙，我就会记得他/她的生日，然后我就不会再犯这个错误了。可是，假如你说"我不擅长记生日"，那就是一个永久性的归因。因为你不擅长记生日这是你的个人特点，你今年不擅长，明年还是不擅长，那你明年还会忘了他/她的生日。这时候，一件坏事就变成了一个永久性的坏事。所以，如果你倾向于把坏事进行永久性的归因，那么你很可能具有一个比较悲观的归因风格。

（2）普遍性归因——PvB，B 还是代表 Bad（坏事），Pv 代表 Pervasive（普遍），即当一件坏事发生的时候，你会不会把它解释成一个全面的、普遍性的原因，或者只是一个特定性的原因。假如你把它解释为一个全面的、普遍性的原因，你就会把一件特定的坏事推广成了一个全面的、普遍的事情，在哪里都可能发生的坏事。比如说，你错过了一个会议，你可能把它解释为"我记性不好"，也可能解释为"我忘记了查记事本"。假如是"我忘记了查记事本"，那就是一个特定性归因。可能你只是把会议等与工作相关的事情记在记事本上，虽然这次你忘记了查记事本，但你不会忘记其他重要的事情，比如说，你会记得配偶或者男/女朋友的生日。但是，假如你说"我记性不好"，那么这样的错误就不仅仅是发生在你工作范围内，还会发生在其他领域，比如，你会忘记配偶的生日，忘记自己的生日。这是一个比较悲观的归因风格，即把一件特定范围内的坏事推断成所有范围内的坏事。

（3）个人化归因——PsB，B 还是代表 Bad（坏事），Ps 是代表 Personal（个人化），即当一件坏事发生的时候，你是把它归结为你个人的原因还是一个非个人的原因。比如说，你生病住院的时候没有人来看你，你可以把它归因为"我的朋友比较粗枝大叶，他们忘了来看我"，或者是"在生病的时候我脾气不好，所以我的亲朋好友都不愿意来看我"。第一个是非个人的归因，没有人来看我不是我的错，是我的朋友比较粗线条。假如你说是因为"在生病的时候我脾气不好"，那么，这个坏事之所以会发生完全是因为你自己，因此，这件坏事就不仅仅是一件坏事，而且还说明了亲朋好友对你的一个判决，说你有这样的缺点。这是一个对坏事进行个人化归因的例子。

因此，假如你对坏事倾向于作出比较永久性的、普遍性的和个人化的归因，那你就有一个比较悲观的归因风格。

2. 乐观的归因风格

反过来，我们来看一下对于好事的归因。

（1）永久性归因——PmG，G 代表 Good（好事），Pm 代表永久，即你把好事归结为一个永久性的原因还是一个暂时性的原因。比如说，老板派给你一项重要任务，你可以把它归因为自己的能力突出，或者自己刚刚出色地完成了其他任务。假如你说是因为"刚刚出色地完成了其他任务"，所以老板又派给你另外一项重要任务，这其实是在说，只是因为上一次表现还不错，所以老板这次又继续重用你，那这就是一个暂时性的归因。即如果这个任务你搞砸了，老板下次就不会重用你了。可是，假如你说"我的能力突出"，意指你的能力一直比较强，一直能够很好地完成重要任务，所以老板这次派给你重要任务。这对于好事来说，就是一个永久性的归因，这会让你变得更乐观。

（2）普遍性归因——PvG，G还是代表好事，Pv是代表普遍，即当一件好事发生的时候，你是把它归结为一个全面的、普遍性的原因还是一个特定性的原因。比如说，老板向你征求意见，你可能把它归因为"我是这个领域的专家"或者"我给的建议一向比较靠谱"。假如只是说"我是这个领域的专家"，那么老板在这个领域会向你征求意见，而出了这个领域他就不会再征求你的意见了，这就是一个比较特定的归因。可是，假如你说"我给的建议一向比较靠谱"，那么老板不仅仅在这个领域会向你征求意见，而且在其他领域他也会向你征求意见。这样你就把一件好事推广成了普遍的好事。

（3）个人化归因——PsG，G还是代表好事，Ps是代表个人化，即一件好事发生的时候，你觉得是因为个人的一些原因引起的还是非个人的原因引起的。比如说，你这一年都很健康，你可以说那是因为"我周围的人几乎都不曾生病，所以我没有被传染"。你目前处在一个健康的环境当中，假如下一次你的环境变得不健康了，是不是你就很容易生病？可是，看第二个归因，"我注意饮食，休息"。说明你有一个健康的生活方式，哪怕下次周围环境可能没有这么健康了，你仍然会健康。也就是说，你把好事归结为自己的原因，而自己的原因是可以一直保持的，未来就掌握在自己的手上。这便把一件好事变成自己的一个优点，因此你对未来会充满希望和乐观。这对于好事来说，是一个乐观的归因。

悲观的解释风格对于坏事倾向于做永久性、普遍性和个人化的归因。即坏事是一些永久的、普遍情况，而且是因为自己的原因引起的，因此以后还会经常发生。可是乐观的归因风格会把坏事解释为有时候会发生的个别情况，但跟自己没有太大关系。这是比较特殊性的、暂时性的和非个人化的归因。可是遇到好事又反过来了，悲观的归因风格对于好事的归结为一个暂时的、特定环境的原因。也就是说，好事虽然发生了，可是跟我没什么关系，下次也不会再发生。而乐观的归因风格就会认为，好事是由于永久性的、普遍性的、个人化的原因，因此下一次它还会再发生（见图4.6）。

乐观的归因风格	永久性(时间)	普遍性(范围)	个人化
好事	总是如此	普遍情况	我
坏事	有时如此	个别情况	非我
悲观的归因风格	永久性(时间)	普遍性(范围)	个人化
好事	有时如此	个别情况	非我
坏事	总是如此	普遍情况	我

图 4.6　对不同事件的解释风格

二、如何诠释

1. ABC 模型

心理学家阿尔伯特·艾利斯（Albert Ellis）提出来了一个叫作 ABC 的模型。A 代表 Activating event，意指任何能够引起你反应的事件；B 代表 Belief，指你的信念、你对于这件事情的解释，你认为是什么导致了事情的发生，事情的含义是什么；C 代表 Consequence，指后果，意思是这个事情对你引起的反应和后果。艾利斯认为，一件事情在你身上引起的后果并非由这件事情本身直接引起，而是由你对这件事情的看法引起的。一件同样的事情，这个人有这个归因，那个人有那个归因，两个人就会有不同的情绪反应，并且会做出不同的事情来。

比如说刚才的例子，你一年都很健康没有生病，如果把它归因为环境很健康，周围的人都没有生病，那你只能到处去找周围没人生病的环境。如果周围有人生病，你会赶紧远远地离开，那么，引起的反应就是，你会特别注意要找那些很干净的环境，远离病人。但是，如果归因为自己有好的锻炼、好的休息、好的饮食，那么你会更加注意继续优化自己的生活方式。可以看到，对同样的一个事件——"你没有生病"，两种不同的解释可以引起两种不同的反应。

因此，我们如何才能够使自己变得更乐观，并不取决于你遇到的是好事还是坏事，而在于你如何看待这些事情。就好像塞利格曼实验的对象，有些一直被电击和被噪音骚扰，仍然乐观地想要改变自己；有些没有被电击，也没有被噪音骚扰，却早早地就放弃了改变。因此，最重要的是我们对事情的诠释。如果遇到一件坏事，不要轻易做出永久性的归因，它不见得以后还会再发生；不要轻易做出普遍性的归因，它不见得在其他领域也会发生；也不要轻易做出个人化的归因，它不见得是你的品格引起的。反过来，当有一件好事发生的时候，你尽量把它进行永久性的、普遍性的和个人化的归因，这样可以让你变得更加乐观。

所以，当一件事情发生的时候，要注意自己心中对它的诠释：是永久性的还是暂时性的，是普遍性的还是特殊性的，是个人化的还是环境化的。然后再问自己，这个解释有事实依据吗？也许它是错的。最后，要根据事实来更加准确地解释这件事情。

比如说，你的恋人、男女朋友或配偶要跟你分手，这件坏事发生的时候，如果你心中的第一反应是：我太差劲了，没有人喜欢我。这个解释就是永久性的，因为差劲这个本质一直不会变；这个解释也是普遍性的，因为差劲会影响你人生的所有方面；这个解释也是个人化的，因为差劲是对个人的判断。但是，这个解释有事实依据吗？它会不会是错的？你想一想就会发现，这个解释是靠不住的。你应该这样想：因为我有朋友、有家人，他们都很喜欢我，说明我不差劲；而且我经常帮助别人，我也爱着他们，对他们很好，所以我并不差劲。这个时候你就可以根据事实更加准确地解释这件事情。你会发现，原来是因为你最近太忙了，没有好好地对待她/他，所以接下来要再争取一下，要对她/他更好一点，使她/他不跟你分手。这时，你对事情的解释就更加接近事实，而且你对这个事情的反应也不一样了。但，如果你的解释是"我太差劲了""没有人喜欢我"，那你的反应就会是放弃：我这么差劲，不值得被任何人爱，所以也没有必要再去争取，要分手就分手吧，我就应该这样孤独终老。两种不同的解释会导致两种不同的后果：一种是乐观的我，会继续争取；一种是悲观的我，就这样放弃了。因此，习得性乐观说的不仅仅是感觉而且是反应，你会采取行动，乐观的人更倾向继续争取。这才是习得性乐观最重要的价值，它会改变你的行为，从而影响你的人生往更加积极的方面发展。

很多人会有一个疑问：这是不是在自欺欺人，是不是一种精神胜利法？不是的，"精神胜利法"是阿Q的专利。阿Q如果被人打了，他对这件事情的解释是什么？儿子打老子，但这是事实吗？不是。他并不是那个人的老子，所以他其实是在歪曲事实，作出了一个对自己心理有利的解释，实际上这是麻痹自己心理的一种解释。但是习得性乐观不一样，习得性乐观是基于事实的。塞利格曼说："'习得性乐观'和所谓的'积极思维'不一样。'积极思维'是要自己相信那些不符合实际的、空泛的励志口号。比如说，每一天在每一个方面我都会越来越好，即使你越来越糟,你也要这么说。相反,'习得性乐观'是叫你恰当地引用证据反驳那些被扭曲的解释,同时大部分时候事实会站在你这边。"

习得性乐观强调事实。由于负面偏差,我们经常会对事情作出过于负面的评价,因此会变得比较悲观一些。习得性乐观能让我们纠正这样一个偏差,可以更好地对事实作出准确判断,从而使我们变得更乐观。

2. 不是越乐观越好

需要强调的是,习得性乐观的使用也是有范围的,并不是在任何时候都是越乐观越好。如果你为了要成功地完成一项任务,或者是抑郁了,要提升幸福感,或者是为了领导、激励、召唤团队完成一项任务,这个时候可以运用习得性乐观来激励大家,使自己变得更好、变得更强。但有些时候是不能够太乐观的。假如你去看医生,医生说:"你长了一个肿瘤,但是你不要担心,我是一个很乐观的医生,我认为你回家可以吃喝玩乐,没有关系的,你要乐观。"或者假如你有一天喝了酒,要开车回去,朋友说不要开车,这个很危险。你却说:"没关系,我是一个很乐观的人,我知道我肯定不会出事儿。"这些都是错误的乐观。

什么时候不能够太乐观?塞利格曼总结说,对于那些有危险但不确定的事情,即很可能会失败,而且会导致一个非常大的严重后果的事情,不能够过度地乐观。他说:"当你决定要运用习得性乐观的时候,你要思考失败的代价是什么。"假如失败的代价是像我们刚才说的癌症或者是酒驾,那么这个代价就太大了,所以不能轻易地运用习得性乐观。但是假如代价只不过是多花一点时间,比如为了完成一项任务,虽然已经失败了几次,但再试一次说不定就成功了;假如要向心目中的女神表白,虽然可能失败了之后会伤面子,可是如果成功了,就会获得女神的青睐,也就是说,获得的收益远远大于失败的代价,这个时候就应该运用习得性乐观。

反过来,假如你一向喜欢乐观地归因,而且是非常乐观,比如在测试中得分是四分或更高,那可能就太乐观了。这时,就可以使用习得性悲观,把刚才的那些原则反其道而行之。比如,我有点过度乐观,所以当一件坏事发生的时候,我更多地会想一想,这是不是由一个永久的、普遍的、个人化的原因引起的;当一件好事发生的时候,我也不再会总是归结为一个永久的、普遍的、自己的原因,而可能是一些环境的,或者是暂时的、特定的原因,下一次运气可能就没有这么好了。这使我从一个特别积极、特别乐观的极端状态调至适中。这也是我们一直强调的,积极心理学不是心灵鸡汤,不是忽悠,它更强调事实,强调对这个世界形成准确、全面、平衡的看法。它是一门科学。

因此，假如经常困扰你的并不是抑郁、想放弃，而是过于乐观，以至于有时候会因为乐观而导致挫折，那这个时候你可以运用习得性悲观，使自己对这个世界的看法变得更加准确和全面。

3. 战胜悲观

最后，我们讲一讲怎样帮助人们战胜悲观思维。方法是一样的，即帮助和引导人们对坏事作出准确的解释。当人对一件坏事的解释过于永久性、普遍性和个人化的时候，就须提醒他注意还有暂时性的、特定性的、环境化的解释。

对别人的错误作出批评的时候，也可以用一种乐观的批评方法。也就是说，虽然他犯了错误，但不要劈头盖脸地把他批一顿，而是指出他的一些暂时的、特定的、环境化的原因，让他觉得错误其实是可以挽救的。由此，对方不会因犯了错误被批评而变得消沉，反而会更乐观。因为当别人犯了错误的时候，其实他也在进行归因。假如他总是把自己的错误归因成永久性的、普遍性的、个人化的，那他以后可能就会放弃努力，以为他自己会一直在各个领域里犯同样的错误，一直会遭到否定。而当你用一些暂时的、特定的、环境化的原因去解释时，会让他知道原来自己只要下次注意，就不会再犯这个错误，他才会继续努力，保持对未来的乐观。

这里举一个例子。假如你是一位老师，你的学生没有做作业，这是一个错误，你当然可以说："你怎么这么懒？从来不知道好好学习！"这是一个比较悲观的批评方法。但还有另外一个批评方法："你今天怎么没有做语文作业？昨天你的各门作业都完成得很好，你什么时候能把它补上？"我们可以看到，这种批评方式是用一个暂时的、特定的、环境的原因来解释学生的错误。第一种批评是把错误归因为懒，是永久的、全面的、个人化的解释。第二种批评是针对他的一门作业——语文，而且你提醒他昨天各门作业都做得很好，说明这个错误是暂时、特定的。同时，你提醒他要想办法补救，这就是我们一直说的，习得性乐观最后要落实在一个行为上。虽然他犯了错误，但是他很可能因为你的批评反而变得更乐观，因为他知道自己的错误其实是可以挽救的。这叫"批评出乐观"。

还有一种方法叫"鼓励出乐观"。比如说，你的一个朋友在找工作，面试失败了，他很沮丧。你可能会说："没关系，这个工作反正没什么了不起的。"或者说："你在我心目中永远是最棒的，虽然你面试失败了，但我仍然认为你很优秀。"再或者说："其实我觉得这个工作应该属于你，那个人只是走了后门，有关系才拿到的，你的能力其实比他强。"这些所谓的鼓励方法其实是在说，这次失败没有关系。而你的朋友对于这样的鼓励，很可能是不领情的，他觉得你说的都不是真心话，这样的鼓励方式没有用。正确的鼓励方式其实是来跟他一起分析为什么会失败，然后找到一些不是永久性、普遍性和个人化的原因，从而使他变得更乐观，更有信心地去迎接下一次挑战。

这个时候你应该问他为什么会失败，他可能会找到些原因：我太笨了，我不会说话、面试时气氛不融洽、别人一看就不喜欢我。这都是比较永久性的、普遍性的和个人化的归因。因此你可以跟他一起讨论一下，看是不是还有其他原因？比如，会不会是因为竞争对手太强大；或者这次面试中犯了一个错误；或者有些轻敌，没有投入百分之百的努力；再或者，有一位老师最近生病了，没能帮他辅导。"竞争对手太强大了"，这是一个非个人化的归因，下一次可能他的竞争对手就没有这么强大了；"在这次面试中犯了一个错误"，这是一个暂时性的、特定的归因；"有些轻敌，没有投入百分之百的努力"，这也是一个暂时的、特定的归因，下一次不轻敌，投入百分之百的努力就好了；"有一个老师最近生病了，没能帮他辅导"，这是一个环境化的、特定的和暂时的归因。完成这些分析后，他就会发现，原来这个事情之所以失败不是他想出的那些永久的、普遍的、个人化的归因，其实还有其他的原因。把这些原因放到一起，他对这个事情就会有一个更加平衡的认识。并不是说越乐观（或悲观）越好，而是他对这个事情的认识要更准确。要让他知道这个事情还有救，现在需要做的就是校正这一次犯的错误，下次不再轻敌，他要百分之百地努力；要找到更多的老师帮助他，以避免那些意外情况的发生，以后就能够做得更好。这才是一个正确的鼓励方法，这样才能够摆脱那些虚假的安慰和鼓励，从而让对方变得更乐观，更加愿意去接受挑战，去为自己的未来而奋斗。

习得性乐观并不是心灵鸡汤，并不是让你越乐观越好，而是让你对事情有一个更加准确和全面的认识，从而能够作出更好的判断，并因此取得更好的成绩。

【推荐阅读】

[美]马丁·塞利格曼：《活出最乐观的自己》，洪兰 译，沈阳：万卷出版公司，2010。

Baumeister, R. F., Bratslavsky, E., Finkenauer, C., & Vohs, K. D. Bad is stronger than good. *Review of general psychology*, 2001:5(4), 323–370.

第5讲　积极情绪

积极情绪的分类

积极情绪有哪些？上一讲引用了《头脑特工队》里面提到的四种消极情绪，即愤怒、厌恶、难过和害怕，另外有一种积极情绪，那就是快乐。是不是积极情绪只有这么一种？

当然不是，其实心理学家对情绪有很多种不同的看法。《头脑特工队》里的这种情绪分类来自这部电影的主要心理学顾问、斯坦福大学的心理学教授保罗·艾克曼（Paul Ekman）。除此之外，其他心理学家也对情绪有过不同的分类。比如詹姆斯·罗素（James Russell）（2003）提出，应该根据情绪的两个维度，即让人愉悦的还是不愉悦的，高唤起的还是低唤起的（让人情绪是比较高涨的，还是比较平静的），将情绪分为八种，分别是：兴高采烈、快乐、满足、平静；疲惫、忧伤、难过、紧张（见图5.1）。

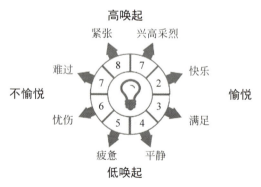

图 5.1　对情绪按愉悦和唤起程度进行的划分

这里采用的是世界积极情绪研究权威芭芭拉·弗雷德里克森的一个分类方法。她把正面情绪分为十种（Fredrickson, 2009），分别是：

喜悦——快乐开心；

感激——感恩，对别人有感谢；

宁静——处在一个比较平静、心安的状态；

兴趣——对一件事情产生了兴趣，想去探索；

希望——对未来有一个非常正面的看法；

自豪——对自己很满意；

好玩——有人也把它译为逗趣，就是被相声或喜剧片等逗乐了的积极情绪；

激励——看到别人的光辉榜样或者被别人所鼓舞，从而决定要有所行动的状态；

敬畏——看到一些非常宏大的事情，比如自然景观，像大峡谷或者是雪山，或者是人类自己创造出来的奇观，如长城或者是故宫，或者是看到的那些杰出人物，对其所感到的那种敬畏之心以及升华的感觉；

爱——这是弗雷德里克森自己最看重的一种正面情绪，她甚至出的一本书就叫《爱2.0》（Fredrickson, 2013），也就是说，她把"爱"看成整个正面情绪里最重要的一种。

积极情绪的作用

弗雷德里克森总结了前人（包括她自己）的研究，发现积极情绪不仅让我们感觉良好、开心，还有拓展与构建的功能（Fredrickson, 2001）。它能够拓展我们的认知，让我们注意到更多的事情，能够整合不同的认知材料，让我们把更多的东西组织在一起，从而打破常规思维，以形成更高的创造力。同时，它还能构建我们的心理资源，使我们能够变得更幸福、更健康、更成功。比如，第一讲曾经提到过的修女研究：如果一个修女在她的决志自传里写的正面情绪词比较多，她长寿的概率也会更大；如果正面情绪词比较少，她很可能就活得不是特别长（见图5.2）。这并不仅仅是两个修女的比较，而是对180位修女进行的研究。我们可以看到，对于那些正面情绪比较强的修女，她们活到85岁的概率是90%，活到

94岁的概率是54%。而对于那些正面情绪比较弱的修女，她们活到85岁的概率只有34%，活到94岁的概率只有11%。显然，通过当年她们决志时正面情绪的强弱大致可以预测她们后来的寿命。

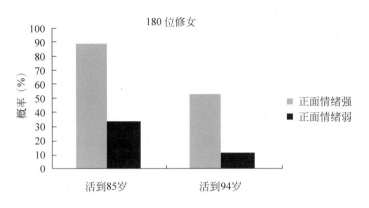

图5.2 修女的正面情绪与寿命的关系

不仅仅是寿命，在我们日常生活中，积极情绪高的人也更加不容易患感冒。柯恩等人曾经做过一项研究（Cohen et al., 2013），他们招募了334名成年人，在测量了他们的积极情绪和消极情绪之后，让他们暴露在带有流感病毒的环境中，看他们会不会生病。结果监测5天之后，那些积极情绪比较低的人，发病率达到了26%；而积极情绪比较高的人，发病率只有15%。也就是说，积极情绪高的人对于流感病毒具有更强的抵抗力。

柯恩后来总结发现，积极情绪和很多健康因素都有关（Cohen & Pressman, 2006）。积极情绪比较高的人更少出现疼痛，更少出现疾病的症状。居家老人如果积极情绪比较高，他中风的风险就会降低。一个冠心病人，如果积极情绪比较高，那么他复发住院的概率也更低。积极情绪高的孕妇，生产都会更顺利、更健康。但是，对于一些重大疾病，积极情绪的作用就稍微复杂一些。比如，对于早期的癌症或者是治愈希望比较高的冠心病等，持积极情绪是有好处的。可是，假如病已经很严重了，比如说是癌症晚期，那么积极情绪过高反而有害，这可能是因为积极情绪高的人会比较乐观，这个时候他可能会低估病情而不愿坚持治疗。因此，积极情绪也并不是越高越好，如果病比较重，患者还是需要有一个更加谨慎和冷静的态度，这才是对自身健康应有的态度。

另外，积极情绪也能够提高我们的认知能力。比如，伊森等人曾经做过这样的研究（Isen et al., 1991）：他们把44位内科大夫随机分为3组，给第一组大夫送了一包糖,让第二组大夫先阅读有关医疗行业的正面报道,而第三组大夫就是正常的控制组。结果发现第一组大夫的临床诊断最为准确。

不仅是医生,对于其他人也是一样。有研究发现,如果学生带着积极情绪去参加考试,在标准化考试中他的成绩会更好;管理人员在积极情绪比较高的时候,作决策也会更准确、更仔细,而且他们在人际关系方面也会表现得更好,能够帮助团队进行更好的协作,从而降低管理成本。所以,对于不同的人,积极情绪都能够促进他们认知能力的提高。

毫不意外,有研究发现,根据大学新生的积极情绪程度可以预测他们19年以后的成功状况。对于刚刚进入大学的新生,19年之后,当初那些积极情绪更高的大学生收入更高,对工作更满意,而且更少被解雇。也就是说,他们更加成功,赚钱也更多。

你可能质疑:"这也许是因为那些大学生是富二代、官二代,所以他们当然积极情绪更高,将来赚钱也会更多。"当然不是。迪纳等人在做这个研究(Diener et al., 2002)的时候,就把大学生家庭分成了三大类:高收入、中等收入和低收入。低收入家庭年平均收入1万美元,中等收入家庭年平均收入2.5万美元,高收入家庭年平均收入4万美元(见图5.3)。可以看到,从年平均收入1万美元的家庭出来的大学生,如果是积极情绪比较高的,那么他们比那些积极情绪低的大学生平均一年大概要多赚1万多美元;对于那些从比较富裕家庭里出来的大学生,积极情绪比较高的,要比那些积极情绪比较低的大学生平均一年多赚2万多美元。这显然是一个非常大的差距。所以我们可以看到,通过积极情绪真的可以在很大程度上预测一个人将来能挣多少钱。

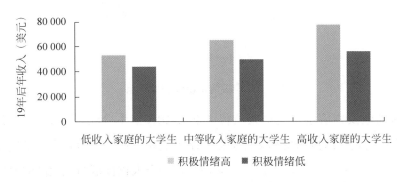

图5.3 大学生的积极情绪程度和其19年后收入水平的对应关系

柳博梅尔斯基和迪纳一起总结了225个学术研究案例(Lyunbomirsky et al.,

2005），并进行元分析。结果发现：积极情绪比较高的员工比中性的和有压力的员工的工作效率高出31%，销售额高出37%，创造力高3倍；对于积极情绪比较高的医生，他们作出准确诊断的比例较其他医生高19%。所以，积极情绪高的人会更加成功。

当然，积极情绪并不只是让我们能挣更多的钱，它还能让我们为社会作出更多的贡献，更好、更多地帮助他人。伊森和他的合作者在1972年做过一个实验（Isen & Levin, 1972），他们把41个大学男生随机分为两组，让他们都到电话亭里面去打电话。其中一组在电话亭里很意外地发现了一枚10美分的硬币，这让他们很高兴；另外一组是对照组，没有发现硬币，他们的情绪跟平时一样。然后，当这些男生走出电话亭之后，旁边会有一个人走在路上忽然掉了一堆纸，这个时候哪一组的男生更可能去帮助这个路人捡起地上的纸呢？

通过图5.4可以看到，那些发现了硬币的大学生（经过测量发现他们的积极情绪更高）绝大多数都会去帮助路人；而那些没有发现硬币的大学生，绝大多数都不会去帮助路人。所以积极情绪可以促进利他行为。伊森的解释是：人在积极情绪比较高的时候，对情境的解读更加积极。而且帮助别人对自己的心情也有一个更好的促进作用。积极情绪比较高的人是希望能够继续维持自己目前的好心情，所以他们更可能去帮助别人。

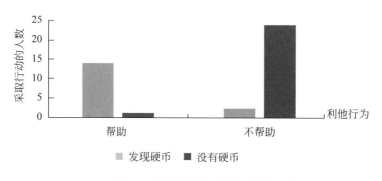

图5.4 积极情绪影响利他行为

针对商业谈判情景，实验人员曾经把EMBA学生分配到3个谈判情景中，分别是积极场景、消极场景和中性场景。结果发现，那些被引导产生了更多积极情绪的人，更容易达成好的共识。这是因为，一个人积极情绪比较高的时候，他会表现得更加友好和善良，会为别人的利益着想，那么这个时候更容易达成一个好的共识，拿到一个更好的合同。

弗雷德里克森由此总结出了"拓展与构建理论"（Fredrickson,1998），即积极情绪能够让人从各种不同的角度来构建自己的资源。

（1）生理方面的资源。让你的身体变得更健康，能够做好准备迎接更多的挑战。

（2）社会方面的资源。你跟别人建立更多的人际连接，从而跟别人的关系变得更好。

（3）智力方面的资源。你的认知变得更广泛，能够注意到更多的事情，能够更好地解决问题。

（4）心理方面的资源。在危机来临的时候，让你的心理韧性更强。这也可理解为复原力，危机来临时，你有更多的资源让自己恢复平静。

这从进化上也可以解释。"快乐"是在提醒你，你正处在一个安全的环境中，有好事正在发生，这个时候你应该去突破界限，发挥你的创造力去创新；"兴趣"是在告诉你，环境当中出现了有意思的、可能会对你的生存和繁衍有促进作用的一些线索，这个时候你应该去探索，这样就能获得新的体验和知识，以不断地拓展自己的事业，获得新的机会；"满足"是在告诉你，目前一切都很安好，让你能够享受当下的生活情境，也可去拓展自己的视角和世界观；"自豪"表示你目前做得很好，它会推动你去创造更多的成就，并促使你去分享成就，且期待未来有更多的成就；最重要的积极情绪——"爱"是在提醒你，环境当中出现了一些人，他们对你非常好，而你也应该对他们非常好，这有助于你建立更广泛的人际关系，让你更好地自我成长。

所以，这些积极情绪不仅仅让你感觉良好，更在提醒你要对环境做出某些应对，而这些应对最终能够帮助我们拓宽视野，并构建更强大的资源。这就是拓展与构建理论的进化解释。

一个最突出的例子就是积极情绪对于创造力的促进。哈佛大学的心理学家特蕾莎·阿马比尔（Teresa Amabile）研究创造力已超过20年。她发现，那些创造力比较强的人比一般人更加快乐，而且在重大的创造性突破的前一天，如那些诺贝尔奖获得者在做出重大研究突破的前一天，基本上都至少会遇到一件让他们感到愉快的事情。相反，那些负面情绪，比如说压力、失业和竞争，都会削弱人的创造力。她解释说，这是因为积极情绪能够促进人的内在动机，让人感到活动本身是好玩的，并对活动产生更多的兴趣和愉悦，这就能够促进创造力。

很多实验也都证明了积极情绪能够促进创造力。比如，伊森通过一种常用的测试创造力的方法——"远程联想测试"来做实验。他给被试者三个看上去好像没有什么关系的字，然后问被试者有什么字可以把这三个字连在一起组成一个词。比如说中文的"放、理、伤"，有哪个字能够跟这三个字组成一个词语？其实就是"心"这个字，"放心、心理、伤心"都是中文中已有的词。所以利用这样一个字，就把三个本来好像一点联系都没有的字联系在了一起，这就能从某一个角度来测量一个人的创造力。伊森和他的同事发现，假如能够激发起一个人的积极情绪，那么他就会在远程联想测试中表现更好。

另外一个很有意思的实验叫作"蜡烛测试"（Isen et al., 1987）。他们让被试者利用一面墙壁、一盒火柴、一些钉子和一根蜡烛创造性地把蜡烛固定在墙壁上，同时点燃蜡烛，但要保证蜡油不会滴到地上。这个实验题目的答案是需要把火柴盒里的火柴拿出来，然后像图 5.5 显示的那样，用钉子把火柴盒钉在墙上，最后，把蜡烛放在这个火柴盒上面，这样蜡油就不会滴到地上了。

图 5.5　发散性思维的一种测试

这是一个打破常规的思维，火柴盒除了装火柴之外，还可以作为一个支撑物钉在墙上放蜡烛。因此，这个实验也是一种测试创造力的实验。伊森发现，如果激发了被试者的积极情绪，比如说让他们看一段感到快乐的视频，或者给他们糖果吃，他们就有可能更快地想到这个有创造力的解决方法。

中国学者也做过类似的研究（胡卫兵和王兴起，2010），比如胡卫兵等人让一些初中生来回忆高兴的事情或难过的事情,并观看能激发积极情绪的视频或引起消极情绪的视频。结果发现,这些参加实验的初中生如果被激发了积极情绪,就更可能提出比较有创造性的科学问题,无论是在思维的流畅度上,还是在灵活性上都表现得更好;反过来,有的负面情绪对提出创造性科学问题没有显著影响,但有的负面情绪,比如恐惧则会抑制创造力。因为人在恐惧的时候,最需要的就是转身逃跑,逃离这个场景,而不是创造性地来应对这个场景。恐惧是需要人集中注意力来解决问题的,而不能拓展认知,或去进行发散性思维。所以,积极情绪更加能够促进我们的创造力。

获得积极情绪的方法

怎样才能够得到更多的积极情绪呢?主要有以下三种方法。第一种方法是当好事发生,你能感觉到积极情绪的时候,你要更好地享受它。这种技巧叫作"品味"。第二种方法是当好事发生的时候,你可能没有注意到,所以就没能产生积极情绪。因此,我们应该想办法更多地注意到这些积极情绪。比如,我们在第1讲中安排过一个作业叫作"三件好事",它可以让我们注意这些好事,从而让这些好事产生它应有的积极情绪,让我们能够感受到积极情绪的好处。第三种方法就是去创造更多的好事,在生活当中主动地给自己增加积极情绪。这类方法会讲得非常多,全书都在讲各种幸福获得方式和积极心理干预,从发挥品格优势到将来要讲的锻炼、感恩和助人等,都能够创造更多的积极情绪。所以,我们下面集中讲前两种方法。

"品味"这个词本来的意思是品尝食物的味道。当我们在吃一个很好吃的东西,或者是喝好酒的时候,我们会闭上眼睛,全神贯注地体会舌头、鼻子和嘴里传出来的感觉,这就是品味。品味的第一种方法就是,当任何积极情绪来临的时候,我们都会全心全意地只关注当前这个积极情绪,而不再去想其他的东西,这个时候我们就能够更好地享受它。

品味的第二种方法是留下纪念品。我们都知道,如果出去玩的时候会多留下一些照片,那么将来等我们再回来翻看这些照片的时候,当初的积极情绪就会回来。当年曾经有过的一个积极情绪,将来还可以多次地重复。比如,我在孩子出生的时候，会让他在橡皮泥上留下小小的手印和脚印，后来每次看到这些东西，当初刚刚抱起孩子的温馨感觉和场景就一下子回来了，重温当初的狂喜真的非常好。所以，当你经历一个正面情绪的时候，你可以留下一些东西，以便未来重温。

品味的第三种方法是自我肯定。这和上一节讲的乐观归因有关，当好事发生的时候我们会把它归结为暂时、特定、非自我的原因，这样我们就不能好好享受积极情绪。我们应该大胆自豪地肯定自己，并认为真的是由于自己的努力和自己的一些特质赢得了这些好事，这样你的积极情绪就会更多。

品味的第四种方法是跟别人分享。如果你有一个苹果我也有一个苹果，我们两个换一下，我们一人还是一个苹果；但是，如果你有一个故事我有一个故事，我们两个换一下，我们每人各有两个故事。比故事更好的是好事。想一想，假如你有一件好事，你的朋友也有一件好事，你跟他彼此分享一下，你们两个人现在有多少件好事了呢？有三件好事：一件是你自己的好事；一件是别人的好事；第三件是你们一起分享好事的过程，这本身也是一件好事，它也能产生很多积极情绪。所以当你有了好事的时候，不要忘了跟别人分享。巧克力在跟别人一起吃的时候更好吃。好事也是一样，当跟别人一起说的时候，好事就会变得更加好。

音频

那么，如何能够更多地注意到生活中的好事呢？除了关注"三件好事"，我们还可以通过冥想的方式来思考和关注我们生活中更多的好事，从而收获更多的积极情绪。冥想的好处非常多，它会让人更放松，能提高免疫力，从而更好地应对压力，让你更幸福，甚至还能提高记忆力、智力、学习能力和创造力。这里只是简单介绍一下这个方法，叫作"善爱冥想"，以帮助我们专门关注人生当中最重要的一件好事，这就是我们和别人之间的善良与爱。

冥想之后，你会觉得人生中有了更多的"善"和"爱"，也有更多的积极情绪。弗雷德里克森把被试者随机分为两组，一组做"善爱冥想"，另一组是对照组（控制组）。如图5.6所示，在长达8个星期的时间里，善爱冥想组的积极情绪一路上升，而控制组基本上没有变化。弗雷德里克森发现（Fredrickson et al., 2008），这是因为"善爱冥想"能够提升人的积极情绪，从而让他们构建起更多的心理资源。

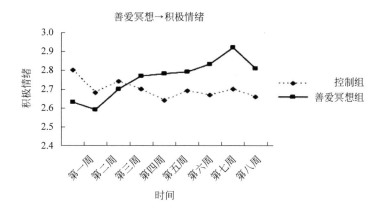

图 5.6 善爱冥想与积极情绪的关系

消极情绪的作用

既然积极情绪有这么多好处，那么，是不是想要获得越来越多的积极情绪，就要去消灭掉消极情绪呢？不是的。消极情绪和积极情绪之间存在一个辩证的关系，并不是说积极情绪越多就越好，消极情绪越少就越好。下面我们就来讲一讲消极情绪有什么作用，它和积极情绪的关系是什么，以及如果消极情绪过多，我们该如何应对。

其实，消极情绪的作用和积极情绪的作用是类似的，从进化的角度来理解，它们都是在提醒我们周围环境出现了什么变化，并提示我们该如何应对。

"恐惧"表示在我们的环境当中出现了巨大的威胁。比如说，有一只老虎或一大群敌人即将到来，那么这个时候我们应该干什么呢？应该逃跑，逃离危险，到一个安全的地方去。

"愤怒"表示环境当中出现了不公平的事情，这些事情会侵犯自身或别人的利益。比如说，当你看到一个敌人在那里烧杀抢掠，这个时候你就可能是愤怒的，并冲上去把他打败。大家也都能体会到，平常当我们愤怒的时候会心跳加快、手脚发抖，这其实是准备战斗的迹象。

"伤心"表示失去了一样很宝贵的东西，这个情绪会促使你关注损失，并且提醒你慢下来想一想，为什么你会有这样的损失，以及如何应对这个损失导致的后果。所以，当我们伤心难过的时候，人会感觉无力，什么都不想做，这是情绪让我们慢下来，不要很快地作出一个反应。

"厌恶"是在提醒我们，环境中出现了一样可能会伤害你的东西，但是它并不会主动攻击你，所以你应该躲开它。比如，看到有毒的东西，或者看到呕吐物、粪便，或者遇到很讨厌的人，这个时候你远离就可以了，不需要攻击。

"焦虑"警告你出现了危险，或者提醒你就在不远的未来可能会有一个危险出现。因此，你应该集中注意力来应对这个危险，把它给排除掉。焦虑和恐惧都是对危险的反应，恐惧说明危险已经来到了你的面前，而且你无法抗拒，所以你必须逃跑；焦虑说明危险还没有立刻到来，提醒你应该去应对。

因此，消极情绪是有作用的，它提醒我们环境当中出现了有害的事情，应该想办法去应对。消极情绪如果太少，就没有办法好好地应对负面的刺激，就像第2讲里引用过的亚里士多德的话，正确的数量、正确的时间、正确的目的、正确的方法非常重要。

第2讲也强调幸福并不是越多越好，太多的积极情绪会导致过于冒险行为的出现，比如说酗酒、暴饮暴食，乃至吸毒等。消极情绪太少，你就会忽略掉环境中本来非常明显的一些危险信号，最后可能会吃大亏。

另外，我们也讲到过幸福要合时宜。坏事发生的时候，你就应该有消极情绪。当遭受重大损失的时候，就应该感到难过，不要还责备自己"为什么我还不快乐啊？"坏事发生的时候，消极情绪自然会产生，你接纳它就好。

所以，积极心理学并不是否定消极心理的存在，也并不是将什么事都往好处想。弗雷德里克森曾经打过一个比方，说情绪就像一艘船，积极情绪是它的风帆，而消极情绪是它的锚，如果消极情绪太多积极情绪太少，它就像一艘锚非常重风帆非常小的船，锚死死地扎在泥里，风帆又非常小，等于没有动力，这艘船最后哪儿都去不了；但是如果一艘船的风帆非常大，等于动力很强，锚却很轻，那它在海里很可能因为跑得太快而翻船。这就像一个人，有很多积极情绪，基本上没有什么消极情绪，那很可能就太爱冒险太莽撞，做一些很可能会导致严重后果的事情。所以弗雷德里克森提出，积极情绪和消极情绪要保持一定的平衡，并不是说积极情绪越多越好，消极情绪越少越好。

所以，在《头脑特工队》这部电影里，一开始代表积极情绪的乐乐对代表消极情绪（难过）的忧忧怎么都看不惯，想尽办法要把它除掉。可是经过电影里面的各种事件，乐乐最后才认识到，原来忧忧（消极情绪）也是必不可少的。消极情绪对于一个人其实起着重大的作用。所以，最后乐乐和忧忧达成了和解，并知道大家应该携手在一起，才能够构建一个更加健康的心理。

负面情绪过多的坏处

消极情绪太多是需要干预的。比如，"过度焦虑"就是对坏事产生的焦虑程度超过了坏事的危险程度。

在自然环境中，可能会遇到三种情况（坏事）。第一种情况是来了一只老虎，对老虎应该是什么反应？你应该是被吓得魂飞魄散，然后立即拿起猎枪，彻夜不睡地保护着你的家人，或者把大家组织起来去打老虎。这是一个正常的焦虑，你对这件事情产生的焦虑，和它的危险程度是匹配的。第二种情况，如果来的是一只狐狸，那就用不着拿枪，只要把自己家的篱笆扎好。夜里睡觉的时候如果听到鸡窝里有声音，就拿一根棍子过去打狐狸就行了。所以对于狐狸，你也有一定的焦虑，但是焦虑没有对老虎那么强。第三种情况，如果来的是一只野猫，你回家把肉干、咸鱼收好，不要夜里被野猫给偷吃了就行，并不会为了一只野猫而一夜睡不着觉。假如看到一只野猫就吓得魂飞魄散，或拿起一支枪回去保护肉干和鱼干，或组织大家一起去打野猫，那就是过度焦虑。你对这个事件产生的焦虑和应对方式，都超出了这个事件的危险程度。

问题在于，在远古时期，这三种级别的焦虑都会经常出现。即使是面对老虎这样能够威胁生命的危险也会经常出现。可是在现代社会，这种危险已经很少了。但是人的特点是"有焦虑就克服焦虑，没有焦虑就创造焦虑来克服"，这样就容易把野猫级别的危险也当成老虎级别的危险，因为这样就能够产生一定的焦虑，然后让自己觉得好像是在正常地应对外界的危险。可这个时候，其实你已经在过度焦虑了，因为这时老虎级别的焦虑对象并不是老虎，而只是一只野猫。

这种过度焦虑的强度会远远大于现实威胁。现代父母的焦虑就是一个典型：当父母发现孩子有一门课没考好时，就急得一夜睡不着觉，然后立刻要给他去报各种补习班。这其实就是父母把孩子一门课没考好这样一个小小的坏事，当成了是能够威胁到孩子一生安危的大事，从而产生了过度焦虑。我刚到美国的时候，就曾经听过一个笑话，说有一个女生给她的父母写了一封信：

爸爸妈妈，我在美国一切都好，最近还交了男朋友。他虽然只是初中毕业，没有工作，但是没关系，我向同学借钱给他用，因为真爱是无价的。他比我大19岁，对我就像对女儿一样疼爱，我很喜欢这种感觉。他有时候不开心了会打我，但我不会怪他，因为总是我先惹他生气的。他有很多爱好，比如滑雪。我们上周一起去滑雪，他把我拉上了黑道，我把两条腿都摔断了。所以，我现在是躺在医院里给你们写这封信的……

好了，其实前面说的都没有发生，我在美国一切都好，没有交男朋友，身体也很好，只是这学期有一门功课没有及格。

这个女生显然是意识到她的父母是过度焦虑型的，会把孩子一门课没过看成生死大事。他们会认为有一门课没过，那将来就可能会拿不到学位；学位没有拿到，以后就找不到工作；工作找不到，一辈子就毁了。但其实一门课没过，还有很多的补救机会和方法。如果你是一个过度焦虑的人，就会把它上升到生死危机。所以这个女孩就先把真正的生死威胁呈现给父母看，那才是父母真正应该产生老虎级别焦虑的事。一门课没过，那只是野猫级别而已。

过度焦虑还会导致精神痛苦和自我效能下降，你会觉得自己什么都做不了，怎么这么失败。你预感到灾难、痛苦，觉得就要大难临头了，感觉这个事情就要把一家人压垮，然后会做出错误的应对方式，动用所有的能量来解决这个问题。并不是说这个问题不应该解决，但是你把过多资源都用在了一个次要的问题上，就像把一家人都组织在一起拿起枪来去打野猫。这是资源的错配，本来大家可以去生产，可以去做出更多的肉、鱼干，收获要比一只猫能够造成的损失大得多。

所以，过度焦虑的人经常会把过多的资源用在一个无须如此关注的事情上，从而错失更多的机会。他们也经常会产生身体反应，比如失眠、记忆力下降，等等。他们的焦虑并不会随着问题的解决而消失。旧的问题没有了，他们立刻要找一个新的问题来焦虑。比如，我认识一些父母，他们从孩子小时就在说，只要孩子上了大学，我就什么都不担心了。可孩子上了大学之后，他们又说，只要孩子找到工作，我就不担心了。找到工作之后，他们又说，孩子结婚了我就不担心了。

结了婚之后,他们又说,只要等到生了孙子,我就不担心了。等到生完孩子,现在他们又说等孙子上了大学,我就不担心了。所以,他们的焦虑不会随着问题的解决而消失。

如何消解过多的负面情绪

对于过多的负面情绪,我们还是要想办法去应对。应对的方法有以下四步。

第一步是觉察。你必须意识到自己产生了过多的负面情绪。比如说正念,平时经常练习可以辨识自己的情绪。当你的情绪起来的时候,你要知道自己的情绪是什么类型的,以及它的强度有多大。当你的负面情绪起来的时候,你要知道自己是否对这件事情产生的负面情绪的强度超过了它的危险。比如,在路上有个人不小心踩了你的脚,你肯定会生气。这个时候你生一点气没关系,接纳它、放松就好了。但如果你暴跳如雷地想要跟他打架,那么这就是你产生了过多的愤怒,这个时候你就应该觉察到自己的愤怒可能是过度了。

此时就该采取第二步,让自己稍微平静一下,深呼吸至少五次,这样就可以让你能够从这个情绪当中稍微解脱一点。

如果在你负面情绪爆发的时候,深呼吸都难以让你平静下来,那么就要采取第三步,就是接纳。接纳其实是一种自我同情,当一些坏事发生的时候,你把自己想象成另外一个人在拥抱你自己,对自己说:"你好,很不幸发生了这样的坏事,你现在有负面情绪是应该的,你现在感到不高兴,那是可以理解的。"这样,你就接纳了目前产生的这些负面情绪。不要因为已有的负面情绪产生更多的负面情绪。比如,当你感到焦虑的时候,你却总是问自己"我为什么这么焦虑啊",或者开始对自己感到愤怒。因为人类的情绪是很难压制的,你越想压制它,它的反弹可能就越厉害,反而因为压制负面情绪又导致更多的负面情绪出现。

在这方面有一部很好的电影可以借鉴,就是《冰雪奇缘》。这部电影的女主角拥有一种魔法,这个魔法其实就是她的情绪,它可以创造美好的事情,但也可以伤人。这个女主角因为年纪太小,不会控制这种魔法,也就是说她控制不了自己的情绪,所以她只能压制自己的情绪,只能把它给藏起来。可是总是这样压制、隐藏也不是办法，终于有一天她的情绪大爆发了，也就是她的那些魔法在她无法控制的情况下，开始肆意地改变世界，把整个世界变成了一片冰雪。女主角一方面因为自己的魔法爆发而产生了很多负面情绪；另一方面也因为她释放了这些魔法而感到畅快。她对于自己的魔法，也就是对她的情绪，一开始是隐藏，不让别人看见，是一个压制的状态；但是后来当她情绪爆发之后，她又觉得很畅快。她开始说，我再也不管别人怎么看，我再也不管别人怎么想，也不要管规则，我要随心而行，允许我的情绪肆意爆发。

但是，负面情绪大爆发对自己和别人都不是一件好事，所以我们还是要想办法再做第四步，第四步就是如何最终减少负面情绪。在接纳之后，我们也应该认识到，如果负面情绪太多了，我们需要减少它。

降低负面情绪主要有两个途径，一个是通过认知途径，这个跟上一讲的ABC模型很有关系。首先，你要识别情绪是愤怒还是难过，是恐惧还是厌恶，或者是其他的负面情绪；其次，你需要思考，是什么导致了这个情绪。很可能导致你恐惧的危险其实并不是不可抗拒的，你认为它是一只老虎，其实它可能只是野猫。因为让我们产生情绪的并不是事件本身，而是我们对这个事件的看法。你恐惧，说明你当前有一个判断，认为它是一个大到让你无法抗拒的威胁，你只能够逃跑。你还可以进一步想一想，这个危险给自己带来的最糟糕的后果是什么，以及它带来的不同后果的概率各是多少。

比如，一门课没有考好，那么它给你带来的最糟糕的后果是什么？可能是不能毕业。但是不能毕业发生的概率是多少？如果明年补考，它通过的概率是多少？甚至就算补考也没有过，那它对我们的最终影响又是什么？所以，你如果在纸上把所有可能出现的后果都列出来，并且列出它的概率，你会发现，你担心的那个最糟糕的后果的概率可能是很小的，而且它对你造成的影响并没有那么大。

如果你产生的情绪是愤怒，那说明你有一个判断，认为它是一件正在发生的不公正的事情，这个事情可能侵犯了你或别人的应有利益。但其实你认为侵犯你或别人的那个事情，可能侵犯理由并不成立。你认为的那个侵犯者，可能他也有自己的理由，也可能他认为这么做是正当的。所以，这个愤怒的情绪可能并没有那么多依据。

在做完了这样的分析之后，你应该对这个事情进行评估，比如，这个说法有没有事实依据，这个归因到底对不对。在进行分析的时候，负面情绪本身可能就已经减少了许多。不仅仅是因为你分析的那个理由可能不成立，还有另外一个重要的原因，就是当负面情绪上来的时候，大脑相当于被生产情绪的杏仁核"劫持"了。但是，如果你开始对一件事情进行分析，不管它最后的结果是什么样的，这已经说明你大脑的注意力开始转到了前额叶，你已经开始理智地思索了。这时候，大脑就从"杏仁核劫持"中被解救出来了，负面情绪自然就会降低了。所以，假如你一心压制负面情绪，注意力就会一直放在这种情绪上；如果你进行理智的思考，那么注意力就不再只放在负面情绪上了。

要做到这一点并不容易。当情绪被高唤起时，人们很难进行认知思考。所以，人们还需要利用非认知的方法来应对过多的负面情绪。首先还是前面所说的"觉察""平静"和"接纳"。当你接纳负面情绪的方法具有正当性之后，如果发现负面情绪还是太多了，你可以试试以下几个简单的方法。

第一个方法是运动，尤其是面对那些高唤起的负面情绪时，比如说"愤怒"。人在愤怒的时候就会恨不得发泄一下，很想找一个沙袋打一打，这时大脑的注意力就从情绪慢慢地转移到身体运动上，从"杏仁核劫持"中被解救出来。当然，更好的方式是做那种非攻击性的运动，比如跑步、游泳等。当运动完之后，大脑会分泌大量多巴胺，这样不仅会减少消极情绪，还可以唤起更多的正面情绪。所以，如果负面情绪很大，没有办法进行理智思考的时候，一个最简单的方法就是运动，无论什么样的运动都可以。

第二个方法是跟别人交流。你可以找一个人去倾诉，哪怕是很不理性的情感宣泄，不要一个人憋着。当有人可以倾诉的时候，对你是一件好事，这说明在你的人生中，还是有美好的一面，还有人在支持你。并且，当你诉说的时候，你需要组织好语言，这也涉及理智脑的运行，也可以减少"杏仁核劫持"。同时，当你跟别人交流、向别人倾诉时，你也会产生感恩之情。你可以在平时准备好一个感恩名单，当负面情绪比较多的时候，就看一看这个名单，想一想有哪些人需要你去感谢，给他们打个电话或者发个微信去感谢一下。这个时候你的注意力就会转移到正面情绪上去了，可以有效地降低负面情绪。

第三个方法是帮助别人。你可能会认为，自己的负面情绪已经很多了，怎么还有余力去帮助别人呢？后面我们会专门讲一种疗法就叫"助人疗法"。当你帮助别人的时候，你的负面情绪自然就减少了。

第四个方法最有效，属于应对负面情绪的非认知方法，那就是"冥想"。

但是，在负面情绪泛滥的时候去冥想是很难的，更多需要借助平时的练习。假如一个人平时经常冥想，经常可以正面地观察到自己的情绪起伏、思维决定、意识等，那么他的负面情绪就会比较少。所以，大家平时可以多练习冥想（详见第15讲）。

【作业】

（1）品味练习。本讲已经谈到品味的方法，从现在到下一个星期，在你喜欢的活动中至少找出一个活动使用这些品味技巧。当你在进行喜欢的活动时，第一，要排除其他干扰，全心全意地享受你的积极情绪，专注于你目前的正面感受；第二，想办法在你喜欢的活动里留下纪念品，以便将来还可以回味；第三，肯定这件好事是因你自己而发生的；第四，跟别人分享。

（2）帮助别人练习。你要出人意料地帮助别人，也就是说，你所做的并不是别人预期得到的事情，也不属于你的本分。被帮助的人可能是一个陌生人，也可能是你认识的人。比如，突然给他一个小礼物，或者突然为他做一件事情。当你做完这个练习之后，积极情绪也会变多。

【推荐阅读】

［美］芭芭拉·弗雷德里克森：《积极情绪的力量》，王珺译，北京：中国纺织出版社，2021。

Fredrickson, B. L. The broaden-and-build theory of positive emotions. Philosophical transactions of the royal society of London. *Series B: Biological Sciences*, 2004:359(1449), 1367–1377.

第6讲　助人心理与行为

好人有好报吗？

克里斯托弗·彼得森曾经在西点军校讲授品格优势与美德。按照惯例，他首先会给军官生测量一下品格优势和美德。最令人惊讶的是，这些美国陆军未来的领袖们最突出的优势并不是大家以为的勇敢、领导力等，而是"爱"。彼得森觉得很奇怪，为什么这些军官最突出的优势是爱呢？一个军官生站起来说："先生，您从来没有看过《兄弟连》吗？"《兄弟连》是一部讲"二战"期间欧洲战场上美军部队的电视连续剧，它着重描绘的并不是他们如何英勇杀敌、敢于牺牲，而是讲他们相互扶持、共同战斗的兄弟之爱。

后来，彼得森有一次做关于积极心理学的演讲，讲完之后有一个老太太上来问他："教授，你今天讲得非常好，可是我什么都没听懂。你能不能简单一点，就用一句话、三个词，把积极心理学说清楚？"彼得森想了一会儿，说"Other People Matter"，就是"别人很重要"。

为什么别人很重要？前几讲已反复提到，和他人的关系是促进幸福最重要的外在因素。

塞利格曼和爱德华·迪纳曾做过一个研究（Seligman & Diener, 2002），他们调研了一批大学生，想要看看幸福的人究竟是什么样子的。结论是，幸福的人都有很好的人际关系，跟其他人相比，他们拥有更好的人际关系。

如图 6.1 所示，幸福的人在人际关系的各个方面，无论是友情、亲情还是爱情，都得分更高，别人对他们的人际关系的评价更好，他们也更喜欢跟别人在一起，独处时间较少。由此可以看出幸福指数跟人际关系相关。

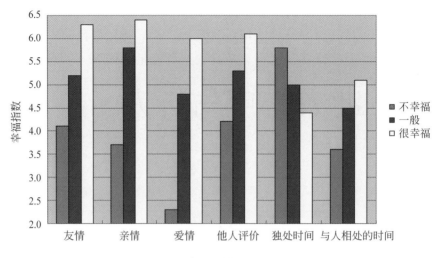

图 6.1　幸福指数与人际关系

两年之后，塞利格曼和迪纳总结了更多的研究（Seligman & Diener, 2004），肯定了幸福和人际关系的相辅相成。他们发现，人际关系好的人更幸福，或换句话说，幸福的人有更好的人际关系。

前面讲到，助人能让我们和别人联结得更紧密，当然也就会变得更幸福。

这方面的研究非常多，比如哈佛大学医学院曾经做过对多发性硬化症的病人进行干预的研究。多发性硬化症是一种慢性的中枢神经系统疾病，可以让人忽然之间就失明，同时无法移动四肢，肌肉无力，而且会引起协调与讲话困难等症状。目前医学界对它还没有有效的治疗方法，所以患者只能够默默忍受这个疾病的折磨，几乎看不到曙光。哈佛医学院的卡罗琳·施瓦茨（Carolyn Schwartz）博士做过一个实验，把这些患者分为两组：一组教给他们应对疾病的技巧，如心理复原等，以使他们能够更好地与病魔搏斗。第二组是为他们提供病友支持，即让其他多发性硬化症的患者给他们打电话，一个月一次，每次 15 分钟。

这些支持者也都是病人，并不是医生，因此他们也给不出什么有效的建议，主要就是听对方说话，做一些同病相怜的交流，启发大家找到更好的生活方法。为了防止这些支持者劳累过度，他们一个人一个月只需要打 5~15 次电话，一次 15 分钟。这项工作持续了两年，其间施瓦茨一直在监测所有人的各项心理指标，她想要证明应对技巧比病友支持更有效。两年后的数据分析结果却让她喜忧参半：喜的是，学习应对技巧的患者情况果然比获得病友支持的要好；忧的是，好的程度实在有限，几乎没有什么学术上的意义。

于是，施瓦茨陷入了困境：是勉强写一篇论文，还是承认这两年都是在白费心血。就在进退两难之际，她忽然想到了那些给患者打电话的支持者们，他们的数据怎么样？她想到这一点并非偶然，为了帮助这些支持者能够正确开展工作，施瓦茨每个月都会跟他们见一次面，讨论进展和解答疑问。她注意到，这些支持者的情况反而明显变得越来越好，"就像花儿一样在我面前绽放"。她想，也许他们的数据会跟那些患者不一样。事实证明，她的直觉完全正确，就像下面这两幅图所展现的（见图6.2）。

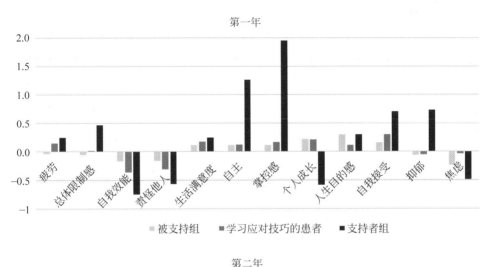

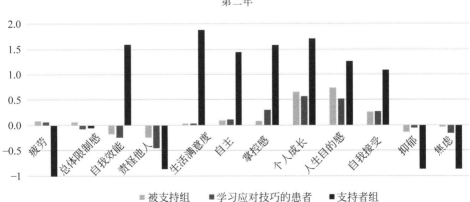

图6.2 支持别人的患者与被支持、学习应对技巧的患者的心理对比

帮助病友的支持者们，第一年的平均表现就已经比那两组好。到了第二年，这个差距进一步扩大到令人瞠目结舌的地步，他们几乎在所有指标上都遥遥领先。

在自我效能、生活满意度、自主、掌控感、个人成长、人生目的感、自我接受等方面，支持者的表现都比被支持者和应对组好出很多。他们通过支持别人，使得自己更自信，人生更有目标，也更加幸福。在责怪他人、抑郁、焦虑等方面，三组人都有可喜的变化。但是支持者减少得比其他两组更多，说明他们更少责备别人，也更少抑郁和焦虑。在疲劳和自我效能方面，被支持组和应对组表现不佳，即都感觉到一定程度的疲劳，并且自我效能为负数，即对自己不太有信心。但是支持组和他们形成了鲜明的对比，对自己的身体感觉充满能量，对自己的能力充满自信。

施瓦茨由此得出结论，支持组比被支持组和应对组能更好地应对病魔，表现更佳，并且更幸福。她把这个研究结果写成了一篇论文，题目就叫"助人即助己"，发表在《社会科学与医学》杂志上（Schwartz & Sendor, 1999），并引起了广泛的关注。当然，施瓦茨也知道这并不是一个严格的科学实验，但她从这个现象出发继续思考：照理说支持者是付出方，被支持者是获益方，为什么这些支持者得到的好处却比被帮助的人还要大得多？

为此她采访了这些支持者，结果发现，他们通过帮助别人，哪怕这种帮助是微不足道的，如对被支持者一个月一次、一次15分钟的倾听，也能够使他们的注意力从自己的病魔中移开，关注别人的痛苦，而且能从对别人的帮助当中更加认识到自己的价值，从而对自己更有信心。

下面是一些被采访者的语录。

- 当你帮助别人的时候，是不会抑郁的。
- 当我和别人交谈时，我内心平静，能真正地倾听。有时，我必须努力不打断他们、不评判他们，不过后来这就变得越来越容易了。我能够全神贯注地倾听，因为我对他说的话感兴趣。因为这是个改变，我由此获得了心灵上的宁静。
- 只要在倾听，就会让人感到温暖。我不再关注自己的想法，而是全神贯注于别人的感受。

- 我仍然感到自己有价值，因为我仍然可以给予，我仍然有东西可以给别人。
- 我对我的未来感觉非常有信心。我并不是说医疗上的信心，因为病魔随时会回来……我并没有痊愈。多发性硬化症没有解药，但是我真的感觉，无论未来发生什么我都可以处理好。
- 不再只是"你得了多发性硬化症"，而是"你得了多发性硬化症之后，你就能帮助其他有多发性硬化症的人了"。

让我最感动的是最后一条。因为一般来说，当人得了这么糟糕的病之后，第一反应大多是"我是个牺牲品，是个弱者，我多么可怜"等负面的想法。可现在，当病人们变为志愿者去支持别人的时候，他对自己的看法就变了："原来老天让我得这个病，是为了让我能够更好地发挥能力去帮助更多的人。"这时，患病对他们来说就不是一件坏事了，反而是一件有意义的事，正是因为这样，他才能够去作更多的贡献。这样，他们就会获得更多的信心以及蓬勃的幸福感。

类似的研究还有很多。纽约州立大学石溪分校的斯蒂芬·波斯特教授写过一本书，书名为《好人会有好报吗？》，其中总结了很多有关助人的研究（Post & Neimark, 2008）。他本人就是一个助人的典范。他小时候情绪不好时，他妈妈并不是给他一块糖，或者给他讲个故事、唱个歌，而是会说："孩子，你看上去心情不好，你出去帮帮其他人吧。"这时候，小波斯特就会出去帮助对面的大叔清扫落叶，或者帮助旁边的大伯清理桅杆，等等。这个办法非常有效。他说，他每次出去帮助人之后，心情还真的就变好了。

他的父亲也是一名助人的楷模。波斯特回忆说："父亲11岁的时候，我的祖父埃德温·波斯特死于火焰岛附近的一次船只意外事故。此后父亲就一直生活在长岛的大南湾，每次只要有暴风雨或强风来袭，他就会驾着金鹰号船穿梭于湾区，寻找受困的船只。父亲是位玻璃产品设计师，曾经有人聘请他到著名的康宁公司担任设计部门副部长，但他拒绝了。我问父亲为什么，他平静地说他父亲就死于这里的暴风雨，所以他要永远生活在这里，忠于这个地方。对我而言，所谓忠诚就是父亲驾着船一年又一年地尽他所能，防止其他人的父亲丧生于暴风雨。因为世界上可能还有一个11岁的小孩，像他当年一样正在等着自己的父亲回家。"

波斯特长大之后，就成了一名研究助人的科学家。他的研究得到了著名慈善家约翰·邓普顿爵士的支持。他们成立了一所"大爱研究院"，在他的领导下致力于用科学的方法来研究慷慨助人的人间大爱。

在《好人会有好报吗？》这本书里，开篇第一句就是："如果我可以带一个词到来世，那一定是'付出'。"此书总结了助人领域的很多研究。

第一，乐于助人的青少年成年后身心会更加健康，事业也更成功。加州大学伯克利分校从60年前开始，跟踪了近200个人的生活。心理学家保罗·维克根据这些积累的材料分析了他们的助人倾向，并且花了3年的时间走遍全美国，对他们进行逐个访谈。维克发现，那些在60年前还在读高中时就比较乐于助人的青少年，后来更成功，赚钱更多，社会地位也更高，这跟青少年的背景或者是智商没有关系。换句话说，假如你们俩是同样的家庭背景，智商也一样，但是你更乐于助人，那你就更可能成功。此外，这些乐于助人的青少年将来的生活习惯更好，比如会更少抽烟、酗酒，更关注身体健康，也会更多地锻炼身体。他们还具有更高的社会竞争力，这是因为帮助别人会锻炼情商，增强自信，提升与别人打交道的能力，而这些都是提高社会竞争力的关键因素。

第二，帮助别人的人更健康。前文中哈佛医学院所做的研究已经证明了这一点。伯克利大学还有另外一项研究，他们跟踪了2 025个老人达5年之久，他们的发现非常惊人。经常做志愿服务的老人，死亡率比其他人低44%；而做两项以上志愿服务的老人，死亡率低于63%。

如图6.3所示，对常人来说，一周运动4次能降低30%的死亡率；参加宗教活动可以把死亡率降低20%；戒烟则可以把死亡率降低49%。也就是说，帮助别人的健康效果仅仅略逊于戒烟。而且，如果你频繁帮助别人，一周做两次志愿服务，那就简直是"死神也望而却步"了。

当然，助人的好处不仅限于老人。2010年3月，美国最大的保险公司之一联合健康保险公司，和一家非营利机构"配对志愿者"一起推出了一项调查报告，其覆盖了18岁以上的所有年龄段，调查了多达4 582名美国人。结果发现，68%的志愿者认为，志愿工作让自己变得更健康了。觉得能够控制自己健康的志愿者比例比非志愿者高8%，对自己的健康状况打分是"好""非常好"的志愿者比例比非志愿者高13%（见图6.4）。他们在更细一层的健康逐项打分上，表现也比非志愿者好。在"免疫能力"上得分比例高6%；在"力量"上的得分比例高9%；在"总体能量水平"上的得分比例高18%；在"精力"上的得分比例高14%。

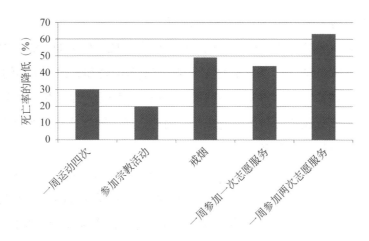

图 6.3 加州伯克利大学对 2 025 位老人的 5 年跟踪调查结果

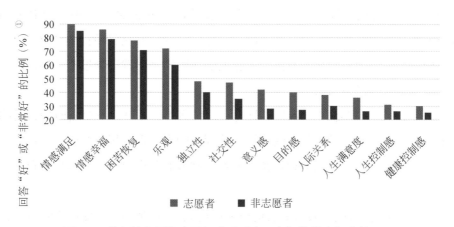

图 6.4 联合健康保险公司与"配对志愿者"的调查报告结果

哪怕是在体重上,志愿者也控制得比非志愿者好。保持在正常体重范围内的志愿者比例比非志愿者高 26%;反过来,肥胖的非志愿者比例比志愿者高 16%。看来助人还可以减肥。有人猜测,志愿者也许是过度操劳累瘦的,其实不然,因为调查表明,志愿者的体重过轻比例同样比非志愿者少,只有后者的一半。所以更可能是志愿者能更好地控制自己,有更积极的生活态度。总体来说,志愿者对他们的健康状况更加满意。跟同龄人相比,认为"我的身体状况良好"的志愿者的比例比非志愿者高 11%;认为"我感觉比我实际年龄年轻"的志愿者的比例比非志愿者高 12%;认为变老的感觉比较良好的志愿者的比例比非志愿者高出

---

① http://www.dogoodlivewell.org/assets/pdf/UnitedHealthcare_VolunteerMatch_DoGoodLiveWell_Survey.pdf

15%。所以，助人确实可以让人变得更健康。

第三，助人也能让人变得更幸福。很多研究发现，乐于助人的青少年的心理更健康、更活跃、更积极、更敢于迎接挑战，有更多的爱和其他的正面情绪，因此，抑郁率和自杀率也更低。当你帮助别人的时候，大脑会产生大量的快乐使者——多巴胺，它负责传递开心和兴奋的感觉。因此，助人能够让自己变得更幸福，更少痛苦，这个就是"助人疗法"。

波斯特还有另外一本书《助人的潜在好处》(*The Hidden Gifts of Helping, Post*, 2011)，详细分析了"助人疗法"的机制。大量研究证明，助人能够减少压力，舒缓负面情绪。当厄运来临的时候，大部分人的普遍反应就是像蜗牛一样，蜷缩回自己的安全小壳里面，默默地舔着自己的伤口，把世界留在自己的背后，把别人关在自己的门外，放纵自己沉溺在负面情绪的旋涡之中。过一段时间之后，其中大部分人能够最终走出这个阴影，虽然过程是漫长而痛苦的。但也有一些人，会完全被负面情绪的旋涡所吞没，再也无法挣脱出来，就逐步患上了抑郁症，甚至产生了自杀的行为和想法。

"助人疗法"就是在抑郁的早期实施釜底抽薪，强迫你不要缩回到自己的小壳里去，而是主动地融入外面的世界，给别人的生活带去积极的变化。这样，你的注意力就会从自己的厄运和痛苦中转移到别人的苦难中去，从而打破负面情绪的恶性循环。

更重要的是，通过帮助别人你会获得自信心。抑郁症往往使病人觉得自己没有希望，一无是处，对改变自己的命运毫无办法。当你看到别人由于你的帮助变好了一点点，你就会发现原来自己还是有能力的、有价值的，仍然可以为这个世界作出积极的贡献。

前面提到的卡罗琳·施瓦茨亲眼见证过"助人疗法"的威力。她看到那些多发性硬化症病人只是在一个月里打5~15次的电话，每次15分钟，就可以带来那么大的变化。所以，当积极心理治疗案例研究机构向她约稿时，她毫不犹豫地推荐了"助人疗法"(Burns, 2009)。下面就是她分享的另一个案例。

有一个叫布莱恩·伊恩的澳大利亚农场主由于大旱而破产，在长期的压力和苦难下，他患上了严重的抑郁症。自杀的念头萦绕不去，他也确实尝试过自杀，最终布莱恩去看心理医生寻求帮助。心理医生却对他说："布莱恩，对你来说最好的事情也许是走出去，去找找那些比你的处境更悲惨的人，看看你是不是能够帮助他们。"

布莱恩当时就笑了："还有谁比我更惨，我都56岁了，却一分钱都没有，没有房子，老婆、孩子也跑掉了。"但医生却坚持说："你去试试看。"于是，布莱恩就开始琢磨怎么去帮助别人。他自然而然想到了其他那些农场主，他们也被干旱折磨得奄奄一息了。于是他就创办了一家叫作"澳洲助人者"（Aussie Helpers）的慈善机构，给受灾的农民分发日用品和个人卫生用品，他还把城里的流浪汉介绍到农场里去做志愿者，以解决农民们急需劳动力的问题。这些流浪汉并没有报酬，但做志愿活动本身就是一份宝贵的报酬。

有个志愿者说："我现在就在这里扎根了，我喜欢和牛羊在一起，在这里既可以工作，又能学习新东西，如骑摩托车和骑马。我想布莱恩用一种最让人兴奋的方式帮了我，他把我带到这里，然后让我留下来，尝试自己生存下来。"另一个志愿者则说："布莱恩帮了我一把，让我能够摆脱毒品，从而也让我有更多的动力走出去干点什么。"最大的受益者当然还是布莱恩自己。他现在仍然是穷光蛋，仍然没有房子，也基本上没有什么钱，但是他的婚姻又变好了，他的妻子带着孩子回来了，婚姻变得更加美满，人也非常幸福。他的妻子提到，从布莱恩决定开办"澳洲助人者"的那一刻开始，他就改变了自己。之前，他是一个退缩的人，之后，他对别人表现出了他从未表现出的同情心。布莱恩则说："我现在所看到的情绪，是我们之前结婚那么多年都从来没有看到的。这不关乎我可以为别人做点什么，而是说我还可以多为他们做点什么。我常常把'澳洲助人者'这个机构称为我的良药。我不用再吃抗抑郁的药了。我个人的座右铭是'给予就是收获'，我的工作就是把它付诸实践，帮助我保持一种很积极的心理状态。如果不是我的治疗师建议我去帮助比自己处境更糟糕的人，我不会变成这个样子。'助人疗法'救了我的命。"

施瓦茨教授分析，布莱恩的精神面貌之所以会发生翻天覆地的变化，主要在于以下三个原因。

第一是向外投注。布莱恩不再只是关注自己的痛苦，而是去看别人的需求和苦难，并想着怎样去帮助别人。

第二是从自我参照的模式中脱离出来。布莱恩在开始实施帮助别人的活动之后，心理医生就注意到，之前让他烦恼的那些事情似乎不再重要了，现在他每天早上都会带着一种目的感和自尊醒来。

第三是改变的决心。前两步只是布莱恩的心态改变,但最重要的是采取行动。我们也一直在强调,只是明白道理是不够的,人更要去做、去行动。布莱恩就是打破了以前的行为习惯,大胆地创办了自己的公益机构,创造性地帮助了别人。这些行动让他没有被抑郁的漩涡吞没,而是乘风破浪地朝着利人利己的方向前进。

类似地,哥伦比亚大学的米达尔斯基(Elizabeth Midlarsky)教授把助人的心理好处总结为以下五条。

第一,帮助别人可以促进与他人的关系。比如,我曾经每天拿出一个小时左右的时间去无偿帮助他人,进行"日行一善"的活动。我帮助的第一个网友在我帮助了他之后留言说:"我每天出门上班都会主动和门口的小区保安微笑问好,这带来了双方的好心情。刚开始的时候保安还有点不习惯,可能是主动向他们问好的业主不多,现在他们也会自然地微笑回应。"另外一位我根本就没有帮到的网友,也自愿加入"日行一善"的活动中来了,她说:"赵老师您发起的'日行一善'真的很有效。在火车站,一位流浪汉问我,他能不能喝我手中的那杯可乐,我就送给他了;在火车上,一个大哥的手机没电了,我拿出充电宝借他用,可惜他没有USB接头,没帮上。不过,过了一会儿他问我要不要一起喝酒,回家列车的气氛立刻变得很温暖。"

所以,当你去帮助别人的时候,跟别人就产生了连接。彼得森说过"别人很重要",跟别人的关系变好了,你自然就会变得更加幸福。

第二,帮助别人会让自己的生活方式变得更加积极。还是举我"日行一善"的例子。我本来在家里也就是看看电视、上上网,但有了"日行一善"之后,我要么每天跟别人一起在校园里散步,要么就是一边打电话一边走路,这都让我脱离了"宅"的状态,生活方式变得更加积极。

第三,帮助别人会提升自信。这在施瓦茨的研究中表现得特别突出。仅仅是一个月打5~15次电话就可以让你的自主感和掌控感都达到被支持者的10倍以上。当我们帮助别人时,我们会发现自己并不是一无是处,而是充满能量,可以改变世界。

第四,帮助别人会让我们觉得生命更有意义。波斯特在《为什么好人有好报》这本书里记载了一个例子。有一位叫丹尼尔·特莱柏的心理学家出了车祸,造成他颈部脊椎断裂,胸部以下完全瘫痪。他后来说:"我的周围充满了爱,我有两个孩子,一份可以继续回去从事的工作,但我却只想自杀,我经常有强烈的疏离感,我感觉到我跟其他人不同。一天晚上我躺在特护病房,眼睛盯着天花板,希望自己睡过去且不再醒过来。这时候一个护士走进来问我是不是心理医生，我点头说是。然后她问我是不是在生命的某个阶段，每个人都有自杀的倾向。其实，她并不知道在这个时候我就有这个倾向。我告诉她说这种想法很正常，然后问她是不是想聊聊。"

于是护士拉了把椅子坐在了丹尼尔床边，连着几个小时讲了她的生活和挣扎。丹尼尔说，护士离开之后自己才意识到，自己可以四肢瘫痪地活下去。那个护士救了他，是她让他知道自己还能够帮助别人，从而拯救了他的生命。

一年康复医疗之后，丹尼尔开始在家里接待几个自愿来咨询的人。几年之后，当他的身体状况稳定后，就重新开始工作了。后来，他开始主持一个非常受欢迎的电话咨询节目，并且为报刊定期写专栏。

帮助了那位护士不仅让丹尼尔更自信，而且让他觉得自己仍然有能力帮助别人，让他找到了自己生命的价值，不然也许他真的会结束自己的生命。

苦难总会降临在每一个人身上，而且死亡不可避免。如何对抗苦难，如何面对死亡？有人寻求刺激，有人大彻大悟，有人惊惶焦虑，但也有人通过把自己奉献出去而找到生命的意义之所在。助人为乐的人生是有价值的人生，每一个人最终都将灰飞烟灭，但是，你在这个世界上留下了善的痕迹。

第五，帮助别人的时候，注意力会从自己身上转移到别人身上，从而不再整天烦恼于自己的那些问题。我在做"日行一善"时，有一次一个预约了要我帮忙的网友打来电话说他马上就要过来，但是我当时正在被一个任务弄得焦头烂额，而且当天晚上我就得把它交上去，我几乎就要叫他不要来了。一是我觉得自己心烦意乱，恐怕也没办法好好帮他，二是他一来，我的时间就更加不够了。但最后我还是让他来了，而且我们聊得非常好。他讲了一些他生活中的烦恼和苦难，他一开始说，我就完全被他吸引住了，早把我自己那个讨厌的项目抛到云霄之外了。倾听之余，我也开动脑筋为他提出了一些建议，两个人就好像好朋友似的讨论。把他送走之后我重新开始做那项任务，忽然发现我的心态轻松了很多。一个原因是向下比较，他的人生问题要比我一个项目不能完成严重得多，我发现我还不算太惨，这个项目就算完不成也没啥了不起；另一个原因是跟他聊天使我跳出了思维的死循环。因为心理学家发现，抑郁往往来自把一件事情翻来覆去地反复思考，那就容易把事情越想越坏。但当你帮助别人的时候，你就暂时忘记了自己的问题，而把注意力转移到别人的困境之上，从而打破了死循环的怪圈，这也就是"助人疗法"成为有效方法的原因之一。

《为什么好人有好报》这本书里有一个非常典型的案例。一个纽约的女生艾丽莎患有严重的焦虑症。有一次她去波斯尼亚的时候收到了一个男孩子的来信，说他在一次地雷爆炸中失去了双臂和一条腿。男孩子在信中写道："谁能够帮帮我，让我有新的双臂和一条腿吧！"她深受打动，立刻找了航空公司和医院，在24小时之内就安排那个男孩子来到纽约。她回忆说："那个时候我还单身，养着两条狗，所以我就让他在我家里住了4个月，我通过努力帮他装上了假肢。在这个过程当中，我的焦虑症也逐渐消失了。我曾经日夜祈祷上帝能帮我解决焦虑的问题，但是让我完全没有想到的是，来自地球另一端的信真正帮助了我。"

所以，我们可以看到，助人就如同登宝山，你的目标是登上山顶，可是在登山的过程中你也收获了无数其他的宝物。心理学家的研究发现，助人能够让我们更有爱，更开心，更自信，人生更有意义，抑郁焦虑也更少。好人有好报。

为什么好人有好报

助人能在现实生活中给我们带来益处，因此人类才会进化出助人的天性。人性中天生就有善良的一面。这就涉及一个争论了几千年的话题：人性到底是本善还是本恶？

孟子认为"性本善"。他说，假如一个人突然看到小孩快要掉到井里，都会有惊惧恻隐之心，这并不是因为他想要和小孩的父母结交，也不是为了要在乡亲朋友中获得好名声，更不是因为害怕被冠以见死不救的坏名声，而是源自人的本性。没有恻隐之心就不能算人了。

性 善 论

恻隐之心，人皆有之……非由外铄我也，我固有之也，弗思耳矣。

人皆有不忍人之心者……今人乍见孺子将入于井，皆有怵惕恻隐之心——非所以内交于孺子之父母也，非所以要誉于乡党朋友也，非恶其声而然也。

——孟子

而另外一位大儒荀子，针锋相对地提出了"性本恶"，认为善行都是后天教化或伪装的结果，并专门写了一篇文章驳斥孟子。他说，人天生就有坏心，导致这个人就有了坏表现，所以，一定要经师长依法度教化引导后，人们才会变好。由此看来，很明显，人性本恶，那些善良的行为都是伪装的。

性恶论

> 人之性恶，其善者伪也。今人之性，生而有好利焉，顺是，故争夺生而辞让亡焉；生而有疾恶焉，顺是，故残贼生而忠信亡焉；生而有耳目之欲，有好声色焉，顺是，故淫乱生而礼义文理亡焉……用此观之，人之性恶明矣，其善者伪也。
>
> ——荀子

这两派斗争的结果是孟子大获全胜。孟子在儒家体系中成为亚圣，仅次于孔子，备受尊崇。荀子则因为他的两位著名弟子——李斯和韩非，差点"被揍"到法家那边去做祖师爷。由此"性善论"在中国成为主流，《三字经》的开篇就说："人之初，性本善。"

西方人也有同样的争论。法国启蒙思想家卢梭认为，原始时代人们纯洁善良，不会互相欺压，因此人性本善。但是在达尔文提出"进化论"之后，"性恶论"就占了压倒性的上风。"物竞天择，适者生存"，为了在自然选择中胜出，生物之间必须展开残酷的生存竞争，相互之间残害还来不及，哪里还有空间去友爱、去善良？

但在包括人类的很多物种当中，有友爱、有善良又是一个不容否认的事实。比如，蝙蝠夜出觅食，回到洞穴后，并不是独自慢慢享受美食，而是会分一部分出来，给那些当天空腹而归的同类。再比如说，如果把一只老鼠关到笼子里，和一盒巧克力放一起，旁边的笼子里关着另外一只老鼠。你猜这只老鼠会怎么做？它会打开巧克力盒子独自大快朵颐吗？并不是，它会先救自己的同类。然后在大部分情况下，它会把巧克力拿出来和这个被救出来的老鼠共享（Bartal et al., 2011）。

至于人类之间的仁爱就更是数不胜数了。他们难道都像荀子说的只不过都在伪装吗？当然不是，他们其实是更符合孟子的描述。看见别人要落井了，不管是不是认识他，不管旁边有没有人监视，我们的第一反应都是会想办法去救他。

科学研究也发现，人类的心理其实恰恰和荀子的描述是相反的。当我们看见别人处于危险之中的时候，本能的反应是帮助别人。那些不去帮助的决定，倒可能是后天教化和理智思索的结果。

美国卡内基梅隆大学和宾夕法尼亚大学的科学家做了大量的研究之后得出结论（Slovic, 2007; Small et al., 2007），人类的助人行为会受两个因素的共同影响：一个是同情心，它提供了帮助别人的动力；一个是计算，它更理性，却缺乏情感和动力。计算过程可以是同情引起的，让助人行为更加有效，但它本身实在无异于一台电脑。

比如，当你看见一个老人躺在街上的时候，你的第一反应肯定是去扶他，这是天性的流露，是你的本能。但是随后你又想起来，也许我扶起他之后他会讹我，说是我把他撞倒的。那么，经过理智地计算，你决定装作没看见，从他身边绕过去。这就是计算压倒了天性的例子。

再比如，有两个慈善机构想请你捐款，一个给你看失学儿童的照片；另外一个给你看一些数据，比如说有100多万儿童失学，你只要捐这么多钱就可以帮助到多少多少的学生。你更可能捐给谁？研究表明，用照片得到的捐款数是用数据的两倍多。原因在于照片激发的是情感、同情心，你的天性会让你本能地愿意伸出援手。而数据激发的是理智，你经过计算之后可能觉得这些人需要帮助。但是你一计算又发现，这个月还要付账单，还要买其他东西。那么，经过计算之后你的善心一般就远远没有纯粹的情感反应来得大。所以，人类的善良绝对不只是后天教养和计算的结果，而是有很多先天本能的成分。

德国科学家曾经做过一个有趣的实验，把一些才一岁多的小宝宝放到实验室里，然后观察当看到有人需要帮忙的时候这些宝宝的反应。结果发现，才一岁多的孩子几乎没有受到什么后天的教化，而且也不知道如何伪装自己，但已经会帮助别人了。如果你认为这些小宝宝可能是受到大人的暗示，那这些科学家还做了实验，发现连大猩猩都会自发地帮助别人。可见，助人本能确实存在于我们的基因当中，是我们天性的一部分。

这种助人的天性似乎和"进化论"相矛盾，其实不然。随着科学的发展，现代进化理论已经回答了这个问题。即进化的单位是一个个的基因而不是生物体，在某些情况下生物体会相互帮助，对于基因的繁衍更有利，因而促使生物互助的基因就流传开了。

这首先体现在亲人之间的帮助。我们跟亲人共享许多基因，因此从基因的角度出发，帮助亲人在很大程度上就是帮助自己，哪怕我们的个体利益受损，但只要能促进其他亲人的基因更好地传播，那对于基因的繁衍就是合算的。

就算是毫无血缘关系的人，只要你经常跟他打交道，那也应和他尽量建立起互助关系，就像前面蝙蝠的例子。原始人出去猎到了一头鹿，一家人吃不完也没有冰箱，还不如送给邻居。这样，下次你什么也没有猎到时，邻居也可能会分你一条羊腿。更不用说，打猎活动本来一般都是多人协作的结果，这种行为被叫作"互惠利他"，是哈佛大学的罗伯特·特里弗斯（Robert Trivers）提出的。

特里弗斯进一步指出，很多伟大的生物学家甚至包括达尔文，也在这个问题上犯了错误。达尔文认为，善良是助人的前提，由于人类仁慈友爱，所以我们才会相互帮助。特里弗斯指出，善良是助人的结果。相互帮助有进化上的好处，能够使我们的基因传播得更广，所以人类才会进化出善良心理，以确保我们相互帮助，更好地生存和繁衍。

同样，道德在很大程度上也是进化的结果。在鼓励相互帮助的同时，进化还发展出另外一种武器，惩罚那些被帮助后却不懂回报的坏蛋。愤怒、憎恨、厌恶等心理的进化，都是为了帮助我们不被那些坏蛋占了便宜，而且可威慑那些想白占便宜的潜在坏蛋。这种心理不需要后天教诲，哪怕是几个月大的婴儿都会天生地亲近好人远离坏人。

耶鲁大学的心理学家保罗·布鲁姆（Paul Bloom）曾经让婴儿看一段录像：有个圆形要上山，有个三角形在帮它，把它推上去；有个正方形在害它，把它踢下来。现在，假设你看完了这个录像，我拿一堆玩具给你，其中一些是三角形，一些是正方形，那你会选择三角形还是正方形？几个月大的婴儿都选择了助人的三角形。这并不是因为他们喜欢三角形，心理学家把各种形状、颜色混起来做，最后结果都是一样的，他们总是选择那个帮助别人的玩具。〔见图6.5（a）〕

在这之后，让婴儿又看了另外一段录像：这时候圆形在山顶上，有时候想到帮助过它的三角形那边去，有时候想到害过它的正方形那边去。结果，婴儿在看到圆形靠近三角形的时候不以为意；但是在圆形靠近正方形的时候，却惊奇地睁大了眼睛紧盯着屏幕看，因为他们觉得奇怪：正方形不是害过你吗，你为什么还要跟害过你的人一起玩，而不是跟帮助过你的人一起玩？〔见图6.5（b）〕

由此可以看出，人天生就有道德观，会进行善恶判断，这种道德观超越了直接的互惠利他。哪怕是这个人帮助或妨碍的人不是自己，我们也会本能地判断这

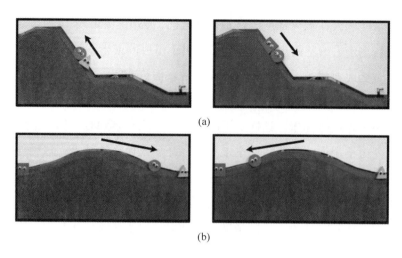

图 6.5 布鲁姆的实验

个人的好坏,并且在将来亲近、帮助好人,逃避、惩罚坏人。这就是"间接互惠"。一个人在帮助了其他人之后,不仅被他帮助的人想要回报他,其他人听说了这件事情之后,在将来也会更加愿意帮助他。

中国俗语有云:"人在做,天在看。"当然天并没有盯着我们,但别人却一直在看,这就是促使人类进化出助人本能的一个强大动力。间接互惠可以让我们把助人的对象,从熟人、可能回报自己的人,扩展到陌生人、可能永远没有办法回报自己的人。这样的行为可以帮我们挣得美名,从而在其他时候、其他方面得到更加丰厚的回报。

那么,孟子说人会本能地去救落井小孩,不是因为要在乡亲朋友当中获得好名声,或者害怕落得见死不救的坏名声,他错了吗?当然不是。在那些见义勇为者出手助人的时候,大多数时候他们只是出于善良的本能反应,根本没有时间去进行功利计算。

基因是为了更好地传播自己,并不是让大脑在需要助人的时候赶快计算。大脑用本能和情感直接来操纵我们,让我们看到别人需要帮助就立刻去帮助他们。这种乐于助人的本能是天生的。所以说,并不是"好人有好报",而是"好报出好人"。正因为做好事会有好的回报,进化才鼓励我们做好事,才让我们拥有一颗善良仁爱之心,让我们本能地愿意去帮助别人。

做好人会有回报,做坏人——去抢夺、欺骗、不守信用、唯利是图——也可以得到回报。人类确实也进化出了不少坏的心理机制,例如自私贪婪、凶恶狡诈。

因此"性善论"和"性恶论"犯了同一个错误，它们都是想把人性归结为一个简单的元素，但实际上人性是极度复杂的，既有善的一面又有恶的一面。有些人更善一点，有些人更恶一点。同样，个人和群体在有些情况下会更善一些，在另一些情况下又会更恶一些。所以，重要的并不是人性本善还是本恶，而是我们要怎样设计社会制度、营造文化氛围，使大家能够表现得更加善意一些，使人性中本来就有的善良一面得以更好地发挥。

既然善是人类的天性，它也会体现在大脑里。加州大学洛杉矶分校的一个研究团队通过扫描大脑发现（Inagaki & Eisenberger, 2012），当人支持、安慰、帮助其他人的时候，大脑的腹侧纹状体——分泌多巴胺的奖赏中心——的血液流量就会增加。这表示助人活动会促使大脑分泌多巴胺。多巴胺是一种能引起人类欲望的大脑神经递质，主要负责传递兴奋和开心的信息，它也和上瘾有关，所以又被称为"快乐使者"。吃巧克力或者做爱、吸毒、赌博、打电子游戏，都能刺激多巴胺的分泌，因此也容易让我们感觉到开心、兴奋。但是大多数人想不到的是，助人也可以像这些活动一样，能促使大脑分泌多巴胺。

塞利格曼在《持续的幸福》一书中曾经记载过一个故事：澳大利亚吉隆文法学校是当地最好的私立学校，从2005年开始在全校推广积极教育。措施之一就是让学生更多地参与到志愿服务活动中去。有个小女孩去为老人做面包，别人问她："你花了那么多时间做面包，你自己却没有吃到，你会不会觉得不开心？"她回答说："帮助别人比玩什么电子游戏都爽。"

这本书的中文版是我在2011年翻译的。当我读到这段话的时候，内心除了有感动还有震惊。因为当时中国媒体正在热议网瘾话题，青少年沉迷于电子游戏已经成了一个全社会重视的问题，以至于用各种各样方法来治疗网瘾的机构也应运而生。假如吉隆文法学校的这个小女孩说的是真的，那倒是开辟了一条对抗网瘾的新路径，那就是去帮助别人。因为帮助别人和玩电子游戏在很大程度上确实有相同的生理机制，那就是都让大脑分泌更多的多巴胺。

还有科学家直接比较了捐钱和赚钱时的大脑活动（Harbaugh et al., 2007）。他们发现，人在把钱捐给公益机构时所激活的脑区，和自己得到一笔钱时激活的脑区都在腹侧纹状体内，非常接近，并且还有一部分重合。这说明帮助别人在大脑里的感受，和自己得到奖赏的感受很接近。

一个由美国、巴西、意大利等国科学家共同组成的研究团队曾经做过这样的一个实验（Moll et al., 2006）：先给受试者128美元，然后让他们决定是不是要捐出来做好事。不出所料，所有的受试者都自愿捐出了这笔钱，甚至有些受试者捐出去的钱比实验者最初给他的钱还要多。这个时候他们会被多激发一个跟爱有关的脑区，在当人类凝视自己的孩子和伴侣时它也会被激活。所以，助人不仅仅是会让人开心愉悦，它还带来爱的感受。

近年来随着生物基因技术的突飞猛进，很多科学家对助人基因也做了研究（Bachner-Melman et al., 2005;Renter et al., 2011），结果发现那些比较乐于助人的人更可能拥有一种等位基因，能够调节多巴胺的受体，并通过大脑里特定的多巴胺回路来奖赏利他行为，这就是自然选择的奇妙机制。

当然，助人的生理机制远远比一个多巴胺回路要复杂，它还涉及让人感觉宁静安详的内啡肽、产生信任亲近感的催产素，等等。

因此，助人让人快乐并不仅仅出于心理作用和社会教化的结果，而更多的是人类的身体天生就被塑造成了一个助人机器，使我们在帮助他人的时候会感到快乐。

中国人喜欢说"助人为乐"，意思是"以帮助人为快乐"，这是一句道德教诲，目的是鼓励助人。英语有另外一个词，叫helper's high，意思是"助人之乐"。因为助人能得到快乐是一个客观存在的事实，所以科学家把它当成一个现象来研究。我们真正需要做的是科学地推广助人之乐，让大家都知道助人确实能带来真正的快乐，而且比巧克力更持久。这样，即使没有道德感召，人们也自然会投身到助人中来。

从长期看，助人是对我们有利的行为，好处不只局限在心理上，而是确实会有现实的回报。沃顿商学院最年轻的终身教授亚当·格兰特（Adam Grant）曾经写过一本书 Give and Take（2014），意思是"给予和索取"（中文名《沃顿商学院最受欢迎的成功课》）。书中把人分为三种，第一种是Giver，即给予者、乐于助人的人；第二种是Taker，即索取者、爱占别人便宜自己却不付出的人；第三种是Matcher，即匹配者，意思就是别人对我怎么样，我也对别人怎么样，我不占别人的便宜，别人也别想占我便宜。

格兰特发现，在职场中表现最好的是给予者。他认为主要有以下四个原因：

（1）给予者能够建立起更广泛可靠的人际网络。我们都希望看见助人者获得成功，因此只要有机会就会帮助他们；而对于自私的索取者，谁都不愿意去帮他，甚至避之不及。

索取者经常自以为人际关系有多么地广泛、可靠。他们对大部分人冷漠自私，但是对于有权有势并能够帮助到他们的人，则会用尽心思地巴结攀附。因此，从表面看来，他们更擅长建立起一个强大的人际关系网络。可是，索取者的手法一旦被看穿，他们的处境就会比没有攀过关系的情况还要糟糕。

相比之下，给予者会尽力帮助所有值得帮助的人，别人也很容易信任他们，并且回报以必要的帮助，从而助推他们的成功。同时，给予者也能建立起更多的弱连接。所谓"弱连接"，是指那些跟我们平时联系不太多的人，比如很久不联系的老同学、点头之交的邻居朋友，等等。在索取者看来，这些人跟自己关系不大，帮助他们纯粹是浪费资源。但给予者却在无意之中帮助了他们，这便为自己建立了一个广泛的弱连接网络。

哈佛大学的一位社会学家发现，在找工作的时候，亲戚、好朋友这些强连接的作用反而没有弱连接大。这是因为弱连接要比强连接多得多，也容易维护得多。在信息传播速度极快的时代，通过弱连接得到的帮助要比强连接更有效迅捷。当然，给予者并不是为了建立起一个庞大的弱连接网络而去助人的。通过平时一贯广泛地帮助那些似乎对自己没用的人，他们给数不清的人留下了好印象，回报会在将来他们意想不到的时候来临。

（2）给予者能够更好地与别人合作。给予者会把集体利益放在个人利益之前，因此哪怕他自己要多付出时间资源，甚至会耽搁自己的工作进度，但是只要对集体有利，他就会乐于帮助同事解决问题。到了论功行赏的时候，他也不会把别人的功劳说成是自己的，而是乐于看到同事的贡献得到承认。

相反，索取者考虑问题的出发点永远是他们自己的利益，因此，如果帮助别人没有直接明显的好处，他们根本不会去帮忙，这样一来，团队的集体优势就难以发挥，甚至本来流畅的一件任务会在他那卡壳。任务完成之后，索取者又会在台前积极表现，恨不得贪全队之功为己有——这都是我做的！这样的人无论他本身才干多么突出，都难以在团队合作中取得成绩。

（3）给予者更加能够促进他人的发展。给予者更多地帮助他人，自然能够更好地促进他人的发展。但格兰特指出，除了实际的帮助之外，给予者其实对他人还有另外一种特别的贡献，那就是发自内心的欣赏。给予者比索取者更能看到别人的优点和美德，这反过来也促使他们更容易帮助别人。你如果欣赏一个人，当然更可能去帮助他。优秀的教师大多数都是给予者，我们可以看到他们不仅会尽力帮助学生，而且经常会激励学生。因为在他们看来，孩子们都是一块块有着独特优点的璞玉，值得自己投入精力去把他们打磨成光彩夺目的美玉。

索取者则难以对他人产生发自内心的兴趣。他们经常以己度人，觉得别人肯定跟自己也一样，跟自己交往无非是为了实际的利益，因此防范别人还来不及，哪里还有心去欣赏别人的优点。给予者能够带动周围的人前进，而索取者则妨碍周围的人发展，这就进一步拉开了给予者和索取者在成功道路上的差距。

（4）给予者有更强的影响力。格兰特指出，索取者影响他人主要是通过咄咄逼人的方式树立自己的权威形象，让别人听自己的。而给予者影响别人的方式，则主要是以谦虚低调地陈述自己的观点来获得别人的好感和尊重，让别人通过思考之后，自愿接受其观点。

从表面上看，似乎权威式影响法更有效，能够一下子俘获听众。但其实低调的方式才能够更好地影响他人。当然，前提是听众的自尊水平应该适中。如果一个人的自尊心太低或太高，就更容易被权威所影响。幸运的是，随着时代的发展，人们的心态也变得越来越好，自尊心正常的人也越来越多，因此人们也越来越能接受低调的劝说方法。

我们可以回忆一下中国这40年来的广告史。大家可能还记得。在20世纪80年代，电视广告都是要靠一个明星或一个专家给大家推销某款产品，而绝不会随便找一个穿T恤衫的人，因为人们绝不会听他的。这种权威式广告在当时能引发产品的热销。但在今天，类似的广告基本上被边缘化了，那些不露痕迹的好广告更能博取观众的好感，被大家接受。

随着互联网时代的来临，人与人之间的关系越来越平等。索取者那种不容置疑、从上而下的劝说方法越来越不合时宜。而给予者那些看似软弱的劝说方法，不是逼你同意而只是亮出自己的观点供你参考，却能够更好地让别人接受他的观点。

由此，格兰特道出了给予者之所以成功的秘诀。正如老子所说："既以为人，己愈有。既以与人，己愈多。"助人者为别人做得越多，给别人越多，自己拥有的也越多。

不过，你可能也有一个疑问，为什么在现实生活中有那么多好人，但得到好报的具体例子却很少？这是因为好人有好报是通过统计得到的结论，不等于好人必有好报，不会一一对应，不是绝对的。对于统计规律而言，特例永远是存在的。

但反过来说，就算有特例存在，也无法推翻统计规律。无论你举出多少高个子女人、矮个子男人，也不能推翻男人平均身高比女人高这个一般性结论。科学已经证明，平均来说，助人比不助人有更多的回报。你举出10件好人没好报的例子，我就能举出20件好人有好报的例子，最终还是要靠客观的数据来判定。

另外，当我们觉得周围有许多好人没好报的例子时，也是由于受到一些认知偏差的影响，特别是受"负面偏差"和"新奇效应"的影响。

首先，负面偏差会使人类本能地更加关心坏事，所以我们就容易忽略好人有好报的例子，而更关注那些好人没好报的坏例子。由于受负面偏差的影响，好事不出门，坏事传千里。也就是说，好人没好报这样的坏事传播得更快更广，而好人有好报的事情发生后，可能都没几个人知道，大家也懒得去传播。在一些情况下，这就使人们大大地高估了好人没好报的比例。

其次，"新奇效应（Bizarre Effect）"是人类的另一个认知偏差，它使人们忽略了那些符合预期的事情，而更多关注那些没有想到的事情。正是因为这个世界上大部分好人都有好报，所以当一部分好人没有得到好报的时候，人们才感到诧异，本能地对这些事情投以更多的关注，并且牢牢地记住，然后逐渐就觉得好人没有好报。更重要的是，人们还会不解地反复思索，为什么会这样？因为人有寻求解释的本能，遇到不符合预期的新奇事物，会本能地翻来覆去分析，这就进一步加深了此事在头脑中的印象。最后，我们就会被自己的大脑所欺骗，大大高估了此事的真实性和严重性。

假如这个世界真的已经好人没有好报了，那么也就不存在这样的疑问了。我们特别容易记住好人没好报的例子，这也正说明好人没好报是特例，好人有好报才是普遍的规律。

好人怎样才有好报

积极心理学一直在强调中庸之道。助人虽好，但也不是帮助得越多就越好。在格兰特的书中提到，职场当中表现最好的是给予者，然而最吃亏的也恰恰大多数是给予者。

格兰特在书中总结，与索取者相比，给予者挣的钱要少14.9%，被罪犯伤害的可能性要大一倍,并且在权威性方面的评价要差22%。太愿意帮助别人就难免会被别人占便宜,最终受伤的还是助人者自己。

给予者太注重自己和别人的关系,以至于当别人越界时也不敢抗议,或不好意思去为自己争取权益,比如要求涨工资,这就难免挣钱比那些咄咄逼人、充满斗志的人少了。

这不是矛盾吗?其实不然。助人是好的,但也要注意陷阱。如果助人的策略不佳,可能最后你反而得不偿失。所以,我有以下几条助人的建议。

(1)助人,从身边的人开始。说到助人,很多人想起的都是"雷锋出差一千里,好事做了一火车",好像做好事就一定是要帮助陌生人。这个观念需要打破。

前面提到的乐于助人的青少年将来身心会更健康的研究,里面青少年的助人行为并不是上街扶老奶奶过马路,而很多都是帮助妈妈做家务、辅导弟弟做作业这类事情。毕竟我们说的是助人为乐,而不是助陌生人为乐。古人说"内举不避亲",同样,我们也可以说"助人不避亲"。助人能给自己和他人都带来好处,那为什么要因为帮助的是亲朋好友就不好意思呢?

孟子说:"老吾老以及人之老,幼吾幼以及人之幼。"先尊敬自己家的老人,然后再推及到别的老人身上;先爱护自己家的孩子,然后再推及到别人家的孩子身上。人的天性就是要分亲疏远近的,首先帮助自己的亲朋好友,这是人之常情,更何况如今在公共场合帮助素不相识的人也确实面临一些障碍乃至风险。所以,我们可以先从帮助自己的亲朋好友开始。

(2)助人,从小事开始。要养成任何习惯,都是从小事着手更容易,助人也是一样。走在路上,看见有人手里拎着袋子开门不方便,帮他开个门;在公共汽车上,给老人、孕妇让个座;看见公共厕所里面的水龙头没关,把它关上,等等。从这样小的好事开始,逐渐养成助人的好习惯,以后再去尝试怎样更多地、更大程度地帮助别人。

(3)助人,感情上的支持有时比物质上的帮助更重要。比如说,你现在要帮助父母,就应该想一想他们的需求,是需要你买一栋房子、买辆车、买件衣服,还是打个电话、写封信、回去看看就可以了。打个电话、发个微信是举手之劳,也几乎不花钱,这却能给老人带来很大的安慰。

类似地,如果朋友失恋了,你花钱请她吃冰淇淋、看电影、出去玩一圈,还不如花一个晚上专注地听她倾诉。孩子事业上有了挫折,你砸出一堆钞票去帮他铺路，还不如从父母的角度来给他指导。在现代社会，我们对感情的需求其实往往超过了对物质的需求。反过来，我们付出感情的时候，也常常比付出物质还要吝啬，因此感情支持比物质支持更珍贵。

从另一个角度来看，给别人感情支持很可能比物质支持带来的好处更大。在前面提到的哈佛医学院的研究中，假如助人者不是定期给其他病友打电话，而是捐一笔钱了事，那么还会取得那么好的效果吗？毕竟物质支持经常是单方面的给予，我给了你100块钱，那我就少了100块钱；可是情感支持是双方面的交流，你支持别人的同时，别人其实也支持了你。所以，情感支持是一个助人的有效捷径。

（4）助人，从利己利人的事情开始。如果一件事情能利己又利人，何乐而不为呢？利己利人是比损己利人更好的助人。助人的时候也特别要注意保护自己。这方面可以遵循三个原则：①要分辨清楚什么样的人才值得帮助。对于劣迹斑斑的人不但不应该帮，还应该在适当的情况下予以惩罚。②保护好自己的利益，不能任由别人侵害自己的利益。③保护好第三者的利益。你不能被某个人哀求得心软了就帮助他，结果却伤害了其他人的利益。

格兰特也对于如何做一个聪明的给予者提出了一些建议，其中有三条特别有用。

（1）要认识到自己能力的局限。不要无限制地助人，有时候要拒绝，或者把求助的人转介给其他人。能力不够还勉强去帮他人，很可能反而害了他，同时又害了自己。

（2）助人的总量应该控制在一定的范围之内，我们前面就经常引用亚里士多德的"正确的数量"这句话，这和中国人的中庸之道是同样的道理。格兰特发现，志愿者在他们一年大概捐出去100个小时的情况下表现最好，太多或太少都没有这样效果好。这相当于一周你花两个小时去帮助别人。当然，这是对于美国志愿者的研究，对于你来说，可能时间会多一些或少一些。他的结论是，并不是说助人给出去的时间越多就越好，要注意自己的资源是不是足够，最后会不会导致自己心生倦怠。

（3）最好是集中助人，而不是分散助人。平时可以集中精力工作，然后在周末把时间集中起来去助人，这是更有效的助人方式。

当然，这些都是针对那些助人过度的人给出的建议，对于很多人来说，可能问题反而是助人不够。当你还没有意识到助人有这么重要，助人还能够带来这么多快乐和好处的时候，你应该更多地帮助别人，然后从中获得助人的好处。

【作业】

格兰特在书中推荐的一种活动叫作"互助环"，由 4~8 个人一起来完成。你可以找其他 3~7 个人，和你一起来完成。

首先，每个人拿一张便条纸，在上面写自己的名字，再写下你需要别人帮助的事情，或者你希望自己能够实现的事情，不超过三件。

然后，在一张大纸上，把这些便条纸贴上去，或者在一面墙上把这些纸钉上去，然后大家轮流读一读，看看自己有什么需求，希望有什么事情是别人可以帮到的，看看其他人能不能帮到你。

有时候你的这个需求可能很小，比如说："我现在有点饿，想问有没有谁带了吃的。"很可能旁边有一个人说："我有一个苹果或香蕉可以给你。"那么你们俩之间就形成了一个互助关系。这个时候就用笔在你们俩之间画一条线，把你们连起来。

注意是画一条线，而不是画一个带箭头的线。重要的是两个人之间产生了连接，而这个连接是谁帮谁并不重要，因为他帮了你，你得到的好处说不定还可能没有他得到的大。

最终，每个人轮流连接完了自己的需求，就会形成如图 6.6 所示的一个互助网络，每个人既帮助了别人，又被别人帮助了。

这种帮助可以多种多样。小的像"我要出去买东西，谁可以开车顺便送我"；也可以是大的，比如说："我想学好英语，有没有人跟我一起来学。"你帮他其实也不一定要直接帮忙，也可以说："我知道有一个英语老师特别好，我介绍给你，看他可不可以帮到你。"这种间接帮忙也可以。

甚至像我们在刚才强调的，情感支持也非常重要。比如，有人说："我需要找一个工作。"你对他的工种不太熟，也不知道怎样能帮到他，但可以提供情感支持，说："我知道找工作这件事情是挺麻烦的，我以前找工作也遇到很多挫折，我可以跟你多聊聊。"这也是一种帮忙。

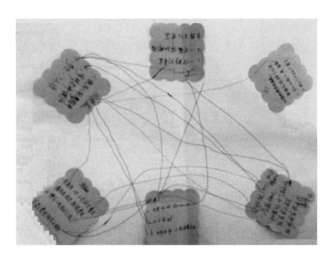

图 6.6　互助环

用这样的形式,你和身边的人形成一个互助网络。最重要的不是画出很漂亮的图来,而是要真的去做。积极心理学强调,最重要的是行动,而不仅仅是学习。所以,你们做完这个练习之后,每个人都应该拿出手机把这张图拍下来,然后反复体会,这样才能使这个练习发挥出最大的作用。

【推荐阅读】

[美]亚当·格兰特:《沃顿商学院最受欢迎的成功课》,王非 译,北京:中信出版社,2015。

[美]斯蒂芬·波斯特:《好人会有好报吗》,高子男 译,海口:南方出版社,2011。

Trivers, R. L. The evolution of reciprocal altruism. *The Quarterly review of biology*, 1971:46(1), 35–57.

第7讲　人际关系和沟通

调适沟通中的正负比例

幸福夫妻之间的正负交流比例应该是5:1。如果一对夫妻的正负交流比例达到了1:1以下，他们可能距离离婚不远了。

团队也是一样，高业绩团队的正负交流比例也在5:1以上，而对于一个低业绩团队，很可能低于1:2。也就是说，大家说的大部分是负面评论而不是正面评论。

所以，我们需要在交流中更多传递正面的信息，而不是负面的信息。就此，有人提出来一种"三明治沟通法"。沟通就像一个三明治，两边是面包，中间夹的是"美味"。你虽然主要是给别人提建议、提批评，指出他的不足，但首先要用一个正面的肯定信息，肯定他目前做得好的、值得表扬的地方，然后提出批评，指出不足，再提出建议，最后再加上一个正面的展望。同时告诉他，如果他做到了这些的话，以后会变得更好。

假如你是领导，当你对一个下属做的工作有些不满的时候，你可以这么说："这个项目你辛苦了，你工作非常努力，大家都看在眼里，你的能力也是大家一致认可的。但，就是在这个地方我觉得逻辑好像不通，你看能不能重新做一下？这样我们的项目整体就更棒了，大家也更能够看见你的贡献了！"在这样的表达里，你其实主要说的是第二部分，逻辑不通，需要重做。但是你加上了第一部分，工作努力，能力大家也公认，这样的话就对他先有了一个肯定，然后你指出假如他这么做了,项目整体会变得更棒。这样的话,会给他一个对未来更好的期望——大家更能够看见你的贡献。这就是"三明治沟通法",把一个负面的信息包在两个正面的信息之间,这让别人更好接受。

同样,在家庭里,假如你回家看见妻子把家里重新布置了一下,可是你觉得那个窗帘很不合适,这个时候你怎么说呢?你可以用"三明治沟通法"这么说:"老婆,你把家里布置得好漂亮,你的审美真是一流!不过那个窗帘有点怪,我觉得颜色不太搭配,能不能换成蓝色?这样整个布置就更协调了,以后我们也觉得更舒服了。"这也是把一个负面的信息包在两个正面信息之间,这样可以提升沟通的正负交流比例,使婚姻变得更和谐、更幸福。

另一个提升正负交流比例的办法,就是平时有好事发生的时候给对方正面的反馈。第4讲谈到,无论是夫妻还是团队之间,一般来说好事多于坏事。可我们总是把大部分注意力放在负面的事情上,对于坏事喋喋不休,而对于好事则几句话就带过去了。

由此,积极心理学发展出了一套方法,叫作"积极主动式沟通"。当好事发生的时候,要利用这个机会带给对方更多的正面反馈。这样也可以极大提升你们的正负交流比例。

一方面,沟通按照参与度可以分为"主动"和"被动"两种方式。(见表7.1)

表7.1 四种不同的沟通方式

参与度\支持度	积 极	消 极
主 动	热情反应,简直比你还高兴;对这件好事刨根问底,让你又重温了一遍好事	分析坏处;感觉尴尬,自己是不是错了
被 动	应付几句;感觉对方不重视自己	立刻转移到其他话题上,比如自己的类似经历,或者接下来的任务;感觉对方只关心自己,而且有点尴尬、困惑

主动:我对于你的事情很感兴趣,你无论说什么我都会仔细思考,就好像是我自己的事情一样。我能够主动投入、参与到这个对话当中。

被动:我是为了应付你随便说几句,如此而已。

另一方面,沟通按照支持度可分为"积极"和"消极"两种方式。

积极:我对你的事情是非常支持的,我愿意你好,愿意看到你取得更多的成功。

消极：我更关注我自己，我并不愿意你好，甚至还想让你坏。

这四种沟通方式是什么样子呢？我们来举例说明。

同事：师兄，告诉你一个好消息。

我：什么？

同事：我被一个律师事务所录取了。

我：噢！那挺好啊。

同事：是一个红圈所。

我：噢！

同事：带我的律师是那个律师事务所的主任。

我：噢！那挺好挺好！

同事：我们主要是做IPO，我一直特别喜欢这种工作。

我：噢！是吗？

同事：对对对，团队里的人也特别好！

我：挺好挺好！恭喜你！

同事：嗯，好！谢谢！

我：嗯，好！

这是积极被动式的沟通方式，就是我只是忙自己手头的活，随便应付几句，根本就没有主动地投入到和他的对话中去。这样对方并不能感受到我的热情，相反，他会感觉自己不受重视。

我们再来看另外一种沟通方式。

同事：师兄，告诉你一个好消息。

我：嗯！怎么了？

同事：我被律师事务所录取了。

我：哦！挺好挺好挺好！

同事：是一个红圈所。

我：哦！对对对，我想起来了。小刘最近也拿到一个Offer，你知道吧。他要去斯坦福念博后了，斯坦福呀！多好的学校。

同事：对了！带我的律师是这个律师所的主任。

我：哦！对对对！小刘在斯坦福的那个导师也是个大牛，听说全世界每年有

100多人申请他呢。小刘拿到这个Offer，我们大家都特别为他高兴！

同事：我觉得这次机会还挺好。换一个和心理学不一样的领域，挺好！

我：我们明天一起吃饭给小刘庆祝，你一起来吧！

同事：嗯！好的好的，谢谢！

这是被动消极式沟通方式，就是我对他的话题根本不感兴趣，他无论说什么，我都在转移话题，甚至连对他的祝贺基本上都忽略了，根本是在关心另外一件事情。这会让他觉得，你只关心你自己或者你不关心他，他会感到尴尬和困惑。

我们再来看第三种沟通方式。

同事：师兄，告诉你一个好消息！

我：嗯！什么好消息？

同事：我被一个律师事务所录取了。

我：恭喜恭喜！

同事：是一个红圈所。

我：你怎么会去律所呢？你不是学心理学的吗？

同事：我本科不是学法律的嘛。我其实一直还挺想从事法律方面的工作。

我：那你去吃得消吗？我听说红圈所里都是特别厉害的人，人才济济呀！你本科虽然是学法律的，但是你博士期间念的可是心理学啊！

同事：对！但我不是一直做心理和法律相关的这部分嘛。

我：我觉得够呛！你看律所本来压力就大，很多人在那都弄出抑郁症来了。你看你现在又好长时间不碰法律，你干吗不去好好地做心理学呢？你去到一个大学教书不是挺好的嘛？

同事：这几年我不是一直都对法律有兴趣嘛，还过了司考，既然有这个机会，我想去尝试一下。

我：这不适合你的性格呀！你有没有想过，你的性格其实更适合在大学里教书育人。你到律所，到职场去拼搏干什么呀！我们大学花这么长时间培养你，你最后到外面去赚钱了，这不太好吧，你应该为祖国的心理学事业作贡献！

同事：好吧，我再考虑考虑，谢谢！

我：对！好！

这是主动消极式的沟通方式，就是我对他的话题是关心的，我会帮他分析，但主要是分析负面情况。说明我并不支持他，而且甚至有点不希望他好的样子。这样对方会感觉很尴尬，怀疑自己是不是选择错了。这样做其实并不是一件好事，而是一件坏事。

最后还有一种最好的沟通方式，就是主动积极式，或称积极主动式。

同事：师兄，告诉你一个好消息。

我：嗯！什么好消息？

同事：我被一个律师事务所录取了。

我：真的？！太好了！

同事：是一个红圈所。

我：红圈所？我听说红圈所里都是特别厉害的律师，那竞争很激烈啊。你怎么拿到这个职位的？

同事：因为我有心理学背景，还有法律背景，然后他们觉得这两个是一个很好的结合。

我：太好了！恭喜你，恭喜你！真是太好了！我一直觉得你特别优秀，我就知道你肯定能够拿到一个特别强的 Offer！那个地方怎么样啊？是个什么样的律所呀？

同事：是一个主要做 IPO 的律所，带我的律师也是在这方面做得时间比较长的人。

我：哦！那太好了！

同事：就在西四环那边。

我：哦！那太好了，你可以经常回来，再跟我们一起玩、一起吃饭什么的。而且领导好是最重要的，因为领导的风格跟你契合的话，那你以后发展前途就特别光明了。

同事：对对对，有很多学习机会。

我：对了，你们那儿的同事怎么样？你见过了吗？

同事：已经见过了，大家都特别好。他们知道我是新来的，也都特别愿意帮助我。

我：哦！那太好了，我觉得你以后真是前途不可限量啊！我一直觉得你特别优秀，真是太好了！这个职位特别配得上你！

同事：谢谢师兄！

这样的沟通是一种热情反应，就是我简直比他还高兴，我对这件好事刨根问底，让他又重温了一遍好事。这样的沟通方式会让他感觉特别好，也是最正面的一种沟通方式。

不仅仅是在同事、朋友的关系当中，在家庭当中也一样，也应该用积极主动的方式来对配偶的好事进行反馈。

妻子：亲爱的，我有一个好消息要告诉你，我被斯坦福录取了。

我：好啊，恭喜你！

妻子：我特别开心！

我：是啊。

妻子：……

如果用积极主动的方式来反映，那是什么样子？我来给大家再演示一下。

妻子：亲爱的，我有一个好消息要告诉你，我被斯坦福录取了。

我：斯坦福啊！多好的大学啊！

妻子：是！我今年特别不容易才申请到它。

我：哦！是跟哪位导师啊？

妻子：我申请到的是业界大牛津巴多的博士后。

我：津巴多！哎呀太好了！我早就听说他特别厉害！他就是做那个监狱实验的，是整个美国心理学界教父级人物！

妻子：你都不知道我打败了多少人，才申请到这个博士后的！

我：我就知道你是最棒的，太厉害了！他们什么时候录取你的？你什么时候收到通知书啊？

妻子：刚刚录取，我第一时间就告诉你了。我想跟你一起分享这件好事。

我：哇！太好了，我们今天晚上出去庆祝一下。那，什么时候要去啊？

妻子：我今年夏天去。

我：哦！那得赶紧。我认识一个朋友，他做英语口语培训做得特别好，我帮你介绍一下。

妻子：谢谢！我相信，有你的支持我一定能够顺利度过我的博士后阶段。

我：而且我听说斯坦福校园特别漂亮，我们可以一起去旅游，我会经常去看你哦！

妻子：太好了！

这就是用积极主动的沟通方式来反馈配偶的好事。大家可以看到，我对她特别地支持，这也会让她特别高兴。

但是我们在日常的家庭生活中，也经常会看到另外两种消极的沟通方式，比如被动消极式。

妻子：亲爱的，你在干什么？

我：在看中国队跟泰国队比赛呢。

妻子：我想跟你说件事情。

我：跟泰国队都打成这样了，你看看。

妻子：我刚刚接到通知，今年夏天我可能就要去斯坦福念书了。

我：斯坦福那不是切尔西①吗？那跟中国队有什么关系啊？

妻子：而且我这次申请到的老师是……

我：快射啊！快射啊！这么好的机会都不射。

妻子：我导师是我们这个领域里的大牛，申请到他特别不容易，这个机会如果错过了很可惜。我想跟你讨论一下，就是我走了之后家里怎么办？

我：得换人啊！得换人啊！你看踢成这样了。哎哟！又被进了一个，天啊！你看看你是不是霉星啊！你一进来之后中国队又被进一个，这球踢得太差了，太差了！

妻子：能不能先听我说一下呀？

我：比赛是直播啊，直播很难得的。

妻子：但是，我的事情也很难得呀！

我：你待会儿再说，你看这个直播待会儿就结束了。

妻子：那你先看吧！

我：嗯，好吧，我先看啊。

看上面的对话，无论妻子跟我说什么话，我都不管，我只关心目前正在看的球赛。我对妻子既不支持也不关心，这是一个非常被动消极的沟通方式。

下面的对话是主动消极式的沟通。

妻子：亲爱的，我有事情想告诉你，今年夏天我就要去斯坦福念书了，我刚刚接到的通知。

---

① 切尔西队主场在斯坦福桥。

我：斯坦福，那不是在美国吗？

妻子：对呀！

我：那你要去多少年啊？

妻子：我可能最少去两年吧。

我：去两年啊？

妻子：对啊！

我：那我怎么办啊？你看家里这么多事情，洗碗、烧饭、拖地谁做呀！

妻子：但是我这次申请的是我们这个领域的大牛，我特别不容易才申请到这个导师。

我：那你行吗？斯坦福那么好的大学，那么多的大牛，你到那儿万一承受不住怎么办？我听说好多人到国外念博士后都念出抑郁症了，压力是很大的。

妻子：对呀！但是我已经做好了准备。希望你能支持我这个决定。

我：国内有那么多好大学，你干吗非要去斯坦福呢！你去了之后家里事儿也没人干。而且你念博士后干吗？还不如直接工作呢。我们家里现在还在还房贷，你让我一个人还，我压力多大呀。再说了，你要去两年，那我们要小孩的事怎么办，我们什么时候要小孩？年纪都这么大了。

妻子：但是我还是想去试一试。

我：美国那种花花世界有什么好的？那里的人不穿衣服满街跑，你到那儿能学得好吗？你想一想我们夫妻分居两地好吗？你到美国那种自由的地方去。性解放了，这是你要去的目的吗？你是不是想去那儿泡男生啊。

妻子：你这样，我觉得你真的是不可理喻！

以上这段对话是我主动地对这件事情表达关心，但是我关心更多的是自己。我并不是真的为她好，我做的一切分析都是关于这件事情对我有什么好处，如果没有好处，那我就不会支持她。所以，这会让对方感到很恼火。

谢莉·盖博（Shelly Gable）等科学家曾经做过这样的研究（Gable et al., 2004），如果你用四种不同的沟通方式来跟配偶交流，会对婚姻的四个指标——忠诚度、满意度、信任度、亲密度——造成不同的影响。

图7.1显示，无论是从女性的视角还是从男性的视角，只有主动积极的沟通方式才能够促进婚姻的满意度。其他三种沟通方式对于婚姻的影响都是负面的。而且，这个结论无论对于男性还是女性都成立。由此可见，在家庭生活当中如何

庆祝好事对婚姻至关重要。

在现实生活中，尤其对于男性而言，总觉得积极主动地说话有点尴尬。似乎男人就应该是沉默寡言、有泪不轻弹、大大咧咧的形象，在外面要自信、独立、有魄力、好强、能干，在家里也不需要那么卿卿我我，那么温柔。

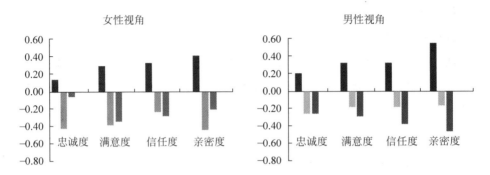

图 7.1　沟通方式对婚姻质量的影响

社会对于男性和女性有不同性别角色的期许（见表7.2）。对于男性，社会希望他们的工具性要高，就是说男性要自信、独立、有魄力，能干、好强；对于女性，工具性可以不那么强，但是要低调、安分守己，要服从社会或家庭的需求。另外，在所谓的表达性方面，社会对于男性和女性的期望也是相反的。即女性应该温柔、善良、敏感、友善，感情丰富、善于沟通。而男性则应该是一个硬汉，在外面能够撑起一片天，在家里轻易不说一个"爱"字。

表 7.2　工具性和表达性

	工　具　性	表　达　性
男性	自信 独立 有魄力 能干 好强	男儿有泪不轻弹 沉默寡言 大大咧咧
女性	低调 安分守己 服从性高	温柔 善良 敏感 友善 感情丰富 善于沟通

社会对于男性和女性有着截然不同的期望，那么这种期望对不对呢？其实并不对。有心理学家做过这样的实验（Miller et al., 2007），他们把传统型的男女，也就是刚才说的工具性高而表达性低的男性和工具性低而表达性高的女性放在一起进行匹配，发现他们并不喜欢对方。那么，什么样的男女最受欢迎呢？其实是工具性和表达性都比较高的男女更受欢迎。而且那些由传统型男女组成的夫妻也不如非传统型的幸福。

调查发现，那种传统型的夫妻，也就是符合社会性别角色期许的男男女女各占了一半。还有大概35%的人，工具性和表达性都很高，他们在外面事业很成功，自信独立，能够自己打拼出一片天地。在家里又温柔善感，能够给配偶很好的情感支持。还有15%是那种性别角色错位的，或者是表达性和工具性都低的，这种情况比较糟糕。事实上，表达性和工具性都比较高的人在婚姻当中是最幸福的。他们有自己的事业和收入，不依赖对方来生活，因此有很高的自尊和自信；同时他们又彼此很体贴，能够细腻地表达自己的情感，并且能觉察到对方的想法，为对方作出更多的贡献和服务。

因此，这里建议女性要增强自己的工具性，要有自己的事业心和自信心。同时，男性也应该增强自己的表达性，用积极主动的沟通方式与你的配偶、恋人表达情感，分享好事。

感　　恩

上一节谈的是当别人的好事发生之后我们应如何反馈；本节要谈的是好事发生在自己身上之后，我们可能产生另外一种情感，就是"感恩"。"感恩"也是人与人之间特别重要的一种正面沟通方式，它不仅让对方感到温暖，感到安慰，而且对自己也很有好处。

2010年的感恩节，《华尔街日报》上就曾经有过一篇专栏文章，总结了关于感恩的科研成果（Beck, 2010）（见图7.2）。

感恩的人更健康、更幸福、更乐观、朋友更多，而且更加不容易抑郁、嫉妒、贪婪或酗酒，不仅如此，他们挣钱也更多。不仅是成年人，感恩的孩子也表现得很好，他们的成绩会更好，更少头疼、胃疼。感恩心理学权威加州大学Davis分校的埃蒙斯（Emmons）教授曾经做过一项研究（Post & Neimark, 2008），他采访了 74 位器官移植接受者，发现那些感恩情绪比较多的人，在做了器官移植手术之后恢复得更快，身体变得更好，各项机能也提高得更多。

当然，你也可能会说相关不等于因果。这些人在手术后恢复更快，也许是因为他们平时身体就更好。因此埃蒙斯教授还做了一项研究，他找到 65 位患有神经肌肉疾病的人，让他们每天写下值得感谢的事情（Emmons & McCullough, 2003）。如图 7.2 所示，这些人和对照组相比，他们的感恩程度更高，积极情绪更多，消极情绪更少，生活满意度更高，对未来的期望更高，跟别人的连接更多，而且睡眠也更好。这个实验证明，如果让人有意识地去感恩，也可以让他们的身体和心理变得更好。为什么呢？这可能跟我们人类的生理特点有关系。

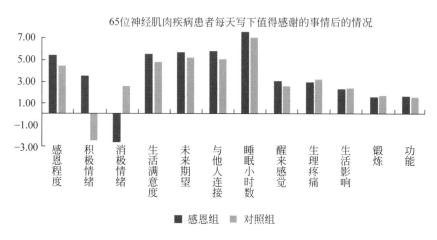

图 7.2　对神经肌肉疾病患者的感恩研究

有科学家做过类似的研究（Mc Craty & Childre, 2004），他们测量了人处在不同情绪和想法下心跳的变化。

从图 7.3 可以发现，当人感到挫折、沮丧时，心率非常没有规律，就跟锯齿一样；但当他开始产生欣赏、感恩之情时，心率就会变得平滑、和谐，这又会进一步镇定神经系统和内分泌系统，从而使健康状况变得更好。

有科学家也做过类似的研究（Post & Neimark, 2008），就是让病人来进行感恩练习，一天只要 15 分钟，持续了 1 个月。结果发现：他们身上的一种免疫抗体 IgA 大幅增加；他们身上的一种良性荷尔蒙 DHEA 分泌量也显著增加；他们的压力荷尔蒙皮质醇显著降低。

可以看到，感恩不仅仅是一种感受，也不仅仅是某些人因为身体好而感恩；反过来，他如果感恩的话，确实可以让身体变得更健康。不仅对于病人和老人是

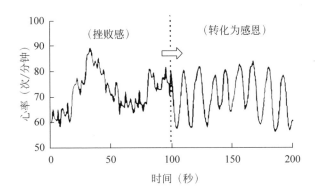

图 7.3 感恩和沮丧下的心率图

如此,对于其他人群也是一样的,比如中学生。埃蒙斯等人曾经对 1 000 多名中学生做过一项研究(Froh et al., 2011),结果发现:他们的感恩和物质主义(也就是拜金主义)呈负相关。也就是说,感恩越多,就越远离物质主义,越看轻金钱的作用。但是,假如一个人太看重金钱,他就会很少感恩,总觉得全世界都欠他的。类似的,感恩比较高的学生成绩更好,而且生活满意度更高,和别人之间的连接与沉静感更高,嫉妒、抑郁更低。

埃蒙斯为了确认这两者不仅仅是相关,而且有因果关系,他选了 221 名六年级和七年级的学生,让他们每天练习感恩。结果发现,他们对学校的满意度提升了,而且变得更乐观。埃蒙斯总结,这是因为感恩能够提高幸福感、降低抑郁,它能够增进人们的社会关系,也包括亲社会行为和合作行为,等等。

假如一个餐厅的服务员在账单上加上一句谢谢,他平均能多收到 11% 的小费;假如一个公司的员工在月底收到感谢信,他们的生产力能够提高 23%~43%;假如你在一个公益机构里面经常对志愿者表示感谢,那么这些志愿者还愿意继续服务的比例会从 43% 提高到 80%。可以看到,感恩不只是一种感受,它真的能够改变我们的行为。为什么呢?

(1)我们前面曾经提到过的柳博米尔斯基总结说(柳博米尔斯基,2007),感恩可以让人们更加积极地体验生活、品味生活,并注意到生活的美好一面。感恩的人肯定是因为感受到别人或是老天对他做了某些好事,然后他才产生了感恩之心。这本身就提醒我们,生活其实是挺美好的,并不像负面偏差诱导我们的那样,说生活有很多丑恶的地方。

(2)感恩能提升自我价值,增强自尊。因为它必然会带来一种心理:我是一个有价值的人，别人才来帮助我，我是一个值得帮助的人，所以别人才对我这么好。这样的信念能够让一个人觉得更自尊、更自信。

（3）感恩有助于应对压力和心灵上的创伤。因为它给了你一个新的角度，所以你不再总是想着："我怎么这么倒霉，我为什么遇到这么多坏事？"其实在生活当中，你已经收获了足够多的东西，你可以换个角度看看自己的生活，事实上有很多事情是值得感谢的。

（4）感恩能激发人的道德感，能让我们更多地去帮助别人，从而减少物质追求。

（5）当你感恩的时候，你跟别人之间的连接就变得更紧密，你经常表达感恩，别人也会更加愿意帮助你。

（6）感恩会减少我们的攀比心理。当我们感恩的时候，是在感激我们已经拥有的东西，而不是总去想，我还没有这个东西，没有那个东西，为什么别家有我家无？这就是一种攀比心态。感恩的人想的是，我已经有了这么多，我已经很满足了，这样一来就减少了攀比。我们在第 2 讲的时候就说过，攀比心态是幸福的一大障碍。

（7）感恩可以减少我们的负面情绪。感恩是一种正面情绪，当你处在感恩情绪中的时候，其他负面情绪自然就消退很多。

（8）感恩能帮助我们战胜享乐适应，这也是我们在第 2 讲里提到的。幸福的另一大障碍就是，一件好事来了你很快就适应它了，所以你不断需要新的好事才能够重新觉得开心。可是，感恩就是在不断地提醒你，想想你已经有了什么样的好事。换句话说就是，避免对已经有的好事产生一种麻木感，而是为每一件好事感到幸福和感谢。

这些过程当然会对我们有一个幸福和功能上的提升，所以感恩是积极心理学里面特别重要的一个主题。而且积极心理学专家们也设计出了各种各样的感恩方法，包括我们从第 1 讲就开始做的，一直坚持做到今天的——每天记录三件好事。大家想想，是不是我们每次都要求大家在写完今天发生了一件好事之后，再想一想为什么它会发生？为什么要加这个因素呢？就是希望当你思考这件好事为什么发生的时候，自然而然地产生感恩之心。无论是因为有其他人帮助了你，还是老天带来的幸运，比如今天的天气比较好，甚至你的基因比较好等，这都会让你庆幸自己目前已有的东西，感谢别人已经对你有过的帮助。所以，在每天记录三件好事这样的一个练习里,就已经嵌入了感恩的因素。

下面推荐另一个专门培养感恩之心的练习,叫作"感恩拜访"。

首先,你想一想有没有这样一个人,你一直想感谢他,却没有充分地感谢过,现在你想对他说些什么?这时候你可以写一封信,这封信不仅仅只是表达你对他的感谢,而且要详细地列出你感谢他的理由。也就是说,你不能在这封信里写一个大大的"谢谢您!""我爱您!"之类的话,而是要说过去他曾经帮助过你的事情,你曾经感受过他的爱,甚至虽然是他并没有直接地帮助过你,但是你从他身上看到了一个人格的力量、一个榜样,因此对你后来的事业、后来的立场都有所帮助。你想对他表示感谢也可以,但要求一定要详细地写出这样一件或很多件事情。

这封信手写之后,你最好是跟他约一个时间见个面,但不要事先告诉他你想干什么。然后在他家也好,在你家也好,或者在一个饭店里把这封信念给他听。这是一个非常强大的积极心理干预方法,每当大家用这个方法的时候,无论是念信的人,还是听信的人几乎都会痛哭一场。但,这么做对于中国人来说难度还是有点大。

比如我自己,当年我做这个感恩信的干预方法时,写了一封信给我的太太,向她表达我的感谢。但是我无论如何也没有办法亲手把这封信交给她,更别说当场念给她听了,我实在做不到。想来想去,最后只能是把这封信放在我们家的信箱里,然后跟她说今天你去取信。其实她当时有点奇怪,因为平常都是我去取信,为什么今天要她去拿信?结果她这一去 20 分钟之后才回来,回来的时候眼睛红红的,她已经把这封信看了,而且哭过了,可惜我们俩没有在一起哭。确实中国人有时候不太习惯那么奔放地表达。所以,如果你觉得当面给别人念信有难度的话,没有关系,你也可以在电话里念给她听,或者就像我一样只是寄给对方。

这里之所以推荐感恩信的干预方法,是因为有数据表明它确实是有效的,塞利格曼和他的团队曾经对此做过类似的研究(Seligman et al., 2005),结果如图 7.4 所示。

黑色代表那些做感恩拜访的人。可以看到,他们的幸福感在做完拜访之后显著上升,而他们的抑郁症状则降低了很多。然而随着时间的推移,他们的幸福感慢慢地降回到了原来的水平,他们的抑郁症状也慢慢地升回到了原来的水平,为什么呢?这是因为做过感恩拜访后,它能够一下子产生一个强大的作用。可是如果只做一次而没有事后的任何跟进,6 个月之后它的效果也就消失了。我们经常把感恩拜访称为"幸福强心剂",再配合其他的干预方法,比如说记录三件好事,

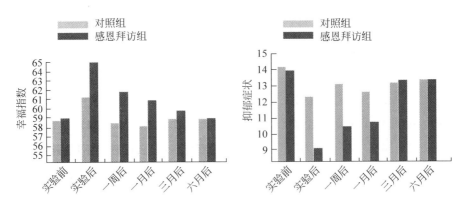

图 7.4 感恩拜访对人的幸福感和抑郁情绪的影响

这样就可以获得一个持续的提升。显然只做一次感恩拜访是不够的，但短期内还是可以看到效果的。比如说，你这个星期内做了感恩拜访，可以看到，在下个星期你会变得幸福和快乐。

当然，也要注意到这种感恩练习可能会受到文化的影响。也就是说，当东方人做感恩练习的时候，可能效果和西方人并不完全一样。柳博米尔斯基和她的同事曾经做过这样一个研究（Layous et al., 2013），她让美国人和韩国人都做两个练习，一个是帮助别人，另一个是表达感恩（见图 7.5）。结果发现，当他们帮助别人的时候，美国人和韩国人都变得更幸福了。可是当他们表达感恩的时候，美国人变得更幸福了，韩国人却变得不太幸福了，为什么呢？

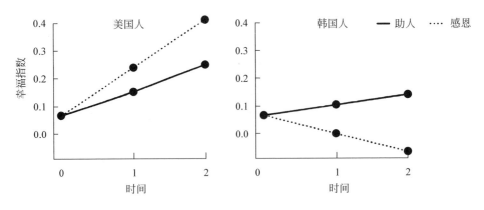

图 7.5 感恩练习中的文化差异

研究发现，这可能是因为东方人在感恩的同时也会产生一种负债感，也就是说，别人对我这么好，我怎么回报他呀。而这种负债感引起的焦虑和内疚反而会降低幸福感。所以东方人在做感恩练习的时候，一定要注意，感恩就是感恩，不要产生太多的负债感。为什么我要强调这一点呢？那是因为，现在中国有很多所谓的"感恩教育"其实已误入歧途,他们所谓的感恩教育，无非是对孩子们反复说，父母为你付出了多少，你们难道不觉得对不起父母吗？这明显不是一个感恩教育，而是一个内疚教育——激发孩子的内疚感，让他们知道自己有负债以及如何还债。但是亲子关系本来就不是一个对等关系。你跟朋友之间的关系应该是，对方付出多少，自己尽量想办法也付出多少。但是在亲子之间本来就应该是父母付出的比孩子要多。父母从小帮孩子换尿布、喂奶，你希望孩子怎么回报你呀？难道你要他们给你换尿布、喂奶吗？还是用"洗脚"报答呢？这根本就是误导了孩子对于亲子关系的看法。难道有一天孩子把你的付出用金钱或行为全都报答清楚，从此就跟你两清了吗？这根本就是在给孩子传递了一种错误的价值观。那么，应该如何正确培养孩子的感恩之心呢？

（1）要让孩子感到，父母付出的时候，其实是有代价的，父母并不是孩子的提款机。有些父母，孩子提什么要求都答应，觉得这就是在为孩子付出，而孩子肯定会对他好，对他感恩。不是的。这样，孩子反而会觉得东西得来太容易，他会觉得你其实并没有付出什么代价，太容易了，所以并不会感恩。

（2）应该让孩子感受到我们的善意。也就是说,我其实可以选择不为你付出，但是因为爱你，所以我才为你付出。了解到这一点，孩子才更加知道感恩。有时候你要拒绝孩子不合理的要求，甚至对于合理的要求，如果你不方便，也可以拒绝。比如，有一次我跟孩子去爬山，到了山脚下，孩子耍赖说："爸爸你今天背我上去吧！"我说："不行，你自己有两条腿，你得自己走上去。"他没有办法，只好跟我走上去了。在这个时候如果我背他上去，他将来回想这一刻会觉得应该感恩吗？肯定不会，他只会觉得爸爸太好欺负了，什么要求他都会答应，下回还会提更多的要求。当我跟他一起爬到半山腰时，他是真的累了，说："爸爸我现在真的不行了，你还是背我吧。"我说："抱歉，我爬到现在也累了，所以我还是没办法背你。"这个时候，他提的是一个合理的要求，但是，我觉得我也挺累的，我干吗要背他呀！所以我还是拒绝了他。就这样，我们两个一起咬牙坚持爬上了山顶。那，是不是从此我的孩子就不感恩了呢？不是的，他会觉得爸爸有他自己的需求，他有时候是没有办法帮我的，但在其他很多时候他还是帮了我的。所以，他反而会变得更加感恩。

（3）培养孩子感恩的关键是你对孩子的付出不应该要求回报。比如，你不应该说,我现在对你这么好,等我老了你也应该对我这么好。那孩子就会觉得我们是在进行一场交易。或者你对孩子说,我为你付出了这么多,我什么都不要,你给我好好学习就行了。这样孩子会觉得你对我这么好,原来是为了要让我学习好,那我只要学习好,就算报答你了,我也就不需要感恩了,我们之间只不过是一场交易。所以,你如果想要让孩子感恩,就应该无条件地爱他,但不要答应孩子的所有要求。

(4)让一个孩子变成感恩的人,最好的方法就是你自己做一个感恩的人。想一想,假如你对自己的父母都不太感恩,怎么可能指望你的孩子对你感恩呢!假如你在自己的生活当中经常对别人很刻薄,不知道珍惜已经拥有的东西,孩子在你的熏陶之下想要感恩其实也很难。

所以,我还是希望大家能够好好地做感恩练习,首先让自己感恩起来,然后你的孩子自然也会变得更加感恩。

非暴力沟通

刚才那两个部分说的是生活中的好事。可是我们也知道生活中并不都是好事,有时候沟通就不那么顺畅和谐,甚至会上升为一些暴力性的沟通。这里指的并不是物理上的暴力,比如打人或者是骂人,而是说在沟通中让对方感到一种情感上的排斥,一种冷暴力。我们来举个例子看一看。

妻子:你怎么又在打游戏!

在这个场景当中,妻子首先就是在用一种暴力的沟通方式,批评指责丈夫。那么丈夫可能会如何回应呢?

他会反击:打游戏又不花钱,总比你上网买东西好,败家!

或者是辩解:那我每天工作这么累,连打会儿游戏的权利都没有吗?

或者是干脆就忽略她。

这就是两个人都在用一种暴力的沟通方式。可有时候哪怕对方说的话是中性的,但对于一个防御心理比较重的人来说,他也会用一种暴力的方式来回应。我们来看一看下面的例子。

同事:刚才老板发通知,让我们所有人周五把报告交上去。

反击:那你还在这东游西逛干什么?你星期五做得完吗!

或者是质问： 哎！你什么意思啊？你担心我做不完啊！

或者干脆是讽刺： 你还真是老板的小喇叭呀！我又不是没收到邮件，你干吗还要再说一次啊。

有时候可能是对方提出一个请求，你不正面回答他，而是用一种暴力的形式来反馈。让我们再看看下面的例子。

妻子： 明天你能不能带孩子去趟动物园啊？

我： 你就知道指使我，你自己怎么不去啊！

或者是诉苦： 我都工作了一个星期，累都累死了！星期天也不让我休息。

或者是找借口： 去动物园干什么呀？孩子期末考试又不考生物，在家里好好学习吧。

美国的心理学家 Marshall Rosenberg 提出了一种非暴力的沟通方式（Rosenberg, 2004），主要由四步组成：

（1）观察：把你看到的事情用一种中立客观的形式表达出来；

（2）感受：把你自己的感受说出来；

（3）想法：说一说自己为什么会有这个感受；

（4）请求：当说完了自己的这些感受、想法之后，希望对方能够做出什么改变或行为。

比如，对于刚才妻子的那句话"你怎么又在打游戏"，首先她并没有观察。"观察"是说对于事件本身有一个中立的不带评判的描述。可她说的是"又在打游戏"，这就是一个判断了。怎么能算"又"呢？是上午刚打了，下午又打了呢；还是上个星期打了一次，这个星期又打了呢；或者是他上个月打了一次，这个月又打了呢？她的话并不是一个对事实的陈述。如果说"你在打游戏"，那就是对事实的陈述。如果说"你又在打游戏"，那其实就是观点和判断。而且，她的话也不是心平气和地用一个陈述事实的语气说出来的，而是用一种质问的语气。如果用非暴力沟通的方式来表达，她可以说："看到你在打游戏我有点失望。因为我本以为你会在家里收拾东西，你可以停下来把家里收拾一下吗？"

在这段对话里，第一步，她把自己观察到的事实说出来了，"看到你在打游戏"；第二步，"我有点失望"，这是我的感受；第三步，为什么失望呢？"因为我本以为你会在家里收拾东西"，这是她的想法，因为这个想法导致了她现在有点失望的感受；第四步，她提出一个请求"你可以停下来把家里收拾一下吗？"

这就是一种非暴力的沟通方式。

具体来说，关于这四点都有一些需要注意的地方（见表7.3）。

表 7.3 观察和观点的区别

观　　察	观　　点
"你在打游戏"	"你怎么又在打游戏"
"听你这么说，我觉得有点委屈"	"你怪我打游戏，我觉得有点不公平"
"你问我明天能不能带孩子去动物园"	"你指使我干活，我觉得不对"
"刚才老板发通知，让我们所有人周五把报告交上来"	"刚才老板又催我们了，让我们所有人周五把报告交上来"

1.要注意区分观察和观点

刚才说的"你在打游戏"和"你怎么又在打游戏"，前者是一个观察，而后者就是一个观点。那么假如妻子说："看到你在打游戏我有点失望。"这句话其实也不是表明她的观察，而是她的观点。然后丈夫说："你怪我打游戏。"他的意思就是：我认为你在怪我，这是他的观点。他如果要陈述事实，应该这样说："听你这么说，我觉得有点委屈。"

在另外一个场景中，妻子问丈夫能不能第二天带孩子去动物园，如果丈夫回复说："你指使我干活，我觉得不对。"这就又是一个观点，因为妻子其实只是提出一个请求，而丈夫说她是"指使"，这就是丈夫的判断了。可是假如他说："你问我明天能不能带孩子去动物园。"这就是把刚才妻子的行为客观地描述了一遍，这就是观察。

同样，在刚才同事的场景中，有一个同事跑过来说："刚才老板发通知，让我们所有人周五把报告交上来。"这就是一个观察，是一个中立、客观的事实描述。可是假如那个同事跑过来这么说："刚才老板又催我们了，让我们所有人周五把报告交上来。"这就是一个观点，因为他在说"催"。老板只是发了一个通知，到底是提醒还是真催并不知道，所以如果说是"催"，这其实就是一个观点。如果回复："你还真是老板的小喇叭呀！"这其实也是一个观点。其意思就是说：我认为你是在帮助老板到处传播这个事情。但其实这个人很可能只是善意地提醒一下。

非暴力沟通的第一步，就是要中立、客观、不带自己情绪和判断观点地描述事实。一旦带了自己的观点，对方很可能就有情绪，因为他对事情的判断很可能跟你不一样，这时候两个人就可能产生冲突。

2. 要注意区分感受和观点

也就是说，你应该说你的情绪、你的感觉，而不是你"认为"。比如，在刚才的场景里面，当丈夫听到妻子说自己打游戏的时候，他可能这么说："你怪我打游戏，我觉得有点不公平。"或者说"听你这么说，我觉得有点委屈。"在此处，觉得"不公平"是观点，说觉得"有点委屈"是感受。

你不要看这两句话都在说"觉得"，可是只有第二个觉得是感受，第一个觉得其实是观点。这里有个小诀窍，就是可以试试能不能把觉得、感受等词换成"认为"，如果能换成"认为"的话，那就是观点。比如说"我认为有点不公平"，这说得通，所以这是观点；而"我认为有点委屈"，这说不通，所以这就是感受。

再举一个例子，当丈夫说"你问我明天能不能带孩子去动物园，我感到你不太为我着想"，或者"你问我明天能不能带孩子去动物园，我感到你有点生气"。那么这两个哪一个是观点，哪一个是感受呢？第一个是观点，第二个是感受。因为你可以说"我认为你不太为我着想"，但你没法说"我认为你有点生气"。当你在描述自己的感受时，夹带了自己的观点，这就容易产生冲突，因为对方对你的观点很可能不认同。如果你只描述自己的感受，那是没有什么可争议的，因为你确实产生了这样的一个感受，所以你描述感受更容易让对方接受。但是要注意这个感受应该明确表达，你不能说"看到你在打游戏，我感觉很差"，而应该说"看到你在打游戏，我感到很失望"。为什么呢？

"我感觉很差"充满负面情绪，但对方不知道你的感受到底是什么，从而也难以猜测引起你负面情绪的原因是什么。我们在第5讲里提供了很多情绪词，比如，那些基本的负面情绪：愤怒、难过、恐惧、厌恶、嫉妒、焦虑、内疚、委屈等，还有由此生成的其他类似的情绪词：生气、伤心、害怕、着急、惭愧等。想一想哪个或哪些是可以更好地描述自己情绪状态的词语？

正面情绪也一样，像芭芭拉·弗雷德里克森总结的，人类有十种正面情绪：喜悦、感激、宁静、兴趣、希望、自豪、好玩、激励、敬畏、爱。包括由它们生成的其他正面情绪词：快乐、高兴、满足、骄傲等。

3. 要陈述自己的想法，而不是对对方的判断

我们在第4讲里面提到过"ABC模型"，其涉及事件与信念所导致的行为和情绪。因此，感受是由想法引起的。所以，要让对方完全明白你的意思，就必须

把自己的想法说出来，这样对方才能有更好的反馈。比如，你不能说："看到你在打游戏我有些失望，因为你不是在收拾家。"而应该说："看到你在打游戏我有点失望，因为我本来以为你会在家里收拾东西"。当你说"因为你……"，这个时候说的并不是你的想法，而是你对对方的判断，当你说自己想法的时候，通常会以"我"开头。

再举一个例子，"听你这么说，我觉得有点委屈，因为你没有为我着想"，这就是一个对对方的判断。你应该说："听你这么说我觉得有点委屈，因为我最近太累了，需要放松一下。"你也不能说："你问我明天能不能带孩子去动物园，我感到有点生气，因为你总是先指派我干活。"

4. 发出请求时，应该告诉对方他要做什么，而不是不要做什么

也就是说，你不能说："你不要再打游戏了。"而应该说："你去把房间收拾一下好吗？"刚才的丈夫不该说："你不要再烦我了。"他应该说："我把这局打完了就去收拾房间，好不好？"

不做什么是一个否定的消极请求，做什么是一个主动的积极请求。请求当然也需要明确，不然很容易让对方摸不着头脑。比如，你不能简单地说："你要多花时间陪孩子。"而应该说："你明天带孩子去动物园好吗？"这就是明确的，让对方可以立刻判断他能不能做的事情。你也不能简单地说："你要多干点家务活。"家务活很多，到底该去干哪一个？所以要直接说："你可以把房间收拾一下吗？"这样，对方才能摸得着头脑，才可以做出一个明确的反馈。

另外，当你发出请求的时候要注意，到底发出的是一个"请求"，还是一个"命令"，二者是有区别的。假如对方不同意，它的后果是什么？比如，你说："你去收拾一下房间好吗？"如果对方不同意，那你的反应是继续跟他商量，还是大发雷霆？如果是大发雷霆，那你其实是在下一个命令，因为如果对方不同意你的请求，后果会很严重。如果对方不同意，那怎么办呢？当然是跟他继续沟通了。因为我们现在讲的就是非暴力沟通，如果一定要对方同意你的观点才算沟通的话，那就不是沟通而是命令了。

罗森伯格在他的书里曾经讲过的一句话：如果我们只是想改变别人，以使他们的行为符合我们的利益，那么非暴力沟通并不是合适的工具，因为非暴力沟通是用来帮助我们在诚实和倾听的基础上与人联系的。

因此，跟对方沟通的目的并不是一定要让对方听你的，如果那样的话就应该

用军事化的手段去管理。假如你想要跟对方建立更多的连接，让两个人的关系更紧密，有更多的爱，那就只能用非暴力沟通。上面讲的是非暴力沟通，基本上都是在说怎样给对方反馈，这就是非暴力沟通的要诀。

跟非暴力沟通一起使用的还有一个非常重要的技巧叫"非暴力倾听"，即当别人向你诉说痛苦的时候，你应该如何给他一个更好的反馈，因为有些反馈其实是无效的。

比如，对方最近被裁员了，丢了工作，向你倾诉，你怎么办呢？以下这几种反馈方式就是无用的，甚至会伤害对方。

（1）提出建议："你应该赶紧去找一个新的工作。"这个建议当然是一片好心，可是这个时候对方很可能还沉浸在痛苦之中，你的这个建议是没有太大用处的。

（2）比较："你知足吧！我上次比你还惨。上次裁员我一年都没找到工作。"

（3）说教："你必须坚强起来，这是上天给你的一次考验。"

（4）安慰："这也不是你的错，整个部门都被裁掉了，你已经作出最大的努力了。"这种安慰在对方听来，其实并没有太大的用处。

（5）否定："不要哭啦，这有什么好难过的！"

（6）同情："你好可怜，我也觉得你好惨！"这其实会让对方产生不好的感觉。

（7）询问："这怎么回事啊？为什么会裁你呀？"

以上这些都是常见的反馈，但其实并不中用。对方这个时候需要的是什么呢？需要的是"共情"。也就是说，你不要再去用你的理智进行思考和判断，而要用你的情感去体会对方的心情。这个时候可以用非暴力沟通方式做四件事情：观察、感受、发出想法和请求。

你可以这么说："听你这么说，我觉得你是挺难受的，你也不想失业，这对你打击太大了。我能帮你做点什么呢？"

这样说的话，是完全站在对方的角度，体会他的感受，而且是在想能为他做什么。

宽　　恕

这里要讲最后一个沟通方式，即当伤害已经发生了，人们可以采取的一种正面反应，那就是"宽恕"。

南非前总统曼德拉由于反抗种族隔离，被白人政权判处无期徒刑，27年之后才在国际社会的压力下重获自由，但是他并没有带着仇恨走出监狱，反而选择了宽恕。他说："当我走出监狱时，我就知道，如果我继续恨他们，那我仍然还在狱中。"所以，在他就职总统的时候，还请了当年的一位狱卒来参加他的典礼。

为什么要提倡宽恕呢？柳博米尔斯基发现，善于宽恕的人更幸福、更健康，也更少抑郁、焦虑、愤怒或神经质。在研究中，她通过一些干预方法让参与者练习宽恕，发现8个星期之后他们比对照组更加自尊、更少焦虑。

一项针对7~11岁男孩进行的研究表明，以和解、宽恕的态度处理事情能够降低他们的压力荷尔蒙。另外，一项针对退伍军人的研究表明，对于那些心脏有问题的退伍军人来说，学会宽恕可以促进血液流向心脏，使他们的身体变得更好。家人之间也一样，有研究发现，宽恕配偶能够提升双方的生活满意度和家庭责任感。

当然，要做到宽恕很难，因为报复是人的天性，甚至也是很多动物的天性。比如，在讲助人这一节的时候，提到了有一种蝙蝠在外面觅食之后，会回到洞里吐出一部分食来，喂给其他没有觅到食物的蝙蝠。但是它们并不是大爱无限地"普惠众生"，而是优先反哺给那些曾经喂过它们的蝙蝠。换句话说，如果以前没有帮助过它，那也别指望它会来帮忙。

《论语》里面记载，有人问孔子："以德报怨，何如？"意思是，自己以德报怨，是不是非常道德呢？孔子的回答是："何以报德？以直报怨，以德报德。"意思是，如果别人伤害你，你却是以恩惠来回报他，那别人给你恩惠的时候，你给他什么呢？所以孔子主张的是以直报怨。这从进化上讲，是非常有道理的。我们的祖先正是因为能够认清谁帮助过自己，谁伤害过自己，并且以德报德、以直报怨，才进化出道德观念来。无原则地"以德报怨"听上去很美好、很道德，但却会动摇整个人类社会的道德基础。所以我们的主张是：行为上要以直报怨，心理上要以德报怨。

在行为上必须以直报怨，这不仅是为了安慰受害者，也不仅是为了震慑以后的潜在作恶者，更是为了告诉作恶者，他必须向好的方向转变。假如我们不能给作恶者恰当的惩罚，这也是对他不负责任，等于在暗示他以后可以继续犯下更严重的错误，其实这也是不道德的。

所以我们在讲宽恕的时候，必须强调宽恕不等于遗忘，不等于对作恶者的容忍，不等于找借口，更不等于放弃法律上的诉求或经济上的赔偿。在人们的安全或健康受到伤害的情况下，对作恶者不能宽恕，也不能放弃公平和正义，而是应该继续保护自己，保留报复的权利。

在这样的前提下，我们再来讲一讲怎样在心理上以德报怨。不管如何弥补后果，伤害已经发生了，已经无法更改了，对于不能更改的事情我们只能接受。这时候你宽恕与否，已经与别人没有关系了，这纯粹是为了你自己的幸福。

在行动上"以直报怨"之后，即使你在心理上放下了这段怨恨，也不会让对方少受惩罚。但如果你总是耿耿于怀，相当于是在纵容对方继续伤害自己，也就是像曼德拉说的，他仍然还在监狱之中。

所以，宽恕不是让对方占了便宜，而是你自己放下了包袱，宽恕别人也就是宽恕自己。因为你不再把自己关在过去的痛苦之中，而是能够更自由地轻装踏上人生旅途。

积极心理学也有很多关于宽恕的干预方法，之前提到的《幸福有方法》那本书里就有两个方法，这里可以推荐给大家。

第一个方法叫"宽恕信"。你可以写一封信给伤害过你的人，在心里宽恕他们，但不一定要把信寄出去。这封信可以只是你对自己的一个交代，表示往事已经不再是你的负担。宽恕只是你心中的变化，不一定要让别人知道。柳博米尔斯基的建议是，你可以先描述过去那件事对你的伤害，不仅是当时对你的打击，还有持续到今天的伤害。直接告诉他"我认为你不应该那么做"，但是在信的最后你要明确你已宽恕他了。你可以对他当初为什么那么做表示理解，也可以不去分析他的行为和动机。但要宣告那件事情已经不再困扰你了，你原谅他了，它已经是过去式了。

当然，宽恕并不容易。就算你不打算寄出这封信，你可能仍会觉得很难写。不要勉强自己，把它放一段时间再说，不必一次写完。或者可以先从最容易宽恕的小事写起。你可以想想，有谁曾经给你造成一些很小的伤害，虽然你有点耿耿于怀，但那件事也没什么大不了的。

宽恕是有技巧的。如果你无法直接挑战最大的难度，那么可以循序渐进，先用小事来锻炼自己的宽恕技术。从另外一个角度来说，小事也不是不需要原谅的，因为它们也会在你心中积累起小愤怒。作者在书中还举了一个自己的例子，她给大学一年级的写作老师写了封信，原谅这位老师说她不会写作。宽恕这些小事，可以清理掉你心中的那些负面情绪，同时也增强了你的宽恕能力。

第二种干预方法叫"被宽恕"。要宽恕伤害你的人确实很难，但是想一想，你伤害过别人吗？当然可能很多时候只是无心的，也不是什么大事。比如，跟家人吵架，对孩子的承诺没有兑现，偷懒没有去帮朋友的忙，等等。

那么回忆一下或想象一下，当别人在这种情况下原谅了你的时候，你有什么感想，你会怎么看待他们，他们为什么会原谅你。你觉得宽恕对他们有好处吗？你从他们的宽恕当中悟到了什么呢？你感谢自己被宽恕了吗？当然了，很可能你对别人的伤害和你受过的伤害没法比。你也许只不过是偶尔无心地伤害了别人，而别人却多次伤害你，程度深、动机也恶劣得多，但是只要你愿意去想象你被宽恕时候的场景，那就是一个好的开始。而且在将来，你很可能就更加容易宽恕别人了。

【作业】

（1）积极主动式回应。在下一个星期里，当有人告诉你好事的时候，你将如何有意识地用学到的"积极主动式回应"去回答？如果没有人告诉你有什么好事，那你将如何主动去问最近有什么好事？这样，你就可以练习你的积极主动式回应了。

（2）写感恩信。写一封信，详细写出你要感谢这个人的理由，然后可以当面念给他听，也可以打电话念给他听，或者只是简单地寄给他。

（3）进行非暴力沟通的练习。注意下次别人跟你说话的时候，他的情绪如果是负面的话，你用观察、感受、想法、请求四部曲来进行沟通，至少一周练习一次。

（4）选做练习：写宽恕信。如果你觉得还没有做好准备，这个练习可以不做。

【推荐阅读】

［美］马歇尔·卢森堡：《非暴力沟通》，阮胤华 译，北京：华夏出版社，2009。

Gable, S. L., Reis, H. T., Impett, E. A., & Asher, E. R. What do you do when things go right? The intrapersonal and interpersonal benefits of sharing positive events. In *Relationships, Well-Being and Behaviour*. Routledge，2018: 144–182.

第8讲　亲密关系

亲密关系为什么重要

亲密关系指的是配偶或男女朋友之间的关系。亲密关系为什么重要？举一个例子，1981 年的一项研究（Glem & Weaver, 1981）调查了近 3 000 名美国人，试图了解各个因素对他们幸福的影响程度（见图 8.1）。这项调查把白人跟黑人分开报告，不过黑人只占里面的很小一部分，小于 1/10，而且他们的幸福常受到一些外在因素的影响，所以这里只展示对白人的调查结果。从图 8.1 可以看到，无论是对于男性还是女性，婚姻因素的影响远远高于其他因素，工作、资产状况、社区环境、邻居、业余爱好、家庭生活、友谊，甚至健康，通通不如婚姻给一个人幸福带来的影响大。而且，不只对女性重要，对于男性来说，也远远比其他因素更重要。

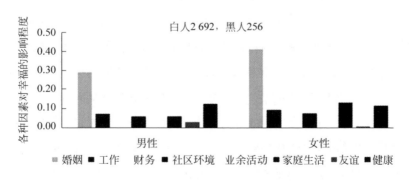

图 8.1　各种因素对幸福的影响程度

很多研究发现，假如一个人失去了亲密关系——离婚、丧偶或失恋，都会让健康受到损害。人离婚之后，血压水平会变得更高，免疫系统也会变得更糟糕。那些朋友很少并缺少亲密关系的人，比那些有充满关爱的亲密伴侣的人死亡率更高。甚至有一项经历了 9 年的大规模纵向研究发现，缺乏亲密关系的人的死亡率比正常人要高出 2～3 倍。

为什么亲密关系对我们的身体健康及心理幸福都有这么大的影响呢？

首先，因为"关系很重要"，我们经常引用彼得森的那句话——"别人很重要"，亲密关系又是尤其重要的一种关系。它可表现为两个人之间的了解程度、相互关心的程度、相互依赖的程度，还体现为两个人做事情时的一致性，以及两个人之间的信任度，还有两个人的忠诚度——愿意承诺一起携手到老，这是亲密关系中最重要的特征。所以，亲密关系是人际关系当中尤其重要的那一个，亲密关系好对于身心健康有很大的促进作用。

其次，亲密关系是一种特殊的关系，它能够导致生育繁殖，从进化上讲，可导致基因更广泛地传播，让人们能生出更多的孩子。进化会鼓励我们喜欢亲密关系，发展亲密关系，追求亲密关系。如此一来，当我们的亲密关系很好的时候，从进化上讲就会让我们感到愉悦，促进我们的身体健康，这样我们才能够更好地生存和繁衍。

当然，也有很多动物没有亲密关系，但一样能生殖繁衍，比如说鱼或是一些爬行动物。交配完之后它们各走各的路，由雌性动物生蛋，所以没有亲密关系也能生殖繁衍。但人类是一种特殊的动物，需要亲密关系——父亲和母亲的融洽关系，才能够把孩子成功地抚养大。父母双方的共同投入对人类后代的成长是至关重要的。这是因为从某种意义上说，所有的人类婴儿都是早产儿。为什么呢？人类进化有两个很重要的特征，第一就是直立行走，但是它也带来一个后果，人类女性的骨盆比其他四脚着地行走的灵长目的雌性动物的骨盆要小很多，这样才能够方便行走，但是这样生产孩子却很不容易。人类进化的另外一个重要特征就是大脑越来越发达，因此头就越来越大，婴儿的头越大就越难从产道里出来。这就造成了一个矛盾：一方面，进化让母亲的骨盆越来越小；另一方面，进化又让孩子的头越来越大。怎么办呢，进化最后采取的一个折中方案就是，所有的人类都不要等到发育成熟再生出来，而是差不多可以在体外生存了就赶紧生出来，不然就生不出来了。因此，我们可以看到其他一些哺乳动物，比如说马，小马生出来就能跑，小老鼠生出来就知道躲避危险。可是人类的婴儿，从出生到两岁之前都处于非常脆弱的状态，需要别人从食物到卫生再到保暖等全方位给予照顾，不然就会立刻死掉。因此，人类婴儿可以说是世界上最脆弱的一种婴儿，由此造成的一个后果就是，如果婴儿没有得到很多人的帮助，尤其是父母的帮助，他们就很容易夭折。

因此，进化就会鼓励人们形成一种牢固的亲密关系，把夫妻双方牢牢地拴在一起，而不是孩子出生后父亲拍拍屁股就走了，把孩子扔给母亲，这对孩子是非常不利的。很多研究发现，父亲的投入越多，对孩子无论是心理上还是生理上的发展，甚至是认知智力上的发展就越好。一方面，进化给了男性一种父爱的本能，让父亲看到孩子就愿意付出；另一方面，亲密关系也会促使男性乐于付出。因为丈夫和妻子的关系非常好，所以丈夫不愿意离开，愿意留在这个家庭里来体现自己对妻子的承诺，愿意为孩子付出，投入精力到后代的抚养当中去。曾经有专家对 68 对夫妻进行统计研究（Erel & Burman, 1995），结果发现夫妻关系越好，亲子关系也越好。

大家可能觉得上面这个结论好像是理所当然的，但其实不然。此前在心理学上一直有争论：夫妻关系好对于亲子关系到底是正面影响还是负面影响。有人提出"溢出假说"，即因为夫妻之间关系太好了、爱太多了，所以就溢出了很多给孩子，也就是说，夫妻关系越好，亲子关系就越好。还有一种叫作"补偿假说"，即夫妻关系很差，伴侣从彼此那里得不到爱，所以就把很多时间、精力和爱都给了孩子，也就是说，从孩子身上得到了在夫妻关系里面得不到的爱的补偿。那么，这两个假说到底哪个对呢？有研究者在 1995 年做了一个元分析发现，是前一个更对，夫妻关系对亲子关系有正面影响。当时研究者就说，我们不用再争论夫妻关系对亲子关系的影响是好还是差了，现在我们更要琢磨一下夫妻关系是怎样促进亲子关系的。反过来，很多研究表明（Cummings et al., 1994），在糟糕的婚姻关系中成长起来的孩子成绩会更差，更被小朋友排斥，因为他们从父母身上学不到一个很好的人际交往模式，看到的就是父母整天在吵架，整天在冷战，所以他们不知道怎样跟其他人好好交往，因此较难获得友谊，更容易产生攻击性和反社会行为。

在中国有一句流行语，叫作"好妈妈胜过好老师"。我经常喜欢把这句话反过来说，叫作"坏家庭糟过坏学校"。为什么呢？

（1）夫妻对立让孩子无所适从，好像还要在妈妈和爸爸之间选边站队，这对既爱妈妈又爱爸爸的孩子在心理上是一个很大的伤害。

（2）家庭破裂的前景让孩子有非常大的压力，他们会担忧如果爸妈离婚自己怎么办。而小孩子的压力如果太大，对他的认知及智力发展都是有影响的。

（3）夫妻双方关系不好，他们可能会争夺孩子，就会竞相讨好孩子，好像谁把孩子争取到自己这边来，谁就在夫妻大战中赢得了一个筹码。可这样一来，他们对孩子过多的注意力会给孩子造成过大的压力，反而对他的发展产生不利影响。

（4）孩子容易形成错误的情感模式，他会以为两个人之间交往就应该是整天打架、吵架，两个人所谓的"相亲相爱"其实就是这样的冷战、讽刺。他会在日后跟别人交往时也遵循这样一个错误的模式，结果当然会变得非常糟糕。

（5）孩子容易形成一个错误的自我认知。孩子常会错以为自己是世界的中心，所以当他看到父母关系不好的时候，他的一个自然的想法就是："爸爸妈妈是因为我而吵架的，肯定是我哪儿做错了，所以父母关系才不好，将来他们如果离婚，或者家庭破裂那肯定都是我的错。"这样，他就会产生一个自我贬低的认知，他会觉得"原来我是世界问题的根源"，也就容易出现行为问题，像反社会行为或攻击性行为，因为他从家里学到的就是这样的行为方式。

有人会说："虽然我们夫妻关系不好，可是为了孩子不能离婚。"这种说法是完全错误的。因为如果勉强不离婚，夫妻长期处于冷战的局面，对孩子的伤害反而是非常大的。好好地建设夫妻关系，才是真的对孩子好。如果一个人跟配偶关系冷漠，把时间和精力都用在孩子身上，这样就是对孩子好吗？不是的。其实最重要的是夫妻关系，它才是家庭关系的基石。

可以看出，亲密关系之所以对人类这么重要，有它进化上的原因，必须是男女双方都处于一个非常有爱的关系中，两个人才能够一起投入地抚育后代。这样，他们的基因才能够更好地繁衍下去。

怎样赢得亲密关系

一、男女不同的择偶策略

由于进化的原因，男性和女性又产生了不同的择偶策略。也就是说在亲密关系当中，男性和女性在许多方面是有一些区别的。雄性和雌性的本质区别不是体积（很多动物雄性比雌性大），不是外表的美丽程度（鸟类的雄性普遍比雌性更美丽），甚至也不是怀孕方式（如海马是雄性怀孕），而是雌性和雄性产生的生殖细胞的大小，贡献的生殖细胞比较大的就是雌性，贡献的生殖细胞比较小的就是雄性。

从这个区别出发，男性和女性就发展出了相当不同的生殖策略。女性因为自己的生殖细胞比较大，就更多地加大自己在生殖上的贡献，而男性因为生殖细胞比较小，贡献就越来越少。生一个小孩，女性首先要十月怀胎，而且孩子生出来之后要长期哺乳，同时，有很长的时间她不能够再怀孕。也就是说，她大概有两年的时间不会再生一个孩子。可是男性在这两年里面还是照吃、照喝、照玩，照样可以让其他的女性怀孕。从这方面可以看出，在生殖方面男人与女人的贡献实在是差得太远。

有据可查的生孩子最多的女性是俄罗斯的一位母亲，她生了69个。这是因为她生了好几对三胞胎和四胞胎，而正常人远远达不到这样一个数字。而有据可查的孩子最多的男性是摩洛哥的一个国王，他一共有888个孩子，他的后宫有很多后妃，所以他可以不停地播种繁殖。

一个男性能够拥有的孩子比女性多得多，这就导致男性和女性在生殖当中会采取不同的策略。女性会把生殖看成自己最重要的资源之一，她一定要将之看护好。

当男性来追求女性的时候，首先女性要看这个人会不会带来一定的资源，他能不能给自己和孩子提供食物，以及武力、安全等方面的保护，他能否提供一个能培养孩子长大的环境等，这是女性最看重的；其次她看中的是这个男性是不是靠谱，是不是对自己忠诚，不能现在花言巧语说得好，将来就跑掉了；除了资源和忠诚之外，女性也会看重男性的吸引力，是不是长得帅，是不是身体很强健等。但这只是排在后面的考虑因素。

可男性对于女性的吸引力就看得非常重，因为女性外表的美丽在很大程度上体现了她的生殖能力。比如说，五官比较对称说明她以前没有生过病；皮肤光滑是年轻的标志，年轻就表示仍然有旺盛的生殖能力。还有腰臀比例，女性的腰臀比例过大或过小都会影响生殖能力，像维纳斯那样的黄金比例最利于生育。男性的长期择偶策略就是，他要跟这个女性在一起长期生活，两个人一起养儿育女，最看重的是女性的忠诚，即要确保这个女性生出来的孩子是他的，这样他的基因才能够繁衍。因此，男性在长期择偶策略当中，他的标准第一是忠诚，第二是吸引力，第三才是女性的资源。很少会有男性在选择结婚对象的时候选择一个长相平平的富婆，他们更多会被一个美丽的女孩所吸引。但女性是反过来的，她首先考虑的是资源。女性选择嫁给一个年纪比较大、从外表上看已经没有吸引力的富翁这样的现象不算少见，因为女性在择偶策略当中第一看重的是资源，第二是忠诚，最后才是吸引力。

但在短期择偶策略或者一个短期的交往当中，男女双方都认为吸引力是最重要的，表现为那种只注重外表上的美丽，一见钟情、激情式的爱情。

这是不是印证了所谓"男人来自火星，女人来自金星"，根本就是两种不同的生物？不完全是。有研究发现，男性和女性的差别远没有这么大（见图8.2）。以性行为为例，从进化上讲，男性和女性应该是差得非常多的，可是我们看男性和女性的三个指标，即手淫次数、性开放度和性伴侣数量，其差别分别是比较大、中等以及比较小的。但是，哪怕是区别最大的手淫次数，男性也不比女性高出太多，且女性的数值在男性的平均数之上；而在性伴侣数量方面，应该是男性被认为比较多，但从图中可以看出两个曲线几乎是重合的，男性只比女性的高了一点点。

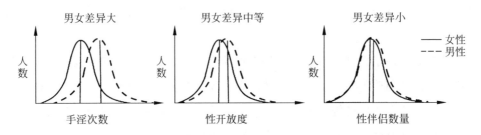

图8.2 男性和女性在行为上的差异（资料来源：米勒、珀尔曼的《亲密关系》）

所以不要说"男人来自火星，女人来自金星"，好像双方天生就无法沟通、无法达成和谐的关系一样。如果从整个太阳系的视域来看火星和金星，相当于地球上的北京和南京，差不多可以说男人来自北京，女人来自南京，两地是有一些差距的。但是仅从地球（更不用说从太阳系）的角度来看，两者离得是非常近的，差别不大。

重要的是，我们都是人类。男女两性在择偶策略上，除了区别之外更多是共性。

二、亲密关系的三个促进因素

下面讲一讲我们怎样开始一段亲密关系，也就是说，我们怎样才会被对方吸引。这里有三个重要的研究成果,即临近性、相似性和对等性。

(1)亲密关系的第一个促进因素是"临近性",是指在日常生活中我们比较喜欢那些跟我们比较相近的人。临近性可以预测两个人是否能足够被吸引到。按照"简单曝光效应"(Morealnd & Beach, 1992),一个人不管他是什么样的人,只要他整天在你面前晃荡,你就会不由自主地对他产生好感。有人做过这样的研究,他让4个长相差不多的、吸引力类似的女大学生从学期开始分别在课堂上出现15次、10次、5次和从来不出现。当她们出现的时候只是坐在那里,绝对不跟别人说话。也就是说她们没有跟别人发生交往,别人只是看到她们,但不知道她们是谁。到学期结束的时候,让上这个课的130名学生评价她们的吸引力,看看谁是让他们觉得最吸引人的。结果发现,出现的次数越多,大家就越觉得她有吸引力。虽然大家对她们一无所知,而且这4个人长相差不多,可就是因为多看了她几眼,就会不由自主地觉得她挺招人喜欢,这就叫"简单曝光效应"。就是我什么也不做,只是在你面前出现的次数比较多,你就会觉得我很有吸引力。

临近性能够促进亲密关系的第二个原因是两个人靠得近,交往自然会变得更多。这里有一个著名的关于宿舍安排的研究(Festinger et al., 1950),研究者随机安排学生住进17栋公寓,每栋10户。过一段时间之后,要求每户列出最要好的3个朋友,结果60%的人提到的是住在同一栋的人,41%的人提到的是隔壁的邻居,22%的人提到的是同一层隔两三家的邻居,10%的人提到的是住在两端的住户。而住在楼梯口或者是邮筒附近的住户比同层其他住户拥有更多的朋友,因为他们会跟其他楼层的住户有更多的交往。这些人是被随机分配的,此前并没有任何的相似性,但是随后因为大家交往方便就越来越喜欢了。在亲密关系中也是一样,两个人由于靠得近,所以相互之间会经常交往,交往之后自然而然就会产生更多的好感。

临近性能够促进亲密关系的第三个原因是物以类聚、人以群分。如果两个人住得比较近(是指物理上的距离),这很可能说明你们两个本来就是同一类人,因为人本来就喜欢和在社会文化、经济实力方面相似的人住在一起。而财富、社会地位、阶层、文化教育背景基本上决定了一个人的邻居也是类似的人。当你们的背景比较接近的时候,那你们的看法、价值观、社会背景,甚至人格都更可能相似,而人倾向于喜欢那些跟自己比较相似的人(Newcomb, 1956)。所以两个人如果是住得近或工作的地方接近,总之就是在物理距离上比较接近,则更容易发展出亲密关系。

（2）亲密关系的第二个促进因素是"相似性"。陌生人之间的喜欢是随着相似性的增强而增强的（Byrne & Nelson, 1965），这里主要有三点相似性。第一个是背景的相似性。比如说，你俩是老乡，就可能会更加喜欢彼此；你是学化学的，他也是学化学的，你俩可能有更多共同语言；你是中产阶级，他也是中产阶级，那么你俩可能更聊得来。相反，一个富翁的孩子和一个贫穷人家的孩子，相互之间的喜欢程度可能就没有那么高了，这就是我们所说的背景相似性。第二个是态度和价值观的相似性，即我们对于事情看法的相似性。我特别认同一个家庭的价值观，你也认同这个家庭的价值观，我特别喜欢创新，你也特别喜欢创新，这样的两个人是特别容易凑到一起的；甚至你喜欢韩剧，我也喜欢韩剧，你喜欢甜豆腐脑，我也喜欢甜豆腐脑，你喜欢五仁月饼，我也喜欢五仁月饼，说不定你俩也会更投缘。第三个是性格和品德的相似性。比如说，你们两个都是很外向的，开放性都很高，这样你们可能更容易成为朋友；你们两个在认知上都喜欢比较复杂的、深刻的思想，你俩就更聊得来；你们两个都喜欢打《王者荣耀》，那很可能也能够交成朋友；你们两个有相同的情绪风格，可能都是那种情绪大开大放不太稳定的人，说不定也能够关系更好；在依恋模式或交友方式上，两个人都比较喜欢安全的依恋模式，喜欢真诚和踏实的交往方式，那这样的两个人也更可能会走到一起。所以，各种各样的相似性都可以促进两个人之间的喜欢程度。于是有人会利用这一点，就是特意地来模仿你。研究发现，当别人模仿你的时候，你会更加喜欢他。

有学者在 2003 年做了这样一个研究（Van Baaren et al., 2003），让两组女服务员在餐厅点菜的时候，第一组只说"哦，好的"或"马上就来"这样的一句礼貌语，然后就走开，第二组是把顾客点的菜再重新说一遍。结果第二组服务员获得的小费就比第一组多 70%。这说明，仅仅是简单地重复了别人说的话，就会让别人更加喜欢你。

另外一个研究是让研究者在街上请别人帮他做问卷。一组人是礼貌地请别人答卷；另一组人则模仿对方的姿势，你这么站我也这么站，你那样说话我也那样说话。结果，后一组的研究对象填问卷时就回答说："我觉得我和研究者的关系更好。"而这仅仅是因为对方模仿了他的一个姿势，说了一句同样的话。由此可以发现，无论是语言还是肢体，一个很自然的模仿就会让对方在不经意之间更加喜欢你。当然，这种模仿一定要非常自然，如果让对方发现你是刻意地在模仿他，那他可能反而会觉得你是在嘲笑他，或者觉得你是不是另有所图，结果当然会适得其反。

有研究发现，夫妻之间的相似性确实很高（Schuster & Elderton, 1907），他们在政治、宗教、态度、信念、价值、兴趣等方面更相似，而不是像有些人说的那样"同性相斥，异性相吸""我跟这个人特别不一样，我就特别受他吸引，那个人跟我一样，我就觉得跟他交往好没劲、好无聊啊"。这个现象只在短期的关系当中出现，假如只是谈恋爱玩玩，那么人会被新奇之处所吸引，可是当要结婚的时候，人会倾向选择相似的对象，这样有益于长久在一起过日子（Amodio & Showers, 2005）。跟态度和信念相似的人在一起，可以让人觉得自己是对的，感觉自己得到支持，而且人会倾向于维持态度之间的一致性。换句话说，如果你喜欢一个人，可是又跟他在某一个重要话题上意见不同，那么在心理上你会感到不舒服，因此会降低对他的好感。反过来也是一样，假如你真的特别喜欢一个人，你跟他明明有些看法不同，你也会说这没什么不同，"我跟他基本上都是一样的"。这是因为"喜欢"和"相似"是紧密地联系在一起的，而这个"相似"不仅仅是说我们的价值观或态度相似，各个方面的相似性都会让你更加喜欢对方，正如上面提到的背景、成长环境、专业、认知思考能力，等等。我们也会更喜欢和自己的外貌吸引力差不多的人。假如你的相貌平平，你可能就不会太喜欢大美女、大帅哥。但是假如你自己长得很漂亮，那你可能就更容易被其他漂亮的人所吸引。

有研究发现，72%的婚姻是符合"匹配假设"的。中国人有时说"夫妻相"，指的是两个人一看就很像是夫妻。怎么看出来的？当然不是说你看上去是一个花花公子，她看上去是一个良家碧玉，这样的两个人根本就不是"夫妻相"，肯定是两个人从气质到性格，甚至长相上都很像，所以大家说你俩特别有"夫妻相"。这从侧面可以印证，平时就觉得两个人很像，所以他们才更可能会成为夫妻。当然，反过来也有另外一个方向的因果作用，就是吸引也可以增加相似性。比如说，两个人结婚之后可能会变得越来越像，因为他们两个有着同样的环境、同样的压力、同样的快乐、同样的爱好、同样的事情要做等，这样确实可以让他们的相貌从某种程度上说变得越来越像，也就是我们所说的"夫妻相"。

（3）亲密关系的第三个促进因素是"对等性"或者说"回报性"。如果我们感到对方喜欢自己,那么我们也会比较喜欢对方。这是因为人都喜欢正面的反馈。假如一个人总是给你负面反馈,总是打击你,总是把你对他的热情邀请冷冰冰地拒之门外,你是不会太喜欢对方的。有研究发现,即使是非常明显的恭维,你知道他言不由衷,但是这种恭维也能够增加我们对对方的喜爱。再进一步说,如果你发现一个人喜欢自己,你对他的正面行为也会增加。他对你投之以桃,那你也会报之以李,两个人之间的这种正面互动就会变得越来越多,两个人也就会越来越喜欢对方。有些人说,恋爱要采取"高冷路线",对方越是来追求,就越要显得自己是一个公主,要很高冷,要把他拒之门外,显得自己很难得到,但没有任何研究能够支持这一策略(Walster et al., 1973)。也就是说,如果你经常用一种很矜持、很高冷的方式去对待别人,他很可能就跑掉了,而不是持之以恒地追求下去。有研究表明(Wright & Contrada, 1986),虽然我们有时候也会比较喜欢一些矜持的朋友,但是这种喜欢有时会中断。一个主要原因是给予方没有得到对应的积极反馈。也就是说,单方面地对对方好,但是对方没有相应地反馈积极信息(并不是说要给多少钱,或者花多少时间,而是没有相应的友善表示),这是友谊或者是喜欢关系中断的主要原因。从统计数据上看,"高冷路线"在恋爱当中一般来说是走不通的。基本上,恋爱当中强调的是对等性,即你喜欢我,我也喜欢你,只有这样才能促进亲密关系,而且这个"对等性"的重要程度超过了"相似性"和"接近性"。

亚伦(Aron)等人在1989年曾经做过一个研究(Aron et al., 1989),他们让一些人来回忆在爱情和友谊这两种不同的关系当中,对等性、相似性、接近性以及吸引力这四种因素到底哪个更重要。结果发现,在爱情当中最重要的是对等性和吸引力,相似性和接近性没有那么重要;在友谊关系当中,这四项都很重要。所以,在亲密关系中,投之以桃,报之以李是非常重要的。

当然,爱情很多时候也受情绪的影响。在著名的"吊桥研究"(Dutton & Aron, 1974)中,研究人员让一个美女去询问两组男性,一组是在一个安全的石桥上面进行,另一组是在危险的吊桥上面进行。美女调查完了这两组人之后,她会把自己的电话还有名字告诉对方,然后看一看这两组人中哪一组更可能会在实验后给美女打电话。结果证明,那些在危险的吊桥上接受这位美女调查的男性更可能给美女打电话。为什么呢?这叫作"兴奋转移"。就是说,一个事件引起的兴奋情绪和另外一个事件结合到一起,让人以为自己的情感仅仅是由第二个事件引起的，但其实是由于第一个事件引起的兴奋情绪被转移到了第二个事件上。你在一个危险的吊桥上会很害怕，所以你心跳加快，很紧张；而当一个你喜欢的异性接近你的时候你也会心跳加快，也会紧张。在一个吊桥上接受美女调查的男性，不知道自己是因为在吊桥上而紧张，还以为是因为喜欢这个美女而兴奋，于是，他就会认为："我是非常非常喜欢这个美女的。"因此，在吊桥上接受调查的男性给美女打电话的比例超过了在安全的石桥上接受调查的那些人。当然，这个兴奋情绪的转移也有另一面效果，就是假如这个女子比较难看，那对她的贬低程度就会更高。有学者做过一个类似的实验（White et al, 1981），让男性在跑完步之后看一个年轻女子的录像，这时男性心跳加快、呼吸急促，而被看的这位女子借助化妆技术，在录像里面或者显得很漂亮，或者显得很难看。结果显示，刚跑完步在兴奋状态下的男性给化美女妆的评分会更高，但给化难看妆的评分会很低，即在兴奋情绪状态下给出的异性评价会更极端。

大家知道，坐过山车非常刺激，从过山车上下来之后肯定非常紧张、兴奋，情绪被完全唤醒。有学者做过这样一个研究（Meston & Frohlich, 2003），把实验对象分为两组，一组排着队等着上过山车，情绪相对平静；另一组刚刚从过山车上下来，情绪非常紧张、兴奋。研究人员让他们看一张普通的女性照片，上面的人物不是特别漂亮但也不难看，目的是了解哪些人对这位异性照片的评价更高。结果发现，和普通朋友一起来的人中，那些刚刚从过山车上下来的人对照片的评价更高。原因可能在于，尽管照片上是很一般的异性，但被试者仍会认为自己与她发展成亲密关系的可能性存在，而且自己这么紧张，很可能是因为喜欢她。但是那些跟自己的亲密恋人一起来的人对于照片的评价则没有提高。也就是说，虽然后者也很紧张、很兴奋，但由于已经有了一个亲密恋人，被试者对其他异性就没有兴趣。甚至可以说，无论兴奋还是不兴奋，后者对这个人的评价都是一样的。由此引出一个著名的对于追求亲密关系的建议——让情侣看恐怖片（Cohen et al., 1989）。这为什么呢？因为看恐怖片会让人觉得非常紧张、害怕。这虽然能导致负面情绪，但也能唤醒兴奋情绪。有研究发现，那些刚看完恐怖片或者其他令情绪非常兴奋的影片的情侣会表现得更亲密一些。而刚看完那种淡而无味的没有太大刺激的温情片或正剧的情侣，彼此关系就没有那么明显的变化。这就是兴奋转移。当两个人一起经历非常强烈的情感变化过程时，大脑会不由自主地误判，认为这种情感变化是由对方引起的，而不是由外界刺激引起的。

爱情的心理机制

亲密关系的一个核心内容就是爱情。对爱情的描述可谓五花八门，大家怎么说的都有，有人说爱情来自相互吸引，有人说来自激情和性，还有人说爱情是婚姻的前奏。关于爱情的特点，有人说是排他性，还有人说是相互关注和欣赏。真的是众说纷纭。对此美国心理学家斯腾伯格提出了爱情三角理论。他认为爱情主要由三个基本成分组成，即激情、亲密和承诺（Sternberg, 1986）。

"激情"指爱情令人目炫神迷，一看到对方就激情澎湃。这在很大程度上是指性欲的成分，是情绪上的着迷。

"亲密"指非常了解对方，和对方在一起的时候有一种非常温暖的感觉。这是一种由于两个人深刻地相互理解、相互支持所引起的美好感觉。

"承诺"指愿意维持这个关系，决心和对方在一起的决定、期许或保证。

这三种成分在一起构成了爱情，即两个人关系很好，见到对方的时候非常有激情，而且还愿意在一起待一辈子。

但是，在很多时候这三个成分并不都是圆满出现的，假如有一个或两个成分缺席，就形成了其他几种不同的爱情类型。

1. 激情

当只有"激情"时，你会特别喜欢某个人，一看到他就特别冲动，经常能够被他激起欲望。可是如果既没有那种相互支持的温暖感，也没有承诺，并不想跟对方过一辈子，这就叫作"迷恋"。当你被几乎不认识的人激起欲望，或者经历少年式的单相思时，你虽然并不了解他，可就是被他迷住了，总在不停地想他。在这种情况下，你对他并没有亲密和承诺，这只是一种迷恋。

2. 亲密

假如爱情只是以"亲密"为主，而你不太有激情或承诺的时候，那这种爱情更多的是"喜欢"，类似于友谊，两个人在一起感到挺温暖的，彼此了解并相互支持，但就是没有激情。此时你不会看到对方就觉得心跳加快，紧张得说不出话，或有性的冲动，也不会对其有承诺。如果论及婚姻，你并不愿意选择跟这个人白头到老，只是觉得跟他在一起比较习惯。这只是一种喜欢，而不是一个圆满的爱情，除非他能够唤起你的激情，或者他离开时让你特别思念。如果是这样，就不仅仅是喜欢了，而是有了更多的爱情因素在里面。

3. 承诺

如果在爱情里面主要的是承诺，而非亲密和激情，不会产生太多性冲动，也不太喜欢跟其在一起，可又只能在一起，这叫作"空爱"。这通常体现在很多婚姻的最后阶段。但也有一种情况例外，在包办婚姻里，"空爱"（只有承诺，没有激情和喜欢）反而体现在第一个阶段，再往后也许可以发展出更好的爱情。

4. 激情 + 亲密

更好的情况是两个因素结合在一起。比如说，既有激情又有亲密，这叫作"浪漫之爱"，也就是我们经常说的罗曼蒂克的爱情。一方面，你真的对他有欲望，喜欢跟他亲近；另一方面，你也了解他，喜欢他的人格、品性、爱好。两个人在一起总那么开心，但是你们并没有想要过一辈子，并没有一个相互之间的承诺，这个就是"浪漫之爱"。

5. 亲密 + 承诺

还有一种是"伴侣之爱"，两个人已经有了亲密和承诺，但是激情已经消退。经过长时间的相处，两个人互相很了解也很支持，彼此感觉很温暖，愿意携手到老。但是，已经没有激情和性欲，也不太有那种迷恋的感觉了，这叫作"伴侣之爱"。

6. 激情 + 承诺

只有激情和承诺，却没有亲密，这是一种比较奇怪的爱，可称作"愚昧之爱"。一见钟情，马上就愿意跟对方白头到老，却不真正了解对方。比如，《冰雪奇缘》里面的安娜公主见到了一个王子，被他三言两语就骗上了钩，要跟他结婚，这就是"愚昧之爱"。假如你根本不了解一个人，也缺乏长期相处带来的那种温暖感，只是由于激情或承诺就要跟他结婚，这是一种愚蠢的爱情。

对于已婚很久的人来说，很可能最后主要表现为伴侣之爱。也就是说，你跟对方有很高的亲密和承诺，但是激情却不够，这是否就是大家常说的"婚姻是爱情的坟墓""婚姻是照妖镜"呢？从某种程度上来说，的确如此。有研究发现，人在结婚之后就往往不再如恋爱时那般在配偶面前精心维持自己的形象了（Miller et al., 2007）。没结婚之前，一方面要维持自己的外表形象——男性要健身、女性要减肥、化妆，要显得自己很健壮、漂亮，包括显示自己的风度（在餐厅里面要给她让座，有什么好吃的首先让给对方）；结婚之后，则可能在客厅沙发上光着个脚跷着二郎腿，一边抠鼻子一边看电视，看见老公/老婆进来了连个招呼都不打。人在结婚之后，往往觉得在家人面前自己没必要精心维持形象，配偶对自己的看法甚至都没有陌生人对自己的看法重要。去见一个陌生人，你还会精心打扮一下，希望给对方留一个好的印象。但是，配偶怎么看自己却并不怎么在乎。恋爱中的年轻男女相处越久，在见面之前用来打扮的时间就越短。从这个角度来说，婚姻还真是个照妖镜。甭管你在结婚之前怎样精心地掩饰，结婚之后都会露出真相。

夫妻之间爱情的浪漫程度会随着结婚时间的长短而变化，这个有趣的研究是在印度做的（Gutpa & Sigh, 1982）。我们知道在印度仍然存在大量的包办婚姻。从图8.3可以看到，虚线代表那些通过自由恋爱结婚的人，而实线代表通过包办婚姻结婚的人。结果很不一样，那些通过自由恋爱结婚的人，在刚结婚的时候他们之间的爱情浪漫程度很高，可是大概在2～5年之后就开始直线下降；而那些通过包办婚姻结婚的人，一开始没什么浪漫爱情，可是随着结婚时间的增长，他们之间的浪漫爱情反而逐渐增多。那些只有承诺的爱情，对于很多婚姻来说只存在于最后一个阶段；可是对于包办婚姻来说则经常存在于开始阶段，随着两个人长时间生活在一起，反而慢慢地发展出浪漫爱情来了。

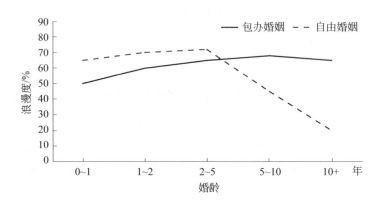

图8.3 婚姻中的爱情浪漫程度随时间的变化（资料来源：米勒·珀尔曼《亲密关系》）

我们经常说"七年之痒"，就是指两个人结婚七年之后，好像就要出现各种各样的裂痕。从上面这个研究来看，似乎是四年之痒，时间要更短。为什么呢？从历史上看，绝大多数婚姻都是包办婚姻，包办婚姻才是人类婚姻的常态。而经过自由恋爱结婚却是一个新鲜事物，它和进化所需的人类本性是相反的，这难免会出现各种各样的问题。

为什么说它和人类本性是相反的呢？原因如下。

第一，对于爱情浪漫化的想象经常是不切实际的。人们经常说爱情是盲目的，当你陷入热恋的时候，会对对方产生各种各样浪漫的幻想。可这会被时间无情地戳破，等结婚之后发现原来不是那么回事儿，没有那么浪漫，爱情会因此而逐渐消退。

第二，爱情很大程度上是建立在新奇感之上，可是当相处时间过长之后，这种新奇感也会消退。有个笑话就是讲"柯立芝效应"的。柯立芝是美国的一位总统，有一次他和夫人一起去参观一个农场。他夫人注意到，那里有一个公鸡特别勇猛，能够和很多母鸡不停地交配。夫人就跟柯立芝说："你看那个公鸡。"柯立芝马上就明白了她的意思，回答说："但你看那不只有一只母鸡。"这不仅仅是一个笑话，有科学研究发现，假如把两只发情期的雄老鼠和雌老鼠放在一起，它们会多次交配直到筋疲力尽。但是假如在笼子里再放进一只新的处在发情期的雌老鼠，这个雄老鼠又会重新焕发活力。假如不断放进新的处在发情期的雌老鼠，雄老鼠最后的射精次数是只有一只雌老鼠的 2~3 倍。这就说明，在爱情当中存在一个新奇效应，就是面对新的对象，冲动、欲望会更多。

第三，爱情和情绪唤醒以及兴奋程度相关，但是人不可能经常保持一种被唤醒的状态。人不可能总是很兴奋、紧张，看到对方瞳孔就放大。唤醒会随着时间的推移而逐渐消失。当下次再看到对方时，会觉得他不过只是个平常的人，他在你心目中曾经有过的光环会逐渐消失，两个人的浪漫爱情也难以再持续了。

在现代社会，绝大多数人都是经过自由恋爱而结婚的，是不是婚姻注定要成为爱情的坟墓，就没有办法再有浪漫的成分，没有办法再有一种最圆满的亲密关系呢？当然不是，怎么办呢？我们还是有一些方法来建设亲密关系的。

如何建设积极的亲密关系

在讲怎样建设一个积极的亲密关系之前，先来看看你是不是同意下面几句话。

（1）争吵具有破坏性。争吵就表示伴侣爱自己还不够深，如果彼此深深相爱就不会发生任何争执。

（2）要真正地懂对方。真正彼此相爱的伴侣仅凭直觉就能够知道对方的需求和偏爱，根本不需要告诉对方自己的所思所想。如果必须告诉他你要什么他才会给予，这就说明伴侣爱自己还不够深。

（3）不会改掉缺点。如果伴侣曾经伤害过你，毫无疑问他将来还会再伤害你，正所谓江山易改、本性难移。

（4）美好姻缘天注定。美好的婚姻都是老天赐给的，你没有必要再去努力维护美好的夫妻关系。要么两个人脾气相投地快乐到老，这是天注定的好婚姻；要么格格不入地执着一生，因为你们两个误入了一个注定错误的坏婚姻。

这四句话你同意吗？

我希望大多数人的回答都是不同意，因为这四句话代表一个关于婚姻关系的固定型思维。关于固定型思维以及成长型思维将在第12讲中详细讲解。简单地说，根据固定型思维，世界上的事情大多数是不变的，由先天因素就决定好的，该怎样就怎样；而根据成长型思维，大部分事情都是可以改变的。比如说，虽然目前我不够聪明，但是我经过努力之后可以变得更聪明；虽然我目前有一个品格不太好，但我可以通过塑造使自己变得更好；我们的婚姻目前可能存在各种各样的问题，可是如果我们两个一起努力想办法是可以变好的。

因此，专门研究婚姻关系的科学家戈特曼曾经说过："只要努力付出，几乎任何亲密关系都能取得成功。"另外一位研究亲密关系的心理学家罗兰·米勒也曾经说过："亲密关系需要不断地努力维护。只有一种人不太可能拥有满意、持续的亲密关系，那就是懒惰的人。"

怎样才能把我们的亲密关系建设得更好呢？

亲密关系主要包含三个成分：认知、情感和行为。因此，你可以从这三个方面着手建设亲密关系。

"认知"成分是对这段关系及这个人的认知和信念；"情感"成分是对这段关系及这个人的感觉和感情；"行为"成分是对这段关系及这个人的接近和回避的倾向。所以，可以用"积极认知""积极情感"和"积极行为"这三种不同的方式来建设亲密关系。

一、认知

怎样才能对这段关系和这个人产生一个更好的看法和信念呢？这涉及亲密关系里一个重要的认知概念——"积极错觉"，就是俗话说的"情人眼里出西施"。你对于一个人，无论他/她本来是什么样的，一旦爱上他/她了，你怎么看他/她怎么好。这是一种错觉，但这是一种好的错觉，对亲密关系有促进作用。

当然，这并不是说要刻意忽略伴侣的缺点，而是认为这些缺点并不重要。就像网上曾经流传的一段有趣的对话：

"你老公有缺点吗？"

"有，多得就像天上的星星。"

"那你老公有优点吗？"

"少，少得就像天上的太阳。"

"那你为什么还那么爱他呢？"

"因为太阳一出来，星星就不见了。"

我知道他/她有缺点，可是我更爱他/她的优点。还记得第4讲中的负面偏差吗？人更多地是看缺点而不是看优点。可是在亲密关系或浪漫爱情当中，当你真的爱上了那个人之后，你就只看他/她的优点而不看他/她的缺点了。这虽然是一种错觉，是扭曲认识，但是却能促进婚姻幸福。

为什么呢？

首先，当你用积极的方式来评价伴侣行为时，会更愿意维持你们的婚姻关系。因为你觉得对方这么好，怎么也不能失去他/她；对方付出了那么多，从好的动机方面去理解对方所做的一切，那么你当然也更愿意为婚姻去付出，去维护你们的关系。

其次，你觉得自己真是运气太好了，你的伴侣居然如此完美，犹如天仙下凡，你被这么完美的伴侣所爱也会增加自己的自尊，觉得自己肯定也很了不起。而你对伴侣如此积极正面的看法也会提升对方的自尊，两个人自尊的提高对于婚姻来说也有促进作用。

最后，这很重要也很有趣，即你对于伴侣的这个积极错觉是一个自我实现的预言。假如你对一个人有很高的期望，就会不由自主地在言语当中、行为当中促使他往那个方向去发展，于是自己塑造出了一个更完美的伴侣，所以"积极错觉"是一个自我实现的预言，能够让伴侣变得更好。我们不妨大胆地把自己的配偶想象得更好一些、更完美一些、更美丽一些，想象得对你也更好一些、更善良一些，这对亲密关系有促进作用。

在这里我向大家推荐一个练习，它是由"积极自我介绍"练习改编过来的。"积极自我介绍"是向别人介绍"最佳的你"。在这里要做的是介绍"最佳的他/她"，就是"积极配偶介绍"。假如你向别人介绍你的配偶，只能讲一个故事来表现他/她最美好的一面，那是什么呢？你讲完这个故事之后，也要议论他/她在其中表现出来的优势。

另外一个可以让我们产生更多积极错觉的方法是"积极关系档案"，这是从前面的"积极档案"方法演变而来的。"积极档案"是收集人生当中的积极材料，而"积极关系档案"就是收集那些和亲密关系相关的积极材料。

当然，积极档案本身可能就有一些跟亲密关系相关的内容，比如把家人的照片放在手机屏保上面。你还可以专门收集更多的亲密关系材料，比如说，对方的照片、你们的合影、你们共同取得的成绩、一起游玩的经历、一起做过的事情、一起憧憬的未来、你们将来可能想要买的房子或者你们想要将来一起去度假的海岛等。还包括你俩共同喜欢的艺术，如音乐、名画、诗句，或者是关于亲密关系本身的艺术、赞扬婚姻家庭的艺术等。比如，写下一副对联："夫妻恩爱百年好，儿女双全万事足。"贴在家里就是对自己的一个提醒。此外，档案里还可以放一些积极的榜样，就是那些非常美满的婚姻、伟大的爱情，看看他们是怎么做的，你就会见贤思齐，希望自己也有一个好的婚姻。这就是从认知的角度来提升亲密关系。

二、积极情感

那么，从情感上怎么提升亲密关系呢？在积极情绪那一讲里曾经提出过营造积极情绪的一个方法，那就是"品味"，主要分四个步骤：

（1）专注于快乐的积极情绪的感受，排除干扰，全心全意地享受积极情绪；

（2）留下纪念品；

（3）自我肯定；

（4）与他人分享你的积极情绪。

你也可以将"品味"用在亲密关系当中。

（1）当你跟你的伴侣在一起的时候，专注于那种甜蜜的感觉，不要再去想工作或其他东西，全心全意地享受这种爱的感觉。

（2）留下纪念，建立一个积极关系档案。

（3）自我肯定。我有这么好的伴侣，说明我很棒，我是一个值得被爱的人。

（4）经常和爱人一起分享好的事情和积极情绪。比如，做每天三件好事的练习时，你可以不仅仅把它写下来，还可以跟爱人分享它，对好事的沟通就是一个情感打造的过程。而当你们经常能够在一起交换和共享一些积极情绪的时候，大脑就会不由自主地把对方和快乐联系在一起，每次再看到他的时候就不由自主地觉得开心，这样就会促进亲密关系。

另一个能够从情感这个角度来提升亲密关系的方法，来自帕威尔斯基和太太一起写的一本关于幸福婚姻的书——《幸福婚姻》（*Happy Together*）。注意，这里说的幸福婚姻，是一个好的、能够引起你积极情绪的婚姻。比如童年一段美好的回忆，以前可能觉得这个回忆没有太大的意思，所以没有跟别人说，现在你要跟你的爱人来分享一下；或者是你的一个念头，因为觉得太疯狂了，你从来不好意思跟别人说，但可以跟爱人说，因为你们两个是最亲密的关系；还有未来的梦想——将来想做一个事业，说出来之后肯定要被别人嘲笑，可是没有关系，你可以跟爱人来分享；甚至包括你的梦，比如，昨天做了一个好梦，平时梦做了就忘了，可是这个梦让你感觉良好，可以跟爱人分享。这些事做起来可能会比较难，所以你可以从婚姻的"小确幸"开始——小回忆、小经历、小念头，将心理慢慢地准备好，再过渡到一个大的梦想、大的回忆，等等。这是你们两个在一起共同拥有的幸福婚姻，可以增进你们的情感。

此外，能增进亲密关系中积极情绪的方法还有在一起玩。有研究发现，双方一起参加新鲜的、具有挑战性又好玩的活动，能够促进亲密关系。伴侣如果能够在一起玩乐，就能更长久地在一起。有时会想，为什么经常看见举办亲子运动会、亲子活动，但是很少看见举办亲密运动会、亲密活动呢？如果想要更好地促进儿童的发展，学校和幼儿园应该多组织一些父母双方一起参与的、好玩的活动，这能在很大程度上促进父母双方的亲密关系，由此也会使孩子变得更快乐。

除了参加活动，夫妻双方还可以发展共同的爱好，比如说运动，无论是徒步还是骑自行车、跳舞，或者看演出、听音乐会、参观博物馆。总之，两个人一起做共同感兴趣的事有利于提升亲密感。所以，要经常和爱人一起走出门去，这样，你的生活也会更健康，亲密关系的质量也会变得更好。

三、积极行为

人们的行为分很多种，比如沟通就是双方行为当中非常重要的一环。上一节中介绍了积极主动式沟通对夫妻关系有很好的促进作用。这种沟通方式不仅可以用在对方有好事发生的时候，当冲突发生的时候也是一样的。应对冲突的方式可分为以下四种。

（1）主动积极式。你主动地关心这个冲突，关心你俩之间的关系。你又持一种积极的态度，希望关系变得更好，这时你们俩就会讨论怎样解决这个冲突。

（2）主动消极式。虽然你关心你俩之间的关系，但你的态度是消极的，更多关心的是你自己的利益而不是对方的利益。这往往会导致吵架甚至分手。

（3）被动积极式。你希望关系好，但并不主动参与其中，只是被动地应付："好吧，你说什么就是什么。"虽然你不同意，但是为了保持好关系，还是选择了顺从。这只能短期地使冲突平息下来，却无法长期解决冲突。

（4）被动消极式。你不想再吵了，也不想再谈了，而且不期待你们的关系会变得更好，更不关心你们关系最后走向何方。这就是冷战。

很显然，在这四种应对方式当中，只有积极主动式——讨论、妥协、商量、解决冲突的方式是最好的。但是，解决冲突并不容易，无论多幸福的婚姻家庭都会有吵架，都会有冲突。

大家猜猜看，冲突当中有百分之多少是永久性的？研究发现是69%。也就是说，有超过2/3是那些陈芝麻烂谷子、翻来覆去吵的话题，什么婆媳关系、孩子教育、你喜欢打游戏等，吵来吵去就是这些东西。

为什么？两个人总有性格和偏好的差异，你喜欢这个，我喜欢那个，你的性格比较内向，我的性格比较外向，因此会产生很多冲突。但更多的是由于亲密关系本身就不可避免地种下了冲突的种子，主要表现为以下四个方面。

（1）自主和连接的冲突。你俩既想要和对方亲近，产生很多人际连接，又都有自主的需求，要为自己做决定。假如你现在比较希望获得更多的自主，而他/她比较希望有更多连接，这时候就会发生冲突。

（2）开放和封闭的冲突。在人际关系当中，你既希望和对方的交流具有开放性，能把自己的心里话告诉他/她，也想听听对方的心里话，于是两个人就会相互分享情感和想法；但你们也有封闭的需求——你想要保留自己的隐私空间，有些话你想放在心里，不愿意跟别人说。有的时候两个人不同步，你想开放时他/她想封闭，那么就会产生冲突。

（3）稳定和求变的冲突。人类既喜欢两个人关系稳定、家庭稳定、孩子稳定、工作稳定，这能给自己带来安全感；同时又喜欢新奇、变化，追求一些生活中新鲜的东西。如果两个人不在同一个轨道上，你想留在原来的地方继续原来的工作，而他/她想去创业，想到远方工作，这时就会发生冲突。

（4）聚合和分离的冲突。两个人既有在一起感觉很好的愿望，也有希望在某些时段分开让自己松口气的需求。假如有时你想在一起，可是他/她却想分开一下，这时也会产生冲突。

所以，有冲突并不表明你是好人，他是坏人，也并不是说两个人性格偏好不可调和，而只说明两个人在婚姻当中有起起落落，生活节奏没有保持一致，所以产生了冲突。这是不可避免的，因此不要害怕冲突。

是不是冲突都具有破坏性呢？不是的。冲突是必然的，如果冲突总是具有破坏性，那所有的婚姻都会被破坏掉。冲突并不可怕，关键是我们怎么解决它。

最重要的是在冲突时要避免火上浇油。曾经有美国心理学家总结出恋人之间最好不要做的50件事情。一般来说，女方特别难以忍受的是对她情感的侵犯，就是说，她觉得你冷漠或忽视她。而男方比较难以忍受的是对他自尊的侵犯，他需要感觉到自己在这个家里有权威。因此，在争吵的时候我们最需要避免的是刺激对方。

具体到争吵中，该怎样来应对呢？在这方面华盛顿大学约翰·戈特曼教授做过很多研究（Gottman et al., 2015）。他发现，男性和女性吵架时其实男性更脆弱。开始挑衅的一般都是女性，而开始冷战的一般都是男性。那么到底怎样解决冲突呢？戈特曼提出了以下建议。

（1）要靠平时的积累。平时你要多了解配偶，倾慕配偶，对他/她形成一个积极错觉，要积极沟通。这样，你们就有了一个很好的资源库，一旦吵架，你们这些心理资源就能够帮助到你们，不至于把事情搞得更糟。

如果已经要冲突了，该怎么办？首先注意沟通要温和地开始。即便你要指责对方，但也不能用一种很偏激、暴力的沟通方式来开始。因为沟通以什么样的方式开始就必然会以什么样的方式结束。所以我们只需要听夫妻吵架前3分钟，就能预测到冲突的结局，其准确率高达96%。

暴力开始的标志是什么呢？就是第4讲曾经讲过的"归因风格"，即把对方的错误或你认为的缺点归结为是永久的、全面的、个人化的原因。这是一个悲观的归因方式，会给对方造成特别大的伤害。比如说："你总是这样不负责任。""总是"是永久性的归因，"不负责任"是全面性的归因。这样讲不仅指在当前引起吵架的这个事情上你没做好，而且说你对家庭，甚至于对个人、对社会什么事情都不负责任。"你总是这么不负责任"表达的是个人化的指责。因此，戈特曼的建议很简单，就是当一件坏事发生的时候，对它进行暂时、特定、环境化的归因，这样就形成了一个温和的开始。比如说："这次你这件事情怎么没有做好。"这就是就事论事，把这个事情局限于"此时此地"。

戈特曼发现，在相互指责中，绝大多数情况下过错方是女性。她们不仅容易先挑衅，而且更容易把一件芝麻小事说成全面的、永久的、个人化的大事。所以，他建议：你可以抱怨，但不要责备、指责对方，而应该采取非暴力沟通方式，以"我"开头而不是以"你"开头。也就是说，只陈述你的感受，而不是指责配偶。比如说："我并不是在指责你，而只是说你这样的行为让我的感受不好，让我感觉受到了伤害。"只描述事实，不作评判或判断，最后明确地表达想法，并提出请求。

（2）不要期望配偶能够看透你的心思。"你要多陪陪孩子"，这么说配偶不知道你到底要干什么。你可以直接说："请你今天晚上6点到9点照顾孩子好不好？"这样的明确请求也能让对方更加容易作出回答。

在争吵的过程中，有的时候对方已经开始进行和解尝试了，不再想跟你吵下去了，这时他/她可能从正面说："好了好了，不要吵了，我们来讨论一下怎么办。"但有时候对方会发出了一些负面信号或中性信号，也可能是试图要和解。比如说，他/她吵着吵着不说话了，或者说："我们可以暂停一会儿吗？"，甚至看上去是指责："你又扯到哪儿去了！"也就是说，他/她对于你现在争论的话题已经不感兴趣了，想要回到原来的话题。如果他/她是在试图和解，这时你就要接住抛出来的这个橄榄枝，然后来跟他/她讨论怎样解决问题。

戈特曼推荐了一个方法，叫作"画圈游戏"。两个人各自画两个圈（见图8.4），小圈里面是不能让步的东西，大圈里面是能让步的东西。然后两个人凑在一起，看看在不涉及自己小圈的情况下，两个人的大圈可不可以发生重合，从而解决了重合的问题。比如说带孩子的问题，丈夫可能提出来的小圈是：每周总计不能超过两天，不能干涉我带孩子的方法，不能让我去带却还要喋喋不休地告诉我该怎么样带。这是丈夫的核心需求。而妻子的小圈是：我每周需要有半天时间休息一下，无论如何你这半天都一定要去带小孩，另外，我每天也都需要一定的时间休息。这样，两个人的小圈就都已经画出来了。对于大圈，丈夫想一想就觉得：我的总计时间可以是灵活的，我虽然很忙，但只要一周带孩子的总计时间不超过两天还是可以做到的，而且周末可以拿出整整一天来带小孩，活动可以听妻子的，上围棋课或逛动物园都可以,只要不管得那么细就好。妻子在大圈里可能也会写上某些她可以让步的地方,比如,我可以不管你怎么带,我觉得我们两个在一起的时间太少了,你工作那么忙,现在又要带小孩,那可不可以有我们两个一起带的时间安排,这样也能促进我们两个人的感情。由此就可以产生一个解决方案,而不是争吵。因为吵架时人是非常情绪化的,本来可以接受的东西在情绪驱使下就可能不接受了,比如"我不能屈服于他/她,我不能让步,我不能丢面子"。两个人各自写下自己核心的、不可退让的需求和可以退让的需求,这就很容易达成协议。

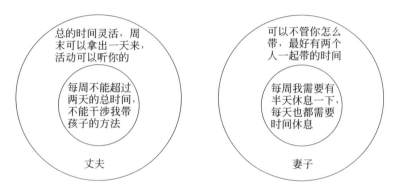

图 8.4　画圈游戏

最后很重要的一点是,就算不能达成协议,也要学会接纳对方的缺点和关系的不完美之处。毕竟婚姻不可能像童话里说的那样永远幸福,总会有不完美之处,要学会既看到对方的缺点,也看到对方的优点,而这就是你愿意跟他/她共度一生的原因。而且,夫妻生活当中不只有冲突,还有很多美好的东西。

在解决冲突之外,平时还可以设计一些活动来促进亲密关系,帕威尔斯基还推荐了一个方法叫作"优势约会"。两个人都来测一下自己的优势,然后再一起讨论你俩有什么优势是一样的,又有什么优势是互补的。设计一个能够发挥你俩优势的活动,最后你们再在一起欣赏和感恩对方的优势。

最后,我向大家推荐促进亲密关系的十种武器,它是人际沟通专家卡纳里和斯塔福德总结出来的。

(1)意愿。两个人愿意提升夫妻关系,而且愿意"为悦己者容"。不要在结婚之后就不注意自己的形象了,仍然要维持自己的外表形象、道德形象、性格形象等,让对方仍然对你保持一种浪漫的爱的欲望。

（2）提高表达能力。对对方的情绪要比较敏感，能够比较有效并真诚地表达自己的想法。男性很多时候表达能力不够，这可能和男性的社会角色期望有关。大多认为，大男人嘛，就应该沉默寡言。其实不然，双方都应该提高表达能力，经常主动地和爱人一起讨论如何提升关系，并且向爱人表露自己的想法，也鼓励爱人向自己表露想法和情感。

（3）表忠心。应该经常向爱人强调你对这段亲密关系的忠诚。比如，我不会离开你，我很喜欢你，我对彼此关系很乐观，我觉得它将来一定可以变得更好。

（4）共享朋友圈。这里并不是指微信上的朋友圈，而是我们实际生活中的朋友圈子。不要你过你的、我过我的，你生活中的一些人也让你的爱人认识，这样你们两个才会对对方更了解，更容易彼此欣赏。其中很重要的是对方的家人，不是说我娶了妻子但是我不喜欢岳父岳母，或者我嫁了这个人但是我不喜欢公公、婆婆。彼此应该共享社交关系。

（5）分担任务。不仅仅是做家务活，还包括夫妻最重要的任务，那就是育儿。你应该和爱人一起来把孩子抚养大，两个人并不一定要各承担50%，但至少应该有个分工协作。

（6）共同生活。要多花时间和你的爱人待在一起。并不是说确定恋爱关系了，结婚了，领证了，然后两个人就大功告成了。感情是慢慢磨合出来的，哪怕是确定了男女朋友关系之后，甚至结婚以后，还是要花时间跟他/她待在一起，进行日常活动，发展共同爱好，共度快乐时光，这包括看电影、旅游、吃饭、听音乐会、玩好玩的游戏，等等。

（7）一起跟孩子玩。这能够很好地促进家庭和亲子关系。偶尔开个玩笑，这都可以让你俩有一个更好的积极情绪。

（8）相互支持。遇到事情应该经常寻求爱人的建议。爱人陷入困境的时候，你也应该安慰、帮助他/她。

（9）冲突管理。怎样做才能对冲突进行有效的管理呢？冲突发生之后才发现是你犯错了，怎么办？道歉呗，这没有关系的。反过来，假如这次错的是爱人，那你也应该谅解对方，并接受道歉。毕竟在亲密关系里面总是有冲突，总是有伤害，总是会犯错的。

（10）回避。虽然亲密关系应该很亲近，能够分享很多话题，但是也要避免讨论某些话题，可能有一些事情对方不想提及，那就应该绕过去。同时，还要尊重彼此的隐私和偶尔独处的需求，而不是一定要时时刻刻地黏在一起，这也是做不到的。

【作业】

用前面介绍的方法来提升亲密关系，一共有三个作业。

（1）从积极配偶介绍和积极关系档案练习里面任选一个。

（2）和你的爱人共享一个秘密，或者和你的爱人一起挑选一个很有意思且既新鲜又有挑战的游戏去玩。

（3）和你的爱人进行一次优势约会。你可能在第3讲的时候已经跟你的爱人做过这个练习了，但没有关系，再做一次。

【推荐阅读】

［美］约翰·戈特曼、娜恩·西尔弗:《幸福的婚姻》，刘小敏 译，杭州：浙江人民出版社，2014。

［美］罗兰·米勒:《亲密关系》，郭辉、肖斌 译，北京：人民邮电出版社，2005。

第9讲　福流

制定一个 8 周目标

欢迎来到积极心理学第二部分（第 9~16 讲）。第一部分（第 1~8 讲）介绍了积极心理学的起源、定义、发展过程，还特别介绍了积极心理学处理人与人之间关系时的一种积极心理体验。第二部分将着重介绍积极心理学也是一种个人的心理资本、心理修炼和心理体验。所以第一部分可谓"厚德载物"，与人在一起成全他人、帮助他人；第二部分可谓"自强不息"，要不断锻炼自己，以获得积极的能量。

为了更好地来完成"自强不息"这部分，请首先给自己设立一个比较有挑战性的目标，看看自己能不能自强不息地完成它。这是一个 8 周的目标，对应"自强不息"部分的 8 讲内容。比如说，学习一样技能，或者把英语口语练好，或者读完 10 本书；也可以是每天锻炼半小时，或者在这 8 周里把跟别人的关系建设好，比如，每天至少花一个小时陪孩子做作业，每天至少花一个小时陪家人或陪恋人去做一些事情，或者有意识地提升和亲密伴侣之间的关系、和父母之间的关系、和孩子之间的关系，当然也可以去当志愿者，在这 8 周里去帮助别人、为社区作贡献，等等。

这个目标由你根据自己的情况来定，最好能符合一个制定目标的原则，叫作"SMART"原则。这个 SMART 是由五个英文单词的第一个字母组成的。

第一个是"Specific"，意思是"明确"的。就是目标要非常清晰，而不是一个很模糊的描述。比如，"我想变好"就是一个比较模糊的目标，这很难找到明确的努力方向。

第二个是"Measurable"，意思是"可衡量的"。要能知道这个目标是达到了还是没有达到。像提升夫妻关系，怎样衡量呢？可以去找到一个量表，测量你在爱情关系里面的各项得分。你在每一个维度上的得分都在某个分数线以上，才算是夫妻关系确实达到了一定的质量。比如外语考试，里面的口语达到多少分、写作达到多少分，这些就是可衡量的。8周之后你会发现你是做到了还是没有做到。

第三个是"Achievable"，意思是"能做到的"。不要提出一个自己很难实现的目标，否则可能会把自己压垮。比如说减肥，在8周之内减掉8公斤，是有可能的，但在8周之内减掉20公斤，那就很难达到了，反而会让你很快放弃。

第四个是"Relevant"，意思是"有关系的"。目标跟你的人生是有一定联系的，而不是毫无关系的。比如"世界和平"，那当然很好，但是它跟你的人生有什么关系呢？最好还是订一个你自己能够看得见、摸得着、能够联系到一起的目标。

最后一个是"Time-bound"，意思是"有期限的"。任务不能无限期地拖下去，必须有期限，比如8周。8周之后，衡量一下你是不是做到了。

写完这个目标计划之后，我们就可以开始理论学习，并时时把理论运用到完成这个目标的实践中去了。既然这个部分的主题是"自强不息"，你可能想的是，下面肯定会讲一讲"毅力自律"，即怎样让自己能够自强不息地完成这个目标。其实不然。从积极心理学的角度出发，在讲坚毅和自律之前，首先要讲怎样从一个更积极的角度来驱使你完成目标，来激励你自己去快乐地完成目标。那就是福流、动机、价值观和意义、积极自我，还有创造和美、积极身心，以及怎样把积极心理学应用到你真正的生活当中去。首先，我们讲讲"福流"。

什么是福流？

什么是"福流"（flow）？我们先从心理学家马斯洛谈起。积极心理学不是凭空而来的一种新观点、新思想，它其实深深地植根于心理学的人本主义精神。其中一个很重要的人本主义心理学家就是马斯洛。1954年，马斯洛就提出心理学应该关注人类的积极方面。他有一个很重要的需求层次理论：他发现一个人在基本的生理需求被满足之后会有更高级的需求，包括安全、尊严、隶属和爱。这些人类的基本需求被满足之后，人们会产生的更加高级的成长需求，叫"自我实现"。

什么样的人能够有自我实现的体验，自我实现又是一种什么样的心理状态呢？马斯洛特别介绍了自我实现的人有一种特殊的体验，他把这个体验叫作"巅峰体验"。这种体验就像一种瞬间产生的压倒一切的幸福感，也可能是一种转瞬即逝的敬畏情绪，或者是一种欣喜若狂、如痴如醉的欢乐感觉。凡是有过这种体验的人都声称自己仿佛在生活中发现了真理，窥见了事物的本质和生活的奥秘。这种体验让人一下子觉得找到了生活的真实意义，发现了人类存在的价值，有一种尽善尽美的愉悦感觉。马斯洛认为，自我实现的人在真正感受到自己的潜能得以实现之后，一定能体会到这样一种巅峰状态。

"巅峰体验"又有什么样的特征呢？有研究发现，"巅峰体验"有六个特别鲜明的特征。

（1）突然性。这是一种毫无预兆的、突如其来的感觉，一种喜出望外、很难计划、很难盘算、很难设计的巅峰状态的体验。就像清华大学著名学者王国维先生所说的，当我们达到巅峰状态的时候，有一种"蓦然回首，那人却在灯火阑珊处"的欣喜。

（2）强烈性。这种体验有一种压倒一切的感受，令人欣喜若狂、如醉如痴、欢乐至极。

（3）完美性。凡是有过这种体验的人像突然步入了天堂，产生了奇迹，达到了一种尽善尽美的状态。

（4）普遍性。它其实比我们想象的更加普遍。普通的人，甚至身体有残疾的人也可以有这种巅峰体验。换句话说，每个人都可以有这样一种巅峰体验。

（5）结构的同一性。获得这种巅峰体验的条件、状态、场景、对象可能不一样，但是对于个人来讲，获得这种体验的感受其实是一样的，所以巅峰体验的结构是同一的。

（6）短暂性。这种体验非常强烈，可惜它不会永久地存在，可能转瞬即逝，但它的影响是长久而深远的，甚至可以伴随我们的一生。

所以，巅峰体验是自我实现状态之中的一种特别重要的心理感受。

那么，这样的巅峰体验有些什么样的心理表现呢？心理学家做了大量的研究。研究发现，有两个特别重要的因素是和巅峰体验紧密相连的，一个是全神贯注的"投入感"，另一个就是知行合一的"融合感"（Privette & Bundrick，1991），这二者不可或缺。凡是处于巅峰状态，一定有一种沉浸于其中的感受，一定有一种行动自如的体会，所以这两个要素是巅峰体验特别重要的心理表现。当巅峰体验出现的时候，身心状态一定是放松的、自信的，且聚精会神、精力充沛；人对事物充满了掌控感，与外部环境及周边的一切好像都有一种脱节的感受（Garfield & Bennett，1984）。这样的巅峰状态让我们充满了活力，充满了生命的力量、愉悦、积极、乐观、向上、淡定、自信、高度集中；这样的巅峰体验也让我们沉浸在当下（Loehr，1982），能感觉到所有的反馈，身、心、灵有一种愉悦的结合。所以，巅峰体验是人类追求的一种最佳的心理状态。

那么，我们在普通的生活中能不能得到巅峰体验呢？答案是肯定的。比如说，爱可以让我们获得巅峰体验，当两个陌生的男女相亲相爱走到一起的时候，这样的体验一定是一种极致的巅峰体验；当一个母亲经历漫长的等待，最后顺利地生下自己孩子的时候，孩子的第一声啼哭带来的就是一种巅峰的体验；美妙的音乐、优美的画面、感动人心的艺术作品，也可以给我们带来巅峰体验；创作的冲动和激情、写作的愉悦和快乐、工作的投入和成功，都会给我们带来巅峰体验；融入大自然，发现真理，顿悟灵感，天人合一的感受也是一种巅峰体验；曲艺比赛、翩翩起舞等，其实都可以产生巅峰体验。

著名心理学家米哈伊·契克森特米哈伊（Mihaly Csikszentmihalyi）曾提出，如果在生活中我们能够经常地找到、发现、体会这样的巅峰体验，生活的质量就会提升，幸福的感受就会更强烈，人生的意义就会得到充分体现。契克森特米哈伊教授特别欣赏人类的巅峰状态，1960年他开始了一个长达15年的追踪研究，想看一看那些已经达到自己人生极致状态的人是什么样的，并声称自己已经发现了许多实现巅峰体验的人，包括艺术家、科学家、运动员、企业家、发明家，所有这些人都在自己的工作领域达到了一种极致的状态。契克森特米哈伊教授就想看一看这些人有哪些与众不同的特点。结果发现，他们的智商不一定比别人高很多，情商也不一定比别人高很多，家境也不一定比别人好很多，学历、教养、容貌、体重各个方面其实未必比别人好。但这些人往往说他们有一个特别重要的心理体验，即当他们投入到自己的工作中时，当他们从事自己喜欢做的事情时，往往有一种物我两忘、天人合一、酣畅淋漓的体验，他把这叫作"flow"（Csikszentmihalyi，

1975）体验。有心理学家把这个"flow"体验译成"心流"，或"爽"。个人觉得"心流"太学术、太抽象，"爽"太庸俗、太平凡，于是我把它翻译成"福流"，兼顾音境、意境、神境。

"福流"体验有什么样的特点呢？

（1）全神贯注，沉入其中，注意力、心力高度集中，完全沉浸在自己所从事的工作中，忽视了外界的存在，排除了外界所有的影响。

（2）"知行合一"，即行动和意识的完美统一，不需要意识的控制，完全是一种自发的、行云流水般的流畅感。

（3）驾轻就熟的控制感，对自己所做的事情完全有意识，不担心结果、不担心评价，知道自己能够做好，而且特别喜欢自己行动的感觉。

（4）物我两忘，此身不知在何处。

（5）时间扭曲感，感觉时间转瞬即逝，不知不觉之中百年犹如瞬间。

（6）陶醉其中的快感，一种明显超越世俗的快乐，一种发自内心的感受，强烈、积极、震撼、快乐，如痴如醉，欣喜若狂。

要产生福流需要一些外在的条件，契克森特米哈伊提出了福流产生的三个特别重要的条件。

第一个条件是要有明确的目标。要经过追求、奋斗，它不是唾手而得的，也不是别人赠予的，而是自己追求来的。就像习近平主席说的，幸福是奋斗出来的，是一种行动的结果。

第二个条件是要有及时的反馈。丝丝入扣、点滴入心、明明白白、清清楚楚，这样的一种感受是特别强烈的福流状态。

第三个条件是难度和技能的匹配。不能太难，太难会产生恐惧感、焦虑感；也不能太容易，太容易会产生无聊感。做能做的事情，并能够做好，这就是福流产生的条件。

庄子在《南华经》里特意描述过一个普通中国人的福流体验，即达到了一种物我两忘、幸福酣畅的福流状态："庖丁为文惠君解牛，手之所触，肩之所倚，足之所履，膝之所踦，砉然向然，奏刀騞然，莫不中音。合于《桑林》之舞，乃中《经首》之会。"意思是庖丁为文惠君宰牛，在他手碰的地方、肩靠的地方、脚顶的地方、膝盖碰撞的地方，每一次碰撞都有声音，每一个声音居然像音乐一样动人，每一次碰撞都有动作，每一个动作居然像跳舞一样优美，合于《桑林》

之舞,乃中《经首》之会。

文惠君非常震撼,就问庖丁:"你是怎么做到如此出神入化、行云流水的?"庖丁说:"三年前解牛,我眼中看到的就是牛,三年后解牛,眼中无牛,只有自己心中澎湃的福流。"这就是福流,中国文化中早就有对人类积极心理体验的深刻描述。

做什么样的事情能够产生福流体验呢?其实福流比大家想象的更平常、更普遍。我们曾经作过一个调查,发现中国人在平凡的生活中能感受到福流的事情其实很多,比如,做自己爱做的事情,你喜欢摄影、爬山、涉水,所以餐风饮露仍乐此不疲;你喜欢集邮,看着邮票就会全神贯注,福流满满;你喜欢运动,打球打到天黑都不想回家吃饭,因为运动可以产生福流,并让你沉浸其中。艺术欣赏也可以使你产生福流。一部好看的电影,3个小时犹如瞬间而过,这就是福流的时间扭曲感。音乐可以产生福流,跳舞可以产生福流,工作也可以产生福流。一本好看的书让你爱不释手,一个喜欢做的事情让你沉浸其中,和朋友、亲人在一起可使你有天伦之乐、夫妻恩爱,都是福流满满。人可以在生活中、工作中、平凡世俗的普通方式中得到福流,产生福流(见图9.1)。

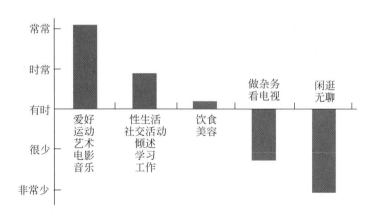

图9.1 日常生活中福流体验的频率

我们发现,有些事情很少产生福流,甚至不产生福流。比如说做杂务,三心二意、一心多用做事,很难让人产生福流;看电视老换台、老挑剔、老批判,很难产生福流;闲逛、无聊、无所事事,也不能产生福流。

2012年,中央电视台《你幸福吗》那个节目,我觉得其实可以换一个话题,问一问:"你福流了吗?"只要有件事情让你沉浸其中、物我两忘、酣畅淋漓、如痴如醉，这就是你的福流。如果你有过这样的福流，祝贺你。也希望大家在生活中、工作中多多体验自己极致的福流状态，这就是巅峰体验在日常生活中的反映，是我们每一个人可以自强不息地修炼出来的一种心理体验。

获取福流的能力

一、福流如何产生

达到"福流"需要有三个条件：明确的目标、及时的反馈、难度和技能的匹配。在难度和技能的不同组合下，人的心理状态不同。如果在难度非常高而技能比较低的时候，你会处于一种比较焦虑的状态，会担心这个事情完不成怎么办；可是反过来，如果技能很高而难度很低，那你就会觉得这个事情挺无聊的，没兴趣去做；只有在难度和技能差不多匹配的情况下，人才能产生"福流"（见图9.2）。

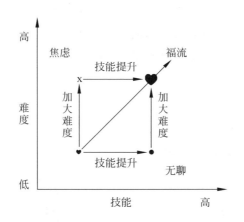

图9.2 技能和难度的匹配程度对福流的影响

人在福流状态下技能可以很快提升。当你的技能已经飞速提升了，而任务还是原来那个任务，你就会觉得无聊，这个时候必须加大这个任务的难度你才能重新回到福流状态。那么反过来也可能是，你在福流状态下做得正开心呢，突然任务升级了，你发现自己应对不了这样的局面，这个时候你就会焦虑，就必须勤学苦练，赶紧把自己的技能提升上来，才能够回到福流状态。但是，这就会有一个风险，就是这时候你可能会被这个困难给压倒了，技能再怎么也提升不上去了。这多是因为你焦虑于完成不了任务，在着急的情况下回不到福流状态。或者有的时候条件不允许，虽然你的技能已经很高了，但是现实生活就是这么无聊，没有更加有趣的任务给你，那也没有办法回到福流当中去。

只有技能在提升，任务也在提升，人才能始终处在福流状态下，这是一个最佳的状态。

最典型的就是商业化电子游戏，它们都符合产生福流的三个特点。第一，游戏目标很明确——你进去之后要达到什么样的目标、过什么样的关、要做什么样的事情，非常清楚；第二，反馈很及时，你玩得好还是坏一目了然——有数字得分，你能够得金币，也有时候被怪物"打死"，所以你非常清楚自己做得怎么样；第三，难度和技能总是匹配的——你刚开始进去的时候任务很简单，玩得很开心，随着你玩得越来越好，你正要觉得有点无聊的时候它难度又提升了，你又要使出全力来跟这个游戏搏斗。游戏越往后越难，但是，正是因为技能和挑战匹配着不断上升，才让你对游戏如此上瘾，如此喜欢。

现在青少年游戏成瘾是一个很大的问题。他们沉迷于游戏当中，有时不愿意回到现实生活中，这是因为他们在游戏中得到了太多的福流。这是不是说这些青少年获取福流的能力太高，所以就沉迷于游戏当中呢？不是的。相反，这恰恰说明这些青少年获取福流的能力太低，因为他们缺乏从真正的日常生活当中获取高级福流的能力，所以才轻易地被这些游戏、这种中级福流所俘虏。因此，我们更加需要培养青少年获取福流的能力，让他们能够从看上去很平常的生活当中获取高质量的福流，这时他们对游戏就看不上了。虽然说当难度和技能匹配的时候就能得到福流，但是难度和技能匹配的复杂度越高，福流质量才越高。也就是说，福流其实是分等级的，而这个等级的划分标准，就是契克森特米哈伊说的"关键在于复杂度"。

我们看小孩玩游戏、过家家或者玩积木，非常简单，但他们玩得乐此不疲。在我们看来那是很无聊的，因为我们的技能远远高于这个游戏所需要的难度。孩子的技能低，所以他们在玩游戏当中获得了非常大的福流，故而乐此不疲。再如算术题，一道10以内的加减，他们都会掰着手指头算得不亦乐乎，因为这个时候的难度和他们的技能是匹配的，所以他们是喜欢的。可是当他们再长大一点，就不会再玩那些游戏了，因为太简单了。这个时候他们喜欢那些中级难度的，比如体育运动、艺术爱好，或者是电子游戏及一些具有创造性的工作。在大多数情况下，普通人的福流都来自这些活动。

但是，假如一个孩子没有多少爱好，也不知道怎样进行创造性的工作，每天都在进行重复性的学习,很少参加体育运动,没有机会去体会那种和同伴一起在球场上拼搏、相互之间用最好的表现来获胜的快感,那他就只剩下到电子游戏里去获得中级福流了。这个时候,电子游戏对于一个孩子来说,就好像"高维打低维",游戏有着中级福流,而孩子平时只有低级福流,这时他当然很容易会被电子游戏吸引过去。

那怎么办呢？这时就应该培养孩子获取福流的能力,让他能够获得其他中级福流甚至高级福流。这样,他就不再流连于电子游戏了。一方面,发展爱好,让他能够经常做一些创造性的工作或体育运动等,让他从中得到和电子游戏相媲美的那种中级福流。但更好的办法是培养他进一步往高级福流方向努力,培养他拥有一种高层次爱好,比如,写小说、弹吉他、跳舞,甚至做研究,等等。另一方面,假如一个孩子在和父母、家人交往当中经常能够获得福流的话,也不会沉溺于电子游戏。很多有游戏瘾的青少年,其实是因为缺乏心理需求的满足,在现实生活当中得不到对能力的承认、得不到自主的机会、得不到关爱,于是就会到电子游戏当中去寻找。

契克森特米哈伊并不认为所有的福流都是好的。他说,如果你沉迷于福流刚开始时带来的表面好处,却没有通过福流获得成长,那么你就要小心了,因为这很可能就是一个"垃圾福流"。

二、好的福流

什么样的福流才算是好的呢？

第一,获得福流的活动必须能够持续提升你的能力,活动的难度和你的技能能够相匹配地提升。你可能对看电视很入迷,对逛街也很喜欢,但它们不会给你带来真正好的福流,因为它不能提升你的能力。

第二,真正的福流必须能让你愿意持续提升能力。因为假如你不再愿意提升能力,而是留在原来的难度上,那么你只是得到了一个很好的掌控感。契克森特米哈伊曾经举例说,有一些很著名的国际象棋天才选手,很小的时候就掌握了非常高的下国际象棋的技巧,赢了很多比赛,但是他们只沉迷于赢得现有比赛这样的一个感觉当中,不愿意再去接受更高的挑战,不愿意再去冲击更高的奖杯,而是就在原来的等级当中打来打去、大杀四方,自己感觉很爽。这是福流,但却是一种"垃圾福流"。

第三，真正的福流必须有助于你实现人生目标。如果你本身就是一个游戏设计师，你的人生目标就是跟打游戏相关的，那也可以。但假如你的人生目标是其他的，比如，你想把你的孩子培养成才，你想建立一个非常好的家庭关系，你想作出一点社会贡献，那么，打游戏跟你的人生目标就没有太大关系了。如果今天需要放松一下，那么可以打游戏，但是你不能沉迷于其中，因为这对于你的人生目标是没有帮助的。

所以，为了让孩子从游戏瘾当中逃脱出来，或预防他们将来沉迷于游戏，应该让他们从小就注意发展出至少一个真正热爱又能持续提升能力，有助于他实现人生目标的爱好。其实这没有想象中那么难，只要坚持福流的三个原则：目标明确、反馈及时、难度匹配，他就能感觉到福流。

比如，有一次我带孩子去打篮球，累了想睡一会儿，但又担心有人把他拐走了，所以我就叫他在我身边打手机游戏。但是他却说："不，我不要玩游戏，我要打篮球。"因为我跟他在比赛，看谁投篮投得多，他投一个算十分，我投一个算一分，他玩得就很来劲。我们一开始是相匹敌的，但很快他的得分就超过了我，因为他后来变成十个投篮里面大概能进一两个，而我不可能每个都进，所以我就跟他说："你的能力提高了，爸爸打不过你了，怎么办？我们来改变一下游戏规则吧，现在你进一个算五分，我进一个仍然是算一分。"于是我们就这样比下去，再往下呢，慢慢就变成他进一个算四分。这就是我在一步步地调节，让他的难度与技能相匹配。当然也有明确的目标和及时的反馈，他才会玩得乐此不疲，连手机游戏都不要玩了。所以，让孩子能够体验到获得福流也不难，只要你好好地设计一下这些活动就行了。

三、福流力

顾名思义，福流力即获得福流的能力。可以从四个方面来理解它。

（1）福流力是因人而异、因事而异的。一个东西对你来说可能会产生很高的福流，但对别人来说可能是比较低的。比如，我和太太一起出去散步，她最喜欢做的事情就是看路边的花花草草，而且会跟我说，这个是什么花那个是什么草，而我对这些东西毫无兴趣。可是到了晚上我的兴趣就来了，我会指着天上的星星跟她说，你看那就是银河系，那是牛郎星，那是织女星，她听了之后不知道我在说什么。所以，同一个活动对于不同的人来说，它带来的福流很可能是不一样的。

这方面不要强求一致。

（2）福流力会因年龄而异。比如说，像简单的算术，10以内的加减对于一个学龄前的儿童来说能产生很高等级的福流，他会算得不亦乐乎；但是对于三年级学生来说，就会觉得这个一点意思也没有，你必须拿更难的题来给他。同样，对成年人而言难度很低的任务，对于小孩来说就已经是高等级的了。小孩特别容易从生活当中各种各样的小事里得到满足，因为任何小事对于他们来说已经是很高的挑战了，而他们又正好能够掌控这些小事。我们经常觉得小孩对任何事物都那么兴趣盎然，其实是因为他们能从简单的事物中获得福流。但是我们不能仅仅因为孩子能够获得福流，就觉得他们的这种状态是最好的，应该"复归于婴儿"。那是不可能的，因为人长大以后，随着个人技能的提高，就应该去寻找更复杂、更有挑战性的任务，去寻找更加高级的福流。

（3）福流力可以通过练习来提升。如果你能经常获得福流，经常设计各种各样的活动，让自己能够处于福流状态下，那么当遇到焦虑或无聊的情况时，你也能很容易地想出办法从这样的困境中解脱出来，进入福流状态下。

（4）福流力可以跨领域使用。在某个领域，这个人可能获得更高的福流，那个人却不能。有的人能在国际象棋比赛、数学竞赛当中获得很高的福流，可是在日常生活当中却一点福流也得不到；而另外的人可能在烹饪、装饰家居时获得很高的福流，但让他去学习、做算术题就觉得非常焦虑。但是，你仍然可以跨领域地使用福流力，只要你能够把其中的道理想明白。

契克森特米哈伊就曾经在他的书中举过一个例子。有一个老兵，他最喜欢的就是打马球，他打马球的时候能够得到一种前所未有的快感，可是他在生活的其他方面都觉得没有意思。直到有一天看到契克森特米哈伊的书，他才恍然大悟，原来这种福流的获得可以不局限于打马球。从那以后他就开始从事一些他认为有趣但从来没有尝试过的活动，比如园艺、听音乐等，他发现自己在这当中也能获得和打马球一样的福流。之所以强调要提升福流力，就是这个原因。当你在这个领域当中获得了福流，一旦你掌握了原理，你就可以很容易地把它跨领域地使用到生活的其他方面中去。

1. 精神负熵

契克森特米哈伊把福流比喻成"精神负熵"，当你获得福流的时候，就会降低大脑里面的熵值。"熵"是一个科学概念的度量单位，是指一个系统的混乱程度，越混乱熵值越高。比如说在冰里面，水分子相对固定在一个位置附近振动，系统就比较稳定，熵值就比较低；变成液态之后，水分子开始流动，熵值变大；成为水蒸气之后水分子四处乱窜，那熵值就更大了。反过来，一个系统的内部越有规律、结构越清晰则熵值就越低。在冰里面，水分子的结构秩序井然；而在水蒸气里面，水分子就一点规律都没有了，到处乱跑。因此，在水蒸气里面水分子的熵值就非常高。

怎样才能获得秩序呢？就要把水变成冰。人大脑里的念头就跟蒸汽中的水分子一样，时刻万马奔腾，什么样的念头都有。佛家曾经打比喻说，一个人从外表看是在静坐，但其内心就跟瀑布一样，无数念头纷拥而来，如果没有节制，就会经常处在混乱的状态。虽然在意识里可能只有少数几个念头，但在潜意识里却有大量的念头在争夺你的注意力，争夺你大脑的控制权，并试图影响、引导你去往各个方向。这个时候，大脑就像热锅里烧开的水，各种念头之间没有什么约束和联系，各自乱跑，内心在这个时候其实是一片混乱的，熵值非常高。

但当你进入福流状态时，那就不一样了，你所有的注意力都集中在当前的任务上，所有的心理能量都往一个方向用。这个时候，那些跟任务无关的念头就被完全屏蔽了，甚至你对于世界的认识、对于自我的认知、对于时间的感受都没有了。别人对你的评价、你的患得患失、你对于物质得失的精心计算都消失得无影无踪了。这个时候，你并不是只有一个念头，你的大脑仍然在高速运转，但所有的这些念头都非常有规律、有次序地排列着，就像一支非常有纪律的军队，井井有条地被组织起来，以高效率地去完成任务。这个时候，你的感觉就好像福流这个词的本意——flow，就像一条钢铁洪流，浩浩荡荡但又井然有序，势不可当但又随心所欲。这时你心里的念头会喷涌而出，但不会四处洒落，而是汇集成一条水龙，冲开一切泥沙。这个时候，你的感觉就是创造、奋斗、整合，不需要特意去控制这个过程，但是一切又都在你的控制当中。就像契克森特米哈伊所总结的，这就是巅峰体验，这个时候你的"精神熵"非常低。契克森特米哈伊是用液态的水流来比喻这个过程，但此时你的大脑更像那种熵值最低的固体结构，井然有序的同时又充满能量。当你自审内心的时候，你会发现你的心就像冰一样晶莹剔透，一切都处在最佳、最合理的位置，所有的念头都相互支持、相互关联，齐心协力、步调一致地往一个方向前进。这就是一个混乱程度最低、秩序程度最高的心理状态。

熵的另外一个定义是："一个系统内不能做功的能量总数。"因为在做功的过程当中，总有一部分能量会被耗散掉，这就导致了系统的秩序变差，熵值升高。熵值越高，做功越少，这就是热力学的第二定律。任何孤立系统都会自发地朝熵值最大的方向演化。也就是说，任何孤立系统都会变得越来越混乱。我们所知道的最大的孤立系统，就是宇宙，总有一天它会达到熵值最大。也就是说，宇宙可能达到所谓的"热寂"，那个时候一切活动都停止了，这就是热力学第二定律所预言的宇宙终点。但是我们所处的这个世界，除了宏观的宇宙之外，没有什么系统是真正孤立的，所以熵降低的过程随处可见，最典型、最奇妙，也是最壮丽的降熵过程就是生命。一颗种子从土壤当中汲取养分，把本来七零八落的碳原子、氢原子、氧原子等元素组合起来，变成一棵大树或小草，这就是一个降熵过程。就是把原来混乱的原子重新组合成有规律的集体。当然，这并不违反热力学第二定律，因为植物并不是一个孤立系统，它和外界持续不断地进行能量和物质交换，形成生命体的秩序。人类开山采矿，建造高楼大厦，发明人工智能，都以大量能量和物质为代价，形成一个更精巧的结构，从而降低了人类社会系统的熵值。

从这个角度说，福流就是大脑的生命。因为福流是精神负熵，所以可以降低精神的熵值。当精神熵比较高的时候，即在一片混乱的情况下，大脑的做功能力非常低，心理能量内耗较大。可一旦进入福流状态，心理能量就会围绕一个主题组织起来，向同一个方向高效率地传输，这就是契克森特米哈伊反复强调的"人在福流状态下表现最好"。如果一个人经常经历福流，他的内心就会被训练得踏实沉稳，即使不在福流状态下，也不那么容易心猿意马，因为他的福流力比较高。当然，福流的降熵过程也需要外界的干涉，需要反复练习。当你心里的熵值降到最小的时候，一切纷扰念头都销声匿迹，只剩下当前的事物，那种心灵通透、思如泉涌的感觉就是巅峰体验，是你大脑思考的奇迹和生命的体现。

2. 福流的等级

与生物的进化一样，福流是分等级的，（见图9.3）。就像螳螂和黄雀，螳螂所代表的福流是比较低的，黄雀所代表的福流高一些。但最好是像老鹰，能应付所有的挑战。只不过，它看到螳螂懒得去吃，它注重那些更大、更高级的猎物，因为它有足够的技能应对复杂局面。因此，所在福流的等级就表明了你处理与整合复杂信息、挑战性局面的难度等级。

一个典型的例子是做数学题。对于学龄前儿童来说，10以内的加减就是一

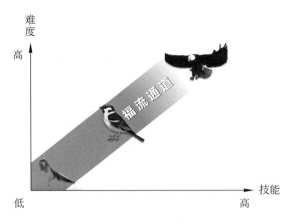

图9.3 福流的等级

道很复杂的题,"我不知道该怎么办,那么只能够通过数手指慢慢地计算",他从中能得到福流,但这个等级不高;对于大数学家来说,人类从来没有探索过的那些数学问题摆在他面前,一片混沌,他该怎么办?他通过自己的智慧,通过自己的努力,并在福流状态下去反复地计算和思考,最终解开这些问题。这时获得福流的汗畅淋漓程度,是要高于学龄前儿童算10以内的加减法的。

再举一个更加极端的例子,就是我们在生活当中,每天都会遇到各种各样不同的事情、不同的信息,如何把它们整合起来形成一个对世界和对自己的解释,也就是我们通常所说的"三观"。你可以只看到一些最简单的事情,就像小孩只看到一片阳光灿烂,即大家都对我很好,父母也照顾我、保护我,所以我觉得人生非常美好。这当然是福流,只是比较低级而已。随着我们长大,看到现实生活中有非常多的无奈,社会上有很多的不公平,虽然看了很多书,但仍觉得人生虚无不知道生活的意义是什么。可是当你读了更多的书、做了很多的事后,你就会发现原来生活虽然纷繁复杂,但是把它们整合起来可以形成一套理论来解释世界和自我,这个时候你就处于最高等级的福流状态。契克森特米哈伊在他的书中最后一讲里提到,人生最了不起的就是把整个人生都处于福流状态下,而你从中找到了生命的意义,他把这叫作"大福流"。

3. 高级福流力

从本质上说,福流力是能够把很复杂的信息整合出秩序的能力。这些信息可以是身体上的,比如运动的时候、跳舞的时候;可以是情感上的,比如对别人情感的感知,对自己情感的觉察;可以是关系上的,比如觉察到另外一个人的缺点,当然还有智力上的信息，比如能够把各种各样的元素整合到一起，创造出一个精美的产品，或者是从一道难题当中找到一个解决方法，这些都是你能够获得更高级福流的一个依据。

福流力具有特殊性，即在某个领域你特别容易获得福流，但在其他领域却没有。福流力也具有一般性，就是在不同的情景下你都能够获得福流。契克森特米哈伊把它称为"自得其乐的性格"。这个自得其乐并不是说"我一个人也挺开心"，而是说做一件事情的时候，能够把做这件事情本身当作目的，并沉浸其中。这不仅仅是一种性格，更是一种能力，是可以通过后天的努力来提升的。慢慢地，大家都可以变得越来越擅长获得福流。

福流力高的人有如下几个特点。

（1）不再喜欢低级的福流。契克森特米哈伊研究发现，福流力比较高的青少年和福流力低的相比，他们用在读书、运动，以及自己业余爱好上的时间都是福流力低的人的两倍左右；他们看电视的时间是福流力低的人的一半，因为他们觉得看电视带来的福流实在太低，并没有那么享受。

在我上大学的时候，也曾经喜欢过打游戏，但是通关之后就觉得很无聊。因为没办法再提升，所以它不再能给我一种刺激的感觉。我也不再想去打新的游戏了，因为这个时候我能找到其他更有意思的福流获取方式，比如写作，我特别喜欢写作，写小说也好，或者是写科普文章也好。又比如做研究，我发现了世界上以前没有人发现的小小的规律，这个很有意思。还有，就是我和家人、伴侣、孩子间的关系，因为育儿是一个巨大的挑战，在育儿当中我就能够得到很多福流。而这些事情与创造也有关系，它跟我的人生目标密切相关，所以我愿意从这些方面得到福流，而不是从游戏当中得到福流。

（2）把挑战看成又一个获得高水平福流的机会，并满心欢喜地去迎接这个挑战，而不是被挑战吓倒。当出现一个怪兽的时候，我想到的是我能够通过和这个怪兽搏斗得到一个更高的福流，而且在打赢这个怪兽之后我的水平就可以更高了，下回就可以打更大的怪兽了，这个怪兽可以指我们生活当中遇到的各种各样的困难。

（3）在无聊的时候主动增加任务难度使自己得到福流。比如我前面举的例子，跟小孩一起打篮球，听上去是挺无聊的，孩子的水平那么低，你从中得不到任何快感，怎么办呢？我会设计一个任务，让它更有挑战，当然是要有一定的难度的，让孩子的难度和挑战总是匹配的。其实这并不容易，对我来说也是挺有意思的一个活动。

还有一些跟我的专业有关。我是学心理学的，所以当我遇到什么事情的时候，经常会自己琢磨这个现象说明什么道理，有没有可能用心理学来验证这个道理，也就是胡适说的"大胆假设，小心求证"，这本身也是个很有意思的过程。比如，有一次我骑自行车到一个地方去跟一个人会合，但是他还没到，我就把自行车停在路边。等待很无聊，可是我却发现了一个规律，就是路边这些共享单车好像都停得歪歪扭扭的，而私人自行车基本上停得都比较规范。我能想到的第一个解释就是，可能是骑私人自行车的人怕市政人员过来把这些车收走，停放自己的车就要小心一些，而骑共享单车的人就无所谓。但有没有另外一种可能性呢？就是如果老是骑共享单车会降低人的道德水准。于是我想，可以设计一个实验，在下学期开学的时候招一些大学生过来，把他们分成两组，其中一组给他们价值200块钱的一辆自行车，另一组给他们价值200块钱的共享单车券，看看过了一个学期之后他们的道德水准有没有区别。如果有区别就很有意思，就说明"有恒产者有恒心"，道德和私有产权有关系。就这样，一个在路边等人的无聊场景，大部分人是拿出手机来刷刷，打发碎片时间，但是假如你善于利用机会，同样可以获得福流。如果你是学美术的，你可以看看这些共享单车的设计，看还有什么颜色可以利用，还有什么花样可以玩出来；如果你是一个学机械的，也许可以想一想怎样降低共享单车的制造成本，如何才能够让它变得更划算，等等。所以，把你专业领域的福流力应用到一些无聊的场景当中去，你也可以获得意外的福流。

实在找不到机会的话，我向大家推荐冥想方法（后面会讲）。但是，在周围有很多噪音、很多刺激的情况下专注于自己的呼吸，这本身也是一个很难完成的任务，但你可以试一试。冥想有很多益处，也是一个在无聊场景中能够增加福流的方法。这看上去好像很奇怪对吧，既然已经很无聊了，那就来看看手机呗，干吗还要来做这些事情呢？这就牵涉我非常喜欢的一句话，是滑铁卢大学一个研究游戏哲学的教授伯纳德·苏伊茨（Bernard Suits）对游戏精神作出的定义："自愿去克服不必要的障碍。"我们本来没有必要去做这些事情，但是去做这些事情本身就很好玩，这就是一种游戏精神。游戏在英文当中叫 Game，它比中文所说的游戏范围要广泛得多，比如说 Olympic Games（奥运会），英文也是用 Game。他们认为大家来进行比赛，在一定的规则之下争一个胜负，这就是游戏。还有像博弈也是游戏，大家在限定条件下决一胜负。就好像孔子说的"君子之争"，如果君子之间非要分一个高下的话，那就"必也射乎"（玩射箭），这也是个游戏。我们不是一定非要去玩，但是还要人为地设置这些不必要的障碍，然后又故意装作被这些规则所限制，再自愿地去克服这些不必要的障碍，这就是游戏精神。游戏是最容易获得福流的，游戏精神对你的人生很可能也有帮助。因为从某种程度上说，人活着会经历很多困苦，但你有没有想过，这些困苦其实都是不必要的。你随时可以自杀，为什么没有自杀？为什么还要去克服这些不必要的障碍呢？因为，我们可以把人生也当成一个 Game，一个可以在一定的规则之下争取更好结果的游戏，所以契克森特米哈伊才会说，福流的最高等级是把整个人生过成一场福流。

提升你的福流力

怎样才能提升福流力呢？主要有三点。

一、改变认知

不要觉得福流很玄妙、深奥、伟大，只有艺术家、运动员、科学家才能够得到福流。不是的，福流其实就在我们生活当中，包括平时做饭也好，布置房间也好，跟人深度交流也好，这都能得到福流。福流离你并不遥远，每个人都有获取福流的能力。事实上，我们平时已经经历过很多福流了，只不过我们要进一步提升福流力，让我们在不同的环境下都能够得到更高级的福流。

二、在工作当中得到更多的福流

网上有人说："劳动最光荣，休息最快乐。"其实不对。契克森特米哈伊发现，工作当中其实能够得到更多的福流。而休息，除非是去运动，或者从事自己的爱好，如果只是去吃饭、美容、做杂务、看电视，或者是闲逛，甚至无聊地待着，其实并没有那么多福流可以得到。就像契克森特米哈伊所说："我们经常会忽略一点，工作比我们整天所做的大部分事情都更接近游戏。"它有明确的目标及规则，我们可借助上司的评价获得回馈。工作常常能使人全神贯注、心念集中，也给了人不同程度的掌控力，而且在理想状态下，工作难度和工作者的能力也相符合。

但，如果工作的难度和我们的能力不匹配，怎么办呢？

第一，可以试着把任务拆分，因为拆分之后每个分任务就会有更明确的目标、更迅速的反馈，也可以把每个分任务的难度和技能匹配得更好。而且可以从中实现递进，即一开始的时候把任务设得难度低一点，然后慢慢地越来越难，这样，你也能体验到一种提升感，得到的福流等级也会更高。

第二，如果这个任务就是很无聊，自己的水平已经很高了，只能做一些没有挑战性的事情，该怎么办呢？那当然是去提升难度。怎么提升呢？可以加快它的速度，或者给自己定一个更高的目标，提升它的质量，或者钻研技术，想想自己能不能用一个更高明的方法来解决它。契克森特米哈伊在他的书里面也举过一个例子：一个焊接工的工作很无聊，每天就是重复地焊接，可这个人过得特别开心。所有的人都说他是全场最重要的灵魂人物，公司一直要提拔他，可他不愿意，他就愿意做一个焊接工。这是为什么呢？因为他虽然只是一个普通的焊接工，但是他对于这个车间里的任何东西都感兴趣，所有的机器他都想琢磨清楚，他从小就喜欢琢磨机器是怎么工作的。看到家里的一个烤面包机坏了，他就会问自己：如果我是一个烤面包机，那我现在会在哪里出故障呢？这样一来他就觉得这个事情好玩。他会把面包机拆开，然后又重新装起来。他用同样的办法把这个车间里所有的东西都琢磨透了。这样做有必要吗？没有必要，但他觉得好玩，他的技能提高了，还经常可以帮助别人，他也因此从中得到了很多乐趣。虽然上司一直要提拔他，但他不愿意，他觉得自己的工作能让自己非常开心。这也给了我们另一个启示，就是解决工作无聊的一个好办法是帮助别人。

如果在工作当中老板给了你一个任务，这个任务难度超过你自身能力很多，你感到焦虑怎么办？可以求助，让别人来帮助你。当然还需提升你的技能以及团队协作能力，让别人去做你不擅长但是他擅长的事情，然后你来做你擅长但别人不擅长的事情。用种种方式使任务的难度和你的技能相匹配，使目标更明确，反馈更及时，这样就可以得到福流。

三、在关系当中得到更多的福流

这涉及我们生活当中另外一个非常重要的方面，就是关系。弗洛伊德说过，人生意义就在于工作和爱。但是爱又是一个非常难做到的事情。我们在上面讲过"亲密关系"，它可不是那么容易做到的一个事情，要想提升它需要有很多的技巧，所以它其实是有一定难度的，也是需要一定能力的。我们把关于"爱"的任务难度和能力匹配起来，然后确定一个目标，并得到一些反馈，这样，就可以从关系当中得到福流。

第一，你要找到目标并确定一个关系。比如说，我在做了罗森伯格的爱情三角量表之后发现，自己在激情方面没有在承诺和亲密上面的得分高。因此，我的目标就是要提升自己在亲密关系当中的激情得分，这样，才能够有一个持续的高质量关系。你的情况可能跟我不一样，不一定要什么事都做量表。反正就是定一个目标，用之前说的 SMART 原则，设定一个明确的、可衡量的、能做到的、有相关的而且有一定时间期限的目标，然后朝这个目标去努力。当然，关系是多种多样的，除了亲密关系之外，还有跟孩子的关系、跟父母的关系、跟亲朋好友和兄弟姐妹的关系，等等。还是以我自己为例，因为我有两个孩子，所以我会给自己提出很多问题并设定目标。比如，我知道我孩子的优势吗？他们的兴趣是什么？他们的情感是什么？性格是什么样的？价值观是什么样的？我怎样做可以影响他们？我怎样做可以让我的孩子变得更好，让他们更好地做准备，以便将来进入社会？这些其实都是很难的问题，都需要仔细思索后慢慢地去尝试，而且会经历很多失败。但是最后你的技能会越来越高，而你从这个过程当中会得到很多福流，你的孩子也会变得更好。很多父母培养孩子，解决的方法就是把孩子送到培训班，然后自己坐在培训班外面玩手机，打发自己的碎片时间，这只能得到很低级的福流。如果能跟孩子一起玩、一起长大，这才能得到一个更高级的福流。尽管这很难，但是一旦达到了，那你就会有一个更大的满足感。

第二，在关系当中要经常得到及时的反馈。可以经常观察和询问对方，也包括诚实地自省：我跟我伴侣的关系现在到底怎么样？我现在跟孩子的关系到底怎么样？

第三，做好匹配。可以设计一些双方都觉得有趣的活动，夫妻共同去做一些既好玩又新鲜，还有一定挑战度的事情，那样会极大地促进他们的亲密度。在关系的建构过程中，其实最难的是第一步，就是下决心开始行动。一旦行动起来之后，从关系当中得到的满足感、爱的感觉会推着你往前走，使后面的事情做得越来越顺利，你也能得到更加高级的福流。

你在生活中、工作中得到的这些小福流，慢慢地汇集在一起，慢慢地升级，最后你就得到了大的福流。那种感觉就像小溪流啊流，最后汇成了大海。那种畅快感，就好像庄子的《秋水》篇所说，"秋水时至，百川灌河"。黄河觉得自己很了不起，觉得自己的福流力肯定比那些小河要大，可是直到它看到了大海之后，才发现原来还有更高的境界，原来还有这么高级的福流力。庄子随后说，"夏虫不可以语于冰"。如果你总是处于一种很燥热的状态，你脑子里面的念头就好像水蒸气中的水分子一样到处乱跑，你是无法体验到当水分子凝结成冰时的那样一种秩序井然、晶莹剔透的快感。

最后，我还是想用福流这个词的本意"水的流动"来作一个比喻，那就是"曾经沧海难为水"。当你经历了像大海那样的福流之后，当整个生命都获得了一个充沛的福流之后，你对于那些小的、低等的福流，确实是不太会感兴趣了。这是因为，虽然所有的福流都是巅峰体验，但有些体验更巅峰。

【作业】

把你刚才已经设定好的 8 周目标计划再拆分开来，拆分成一个个的小目标，然后让每一个小目标都更加明确，使你都能得到更快的反馈。比如，你很快就知道自己表现得怎么样，是否达标。同时使每一个小目标阶段的难度和你的技能都更加匹配，最好里面还有一个进阶设计。这样的一个练习会使你感觉到自己能力的提升，而你的福流力也会越来越高。

【推荐阅读】

[美] 米哈里·契克森米哈赖:《心流》，张定绮 译，北京：中信出版社，2017。

第10讲 积极动机

动机的种类

积极心理学注重如何从积极方面来激励自己,并使你能够得到福流状态。要看到事物内在的美、内在的价值及其意义,以积极的动机来完成任务。这就是本讲的主题:积极动机。

请先看一下你在上一讲里制定的目标,想一想为什么要提出那个目标?把所有的动机都列出来,它们的重要性肯定是不一样的,按照重要程度给这些动机从1~10打分(1分为最不重要,10分为最重要)。

在现代心理学里对动机的研究有一个自我决定理论,它把人类的动机分为三大类。

缺乏动机:不知道我的动机是什么,不知道为什么要做这个事情,大家都在做,浑浑噩噩地跟着别人一起去做了。

外在动机:做这件事情的原因跟这件事情本身没有关系,而是能给这件事情带来的好处。

内在动机:动机来自这个事情内在的价值,活动本身能带来享受就是做它的原因。

外在动机根据其外在程度,又分为四种不同的"调节风格"。

(1)外部调节。动机纯粹是来自于外部。比如,做好了就给钱,不做好就罚;如果好好学习,就能买巧克力吃,不好好学习,回来就挨打。这都是来自外部的压力和诱惑，所以叫作外部调节。

（2）内摄调节。它比外部调节更加内化了一点，把外界的那些观念部分内化成自己的，但是又没有完全变成自己认同的。比如，做一件事情，是因为觉得做好了之后，别人会羡慕我，很有面子；或者是因为如果不好好学习，爸妈就会失望，我会感到内疚。内摄调节就是把别人的期望当成自己的动机。它已经是部分内化了，是你自己想要的，从表面上看也没有人拿鞭子抽你，拿巧克力诱惑你，你是在好好学习；但其实是受外部的控制，因为你是要满足别人对你的需求，或者是要满足自己维护自尊心的需求。

（3）认同调节。如果你的动机完全内化，就变成认同调节。也就是说，做这个事情的理念是我完全认同的，是我的价值观。比如，为什么要好好学习，因为我觉得好好学习很重要，学好了之后，将来我可以为世界作出更多的贡献。这就是认同调节。

（4）整合调节。这是最内化的一种外在动机，是指我觉得这个事情就是我该做的，就是我人生的一部分，它和自我认同能够整合到一起。比如学习，因为我就是一个终身学习者，所以我愿意一直学习，它就是我的一部分。显然，"整合调节"和"认同调节"非常相似，在心理学的量表中也经常把它们放在一起测量。它们是出于内在的价值观、意义、自我认同。

简单起见，这里把所谓外部调节的外在动机、内摄调节的外在动机、认同和整合调节的外在动机，直接叫作外部动机、内摄动机、认同动机。

这样的动机分类切合孔子所说："知之者不如好之者，好之者不如乐之者。"做任何事情，仅仅知道它、掌握它，不如认同它的价值观，觉得做这件事情是对的、是好的，因此去做。可是最好的方式，是"乐之者"，就是我享受这件事情，我做这件事情的时候自己很开心。这才是最纯粹，也是最强大的内在动机。

孔子就是这方面的典范。《论语》开篇第一句："学而时习之，不亦说乎？有朋自远方来，不亦乐乎？人不知而不愠，不亦君子乎？"都是在说快乐，因为孔子本人把"乐之者"作为人生的最高境界。孔子一辈子颠沛流离，理想无法实现，抱负无法施展，自己最喜欢的学生和儿子都英年早逝。他为什么还乐呢？因为孔子说的"乐"，并不是指赚钱或是实现抱负，而是按照自己的理想去活出人生，这本身就是"乐"，也就是中国传统文化所推崇的"孔颜之乐"。

孔子曰："三十而立，四十而不惑，五十而知天命，六十而耳顺，七十而从心所欲不逾矩。"他最后达到什么样的境界呢？"从心所欲"，就是我想干什么就干什么，每天都在做自己喜欢的事情，是一个"乐之者"。可同时又"不逾矩"，就是总在道德规范之内，又是一个"好之者"。这时候他就是一个"好乐合一"的人。

上述境界很难达到，以孔子这样的素质，也要到70岁以后才达到，所以我们也不用着急，现在一步一步地向这个目标去迈进就好。怎么迈进？首先得掌握动机理论。总结一下，动机大致可以分为如下几点。

外部动机：做事情是源于外界的得失奖罚。

内摄动机：做事情是源于你的自尊维护，或迎合别人的想法和价值观。

整合动机：做事情是因为有意义、有价值、符合自我认同。

内在动机：做事情就是因为这个事情本身，它能带来内在的充足感和满意感，本身就是一种享受。

下面请你来分析一下，你设定的8周目标，到底是出于哪种类型的动机？每种类型大概有多强？

比如，我设定的8周目标是锻炼我最近受伤的脚，我的动机（从重要到不重要）分别如下。

第一，健康，10分。我认同健康是人生中头等重要的大事，这不是别人强加给我的观念，所以它是一个整合动机。

第二，我喜欢运动，8分。这显然是一个内在动机。

第三，我很重视跟孩子一起运动，10分。如果脚不好，以后就没法和孩子一起运动了。这既有整合动机又有内在动机。因为我知道跟孩子在一起运动对他的成长很有好处，而且我也享受跟孩子一起运动。所以，整合动机和内在动机都得10分。

第四，如果脚伤治不好，会给我带来不利的外在后果，3分。它是外部动机。

第五，我担心留下后遗症，那将来需要别人照顾，特别不好意思，4分。这是一个内摄动机。

第六，如果恢复不好，动手术要花很多钱，2分。这是外部动机。

把这些得分根据它们的不同种类累加起来，像我的例子：（1）外部动机有两个，加起来是5分；（2）内摄动机只有一个，是4分；（3）整合动机两个都是10分，加起来是20分；（4）内在动机加起来是18分。

因此，我为什么要锻炼脚？最主要的是整合动机和内在动机。也请大家用这样的方法，把你的动机按照不同的种类来进行加分。

不同动机带来的影响

不同的动机会带来什么样的影响呢？我们来看一看这方面的科学研究（Deci & Ryan, 2000）。

按照自我决定理论，动机分为受控动机和自主动机两大类。受控动机包含外部动机和内摄动机，即受别人的控制；自主动机包含内在动机和整合动机，即出于自主的选择，是内心真正想要的。这两大类动机有三个区别。

（1）自主动机更多与正面情绪相关，而受控动机更多与负面情绪相关。换句话说，如果做事情出于自主动机，往往会让我们感觉良好，会兴奋、开心、自豪；而出于受控动机的话，不做就感到难受，害怕受到别人惩罚，或者感到内疚、惶惶不安。因此，受控动机更多与负面情绪有关。

北京大学心理健康教育与咨询中心徐凯文教授提出了"空心病"概念。他引用了一个来访学生的话来解释空心病的含义："学习好、工作好是基本的要求。如果学习好，工作不够好，我就活不下去。但也不是说因为学习好、工作好我就开心了。"

这是一个典型的受控动机的表达：学习好、工作好并不一定让他开心，但不好他肯定不开心。显然负面情绪控制了他的主动性。难怪他会接着说："我不知道为什么要活着？我总是对自己不满意，总想各方面做得更好，但这样的人生似乎没有一个尽头。"也就是说，他的积极、自主的情感被受控动机产生的负面情绪所伤害，所以他会对自己不满，内心空洞，失去了人生的意义和价值。

（2）自主动机能让人更多地投入到当前的活动中去，而受控动机会让人产生疏离感。"投入"就是全身心地扑到这件事情上，不计得失。表现、业绩与投入程度息息相关，投入越高的员工，表现越好；相反，疏离的员工不认同目前的工作，只是迫不得已，若有其他机会，他就会立刻逃离。比如有更高的工资或职位，他肯定立刻就走。因为他在这里，是由受控动机所驱使，并不认同它。

（3）自主动机和创造性工作相关，而受控动机和重复性工作更相关。也就是说，对于简单重复的劳动，由出于受控动机的人来操作更有效。这也是为什么以前激励员工，无非就是做得好就发奖金、提职位，做得不好就罚钱、炒鱿鱼。

可是对于从事创造性工作的员工，如果他不喜欢这件事情，就会觉得这件事情没有价值，无论你给他多少钱，他都很难写出一篇打动人心的文章、创作出让人热泪盈眶的歌曲，或是想出一个特别有灵性的创意。因为只有自主动机才能让人更加投入，就是在不工作的时候，也会情不自禁地想着它。我们在第14讲会谈到，创造力的关键在于大脑不工作状态下的默认模式网络，投入会让大脑进行更多的元素重组，产生更多的点子。

现今简单重复性的工作越来越少，在可以看见的未来它们可能将会被机器所取代。剩下的将是创造性的工作。从这个角度看，如果我们还在培养孩子的受控动机，还在用金钱惩罚，或者用内心感受来操控他，会降低孩子的创造力，孩子将来很可能找不到工作，就算找到了也表现不好。相反，我们应该鼓励他的自主动机，这样，他将来才能更好地适应创造性工作。

当然，你也可能会说："我首先是要解决孩子能不能考上一个好大学的问题。所以，首先还是要简单、重复地学习，考试取得好成绩再说。"

但有研究表明，过多地培养孩子的受控动机，对学习不利。

有一项研究考察了学生的表现和动机之间的关系（Ryan & Connell, 1989）。

（1）正面应对风格，即对问题是正视、解决，还是逃避，与各种动机的相关性不同。比如考试失败，正面应对风格较强的学生会找出没有考好的原因，下一次要考得更好；正面应对风格弱的学生，或者视而不见，或者没任何理由地搁置不管或避开它。显然，正面应对风格强对成绩有更好的促进作用。这个研究发现，外部动机和正面应对的相关度低，但是内摄动机、整合动机和内在动机，与正面应对是正相关的。

（2）责怪否认风格不利于孩子的发展。比如考试没考好，责怪否认风格强的孩子会说，不是我没考好，是因为旁边有一个孩子老在那里说话干扰了我，或者这次没考好是因为老师押题没有押对。这种风格对于学习不利。有研究发现，整合动机和内在动机与责怪否认风格没有相关性；外部动机和这种风格的相关度非常高；内摄动机和它有一定的相关度但不太高。可能因为一个外部动机强的孩子，学习是因为妈妈给他巧克力或者爸爸不打他，这时候他需要在父母面前推卸责任：考砸了不是我的错，巧克力还要给我；爸爸不要打我……所以，责怪否认这样一个不好的风格与外部动机的相关度比较高。

（3）努力程度与内摄动机、整合动机和内在动机的相关度比较高，与外部动机的相关度则比较低。从这个角度来说，好像内摄动机还不错，但焦虑程度却跟内摄动机的相关度比较高。因为内摄动机带来的压力让人时时刻刻都在想：如果这件事情我做不好，会被别人嘲笑；那个事情我做好了，会很有面子……所以焦虑会一直跟着你。外部动机当然也不好，你会时常想到别人给的压力，或者我怎样满足外界的需求。但它是一次性的，一旦事情过去，就不再受影响了。但内摄压力会一直伴随着，所以它给人造成的焦虑程度是最高的。

（4）在享受学习方面，外部动机和享受学习没有相关性；内摄动机跟它的相关度也很低；而内在动机和享受学习的相关度极高，因为内在动机在定义上就是指喜欢学习本身带来的乐趣；整合动机与它的相关度则比较高。

在所有动机中，要特别注意防止的是内摄动机。它让学生看上去好像是在自觉学习，既不用哄，也不用逼，从表面上看这是个好孩子。可从长期成长看，对孩子不利。尤其当外部的各种调节因素都消失了，由于他们没有内摄动机，很容易陷入徐凯文教授定义的"空心病"状态，而这种状态会让他们陷入绝境：

①从症状上看可能符合抑郁症的诊断标准；
②对于药物治疗不敏感，甚至无效，如类似"电休克"的疗法；
③有强烈的自杀意念；
④并不是第一次出现这些问题，可能从初中、高中，甚至更早的时候就开始了；
⑤传统的心理治疗效果不佳。

徐凯文教授说："他们有强烈的孤独感和无意义感，他们不知道为什么要活着，也不知道活着的价值和意义是什么。他们取得了非常优秀的成绩和成就，这种成就似乎是一种瘾、一种毒品，他们很多时候都是为了获得成就感而努力地生活、学习和工作，但当他发现所有那些东西都得到的时候，内心还是空荡荡的，就有了强烈的无意义感……"

他还说："通常人际关系是良好的，他们非常在意别人对自己的看法，需要维系他在别人眼中一个良好的自我形象，需要成为一个好孩子、好学生、好丈夫、好妻子，但似乎所有这一切都是为了别人而做的，因此做得非常辛苦也疲惫不堪。"

在内摄动机下，他们把别人的想法当成了自己的想法，别人对他们很满意、很喜欢，但他们自己却并不认同，内心没有真正的充足感。

"空心病"的"空"是指什么呢？其实就是指"空的自我"。自我决定理论认为，自我是通过一个个的决定，通过和生活的互动慢慢发展出来的。人本来都没有自我，但是你能够经常从自主动机出发，选择你觉得是对的、价值观认同的事情去做，环境允许你发展出自己内心真正热爱的活动，这样的事情越来越多，自我就慢慢地出现了。

反过来，假如你经常出于受控动机，做每件事情都好像身不由己。有时是因为害怕受到别人的惩罚，或者是贪恋别人的奖赏；有时是因为在意别人的评价，或者是担心自己不能满足别人的期望。那样就不可能发展出完善的自我！心就是"空"的。

自我决定理论进一步说，"自我"不是个实体，而是一个过程。它不是一个实际存在的东西，不是你有了就幸福，没有就不幸福。自我是一个过程，是人生当中怎样去做事情，是把这些过程加起来一起描述的总和。

如何把动机变得更自主

人的动机是可以转变的。即使做同样的事情，怎么看它、为什么去做，总是可以自己掌握的。

讲个国外的故事，有一位老人住在一个安静的街区，他很享受这里的宁静。有一天忽然来了一群小孩，闹哄哄地在那儿踢球，吵得他很不舒服。但他知道，如果让这些孩子不要在这儿踢球，肯定不行。于是，他想出了一个很聪明的方法。他对这些孩子说："孩子们，你们在这里踢球，我真是太高兴了，给我孤寂的生活带来了欢乐！因此为了感谢你们，以后你们每次来我都会给每人一块钱。"踢球还有钱拿，这些孩子一听很高兴。于是第二天他们又来了，果然每个人拿到了一块钱。第三天当然还是继续来踢，老人说："你们今天又来踢球，我真的很高兴！可是我最近手头有点紧，每人给五毛钱行不行？"孩子们一听虽不太高兴，但五毛钱也是钱，于是也就收了。第四天他们又来，老人说："孩子们，非常高兴又见到你们！可我现在真没钱了，以后你们每天为我免费踢球好不好？"孩子们一听很生气地说："我们辛辛苦苦每天到这里来为你踢球，你却连一分钱都不给，于心何忍？不来了。"从那以后，他们就再也不来踢球了，这个街区又恢复了宁静。

这个故事以前都是在说这个老人有智慧。可是如果从孩子的角度来看，很明显这个老人操控了孩子们的动机。本来这些孩子踢球显然是出于内在动机——踢球好玩，他们很享受，可是老人成功地让他们相信，踢球是因为能拿到钱，这就变成了受外部动机操控。一旦老人把这个外部条件撤走，他们就连做这件事情的愿望都没有了。这就是一个改变动机类型的例子。

这并不是通过一个故事得出的简单结论，它是有科学研究支撑的。在1971年，所有人都觉得要激励员工就得用金钱来刺激。但是自我决定理论的创始人之一德西认为，有时候钱反而会挫伤动机。为此他做了这样一个实验（Deci, 1971）。

他叫一群孩子来玩一个叫作Soma的立体积木游戏。孩子们觉得很好玩。然后，他把这群孩子分为两组，一组是实验组，一组是控制组。实验组第一天随便玩，第二天给他们一些钱，第三天不给钱；控制组一直不给钱。不仅如此，他还在有Soma的房间里放入其他游戏，让他们自由选择。他们在没有压力的情况下选择玩Soma的时间越长，说明他们越喜欢这个游戏。

控制组前三天的表现差不多，而实验组在第二天拿到钱之后对于Soma游戏的热爱忽然爆棚。但第三天没有钱了，于是热爱Soma的人数降得比第一天的人数还少。这说明，外部奖赏会挫伤一个人的内在动机——他本来喜欢这件事情，可如果跟他说做这个事情可以挣多少钱，他反而会忽视自己的内心感受。

后来有人对此又做了大量研究实验，有人甚至还专门扫描了人的大脑在这两种情况下的激活状况（Murayama et al., 2010）。结果发现，控制组的纹状体，也就是大脑里面负责对事物进行评价、奖赏、激励的脑区都被激活了。而实验组在拿钱的时候纹状体激活程度特别高，也就是说动机比控制组更高；但不给钱时，就没有被激活。由此可见，动机不是虚无缥缈的，它在你的大脑里真实可见。那么，怎样才能把动机变得更自主呢？首先需要关注这件事情给自己带来的内在享受，以及对它的热爱和激情，还有事物本身带来的意义和对社会的贡献，而不是孜孜算计它可以带来多少金钱、面子、虚荣心，等等。

做一件事情并不是只有一种动机，通常是很多种动机共存。把注意力放到不同的动机上面，会给你带来不同的影响。比如在孩子学习的时候，须引导他把注意力放到自己内在动机和整合动机上。再如，当他很快算出一道题时不要说："你算得真快、真厉害，将来上清华、北大没问题。"或者"这么难的题你都会啊，你一定是你们班最棒的。"这样的称赞会给他注入了一个受控动机。而你应尽量把他的注意力引到过程和内在价值中来。比如问他："这道题你是怎么算的？"然后说："你算得是对的，这个算法不错。你是怎么想出来的呢？"这样就是进一步地把他的注意力引向解这道题的过程，而不只是结果。或者说："这个算法是对的，但是我这里还有一道更难的题，你觉得用这个算法能做出来吗？"这是运用了上一讲的"福流"原理，把他的技能和难度进行了更高级的匹配。因为获得福流是纯粹的内在动机，如果他经常能够从算题当中获得福流，当然就会喜欢上数学。若他算错了，就简单地说："你这个算法是对的，但是其中有一步出了点小问题，我们来看看这个问题可能出在哪里。"这还是让他觉得重要的是过程而不是结果，从而帮助孩子发展出更多的内在动机。

现在很多机构也是用这样的方法，从价值观和所做事情的意义出发来激励员工。比如有一所大学校友会的电话中心，主要任务是打电话请校友捐款以资助贫困学生。但由于工作人员倦怠，捐款非常少。第6讲提到的亚当·格兰特给他们出了一个很简单的主意，让被资助的大学生和这些工作人员见面谈话。结果发现，一个月之后，这些员工主动打电话的时间提升了142%，捐款多了171%。因为当工作人员看到打电话真的可以改变一个人的人生时，他们会发现自己工作的意义，他们的动力就会爆棚。这是自主动机的力量。

类似的，一家医院遇到一个问题：工作人员上完厕所之后经常不洗手。怎么办呢？这家医院做了一个实验：挂出两块牌子，一个牌子写"洗手可以让你不感染细菌"，另一个牌子写"洗手可以让病人不感染细菌"。一个是说做这件事情对你个人有好处，另一个是说做这件事情对别人有好处。结果发现，"洗手可以让你不感染细菌"的牌子没有什么作用。但"洗手可以让病人不感染细菌"的牌子让肥皂使用率提高了33%，洗手行为多了10%。人在很多时候更适合用自主动机去驱动。这也是为什么企业界从以前用奖金、惩罚来调节、激励员工，到现在大家都在谈价值观、文化和内心享受。一个原因是刚才提到的，现在的很多工作类型从以前的简单重复劳动变成了创造性的劳动；另外一个原因是，现在的年轻人不再是从物资匮乏的年代长大的，因此用外部动机去驱动已经渐渐无效了。

前面提到的建筑工人"砌墙"的故事，过了10年，他再回到这个工地发现，说"砌墙"的人现在还在砌墙；说"造漂亮房子"的人现在是一个工程师，是在帮人家设计房子；而说"帮助别人住得更好"的人现在成了一位市长，是在帮助所有的人过得更好。

这不只是一个虚构故事。而是耶鲁大学心理学家艾米·瑞斯尼斯基提出的对工作的不同看法而最终产生的分类（Wrzesniewski, 2003）。

第一种人把工作当成劳动本身,是为了赚钱,并把工作看成"打工";第二种人把工作看成"职业",他会设计自己的职业路径,顺着前进的台阶一步一步地往上走;第三种人能够看到自己工作的意义,把工作看作"使命",从而能够制定出做这件事情的终极目标。

瑞斯尼斯基的研究发现:你对工作看法不同,在工作当中取得的满意度,甚至人生满意度都是不一样的(见图10.1)。把工作看成"打工",工作满意度和人生满意度最低;看成"职业",满意度会高一些;看成"使命",满意度是最高的。

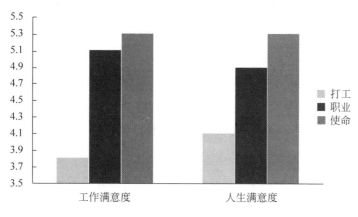

图　10.1

所以,自主动机最重要!

与此同时,只有满足人类的基本心理需求,才能够激发更自主的动机。自我决定理论提出,人类有三种基本心理需求(Deci & Ryan, 2012):自主、胜任、关系。

自主:有选择的机会,而不是被别人逼迫,是自己喜欢的,是自己的决定。

胜任:做这件事情自己很在行,有掌控感和施展能力的空间。

关系:感觉和别人一起做这件事情会得到支持。

如果这三种基本心理需求能够得到满足,做事就容易发展出更加自主的动机。注意,其中最重要的是"自主"。

1. 自主

假如你在某件事上得到了胜任感和关系的支持,可是你不自主,你可能很难真正地认同它。比如,有很多孩子被父母逼着学钢琴,去考级,当他们终于考完级,他们第一句话往往是:"我这辈子再也不碰钢琴了。"他们钢琴弹得很好,有胜任感;父母也很支持,有关系连接感。可是他们不觉得这是自己的选择,仍然没有办法从中发展出自主动机。可见，"自主"是人类第一个基本心理需求。

有一些事情，家长知道它是重要的，只是孩子现在还不理解。假如非要孩子去做，就要给他一些自主感，这里有一个小技巧。

首先，第7讲里面讲到，当家长跟孩子发生冲突时，先要接纳孩子的情绪，让他意识到，家长知道你不愿意去做。比如，我儿子在很小的时候，不愿意刷牙，我会先说："刷牙是挺讨厌的事，你现在是不是很烦？"或者"你不喜欢刷牙是不是？"让他感觉自己是被理解的。其次，向他解释为什么必须做这个事情："不刷牙会使你牙齿变得不好。"或是带他到牙医诊所里去玩一些模拟牙医的游戏，让他意识到刷牙很重要。同时，也要提供人际支持，比如，跟他一起刷牙。这样，儿子就意识到刷牙并不是把戏，而是大人同样要遵守的规则。

最重要的一点是，你要提供有限的选择。比如，我会问："你是要先刷牙再洗澡，还是先洗澡再刷牙？"他去刷牙时我会问："你今天选择妈妈陪，还是爸爸陪？"买儿童牙膏、牙刷的时候也会让他参与："你喜欢什么样的牙膏和牙刷？"包括在最关键的训练时期，我总在家里备两套牙膏和牙刷，这样每天让他刷牙的时候说："你快来选一下，今天是用托马斯牙膏还是狮子王牙膏？"这样，他就不会感觉被强迫，而是感觉有自由、可以选择。当孩子作出选择后，他也会对这个事情更认同，觉得这是自己的事情。这些选择都应该是有限的。最终他还是必须刷牙，只是在这个过程当中他觉得刷牙没有那么讨厌了，将来孩子对这件事情也可能更加有自主动机了。

2. 胜任

人类的第二个基本心理需求是"胜任"。假如在一件事情上我们有很高的掌控感，有高超的技能，可能我们就会更喜欢它。

从孩子身上很容易发现这点。一开始孩子都是在一起参加一些活动，但是有些孩子这个更强，有些孩子那个更强；慢慢地这个孩子更喜欢这个，那个孩子更喜欢那个。但是我们也要注意，仅仅给孩子一个胜任感，不一定就能让他产生最好的自主动机。现在有很多年轻人，不愿意去接受生活的挑战，而是在电子游戏里大杀四方。他们确实有很高的技能，但这并不是一个真正的自主动机。

所以自我决定理论的提出者爱德华·德西（Deci Edward）和理查德·瑞恩（Richard Ryan）指出："最强大的效能感来自于同时发挥和提升技能。展示过于熟练的技能所带来的正面感觉，不是内在满足而更可能是为了炫耀，或是获得奖励之类的外在愉悦。"

他们的研究也发现，假如让一些孩子到实验室里自己选择各种游戏的等级，他们会自发选择比目前技能稍微高一点的游戏。所以不要觉得孩子天生偷懒，或者惧怕挑战，他知道玩一个技能高一点的游戏能够得到更大的福流。

对于大学生也是一样。有一个研究（Ryan & Deci, 2017）是让大学生去玩拼图游戏。结果发现，如果事先跟他们说，玩得越好赚钱越多，他们就选择容易的，这样可以拿到更多的钱。但假如不提金钱回报，他们自发地会选择更难的。这就是上一讲说的提升的乐趣，让你始终处在福流的通道当中。并且随着技能和难度的提升，福流等级也会越来越高。胜任感要强调的并不仅仅是做一件事情的技术很高，还包括在这个事情当中，因能够提升自己的技能而带来的更高级的胜任感。

3. 关系

人类第三个基本心理需求是"关系"。当你和别人之间有很多关爱时，你就更有可能发展出内在动机。自我决定理论里面有一个子理论，叫作"关系动机理论"，发现人类有对于关系，尤其是亲近关系的内在需求。亲近关系包括亲密关系，也包括其他那些靠得很近的关系，比如说孩子、父母、兄弟姐妹、好朋友等。人类会自愿追求亲近关系，而这种亲近关系和基本心理需求满足是高度相关的。

亲近关系和自主是相互促进的。在亲近关系当中也能获得自主支持，即对方并不是拿情感和关爱来操控你，而是愿意看到你的成长，愿意让你自己去选择人生，甚至决定关系是否终止。这种自主感能够促进一个人的需求满足，包括真诚性、情感可靠性和透明度。更有意思的是，有研究表明，当你给别人自主支持的时候，同样满足你自己的基本心理需求，甚至你的幸福感的提升比接受你自主支持的人还多。所以放手给对方自主支持，不用担心关系破裂。

当"自主""胜任"和"关系"这三种基本心理需求得到更多满足的时候，就能够发展出更加自主的动机，从而也会形成更加积极的自我。

最后，用一个小故事来给本讲结尾。

有一个樵夫，每天拿着自己的铁斧头上山砍柴，以养家糊口。有一天，他不小心把自己的斧头掉到了河里，河水很急，一下子把斧头冲得不见了，他很伤心地哭起来。河神听到哭声从水里冒出来，问他："你为什么要哭啊？"他说："我把斧头弄丢了。"

河神拿出来一把金斧头说："这个是不是你的斧头？"

他说:"不是。"

河神又拿出来一把银斧头说:"这个是不是你的斧头?"

他说:"不是。"

河神拿出来一把铁斧头说:"这个是不是你的斧头?"

他说:"对,这就是我的斧头!"

河神非常赞赏他的诚实,就把金斧头、银斧头、铁斧头都给了他。

他回家之后就把这个奇遇告诉了其他人。他的邻居非常羡慕他,第二天也来到了河边,把自己的铁斧头扔到了河里,然后开始哭。

河神出来拿了把金斧头问他说:"这个是不是你的斧头?"

他一看就说:"这就是我的斧头啊!"

结局就是,河神没有给他金斧头、银斧头,连他的铁斧头都没有给他。

这个故事来自2 000多年前的《伊索寓言》,说的是要诚实,也包括对自己的诚实,即要学会倾听自己内心最真实的声音,接受内心最真实的需求,那就是你的自主动机。

人生瞬息万变,就像一条湍急的河流,我们时刻可能会迷失自己,会有各种外在的诱惑,就像河神递给你一把金斧头,问这是不是你的。河神还可以变成很多人,环绕在你身边,用仰慕的眼光看着你,让你呼风唤雨,让你觉得自己特别有面子。这个就是河神在给你一把银斧头,你要把别人的羡慕和自己的面子作为你的驱动力吗?你做一件事情很可能一开始是因为自己的选择,是出于自己的自主动机,认为这件事情有意义、有价值,因为你享受这件事情,这才是你赖以安身立命的铁斧头。

我们每个人都有这么一把铁斧头,它是内心中那个真实的自己。珍惜这把铁斧头,用好它,最后就会拥有金斧头、银斧头。这就是古人说的"不忘初心"。

【作业】

如何把你的8周任务动机变得更自主?需要你做两件事情:

(1)多想想这件事情的价值、意义、本身,也就是它的内在动机和整合动机。

(2)怎样可以在这个事情当中得到更多自主、胜任和关系?

【推荐阅读】

[美]爱德华·德西、理查德·弗拉斯特:《内在动机》,王正林 译,北京:机械工业出版社,2020。

[美]海蒂·格兰特·霍尔沃森:《如何达成目标》,王正林 译,北京:机械工业出版社,2019。

Ryan, R. M., & Deci, E. L. Self-determination theory and the facilitation of intrinsic motivation, social development, and well-being. *American psychologist*, 2000 : 55(1), 68.

第11讲 道德、价值观与人生意义

道德、价值观和人生意义这三个话题都比较大，本讲主要是从情感的视角出发来作探讨的。道德、价值观和人生意义三个概念跟情感息息相关，而且从某种程度上说，情感比理智在这三个方面都显得更加重要。

道德与情感

道德要从利他、善良、正义、公平等几个方面与情感的关系说起。第6讲"亲社会心理与行为"中讲到，人天生就喜欢帮助别人。不到两岁的儿童，就会自发地去帮助别人。人天生就有辨别善恶的能力。知道帮助其他人的是好人，伤害其他人的是坏人（Hamlin et al., 2007），这是善良。进一步研究发现，婴儿还知道惩罚坏人、表扬好人。在实验中，对于好人，他们给他更多零食；对于坏人，他们会把零食拿走作为惩罚（Hamlin et al., 2011），这是正义感。

关于公平，举个游戏的例子，如"最后通牒"（Sigmund et al., 2002）。你和另外一个人分一笔钱，但是规则由他来决定，比如分你一半或10%、20%、90%，看你是否接受。若接受，就按照这样的比例分钱；若不接受，你俩谁都得不到一分钱。那么，别人给你多少，你愿意接受呢？

现在，请你换一下角色，假设由你来分配，你愿意给别人多少？

如表11.1所示，从博弈论的角度看，分给你哪怕是一分钱，你也是得了一分钱，要不然你一分钱也得不到，所以他给你多少你都应该接受；反过来，当你去分配的时候，假设对方是一个纯粹理性的人，那他应该知道你给他多少他都应该接受，总比一分钱得不到好。

表 11.1 最后通牒游戏的博弈结果

别人给你（%）	你 接 受（%）		你 拒 绝（元）	
	别人留下	你得到	别人留下	你得到
10	90	10	0	0
20	80	20	0	0
30	70	30	0	0
40	60	40	0	0
50	50	50	0	0
60	40	60	0	0
70	30	70	0	0
80	20	80	0	0
90	10	90	0	0

事实上是这样的吗？我猜你刚才肯定不会选择只要 1%，也不会给别人分配 1%。研究表明，大部分人都会拒绝低于 20% 的分配。假如对方只给你 20% 而他拿走 80%，那你宁可不要这 20%。2/3 的人会提出来一个在 40%~50% 之间的分配方案。真正提出给别人分配低于 20%、自己拿高于 80% 的人，只有 4%。

这个游戏在全世界各地都做过测试（Henrich et al., 2001），如图 11.1 所示，除了最低的像秘鲁的一个部落之外，大部分结果都在 35% 以上。这说明，虽然文化不同，但世界各地的人都有相同的公平倾向，这是一种先天的、人类共有道德。

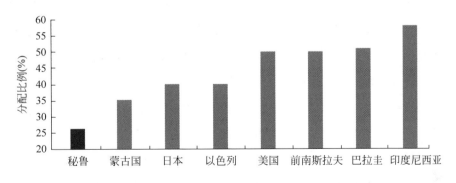

图 11.1 不同文化下人们玩最后通牒游戏的选择结果

不仅是人类，有科学家甚至用大猩猩做过这个游戏（Proctor et al., 2013）。

让大猩猩在两种香蕉的分配方案中选择,一种是平均分配,还有一种是自己拿三份别人拿一份。结果发现,75%的大猩猩会选择平均分配。可见在很大程度上公平是人类天生就有的一种道德情感。

一、利他行为的唤醒

对于利他行为,首先是出于情绪,然后才是理智判断。它又叫"利他行为的唤醒:成本 回报模型"(Piliavin et al., 1981)。利他行为首先经历的是情绪唤醒,就是感觉同情、非常想帮忙的本能冲动。然后才是对这种冲动进行衡量,再决定是不是行动。这种衡量很可能是理智的计算,"帮他我要付出什么样的成本,得到什么样的回报"。最后是对情绪唤醒进行衡量,即判断自己是不是真的同情他。

有科学家做过这样的实验(Gaertner & Dovidio, 1977),让一组参与实验的人吃下一种药片,另一组人则不吃。药片没有任何作用。科学家告诉吃药的实验组,吃药之后会感到情绪被唤醒,会有情绪反应。然后,让他们与未吃药的对照组一起处于别人需要帮忙的情境中。结果发现,未吃药的对照组有85%的人会去帮忙,而实验组只有55%。因为他们虽然感到心里有一种情绪被唤起,想去帮别人,但是又想到这种情绪可能是吃药造成的,他们判断这不是真的同情心,于是就放弃了。这个模型把利他行为分为唤醒、衡量和行动三步,说明助人首先是由情感所驱动,经过衡量之后才去行动的。

美国著名的心理学家乔纳森·海特曾经打过一个比方,即"道德狗和它的理性尾巴"(Haidt, 2001)。英语里面有句谚语"狗摇尾巴,而不是尾巴摇狗",意思是说不要被一个次要因素所控制、蒙蔽。道德和理性就是这样的关系。做一个道德上的决定,其实是受情感驱动的。但是我们会经常认为,这是理性做的决定,就好像是说一条尾巴摇动了狗一样,这是把理性和感性在道德中扮演的角色本末倒置了,夸大了理性的作用而忽略了感情的重要性。

海特总结道:"在道德判断的过程当中,理性更像是一个为客户辩护的律师,而不是一个寻求真相的法官或科学家。"由此可见,我们并不是很冷静地根据事实进行逻辑推断,认为在道德上这么做是对的,而是情感有强烈的冲动认为这是对的。然后理性才像律师一样,找出各种理由来证明这种做法是对的。

海特举过一个例子。在美国,人们倾向于个人主义,相信"人不为己,天诛地灭"。哪怕是出于道德原因去做一件好事,也会不由自主地为自己找一个个人主义的原因。有科学家记录了参与实验的人在下列两种情况下的回答(Baron, 1997)。一种是天气大旱缺水了,这时州政府发出一封信,希望你和其他 1 000 户人家节约用水,比如不要给花园浇水等。但是你们家花园在路的背后,浇水也没有人会发现,在这种情况下你会不会浇?另外一种情况是你和其他 1 000 个渔夫都在捕一种鱼,这种鱼即将灭绝,必须要减少捕捞。但是假如你继续捕也没人发现,因为你每次都是一个人开船去,并把鱼放到不同的市场去卖。在这种情况下你会不会减少捕捞?

结果大部分人回答说,"我会节约用水,不再给花园浇水了",或者是"我会减少捕捞"。这很正常。但是科学家发现,虽然有很多人说"我这么做是因为对集体有贡献",但是在第一种情景下有32%的人,在第二种情景下有48%的人,会说"我这么做是因为对我个人有好处"。这不符合逻辑,但是大家还是会用这样的理由来为自己辩护。

心理学家把它叫作"自利错觉"。在一个"自利"占主流价值观的社会里,哪怕你是做好事,出于一个崇高的动机,道德上是对的,但人们仍然会借助流行的价值观,即"我做事情一定要对我自己有利"来为自己辩护。这是因为,虽然从本能上就知道"我应该做这件好事",可是当理性来为自己找理由时,还是随便用了一个社会上流行的理由,而不承认心中的情感才是真正的理由。

人的理性容易被感性误导,因为当人们在作道德判断时,大脑经常会更多参考身体反应,而非进行理性考量。比如有一件事,你听了之后觉得非常厌恶,甚至有种想吐的感觉。这种感觉是厌恶的生理反应,当你看到不干净的或已经腐烂的食物,会产生厌恶、呕吐的感觉,这是正常的生理反应。但是,为什么当我们听到那些在道德上让人厌恶的故事,这些故事跟食物没有一点关系,也会有想吐的感觉呢?这是人类在进化过程中,借用了"厌恶食物"的生理反应,把它们混到一起了,以至于我们只要有厌恶情绪,仍然会产生像对食物厌恶的生理反应。

二、价值判断的双重过程

海特提出,我们的道德判断是一个双重过程,在大多数情况下我们凭本能来作出决定,凭直觉来判断对错。比如在街上看到两个大男人打架时,你的反应会是厌恶:"不好好工作,在街上打架,真没有教养。"如果是一个大男人在打一个老太太,那你肯定愤怒,这个时候你本能地就知道对错。但有时候情况比较复杂,环境要求你对某件事情要慎重考虑。比如你是一名刑事案件的陪审团成员,你的判断可能会决定一个人的生死,这时你肯定会启动自己的理性去仔细斟酌和考虑。

有时本能也会发生冲突,即本能地觉得这个是对的,那个也是对的,这个时候就要启动理性思考。例如著名的"电车困境"测试实验(见图11.2):有一辆电车开过来,在它前面的轨道上躺有五个人,这辆车开过去就会把他们轧死。轨道旁边有一条岔道,如果扳动扳手,电车就会驶入岔路轨道,这五个人就不会被轧死。但是岔路轨道上也躺着一个人,如果扳动扳手那个人就会被轧死。这个时候你该怎么办呢?

图 11.2 电车困境

这是道德哲学里面的一个著名问题。在理性分析、思索后,大部分人都会选择"扳"。但,把这道题换一个形式,还是这辆车,却是在桥下经过,车前面也有五个人躺在轨道上,车开过去,这五个人就会被轧死。这个时候你和一个大胖子站在桥上,如果把这个大胖子推下去正好挡住这辆车,这五个人就不会被轧死,但胖子则会死,而你自己的重量跳下去是不能阻挡这辆车的。在这种情况下,你是推还是不推这个大胖子呢?

这个选择没有对错,但它比前一个要难很多。研究表明,大部分人在这种情况下会选择不推。

这就奇怪了,这两种情况问的其实是同一个问题,就是要在死一个人和死五个人之间做出怎样的行为选择。那么,为什么在第一种情况下大部分人会选择扳动扳手,牺牲一人让五个人获救,但是在第二种情况下会选择不推大胖子去救那五个人呢?哈佛大学的约书亚·格林(Joshua Greene)等人据此做了一个很有趣的研究(Greene et al., 2001),他们把受试者放在核磁共振扫描机里来思考这两个困境。结果发现，在第一个困境下，人主要启动的是理性思维过程，激活的主要是大脑理性区域，情感区域有一些反应，但不是太多；在第二种困境下，大部分激活的是大脑情感区域，而理性区域则少很多。因为亲手推一个人下去送死，大多数人在情感上是无法接受的。所以，虽然理性告诉你，五个人的命比一个人更重要，但你仍无法战胜情感，做出令自己非常反感的决定。这就是在道德决策过程中情感压倒理性的一个例证（见图11.3）。

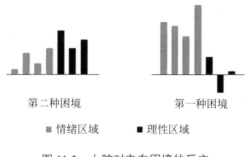

图 11.3 大脑对电车困境的反应

价值观与情感

什么是价值观呢？它本质上是对于各种价值的排序，就是你认为什么东西是最有价值的。

现在"价值观"是个热门词，大家到处都在说价值观，比如"本公司的价值观是质量第一，顾客至上"。价值观不是口号，当质量、客户和赚钱发生冲突的时候，到底哪一种更重要，谁在你心目中价值更高，这才体现真正的价值观。

心理学里经常使用罗克奇价值观体系，它把价值观分为"终极价值观"和"工具型价值观"（见表11.2）。终极价值观本身就有价值，追求它是因为我们想要得到它；工具型价值观是可以带来其他价值的，追求它是因为它可以给我们带来更好的结果。终极价值观包含：舒适、兴奋、成就、和平、美、平等、家庭安全、自由、幸福、内在和谐、爱、国家安全、快乐、超越、自尊、社会承认、亲近关系、智慧等；工具型价值观包括：雄心、心胸开阔、能干、欢乐、清洁、勇敢、宽容、助人、正直、创造性、独立、知识、逻辑、博爱、顺从、礼貌、负责、自律等。显然我们很难每一个都拥有，因此，排序很重要。

表 11.2 罗克奇价值观体系

终极价值观	工具型价值观
舒适	雄心
兴奋	心胸开阔
成就	能干
和平	欢乐
美	清洁
平等	勇敢
家庭安全	宽容
自由	助人
幸福	正直
内在和谐	创造性
爱	独立
国家安全	知识
快乐	逻辑
超越	博爱
自尊	顺从
社会承认	礼貌
亲近关系	负责
智慧	自律

在对价值观进行探索和反思的时候，我们可以做一个练习：想象自己把人生中所有重要的东西都带上一艘船，可是船忽然漏水了，你必须把某些东西给扔下去，否则船就会沉。这时候你首先扔掉什么东西呢？可能先是彩电、冰箱、沙发、床；如果水还在漏，继续扔书、钱、工作；然后扔友谊、健康……终于轮到家人了，先扔掉谁？有人做练习的时候痛哭流涕，这就是对自己人生价值观的一次探索，即什么是最重要的。

这个练习非常沉重，做完之后需要进行心理维护，才能够恢复到本来的心情。但这个练习并不消极，因为人生本身就是在不断地进行选择，在一件事和另外一件事、一个东西和另外一个东西、一个目标和另外一个目标之间进行选择，而驱动这些选择的，就是价值观。

在极端情况下，这种练习中的"沉船事件"会真实地发生。比如著名的女词人李清照，丈夫赵明诚是有名的金石家，收集了很多古玩、书籍。后来金兵南下，她一家南逃，这时皇帝突然征召赵明诚到另外一个地方去上任，赵明诚只好跟家人分开，李清照带着全家人坐船继续南下。在这条船已经开出之后，李清照忽然有一种非常不好的预感，她站在船上对岸上的赵明诚大声问道："如果事态紧急，我该怎么办？"赵明诚在岸上大声回答："先弃辎重，次衣被，次书册卷轴，独宗器者（独有家族相传的祭祀用礼器不能扔），可自负抱，与身俱存亡勿忘之！"这就是赵明诚给出的他心目中最重要的价值排序。

这个价值观显然是非理性的。在平时，书册、卷轴、古器可能很值钱，但是在当时的动荡情况下，辎重衣被才是更值钱的。至于宗器，他们一家连老祖宗的坟墓都不要了，跑到了南方，这些还有什么意义呢？但是赵明诚认为"这才是最重要的，是要拿性命去护卫的东西"。这说明价值观在很大程度上是由情绪决定的，而不是经过理性考量的。

有研究发现，人的大脑有一块地方叫作眼窝前额皮层，人有情绪时它会被激活；在对事情进行评估、衡量、评价时，它也会被激活。假如一个人的眼窝前额皮层受损，不能感知自己的情绪，但仍保有分析推理能力、思维逻辑能力，而且智力正常，能够进行日常生活，也了解社会规则和道德规范，知道对错，这样的人是不是一个最理性的人呢？其实不是。研究发现（Bechara et al., 1994），这种人是无法作出决定的。对于普通人来说，大脑充满情绪，遇到情况时会自动调用情绪进行评估。对于眼窝前额皮层受损的人来说，如果没有情绪的参与，就没有驱动，虽然能够理性分析得一清二楚，但不能作出决定。这就说明了情绪对于决策具有重要性。

《现代化、文化变迁与民主》（Inglehart & Welzel, 2005）一书提到，在传统社会转型时，物质世界日新月异，社会制度、国家政策也在频繁变动，与此同时，价值观的转型却要慢得多，甚至停留在以前。典型的例子就是离婚。在传统社会里，妇女离婚会面临各种社会压力与歧视。社会在转型之后，对离婚妇女的宽容度与支持度已经变好，可是仍然有很多妇女在很不利的情况下，宁死不离婚。这是为什么呢？因为她们从小被培养出了一种本能情感——离婚是错的、邪恶的，无论如何不能离婚。这个时候，她们不是在进行理性考量，她们的价值观没有跟上社会的转型。经过几十年的改革开放，我们的社会发生翻天覆地的变化，但道德判断经常会感到不适应，那是因为许多人的价值观没有改变。

人生意义与情感

人生意义跟情感有什么关系呢？我们活着到底是为了什么？人生意义是什么？怎样度过人生才值得？

积极心理学讲了很多关于意义的科学研究：意义的好处、意义的组成等，但它没告诉我们意义是什么。

通过完整的积极心理学课程的学习，我们会意识到，其实意义离不开情感。

一、斯泰格人生意义模式

首先，什么是人生意义？

研究人生意义的著名心理学家迈克尔·斯泰格认为，人生意义主要有三个成分（Martela & Steger, 2016）（见图 11.4）：

（1）理解。明白人生到底是什么，即要知道人生如此复杂现象的谜底是什么，在表面那些纷杂的事情后面是什么样的机制在推动。

（2）动机。即人生的目标和方向，我该去做什么样的事情，此生在世上留下什么痕迹？

（3）价值。就是人生有什么价值？该拥有什么样的人生才能感到没有虚度此生？

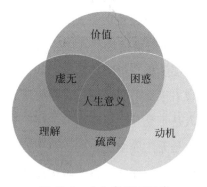

图 11.4　人生意义三元素

如果人生意义里只包含价值和动机，也就是知道自己要做什么，也知道为什么去做，但不理解这背后的原因，那会感到困惑；假如人生意义里只包含理解和价值，缺乏动机，那就会变得虚无；假如你对人生意义既有理解也有动机，但就是觉得没有价值，你并不喜欢它，这个时候，你的感觉是疏离。这样，人生意义再金光闪闪、再伟大、再崇高，可是你却并不认同，你也不会全情投入。因为价值里面最重要的一个因素就是情感。也就是说，当活出这样意义的人生时，你是否觉得情绪积极，有充实感、满足感、狂喜感？假如没有，那么这个意义再崇高、再伟大，你也仍然会感到疏离。

华裔心理学家王载宝提出（Paul Wong, 1998），构成人生意义的有八个元素：积极情绪、成就、关系、亲密、接纳、宗教、超越和公正。这八个元素和斯泰格的三个元素并不冲突,因为"积极情绪""成就""关系""亲密"都是促进意义中的价值和动机的;"接纳"来自理解;"宗教"是意义的高度统合体,它对于价值、动机和理解都有影响;"超越"也是一样;而"公正"能够促进动机和理解。

积极情绪对人生意义很重要,因为它使人类能够进化出有偏好意义的情感来。

二、大脑执着于找规律

人类大脑非常擅长从各种现象中总结规律,不用在每次遇到同样一个事情时又重新分析一遍。这样做的好处是:第一,可以预测未来,指导生活;第二,可以减轻认知负荷。所以,大脑无论遇到什么情况都会自动进行归因、总结,寻找其中的因果关系和规律。

比如从图 11.5 中,你看见的是什么?你可能看见的是两个小人在一起跳舞,或者是一只蝴蝶,等等。但其实这是随机产生的一个图案,没有任何规律和用意。可是大脑总是不由自主地会从中找到一些规律给你,因此你下次看到这个图案就更容易记住,也能够预测自己再遇到这个图案时该作出的反应。但是,这样的过度寻找模式倾向有时候会出错。比如图 11.6 中的这只猫,有人觉得它肯定是看到了奇怪的事情,才露出如此惊讶的

图 11.5 墨迹测试题目

表情,但是养过猫的人都知道,它不过是在打哈欠。再比如图中的这只狗,你可能觉得它很开心、快乐,都笑成了这样,但其实它就长这样。

图 11.6 动物的表情

为什么人类会对猫狗的情绪作出过度的诠释呢？因为面孔表情对于人类来说是非常重要的环境因素，所以我们面对动物的面孔，也会不由自主地从中寻找一些模式、作出一个解释，但这种解释经常是错的。

三、精神依恋

美国心理学家柯克柏特里克在《依恋、进化和宗教心理学》一书里面提出（Kirkpatrick, 2005），人需要精神依恋。小时候我们依恋于自己的父母或照看者，认为他们无所不能，遇到困难时就会到他们那里去寻找保护；他们给我们食物、安全、温暖和家。长大之后，会失去了这种依恋，因为过去依恋的父母在我们心目中已经不再强大。但是，那种依恋的感觉实在是太好了，所以我们总是希望有一个更大、更强、更加永恒、更加崇高的东西能够让我们继续依恋。柯克柏特里克认为，人类因此发明了宗教。他说，人们在危险困苦时会到神祇那里寻找庇护，在顺利时也可从神祇那里得到鼓舞，这跟小孩子与父母的关系如出一辙。当我们发展出这种心理之后，要依恋的就不一定是宗教或者神了。也就是说，任何让你觉得比自己更强大、更有威力、更永恒的东西，都可以使你得到依恋和满足感。塞利格曼认为，意义是"属于和致力于某一样你认为能超越自我的东西"，因此它就必然比你更大、更强、更永恒，只要跟它建立了连接，你就会觉得自己的人生更有意义。因为在它的怀抱中，你得到了当初的那种精神依恋。

从这个角度看，人生意义在于你和超越你的东西产生连接（见图11.7）。大脑知道哪样东西有意义，是因为围绕它在大脑里面建立了很多神经元之间的连接。假如有一个神经元里面存储着一条信息（当然这是简化的说法，信息并不是一个个地存放在不同的神经元里的），但是它孤零零的，和其他任何神经元之间没有联系，那这个神经元里面的信息对大脑来说毫无意义。只有当这个神经元和其他神经元经常产生互动、交换信息时，大脑中的信息才有了意义，你才理解了它，并且可能帮你产生一个有意义的动力，让你去做事情、产生判断、觉得好和坏。因此所有的意义都来自于连接。

比如说"书"，其本身没有什么意义，但是中国人看到"书"这个形状，大脑中就浮现出它里面堆满字的样子，因为在平常生活中把这个东西叫作"书"，所以它们两个之间产生了连接。这时，书中的汉字对我们来说就是有意义的，而不仅仅是几个笔画无规律的整合。我们还会进一步联想到"书"代表知识、智慧，

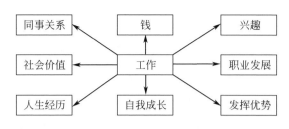

图 11.7 跟工作可能产生的连接

还会想到在图书馆里看书的经历。这时书就跟你、跟自我认知的一部分联系在一起了。如果你非常喜欢书,看了很多书,并且认同书里面提出来的理念,比如"自由之精神,独立之人格",这时你也把它跟书联系到一起了。当你看到有人烧书的时候,就会本能地反感,觉得自己的价值观受到了挑战,这是因为你把自己的情感、意义、灵魂和书联系到一起去了。"书",本来是个形象,没有任何意义,但是当你和它产生了连接,它对你的意义就越来越大,越来越丰富了。

再比如工作。你首先跟工作产生一个钱的连接,工作可以给你带来钱。除此之外,工作能不能和你在更多的东西上产生连接呢?比如你的职业发展,工作得越久资历越深,职位越高;自己成长了,提升和展示自我的空间越来越大,那工作又多了一层意义;通过工作交到很多朋友,能够在一起吃饭、聊天、发展兴趣爱好;工作还可以帮你发挥优势,把工作变成自己的兴趣,从中找到更多可以享受的事情;工作也是人生经历的一部分,无论这个工作你喜不喜欢,它已经成为你的一部分……当把工作跟这一切产生连接了之后,你就找到了工作的意义,它给你带来的满足感也就越高。

人生意义也一样,它来自你和其他事物产生的连接。这些事物包括其他人、大自然、整个世界、宇宙奥秘、创造,也包括人生经历。把自己和所有这些事物联结起来,你的人生意义就产生了。

过去我对于人生意义的探索走入了死路,就是因为我总觉得意义是思考出来的,所以我在不停地思考。其实意义来自各种连接:和别人的关系、和别人怎么互动、做什么样的事情、发展什么样的品格、有什么样的灵魂、有什么样的喜怒哀乐、对这个世界作出什么样的贡献……在生活中把它们时时刻刻地整合到一起,这就是人生的意义。所以,当学完了积极心理学之后,我就不再思考意义是什么了,而是更多地感受意义和活出意义。

四、敬畏

芭芭拉·弗雷德里克森划分出了与人生意义有关的十种正面情绪：高兴、感激、平静、兴趣、乐观、自豪、快乐、激励、敬畏、爱。

尤其是"敬畏"，就是看到非常宏大的景象、非常了不起的人或东西的时候，我们心中产生的情感。比如，当你看到星空、珠穆朗玛峰这样震撼的自然奇观，或者是在艰苦的条件下蓬勃生长的黄山松，或者商后母戊鼎，敬畏之心会油然而生。有时候我们的敬畏感来自于人，比如玄奘法师。我们都知道玄奘是一位高僧，佛法修为非常高深，也知道他意志力惊人，当年其实是冒着朝廷的禁令，偷渡出关去西域的。他在路上九死一生，差点在沙漠里渴死，但最终凭借超凡的毅力到达印度。他在留学印度的十几年间，不仅精通了印度语言，而且佛法修为也达到了空前的高度，在曲女城无遮梁法会，也就是印度最高级的佛法辩论会上，受到印度佛教界的一致推崇。他还是个地理学专家，回国后口述的《大唐西域记》精确到可以当行军手册用。当你看到玄奘这种几乎不像是凡人肉胎的表现时，不能不感到敬畏。

美国心理学家克尔特纳和海特总结了敬畏的两个核心特征（Keltner & Haidt, 2003）。第一，我们必须知觉到有一种浩大，比我们任何个体都强大，从而体验到自己的渺小、无力和服从感，让我们敬畏。第二，产生一种必须要"顺应"它的需要，这并不是说要拜倒在它的膝下，从此听它的。而是它打破了我们原有的心理结构，它的出现让我们觉得世界比我们想象得还要伟大，还要神奇。这个新的体验和原有的心理结构不相适应，由此我们必须进行心理重建。这两个特征缺一不可。

敬畏会产生生理反应，那就是我们俗称的身上起"鸡皮疙瘩"。克尔特纳在他出版的一本书《生而向善》（Keltner, 2009）里面解释了这种现象。这是来自动物都有的一种反应，就是毛发直竖。动物毛发直竖是为了面对危机，准备战斗或者逃跑。竖起毛发也是为了显得自己更强大。克尔特纳认为，人类的毛发直竖是因为这时候自我膨胀超出了皮肤的界限，感觉自己和群体中的其他成员具有某种联系，自我正在从身体中溢出，超出了肉体的界限融入某个集体中去。这里的毛发直竖对应的情景，已经从动物的对抗防御关系变成了与集体的联系。

敬畏还会产生另外一种生理反应，即胸中有一种温暖如春的感觉，并不断地膨胀，这是因为迷走神经被激活。自我膨胀不仅表现为肉体上的鸡皮疙瘩，也表现为面向社会关系的开阔胸怀。当你看到某个人或某种事物时，一方面鸡皮疙瘩会起来；另一方面又感到很温暖，喉咙哽噎。那就是你体验到敬畏了。

总之，道德、价值观、人生意义都与情感有关。我的价值观比较接近传统儒家思想，这是因为我成长在秉承儒家价值观的家庭。对我最重要、让我最敬重的那些人都有着相同的价值观，从他们身上我自然地学到了，不是言传，而是身教带来的更加坚实、也更加可靠的价值观。

王阳明说："此心具足，不假外求。"就是说道德、价值观、意义这些并不需要圣人来灌输，而是自己内心就知道的。这个论断得到了现代心理学研究的支持，即道德很大程度是天生的，加上童年时期的"三观"熏陶，自然知道对错。这就是良知。

道德相对主义

有一个波斯国王和希腊人争论，国王说道德是相对的，希腊人认为道德是绝对的。于是波斯国王招来了一批印度某个部落的人，当着他们的面问这个希腊人："你们的父亲死了之后，把他怎么办？"希腊人说："当然要埋葬他。"印度人听后大惊失色说："你们怎么能把自己的父亲埋了呢？禽兽啊！"希腊人觉得很奇怪，问道："那你们的父亲死了之后怎么办？"印度人说："父亲死了，当然是要把他吃掉了。"希腊人大惊失色，说："你们怎么能够吃掉自己的父亲呢？禽兽啊！"

这就是道德相对主义的体现。来自世界不同地方的人发展出了不同的风俗，对于死者有不同的处理。他们都觉得自己的风俗天经地义，而认为对方的风俗是道德败坏、伤风败俗的。这种事情在中国也出现过，比如以前中原文明看不起南方文明，说"他们断发文身"是没有文化、没有道德的表现。中原人认为，"身体发肤，受之父母，不敢毁伤"，毁伤父母给你的身体，无异于禽兽啊！这就说明各个不同的地方确实有着不同的道德准则，很难判断到底谁是对的。

那么，道德是不是相对的，没有统一的准则呢？不是。耶鲁大学的保罗·布罗姆（Paul Bloom）总结说，古往今来这么多文明，不管是主流文明还是一般的部落文明，虽然道德准则不一样，但总体来说都有以下十个普世准则。

（1）不能无故地伤害他人。没有哪个部落或社会允许随便去打一个人还不会受到惩罚，大家都遵循"人和人之间不可随意伤害"的准则。

（2）说话要算数。没有哪个社会允许随便骗人、说话不算数，而不受到惩罚。

（3）不能放纵性行为。虽然大家对于什么样的性行为是好的，什么样的性行为是坏的，看法不一样，但都认为必须有一个尺度。也就是说，没有哪一个社会认可随便的性行为，都对性行为有所规范。

（4）都提倡分享。没有哪个社会主张自我封闭，哪怕是那些非常注意保护私有产权的国家和地区。没有哪个社会真的变成了"霍布斯丛林"，相互之间只有争斗而没有一点分享与合作。

（5）都有正义感。当看到坏人欺骗或是侵犯别人，社会必然依靠一定的准则、机构、力量去惩罚他，这是任何社会得以维持的一个基础。

（6）都会保护孩子。社会不会让孩子自生自灭、让大人随便伤害孩子。孩子是社会最宝贵的财产，大家会共同保护和养育他们。

（7）都有乱伦禁忌。虽然对乱伦的定义不一样，不同的社会有不同的规定，但是血亲之间的乱伦多被禁止。

（8）都对食物有一定的规范。这个规范各地不同，就算是相当宽容的社会，也会禁止食人肉。

（9）都强调家庭责任。男女一旦结婚，就一定要对这个家庭负起责任，且不能随便弃养。

（10）对于死者，任何一个社会都有自己的处理仪式和规范。没有哪个社会的人死了就扔在旷野，让他腐烂。虽然有的是埋掉、烧掉，有的是天葬，但总是会通过一定的仪式和规范来处理，以示对死者的尊重，这是任何文明都必须有的道德规范。

以上归结起来，用一个词来形容就是"自我规范"，即不能够谁想怎么样就怎么样。在这十个方面，规范的内容可能有所不同，但总要有规范。《论语》讲"夫子之道，忠恕而已矣"，这个"忠"并不是忠君，在古汉语里"忠"的意思是忠于事。此话是说，如果你做事情负责任，就能够成为社会里可靠的一分子；"恕"是说你不要对别人有太高要求，"严于律己，宽以待人"。归根到底是自我规范，约束自己遵守道德，却不要随意批评别人。这说明，全世界的道德准则是一样的——规范自己。

价值相对主义

以色列心理学家施瓦茨总结了一套价值观体系（Schwartz, 2013），他把这些价值观画成了一个个圈，表明价值观是有次序的（见图11.8）。有些价值是冲突的，比如"超越"和"仁善"，就与"物质""成就"和"喜好"有些冲突；"安全""服从"和"自主""探索"相矛盾，所以这张图更加明显地体现了价值的次序很可能会存在冲突，而我们必须从中作出选择。

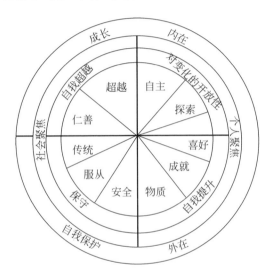

图11.8 施瓦茨的价值观体系

这个价值体系和罗克奇价值观体系一样，看上去每一个都很好，选择哪个都没有错。施瓦茨把它们分为两大类，图上面的叫作"成长型价值观"，下面的叫作"自我保护型价值观"。"成长型价值观"表现为越追求就越喜欢，当追求它的时候你感到心满意足；"自我保护型价值观"表现为没有的时候非常想得到，一旦拥有你可能就不那么看重它了。也就是说，没有它你会觉得痛苦，一旦拥有，你也不会那么开心。比如"服从"，如果不服从就会有危险来临，因此很少有人"服从得好开心，越服从越心满意足"。

上一讲里的自主动机和受控动机的区别与这两个价值观的区别类似：自主动机让人越做事越开心，而受控动机则是不做事就会害怕、痛苦。因此自主动机和成长型价值观更相关。成长型价值观，如仁善、超越、自主、探索、喜好受自主动机驱动；而传统、服从、安全、物质等自我保护型价值观则由受控动机指使。

所以，如果想要发展出一个更自主的动机，形成一个更强大、更健康的自我，就应该更多地追求成长型的价值观，而不是自我保护型的价值观。

所有的价值观都有它存在的道理和作用。在一个危险、贫瘠的环境中，我们可以多追求自我保护型价值观；但是在一个安全、富裕、文明、支持多样化发展的现代社会里，我们应该追求成长型价值观。也就是在理智地保护好自己的同时，尽量去追求超越、仁善、自主、探索和喜好。

更高层次的人生意义

人生的意义要靠自己去定义。可以认为意义也是相对的，大家的所有定义都是有意义的。但是在第9讲提到过，福流是分高低的，标准就是它的复杂度。能够把非常混乱的信息在大脑里面整合出秩序，这就能形成更高级的福流。意义也一样，意义来自于连接。对于"书"，有的人想到的就只是一本书，有的人想到的是书里面的智慧，有的人想到的则是书的精神，这时书的意义当然就分出了高低。产生的连接越多，意义等级就越高。同样的，如果把人生看成最简单的外界生活表象，吃喝拉撒、挣钱、结婚生子，然后死掉，这样的意义就非常浅。如果把人生跟更多的东西进行连接：我来到这个世界是为了使它变得更好，因此我做了这些事情。最后，当我死去的时候世界果然变得更好了，这就是一个更加深层的连接，也有更好的意义。

人生有时候也会陷入困境，遇到挫败、欺骗、陷害。如果此时觉得"人生真是没有意义"，说明你的意义连接还没有达到更高的层次。契克森特米哈伊在《福流》最后一章，把整个人生比喻成是一个获取大福流的过程。

人生怎么样才能获取一个大福流呢？契克森特米哈伊提出，关键在于整合，要把自己和别人各种不同之处、各种信息最后整合到一起。他在《福流》的结尾说了一句话："只要个人目标和大福流结合，意义的问题也就迎刃而解了。"无论你的人生多么艰难困苦，你都能把它和你本来的目标合到一起，并且从中得到乐趣，说明你的技能和挑战难度相匹配，这时你的人生就能形成一个大的福流。

倘若只把人生想象成阳光灿烂、岁月静好，那么只要有一个打击就可能把你击垮。只有读了更多的书，对人生有了更深入的思考，你把人生中遇到的各种挫折，包括被欺骗、被陷害，和你的自主选择、情感、价值观、经历以及与别人的连接全部整合，一切都会豁然开朗，你会发现你所做的事情、思考的道理、经历的情感都是一致的，这时人生意义就自然产生出来了。

所以，你要大胆地去生活、去挑战、去经历、去思考，去发现生命的虚无和荒谬之处，同时体验内心的各种情感，并把它们整合起来，那么你的所思、所爱、所有的经历，以及所有这些整合的过程，本身就是你的人生意义。

最后我想借用奥威尔的名言来总结本讲主要内容：

所有的道德都是道德的，但是有些道德更道德；

所有的价值观都是有价值的，但是有些价值观更有价值；

所有的意义都是有意义的，但是有些意义更有意义。

我希望大家能够去追求更高层次的道德、更高层次的价值观、更高层次的人生意义。

【作业】

（1）请大家用施瓦茨的价值体系来分析自己的价值观都有哪些？通过给其中10个价值打分，看看自己更看重哪些价值，并确定自己价值观的倾向是成长型还是自我保护型。

（2）用斯泰格人生意义体系来分析你的人生意义是什么？什么东西对你来说最具价值？你做事的动机、对于这个世界的理解是什么样的？这3样东西合在一起就是你的人生意义。

（3）分析一下你的8周目标和你的价值观与人生意义，它们是什么样的关系？你为什么会定出这样的8周目标，是不是有一些更深层的关系？你怎样用你的价值观和人生意义来作为你的8周目标的动机？

【推荐阅读】

[美]乔纳森·海特：《象与骑象人》，李静瑶译，北京：人民大学出版社，2008。

[美]达契尔·克特纳：《生而向善》，王著定译，北京：人民大学出版社，2009。

Schwartz, S. H. An overview of the Schwartz theory of basic values. *Online readings in Psychology and Culture*, 2012 : 2(1), 2307–0919.

第12讲 积极自我

自 尊

自我决定理论认为,从外部调节、内摄调节到认同调节、整合调节的外在动机,再到内在动机,自我决定程度越来越强。本讲主要介绍与内摄调节最相关的"自尊",以及大而广之的整个自我。

"自尊"这个词我们天天在用,从字面上也很好理解,就是一个人对自己的尊重,也指你觉得自己是不是有价值。但是平时在使用"自尊"这个词的时候,好像又不完全是这样的。比如说"那个人的自尊心很强,你跟他打交道的时候要小心",意思是说你不要随便批评他,否则他会认为你否定了他的价值。这个时候的"自尊"不是由他对自己的看法决定的,而是取决于别人。换句话说,"自尊"成了他感受到别人对他的尊重,而不是他对自己的尊重。

从心理学的角度来说,"自尊"是指一个人认为自己是不是有价值。这是一个人对自己的看法,不是别人对他的看法。有两位法国心理学家写了一本书,叫《恰如其分的自尊》(André & Lelord, 2011),把自尊分为三个维度。

(1)自我观。这是理性评判:我是谁;我的价值是什么;我是不是在按照我自己的意愿生活。

(2)自爱。这是情绪维度:我爱不爱自己;我值不值得被别人爱;我能不能接受自己;我想到自己的时候,情绪是失望、不满、难受,还是骄傲、满意、快乐。

(3)自信。这是对自我效能的评估:知晓自己的优点、缺点;你做过什么成功的事；明白什么样的事情是自己擅长的。

结合这三个维度才能判断是否有自尊。这三个维度也相互支持，比如自信、能力强的人自我评价会更正面，也会更自爱。

综合这三个维度的评价，倾向于自爱、自信，并觉得自己有价值的人就是高自尊，反过来就是低自尊。

上述是一般性的自尊。自尊也分领域，比如，有人在工作当中认为自己很有价值、有能力，值得被人尊重和喜欢，但在另外一个领域，可能就觉得自己没有价值，不受别人喜欢。有这样一位老师，在工作中表现出很强的自我效能，被他的学生喜欢，和同事的关系也很好，大家一致公认他是一位好老师、好人。可是在家里他却觉得自己没有获得被爱的价值，不能很好地处理自己和配偶的亲密关系，总觉得爱人有一天会离他而去。这就是在某一个领域的自尊比较高，而在另外一个领域的自尊比较低的典型。

各个领域的自尊有一定的相关性，"一般自尊"是指一个人对自己总的看法。假如在某一个领域取得的成就很高，它会促进一般自尊，使"自尊"在其他领域也表现得更加明显。

比如爱因斯坦，在事业上极为杰出，特别是在物理领域可以拥有很高的自尊。但在个人生活中，爱因斯坦并不是一位好丈夫、好爸爸，可是他在家庭生活中也表现出很高的自尊。他曾经给自己的太太写过一封信："你必须保证我的衣物和床单整洁干净，每日三餐要送到我的书房，我的卧室和书房都必须保持整洁，我的工作台不能让任何人触摸。"他还要求他的太太明确保证能够遵守以下几点："第一，不要期望我向你表达任何爱意，你也不能因此指责我；第二，我对你说话，你必须立即回答；第三，当我要求的时候，你必须立刻离开我的房间和书房，不可以与我争论；第四，你保证不会在孩子面前否定我，无论是用言语还是行动。"可以看出，他在家庭生活当中也表现出极高的自尊，觉得自己特别了不起，特别值得太太爱。这是因为他在工作领域中取得了杰出的成就，以至于一般自尊水涨船高，觉得自己在其他领域包括亲密关系里也体现出很高的自尊。

人生的领域很多，谁也不可能在每一个领域都做得很好，那高自尊的人是怎样保持心态的呢？他们干脆贬低自己不擅长领域的重要性。比如说，一个学生的语文、数学学得很好，英语一般，物理和体育很差，那么高自尊的学生会怎么想？他会觉得"人生当中语文数学非常重要，英语有一定的重要性，物理和体育无所谓，我将来不会学理科，又不做运动员，所以这两科不重要，我在重要的领域中表现得好就行了。"这样，他的自尊就继续走高。

1. 高自尊和低自尊的人有什么样的区别

（1）高自尊的人更倾向于采取行动，决策更果断，想要做一件事情的时候就马上去做。

（2）高自尊的人更少担心自己的选择可能造成的后果，不太去想这件事情失败了怎么办，因为很多时候担心的事正是自我实现的预言；高自尊的人觉得只要去行动，肯定就能得到结果。于是他们采取行动，因而有了更好的结果。低自尊的人则倾向于所有的选择都是非常重要的，必须要选到对的那个才能产生好的结果，因此犹豫不决，进而没有任何结果。当他们发现自己果然得不到好结果时，进而打击了自尊。

（3）高自尊的人很少在意别人的看法，认为"我有价值，我要尊重自己的看法，我认为是对的，我就去做。别人提出批评那是因为他不懂或忌妒，我一定要坚持做到底"。低自尊的人非常在意别人的看法，"我这么做别人会怎么想？"于是他就更加犹豫不决，难以行动，遇到困难容易放弃，因此取得的成功就更少。

（4）高自尊的人在选择时不愿意屈从外界的压力，他认为"我是有价值的，我只听从内心的召唤"。而低自尊的人想得更多的是别人让我这么做，或者别人是否会称赞我、讨厌我，不做是否会让我觉得内疚，从而迎合别人的看法去作选择。

（5）高自尊的人在行动上能够取得更多的成功，也更加乐观。如果他们失败了会采取"习得性乐观"的方法来进行归因："我这次虽然失败了，但它是一个暂时的特定原因造成的。"而低自尊的人则会用悲观的归因风格："如果失败了肯定是我个人的原因，而且是一个永久的、全面的原因，所以我不仅这次会失败，下一次在其他领域我还会不停地失败，因为我不行。"高自尊的人失败了，很快会投入下一个行动当中去，他觉得这次失败不能说明什么，下一次可能就做好了。而低自尊的人失败之后会沮丧、失落，要经过相当长的时间才能恢复过来，然后再重新鼓起勇气去追求下一个目标。

（6）低自尊的人经常会坚持一种叫作"防御性悲观主义"，就是为了避免失败给他带来的打击，无论是出于他内心对于自我价值的否定，还是因为担心别人的嘲笑，他都会事先预期自己的失败，并在思想上做好了准备，所以一旦失败，所带来的心理影响会减弱许多。这样，他们会觉得自己不仅外在还算有点面子，而且内在也不至于把自己否定得一无是处（Mccrea, 2008）。比如，有些同学在考试前总跟别人说"我很紧张"，或者说"我没有时间复习了，这次肯定考不好"，但结果他可能会考得很好，这就是一种防御性悲观主义。他不是虚伪或假谦虚，而是他害怕自己一旦失败，承受不了别人的压力，也承受不了自己内心潜意识里对自己的指责，而且失败带给他的影响也没有那么大。对于低自尊的人来说，失败当然很糟糕，但比失败更糟糕的是"我失败了居然没有借口"，所以他必须事先找好借口，然后才敢去迎接挑战。还有的人干脆逃避挑战，这样他永远不会失败。电影《东邪西毒》里有一句台词："从小我就懂得保护自己，我知道要想不被人拒绝，最好的方法是先拒绝别人。"在这部片子里，男主人公喜欢一个女人，而且他觉得这个女人应该是喜欢自己，可他就是不敢向她表白，因为他怕被拒绝。那怎样才能不被人拒绝呢？最好的办法是先拒绝别人，永远不向她表白，所以，他就把一个理想伴侣白白地错过了。

（7）成功的、高自尊的人会采取乐观的归因风格："那是因为一种永久的、全面的、个人化的原因导致了成功。"而低自尊的人会说："这是我走运，是暂时的、特定的、环境的原因让我成功了。"有些低自尊的人甚至会有"幸福焦虑症"。当好事发生了，高自尊的人会开心地庆祝；而低自尊的人会觉得幸福来得太突然，好像不是自己应得的。虽然此前可能也很努力，也为此准备了很长时间，但是真的成功了，他会觉得这个幸福马上就会消失。这时成功给他带来的不是快乐，反而是焦虑。

另外，还有一些人在成功时还会有一种"冒充者综合征"，内心觉得"我是一个骗子，是冒充成功，别人很快就会发现，我不配得到这样的成功"。比如，美国作家玛雅·安吉娄（Maya Angelou）一生写了11本书，但是她还是经常想："人们马上就要发现我名不符实了，我骗了每个人，他们就要知道真相了。"她总是担心自己下一刻就会露馅，虽然她真的有这个实力；著名女演员艾玛·沃森，由于演《哈利·波特》而一夜成名。但是由于成名太快，她总想："这个名气我不应该得到。"她说："我做得越好，别人越夸我，我内心那种没底气的感觉就越强。我特别害怕有一天，别人发现我根本不配拥有现在这样的成就。即使是在演完《哈利·波特》后，我也没有自信将来会成为一名演员，我觉得自己只是运气好，我需要别人来肯定我。"

总结一下，高自尊的人和低自尊的人存在着各自两种不同的循环。高自尊的人更加勇于采取行动。成功之后，感到满意并把它归功于自己，从而自尊得到提升。就算失败，也会把失败的原因外部化，觉得不是自己的错，由此自尊得到了维持。而低自尊的人，首先不太敢采取行动，因此就更难以实际成功的经验来提高自己的自尊、自信。行动成功，他也会把这些成功归结为自身以外的原因。对于自己是否配得上得到这个成功表示怀疑，因而仍然不能够提升自尊。如果失败了，那更加是一场灾难。他会觉得"我果然不行，果然印证了我没有价值"的观点，从而自尊进一步降低。这就是螺旋式上升和螺旋式下降的两种循环。高自尊的人越来越勇于尝试，所以取得的成功越来越多；而低自尊的人越来越不敢尝试，自尊也越来越低。

2. 自尊越高越好，自尊越低越不好吗？

希特勒的自尊非常高，他发动过政变，哪怕是政变失败去坐牢，出狱之后又继续采取一步又一步的行动，最后攫取了德国的最高权力，然后又对他国发起了一场又一场的侵略战争。他的行动是非常果断的，而且能坚持到底，就算是在第二次世界大战已经打到了末期，德国的败局已定的情况下，他仍然坚持要打到最后一兵一卒。直到盟军已经打到他家门口，他如果再不自杀就要被盟军俘虏了。他也不在乎别人的意见，他只要觉得自己是对的，根本就不听别人的建议，独断专行。在战略上，一方面，也确实取得了一些将军们认为不可能取得的胜利；另一方面，也造成了一场又一场的灾难。另外，当最后终于失败的时候，他并不是把失败归因为自己的这些错误和缺点，而是归因为别人，他说这辈德国人不行，他们不配我的领导。也就是说，他仍然认为，自己的战略决策是对的，只是被下面的和尚把经给念歪了，是那些将军、士兵不行。最后还有一点很有意思，希特勒不仅自己拥有高自尊，他还很擅长激发别人的高自尊，他跟许多德国人说："你们都是有价值的，你们都是很了不起的，你们都是高等种族。而你们之所以了不起、有价值，是因为你们努力，是因为你们奋斗吗？不是，是因为你们属于雅利安这个种群，你们这些人一生出来就是高自尊的，就应该觉得自己有价值。"

天下哪有比这个更容易得来的高自尊，你仅仅是因为生出来是你，就变得特别了不起，比别人高一等，所以德国人特别愿意跟着他去打第二次世界大战。

最典型的低自尊代表是达尔文，他为人极为低调、谦虚，虽然取得了伟大的成就，但他觉得自己只不过是作了一点微小的贡献。达尔文一辈子基本上是住在英格兰的乡下，他并不想去跟那些名流打交道，并不想出名挣大钱，也不喜欢跟别人发生冲突。他虽然很害怕见血，但是为了满足父亲的要求他去学医了。朋友都说他极为谦虚和气，小心翼翼地不触怒任何人。就算作出了如此划时代的发现，他也没有勇气发表。直到有一天，他听说有一位外国科学家发表了跟他这个结论有点相似的看法，才把自己的手稿整理了一下，寄出去发表了。发表之后引来了很多批评，就连达尔文的朋友、亲戚都去反击、去批驳了，可他自己却仍然不敢直面这些冲突。

高自尊有几个坏处：

第一，骄傲自大，觉得自己了不起，别人都比自己差；

第二，过于自信，不计后果地冒险，太莽撞，有些侥幸成功，有些一败涂地；

第三，固执己见，因为他觉得自己才是最了不起的；

第四，贬低别人，容易跟别人发生冲突。

有人反对盲目地提升自尊。从20世纪开始，美国以及西方很多国家都开展了一种"高自尊运动"，就是要夸奖孩子、肯定孩子，让孩子觉得自己有价值。这样他们成长之后就有高自尊，就会过得更好、更幸福。罗伊·鲍迈斯特和他的同事（Baumeister et al., 2003）在做了关于自尊的种种研究后，明确反对这种运动。

他们发现，自尊和成绩的相关性非常小。就算有一定的相关性，也不是自尊提升了成绩，很可能是因为孩子的努力让成绩变好了，由此自尊也变强了。那些用来提升学生自尊、让他们觉得自己很有价值的干预方法，不仅没有相应地提升成绩，有时候还有反作用。对于工作也是一样，高自尊的人确实能更好地应对挫败，但难以发现其他高自尊对于工作表现产生影响的因果关系。还举爱因斯坦的例子，他不但给太太写了那样的信，他还有婚外情，他的太太忍无可忍，带着两个孩子离开了他。所以，高自尊不仅不会使你人际关系更好、更受人喜爱，反而更可能因为自恋而遭人讨厌。高自尊的青少年更大胆，更愿意去冒险，比如抽烟、喝酒、吸毒、性行为，他们会比低自尊的青少年更敢去尝试这些危险行为。

罗伊·鲍迈斯特认为，假如你提升了你的高自尊，它确实能够让你变得更幸福，但是在其他行为表现维度上，并没有太大的促进作用。

高自尊的突出表现有两点：

第一，勇于尝试，但是也有可能尝试的是坏事；

第二，让你感觉良好。

鲍迈斯特质疑，难道培养孩子就是要让他们感觉良好吗？就是要让他们不计后果地去勇于尝试吗？所以他反对"高自尊运动"，反对动不动就夸孩子"你真棒，你真好"。

更糟糕的是，鲍迈斯特和同事还发现（Baumeister et al., 1996），以前一些研究者说的"低自尊的人更容易发起攻击"并不正确。他们发现，攻击和低自尊的相关性似乎只在家庭生活中出现。就是说，在家庭里感觉自己的自尊受到了压迫，就容易吵架，甚至打架。但在其他领域相关度并不高。相反，他们发现攻击者，尤其是暴力攻击者，经常相信自己是更优越的，比如说纳粹、3K党、黑社会，包括校园里的霸凌，他们欺负人的原因是觉得对方比自己差。当然这不是说高自尊者就更加具有攻击性，因为在他们中具有攻击性的毕竟是少数。

什么样的人最容易攻击别人呢？是一种叫作"不稳定高自尊者"。他的高自尊很容易被别人的挑战所刺激，这个时候为了隐藏内在的不安全感，他必须去攻击，以此来维护自己的高自尊。

佐治亚大学的迈克尔·克尼斯认为自尊有两层（Kernis et al., 2008）：一层是"外显自尊"，就是在意识里能够认识到、感觉到的自我价值；另一层是内隐自尊，就是潜意识的、自动的、反复习得的，对于自我本能的情感联系。"内隐自尊"经常自己觉察不到，不知道内心对自己的看法是正面的还是负面的；当想到自己的时候，不知道连接到的是正面情绪还是负面情绪，你知道的只是外显自尊。

一个稳定的高自尊的人，他的外显自尊和内隐自尊都比较高。外显自尊高，可内隐自尊低，那就是不稳定的高自尊。也就是说，他认为自己应该很了不起，可是在自己的内心深处却没有把握。这种人会有更高的自恋、偏见及失调、削减等防御性心理，因为他的内隐自尊比较低，所以更加脆弱。因此，他必须对外界刺激和信息采取防御，才能够更好地保护自己的自尊。

克尼斯曾经做过一个研究，即看一个人面临可能威胁到自己自尊的信息，比如，回忆一件发生在自己身上的坏事，或者想一想曾经遭遇过的失败时，是不是否认自己的负面感受："我才不在乎呢，我并没有觉得这个事情有什么了不起啊。"

或者是抑制你自己的负面念头:"我没有往那个方面去想,我不觉得这个东西跟我自己的成败有什么关系。"再或者干脆扭曲信息的含义:"那个事根本就没什么大不了的。"这被称作"言语防御性",就是故意对那些负面事件传达的负面信息视而不见,或者予以否认和扭曲,以此来保护自己的自尊。

克尼斯测量了参与者的外显自尊和内隐自尊程度,结果发现不稳定的高自尊,即外显自尊比较高但内隐自尊却比较低的人,最具有防御性;其次是不同类型的低自尊。而那些具有稳定高自尊,即内隐自尊、外显自尊都比较高的人,最没有防御性。因为他们觉得安全,没有必要否定外在的评判信息去维护自己的自尊(见图 12.1)。

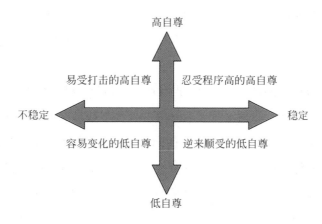

图 12.1　自尊的高低及其稳定与不稳定之分

所以,可以把自尊分为以下四个类型:

(1) 稳定的高自尊。这种人对于外界的批评忍受程度比较高,对于自己的失败、外界的刺激,泰然处之。

(2) 不稳定的高自尊。容易受到打击,当外界的事件对本人具有一定的刺激时很容易暴跳如雷,或者是过度反应。

(3) 稳定的低自尊。就是怎样都觉得自己不行,不仅是在意识上,而且在潜意识里也觉得自己不行。此时这个人表现出来的就是逆来顺受,任凭外界怎样踩躏都不会有什么反抗。

(4) 不稳定的低自尊。就是自尊比较低,但有时候还是想能够抬高自尊,可是一旦受到外界打击就又回到了自己原来的状态。

《红楼梦》里的林黛玉具有典型的不稳定高自尊。她是一位大小姐,聪明漂亮，气质不俗，在意识上她认为自己是一个非常有价值、值得别人爱的人。可是在潜意识里她知道，自己母亲已经死了，父亲也不在身边，寄人篱下过着战战兢兢的生活，内心非常没有安全感。她在遇到刺激的时候经常会作出过度反应，要不自己默默地伤心流泪，要不就耍小性子、发脾气。

而贾宝玉是一个稳定的高自尊代表，生出来就是万千宠爱集于一身，所有的人都喜欢他，就算是有些人不喜欢他，比如说赵姨娘、贾环，也只是讨厌他而不敢忽略他。总之没有人不重视他，所以他在潜意识里就知道自己是非常有价值的。他对于外界的打击处之泰然，别人批评他几句他不会跳起来，看到林黛玉对自己发脾气，他也不会觉得自我价值受到否定，反而能借助很多的心理资源来安慰林黛玉。而且他也并不自高自大，他的名言是"女儿是水做的，男人是泥做的"。他自己虽然是男人，但是他非常钦佩和喜欢那些清新脱俗的有气质的人。不贬低别人，这就是一种稳定的高自尊。

贾迎春具有稳定的低自尊，她觉得自己没有价值，对所有的一切都逆来顺受，最后是很悲惨地被老公给折磨死了。这并非仅是男权社会的错，她在贾府就是这样一个不敢出头的人，自己受到了欺负也不敢吱一声，所以大家都叫她"二木头"。因为她是稳定的低自尊，觉得自己没有价值，所以怎么折腾也没有用。

贾环具有不稳定的低自尊，他知道自己的地位不如贾宝玉，在各个方面也比不过贾宝玉，但他不服气，他总觉得自己好歹也是个公子，总是想闹出一些动静来，但是被外界一打击就又回到了原来的低自尊。

在《西游记》里，唐僧具有典型的稳定高自尊，对于自己的价值看法非常坚定。他知道自己一心向佛，一生就要弘扬佛法。而他正在为这个有价值、有意义的目标去奋斗，并认为"我的人生、我这个人都是有价值的"，所以面对外界的批评泰然处之。假如有个人跟唐僧说，"你的佛法一塌糊涂"，他难道会说"这位施主，你严重地伤害了贫僧的自尊心"吗？当然不会。而一听到别人批评就暴跳三丈的是孙悟空，因为孙悟空具有不稳定的高自尊，他一方面觉得自己很了不起，但同时他又对自己是不是了不起没有把握，所以如果别人批评他，他肯定是要跟对方大战300回合。甚至只叫一声"弼马温"，他都立刻就跟对方翻脸。为什么呢？因为他觉得"那是我的一段黑历史，你拿它出来就是伤害了我的自尊"，所以要跟对方拼命。

唐僧就不会，假如有人跟他说"你这个人出身真是太卑贱了，你爸被人害死了，你妈反而嫁给了害死你爸的那个人"。唐僧会怎么说呢？他会说："孽债啊，这是他们上辈子的因果报应，和贫僧有什么关系呢？"假如别人批评唐僧佛法不精，他肯定不会像孙悟空那样暴跳如雷，或者像林妹妹那样去暗自抹泪，而是很真诚地问对方："是啊，我也觉得我佛法不精，那你来指点指点我好不好？"唐僧身上还有一种高自尊的典型表现，就是认准了一个目标就绝对不会放弃，他一旦决定要去西天取经，他就会一根筋地走到底，无论是要被人砍脑袋，还是下油锅，他都会坚持要去把经给取到。

沙和尚具有稳定的低自尊，是真正的逆来顺受，没有自己的想法，基本上是被别人指使。而猪八戒，就是不稳定的低自尊，对自己的看法有时候高，有时候低。

3. 自尊的不同类型，怎么来的呢？

一般情况下，自尊的形成跟童年经历很有关系。

假如你的主要抚养者和对你最有影响的那些人，比如父母、老师，给了你无条件的爱，并认同你的价值，让你觉得"我值得被爱"，同时，又给了你一个价值观的规范，让你知道什么是对，什么是错，就会让你对自己有稳定的预期："我做这个事情是对的，别人也会赞许，我做那件事情是错的，别人也会不认同。"然后再逐渐把是非观念与别人剥离开来。也就是说，有些事情它本身就是对的，哪怕得不到别人的认同也是对的。所以，给孩子一个无条件的爱，同时又有行为规范，他就会形成稳定的高自尊。

假如像"高自尊运动"一样，给了孩子无条件的爱，但不给他有条件的规范，无论做什么都是"你真好、真棒"，或者无论他成功、失败都是"我仍然相信你是有价值的"，或者打破了道德规范也不给予惩罚，这个孩子就会形成一个不稳定的高自尊，这就是我们经常说的"被宠坏了"。从表面上看，这些孩子觉得自己很了不起，认为"我是整个世界的中心，所有人都会围着我转"。但内心的自尊其实是脆弱的，因为他们根本就不知道对与错，自己也搞不清楚"我的价值是哪来的，凭什么大家都爱我"。那么当有一天碰到各种挫折时，他们的高自尊就会像玻璃墙一样脆弱地崩塌掉。

与此相反，有的小孩从小既习惯于有条件的规范行为，又是有条件地被爱，严格地被告知"你要做什么，不要做什么"，如果不按照指示去做，就要受惩罚，而且还不爱你了。比如，考得好，家里人就欢天喜地、又亲又抱，考不好就不理，甚至说"你学习成绩不好，就不是我的孩子"，或者说"你下次再考得不好，我就不要你了，把你送给别人"。这被称作"有条件的爱"，它超出了刚才说的价值观和行为规范的范围，直接操控了孩子的心理，利用孩子跟你之间的爱对他进行行为操控，他将来就有可能成为一个不稳定低自尊的人，即那些被称作"训练有素的孩子"。这样的孩子确实会非常努力地学习、上进、出人头地，但是他的内心深处并不觉得自己有价值，因为他从小并没有被无条件地爱过，而是只觉得"我的行为结果好、考得好、挣得多，才有价值。我这个人，只不过是实现这些目标的工具"。他会形成不稳定的低自尊，只有努力做些事情来证明自己的价值，自尊基本上维持在一个低水平。

最坏的情况是，既不给他树立价值观、行为的规范，随他去，爱怎样就怎样，同时又不爱他，让孩子觉得自己被抛弃，他很容易形成稳定的低自尊。

错误的自尊提升方法

怎么样才能够提升自尊呢？

（1）避免那些坑，不要使用提升自尊的错误方法。

（2）注重与自尊特别相关的一个概念——自我效能。当你变得更加自信，觉得自己有能力的时候就会更加有自尊。

（3）树立正确的价值观。

错误的提升自尊的方法包括：

（1）为了避免对自己的自尊造成打击，就自我设障，采取一种防御性的悲观态度。比如，面对挑战，如果失败了自尊肯定受挫，怎么办？绕过去，不接受这些挑战。这显然就是一个维护自尊的错误方法。

（2）整天幻想着有朝一日自己能够成功，却不去行动。这当然也不能真正提升自尊。

（3）某些人会从错误的领域中去寻找成功，来补偿自己的低自尊。比如，在生活中觉得自己不值得被人爱，家人也不觉得自己有价值，因此就不用心工作。但是在跟生活不真正相关的领域，比如打电子游戏，则非常投入。可是打电子游戏如果不能成为赖以生存的技能和立志的目标，打得再好，跟你的生活、人生目标有多大的关系呢？很多人躲到游戏里面不出来了，但在那里能够得到的只是虚假的自尊，总有一天要回到现实生活中，这时你就会发现自己的自尊还是那么的低。

还有一种寻找补偿的方式更糟糕，就是从别人那里寻找自尊补偿。最典型的例子就是有这样一些家长：虽然承认自己是个平凡、庸碌的人，但是还要不计代价地通过对孩子的培养，让他出成绩，将来能上清华、北大，以此来抬高自己。

当然这本身没有错，谁不希望孩子将来成绩好能进一所好大学呢？但须注意如下三点。

（1）别人的成功不是你提升自尊的主要途径。就是说，除了孩子能够变得有出息之外，自己的能力才是你自尊的主要来源。如果你已经放弃了自己的人生追求了，把全部希望都寄托在孩子身上了，那这就是一个自尊补偿。

（2）当这个被寄予厚望的人失败时，你会不会作出激烈反应。孩子考得不好，你恨不得打他一顿，这时你很可能就是利用孩子进行自尊补偿。

（3）你会不会对这个人施加过多的压力。就像有些人对孩子说："我们一家的希望都在你身上了。"这就是过多地施压，这是不对的，应该说"孩子，你将来的成功，要靠你自己去争取，所以你要好好学习"，这样的压力就足够了。假如你觉得你们一家人所有的面子、自尊都来自孩子，那就是自尊补偿，是错误的提升自尊的方法。

自 我 效 能

提升自尊非常重要的方法是自我效能的提升，因为自尊的三个成分之一就来自自我效能。

"自我效能"是美国心理学家班杜拉（Bandura）提出来的一个概念，是指人们对自己实现特定领域行为目标所需能力的信心或信念，也就是我们经常说的自信心。有两条路径可以促进我们取得更好的成果。

第一是结果预期。就是相信自己能够做到，这是一个自我实现的预言。即我相信能够做到，然后我去做，最后就做到了。

第二是效能预期。就是我相信能够做到的这个结果并不是因为运气、外部环境，而是因为我的能力，所以我要施展能力，为结果做足准备。

一、自我效能的作用

自我效能会影响我们做事的结果,还会影响我们选择什么样的活动。自我效能高的人会倾向选择一个更难的活动,并且坚持的时间更长,在遇到困难时会更加愿意坚持不懈地努力下去,也不会有那么多的负面情绪。自我效能比较高的人也更愿意学习新的方法,使自己提升更快。

有人做过一个关于戒烟的实验(Blittner et al, 1978),把一些成年的吸烟者随机分为三个组。

第一组是自我效能组,告诉他们"我们选你来,是因为发现你有坚强的毅力,一定能够戒烟成功,你能够控制并且战胜欲望,你有戒烟成功的潜力"。

第二组是对照组,接受的疗法和自我效能组一样,但是并没有对他们说"你们能够戒烟成功",而是说"你们就是随机选出来的"。

第三组是控制组,根本没有接受任何治疗。

最后发现这三组的治疗结果是,自我效能组有67%的人成功戒烟,而接受治疗的对照组只有28%的人成功戒烟,完全没有任何疗法的那组人成功戒烟率是6%。由此可见,当一个人相信自己的能力,要比仅仅接受干预,但并不相信自己能力的人成功的可能性要高出1倍以上,这是因为自我效能会影响到最后的实际结果。

自我效能还可以预测员工的表现(Stajkovic & Luthars, 1998):自我效能高的员工表现更好,而且一般来说更有韧性,在遇到困难的时候更能坚持,平时生活中的焦虑和抑郁更少,生活也更加健康;自我效能高的学生,学习成绩也更好。

我有过一次亲身体验。在美国,我经常和一些中国学生一起踢足球,每次来的人都不一样。有一次我发现来了一个新人,他在对方的队里面踢前锋,我踢后卫,我把他防守得还不错。后来中场休息的时候我跟他聊了几句,他原来是个韩国人。我心里一哆嗦,因为那个时候中国的恐韩症还没有被打破过,关于中国队无数次惨败于韩国队的经历和记忆就从我的脑中浮现,这人在我面前不再是一个普通的人,而是成了韩国队员的化身。下半场开始,我发现我好像怎么也防不住他了,这就是因为我在面对他时自我效能下降了。原本我觉得跟他的能力相当,可一旦发现他是韩国人之后,我就莫名地认为他踢球很厉害。虽然我的技能并没有实际下降,但是我对他的表现却变差了。这种小小的暗示对于自我效能产生了影响,从而改变了我的表现结果。

还有一个科学研究表明，人的数学能力有两种根深蒂固的刻板印象：第一种是女生的数学能力不如男生；第二种是亚裔学生的数学能力比较强。那现在问题就来了：一个亚裔女生的数学能力到底是强还是弱呢？

有人做了这样一个实验，在亚裔女生数学考试之前，提醒她们说这次考试主要是看男生和女生数学成绩的差别，结果发现这些女生考得很差。但假如在考试之前跟她们说，这次考试主要是看看亚裔学生的数学能力是不是真的很强，结果她们的考试成绩变好了。这种暗示能够改变自我效能，从而改变结果。

自我效能还能促进一个人面对重大挑战的表现。有人做过这样一个实验（Bandura, 1993），把不同的学生按照已知的数学能力分为高中低三组，测试他们的自我效能。然后给他们一些非常难的题目，看他们能不能做出来。结果如图 12.2 所示，实线代表高自我效能组，虚线代表低自我效能组。无论哪个组，都是水平高的学生答出来的题更多，水平低的学生答出来的题更少。但是无论能力高低，都是那些相信自己有能力的人答出来的题更多。这个差距表现得最大的是低能力组。也就是说，大家同样能力不足，同样面临难题，就算是最高能力的高自我效能组答题准确率也不到 70%。但是那些低能力的、自我效能比较高的人能够答对 40% 以上；而自我效能比较低的，则只能答对 20%。所以自我效能在应对重大挑战的时候可以发挥重要作用。

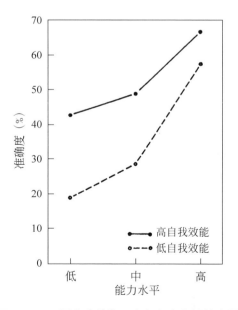

图 12.2　不同自我效能，在任务中发挥的水平

二、自我效能的来源

心理学家认为，自我效能主要有四个来源。

（1）成功经历。如果经常成功，你就慢慢地相信自己的自我效能。假如你经常失败，你怎么可能有自信心呢！显然，"失败是成功之母"只是为了鼓励大家在失败之后吸取教训，继续努力。但是从自我效能的角度来说，"成功才是成功之母"。前面提到过"内隐自尊"是自动反复习得的潜意识对自我的情感联系。也就是说，你反复取得成功，你的内心自尊就比较高；经常失败，你的内心也知道自己反复习得的是失败的经历，内隐自尊就比较低。所以，最重要提升自信心的方法不是你给自己打气，不是你喊励志口号"我真行，我真了不起"，而是成功，那样你自然就会有更高的自信心。

（2）替代经验。看到一些各种条件和你类似的人取得了成功，会让你更加相信你也可能取得类似的成功。注意，这不是刚才讲过的"自尊补偿"，那是别人在跟你一点都不相关的领域取得的成功，比如说孩子成绩好，但这跟你自己的人生一点关系都没有。替代经验是指假如你想去挑战一个很难的任务，比如考英语六级，你担心自己考不过，有一个同学的英语基础跟你差不多，他平时的学习成绩、努力程度、智商好像都跟你差不多，考过了，这时，你对于自己考六级的信心就会提升，就更愿意去尝试。

最近几年来，中国男子游泳队在世界赛场上取得了一系列的成功。但是以前大家都相信黄种男性运动员不适合游泳，男子游泳都是白种人独霸天下，直到有一天日本队取得了成功。既然日本人能做到，那中国队也能做到。于是我们一方面向日本队学习训练方法，一方面重建我们的信心，加紧训练，最后果然成功了。

这也表明，本来认为自己做不到的事情，但是当你看到有人做到了，产生了希望，很可能你也会做到。

（3）言语肯定。就是来自别人的反馈，比如，别人说"你能行""根据我的分析你可以做到"。那些自我效能感觉比较强的人，是在自己的成长过程中经常得到别人（父母、老师、同学等）的欣赏、接纳、关心、注意、拥护和重视，于是他就会建立起一个积极的自我效能感。反过来，假如一个人小时候经常被父母、老师误会，甚至羞辱、轻视和责骂，这样的人是很难建立起一个积极的自我效能感，他只能觉得自己没有能力。

有人做过这样的研究（Jourden, 1992），员工完成任务后，反馈时如果更多地注重他取得的成绩，肯定他"你做得好，你挺强的"，比那些着重强调他哪儿还不足、哪儿做得不好，员工无论是自我效能、目标设定、自我满足感，还是组织绩效都更好。

怎样使用一个最有效的言辞肯定来促进自我效能感呢？

首先，这个反馈者应该是比较有权威的，比如老师、领导、专家等，要比你的同桌、同事、同行说同样的话更加有说服力。总之，反馈者越权威，对你的自我效能感促进越大。

其次，反馈者的广泛性也很有用。一个人对你的夸奖和鼓励，比不上有很多人给予你同样的反馈更能提升一个人的自我效能。因此，要想激发一个人的自我效能，不仅需要一个人在言辞上肯定他，还应该发动其他人也给他正面的反馈。

但是在给他人正面反馈的时候，不要脱离现实。比如说，孩子考了75分，在班上大概是个中游水平，那你给他的正面反馈也不能是"你考得真好，我看你这次考得是班上最好的"，或者是"你虽然不是班上考得最好的，但我认为你就是最棒的、最聪明的"。这样脱离实际的称赞就像搞"高自尊运动"，反而会造成一个不稳定的、脆弱的高自尊。你可以就按照事实说，"你这次考了75分，比你上次考了65分有进步""这次虽然在班上是中游，但是你上次考得比这次还要差，这次有进步"，这样找到他行为表现中正面的地方来肯定。

（4）情绪、身体的唤醒。比如第5讲"积极情绪的拓展与建构理论"提到，当你比较开心、感觉良好的时候，也会提升自己的自信心，并觉得"我什么都能做"。因为处在积极的情绪之下，能够扩展和建构心理资源，让我们感觉有能力迎接挑战。例如，今天孩子要考试，千万不要再给他压力，而是应该在早上给他更多的正面情绪，夸夸他或者是给他做一顿好吃的，这样他会有更高的自我效能感，考试表现可能会更好。

还有身体的感觉。班杜拉说（Bandura, 2003），人们在判断自身能力的时候，一定程度上会依赖身体和情绪状态所传达的信息。身体疼痛无力，自信心会降低，因为大脑分不清信息是从哪儿来的，它会自己进行解释。比如，你原本有能力完成一件事情，但是你刚刚完成了另外一个很重要的任务，有些疲惫。这时大脑并不知道疲惫是因为上一个任务引起的，它以为是面临新的任务时你害怕了，觉得自己没有信心，所以才会有无力感、焦虑和疲惫，因此它在评估自己面对这个任务的难度和信心的时候就会降低标准，以为没有能力来接受这个挑战。

那该怎么办呢？第一，加强身体锻炼，因为健康的体魄传递这种负面信息会更少。第二，纠正大脑对身体、情绪状态的错误解释。当觉得没有信心的时候，想一想，是不是因为最近比较累、夜里没睡好。是因为面临这个重大任务引起的焦虑和压力感，还是其他原因所致。包括情绪状态，假如最近发生了一些比较坏的事情，难过、情绪低落，这时候如果来了一个新的任务，明明可以胜任这个挑战的，但是由于自己处在难过的状态，大脑会认为自己没有办法应对它，从而拒绝执行任务，错失机会。所有身体的影响可以是正面的，也可以是负面的，所以我们要注意观察自己内心的情绪变化和身体状态，才能够有一个更好的自我效能。

跑马拉松是一个典型的例子，所有人跑到后来都会非常累，包括那些专业的顶尖运动员也会很累。但顶尖运动员和业余运动员的累区别在哪里呢？顶尖运动员都知道"在跑到后半程的时候应该累、应该觉得身体不适"，所以他不会认为"我的身体不行了，我没有能力跑完马拉松了"，他仍然会坚持跑下去。但是业余运动员在遇到挑战的时候，他会认为"身体这么累肯定是不行了，我不能再跑下去了"，此时就容易放弃。所以，当你对自己的身体状态能有一个更准确的解读时，可以促进你的自我效能感。

三、提升自我效能的途径

弄清楚了提升自我效能的四个来源，相应地就有四个途径可以提升自我效能感。

（1）积累成功经验。最重要的是要勇于去尝试、去做。行动，才有成功的机会，之后你的自我效能就会提升。其实不一定非要做大的事情、取得大的成功才能够提升自我效能，可以从小的事情先开始。比如你可以想一想，这个星期或今天我有什么提升，我完成了什么，做成了一件什么事？并分析一下，哪些有效，哪些无效，然后停止其中无效的，继续那些有效的。接下来，可以用刻度化的方法来衡量自己的进步，一小步一小步地往前挪。我有一个朋友说，他每天提升自我效能的一个方法，就是早上起来先把被子给叠好，这样一来，他今天至少是已经成功地做成了一件事情。我向他学习，每天早上起来都尽量去跑步，不把跑步拖到晚上来做。虽然下午的时间更宽松一些，但是早上跑完再去做其他的事情，自我效能感就更高了。所以这些小的成功也会产生"我已经取得了成功，因此我更行"的感觉。

成功经验也源于事前对大脑进行模拟成功方案的训练。在做一件事情之前，可以在大脑中先模拟各种可能性，从而使自己进入一种最佳的心理准备状态。当你真的面临这个事情的时候，大脑暗示已经解决过这个问题了，这使你更有信心，从而增加解决这个问题的可能性。因为大脑很难分清楚现实和虚幻，所以模拟也能够让大脑体验到成功，让你对于解决未知困难更有信心。注意，这里进行想象是对行动的准备，而不是对行动的替代。如果只是幻想，就是不去行动，这是提升自尊的错误方法，并不能提升自我效能。

（2）取得替代经验。我们应该找到成功的榜样。孔子说"见贤思齐"，找一些与我们条件相似、但在相同的领域已经取得了成功的人，向他们学习，也包括吸取他们的教训，以提升我们的自我效能。

（3）争取别人肯定的言辞。当你需要完成一个困难任务时，不要只是自己在那里默默准备，可以从别人那里主动寻求正面的反馈。去找那些支持你的人，不要故意找一堆批评来打击你的自信心。多交几位有权威的正面反馈者，对信心提升更有用。

（4）积极锻炼身体。假如你已经养成运动的习惯，这本身就提升了自我效能：我做到了一件很多人都做不到的事情，说明我很行啊！强健的身体会给你更多正面的身体信息，让你觉得"我现在充满信心"，而不是"我现在很累，所以恐怕做不了那个事情"。通过锻炼身体来学会辨认负面的身体和情绪信息。锻炼身体可以让我们和身体产生更多的互动，你能敏锐地觉察到身体传来的各种信号，并准确地将它们辨认出来："我现在只是身体比较劳累，而不是害怕目前的任务，这个任务我仍然是能够胜任的。"

自 我 实 现

有一个和自尊、自我效能很相关的概念就是"自我实现"。一个人实现了自我，就会比较有自尊，自信心也很强。

"自我实现"是马斯洛提出来的一个概念，我们都很熟悉他的"需求层次理论"，他把需求分为生理需求、安全需求、社交需求、尊重需求和自我实现需求五层（见图12.3），越往上需求越高级。他把自我实现需求称为"成长需求"，能

图 12.3 需求层次

够让人感到充实,并自愿地去追求。

现在,自我实现已经成了一个非常流行的概念,甚至很多人把自我实现当成人生目标,并发挥出自己所有的潜力。但自我实现仅仅是这个意思吗?1954年马斯洛在《动机与人格》(Maslow,1981)这本书里对于"自我实现"的描述并不是"要把自己的潜力都发挥出来,自己能够做到的事情自己都要做到,要让别人都看到自己是如此的有能力",完全不是。他说,自我实现的人具有以下特点。

(1)对现实的感知:能够了解并认识现实,对于现实有一种比较实际的人生观。

(2)接受性:悦纳自己、别人以及周围的世界。

(3)自发性:不做作,跟别人的交往是很坦率、很自然的,并非常真诚地流露自己的情感和看法。

(4)问题中心:不以自我为中心,不想什么东西都是"我的感受、我的拥有、我有什么东西",而是关注重大任务和人生使命,愿意投入到一些伟大、崇高的事情中去。

(5)能超然独处:能够享受一个人独处的时间,哪怕是别人都不理睬自己了,我也有足够多的事情可做,而且还做得悠然自得。

(6)自主性:能够独立于别人之外好好地生活。

(7)有鉴赏力:对于别人司空见惯的事情却觉得很有意思,对于平凡的日常生活也总感到很新鲜。

(8)有巅峰体验:这就是第9讲里提到的"福流",是那种能引起心灵震动的神秘体验。

（9）人类亲情：爱整个人类，认同自己为全人类的一员，因此做事情不仅仅是为自己，也不仅仅是为一个小团体，而且要促进全人类的福祉。

（10）谦逊和尊重：并不独断专行，有一种民主风范，尊重别人的意见。

（11）注重人际关系：有很强的爱与被爱的能力，跟别人能形成广泛而又深层的、真正的爱。

（12）有很强的道德观：知道什么是对的，什么是错的，在生活中不会被道德问题所困惑，能够作出正确的选择。

（13）有伦理观念：能够摆正手段和目的之间的关系，绝不会为了达到目的而不择手段。

（14）有幽默感：这并不是指平常的那种滑稽、搞笑的幽默感，而是带有思想性和哲理气质的幽默感。

（15）有创造力：不墨守成规，能够使用新的方法来做事情。

（16）不从众：马斯洛把它叫作"对文化的适应性抵抗"。意思是说，不轻易苟同别人的看法，只要认为是正确的事情，虽千万人而吾往矣。

（17）不完美性：虽然马斯洛给世人举了那么多优点，但世人也都有各种不同的缺点。马斯洛说，你不要对"自我实现"者有过多幻想，就好像他们一定很完美，不是的。这并不是坏事，因为不完美才鼓励大家去自我实现。所以没有关系，允许你的缺点存在。

（18）价值观都有坚实的基础：一方面，接受现实；另一方面，又有自己的好恶和优先选择。会追求对于现实的改变，并使其与自己的价值观更加趋同。

（19）不持非黑即白的观点，而是追求一个高复杂度的对立统一。就像菲茨杰拉德所言："检验一流智力的标准，就是看在头脑中同时存在两种相反的想法时，你还能够维持正常的行事能力。"在第9讲里提到，福流力最重要的作用就是能不能把一些看上去相反、复杂、混沌、没有规律的信息整合起来，变成统一的、有秩序的输出，这种能力是一种更高级的福流力。

以上这些是不是跟你本来想象的自我实现内容不一样？自我实现并不见得就是一定要取得多么大的成就。也就是说，自我实现更多的是在强调我们应该知道自己要什么，并且要坚定地去做，这才是真正地实现了自我。

自尊与价值观

美国心理学家威廉·詹姆斯（William James）被称为"美国心理学之父"，他的很多观点都和积极心理学是一致的。他有一个衡量自尊公式，表示为"自尊 = 成功 ÷ 自我要求"。

"成功"作为分子很好理解，一个人成功越多，自尊就越强。"自我要求"作为分母，是说在某些事情上虽然不太成功，但是你对这个事情的要求比较低，那么你的自尊仍然可以比较高。反过来，假如你在某一个领域自我要求特别高，在别人看来你已经是非常成功了，但你仍然缺少自尊。

自我要求跟一个人的价值观有关。当你觉得什么东西重要时，才会对它提出更高的要求。

高自尊的人会在自己认为重要的领域里努力，从而在这些领域表现得越来越好，那些他认为不重要的领域就干脆放弃。比如，唐僧具有稳定的高自尊，并认为向佛心、慈悲心、佛法修为很重要，而化缘能力和武艺不重要。一开始，他可能这几种能力差不多，但是作为一个高自尊者，他会更多地向他认为重要的方向去努力，最终在重要的向佛心、慈悲心、佛法修为上都有大幅的提升，而化缘能力和武艺越来越弱。但假如他的价值观认为武艺很重要，那很可能几年之后他的武艺比孙悟空还厉害。

高自尊还像一个发动机，因为你看重事情的价值，所以愿意投入努力去提升这方面的能力。想提升自己的自尊，就应该多在自己认为重要的方面去努力，而不仅是在别人认为重要的方面去努力，或者干脆放弃了，随波逐流，哪方面都不努力，这当然会降低自尊。

也许你会说："对呀，我认为有些东西很重要，比如说挣钱、地位、外表，所以我就朝着这些方面去努力，挣了更多的钱，做了更大的官，别人对我更尊重，我是不是自尊就更高了呢？"其实不是。

有研究发现（Kernis, 2003），如果把自尊建立在像分数、外貌、金钱、赞美等方面，恰恰说明你的自尊很脆弱，因为你追求的并不是自尊，而是"他尊"，就是看重别人对你的赞许。如果把自尊建立在个人品质这样的内部因素上，你经历的压力就会变小，更少愤怒。

自我决定理论有一个子理论，叫作"目标内容理论"：人们追求各种目标，但并不是所有的目标都是积极的，只有真正促进个人成长和蓬勃人生的目标才是积极的。财富、名声、形象等"外在目标"是控制性的。你认为自己在追求目标，但其实是被外界因素所控制，并没有真正的自我，因而幸福感和自尊就会比较低。

因此，自我决定理论提出，自尊分为两种：一种叫"条件自尊"，即你自尊的高低跟外部事件的结果有关，结果比较好，自尊心就强，觉得自己有价值；结果比较差，比如挫败、别人的批评，自尊就一下子降到谷底。另一种自尊是真正的自尊，是你对于自我的衡量，即"我是不是按照自己的价值观在行事，是不是在追求我的激情"。

端恩等人（Ryan et al., 1991）曾经让被试者完成一个任务，并告诉他们，我们会根据表现结果来对你进行评价。当被试者听说"我要因为自己的表现结果被评价"的时候，他们确实表现出更强的动机，做得更起劲，但是同时也有更多的负面情绪，而且内在动机更少。也就是说，他们对这个事情的喜爱程度降低了，表现更加不稳定，一会儿好，一会儿差。所以自我决定理论认为，用外部结果来激励别人，属于受控动机，那些靠外部结果来维持自尊的人，一般来说都表现不太好。

布朗和瑞恩在《为什么我们不需要自尊》（Brown & Ryan, 2003）里提出，自尊不是一种基本心理需求，因为它并不能带来个人品格成长、美好人生和全面的幸福，反而经常会导致人们去追求别人的赞许，为了维持自尊去做一些别人觉得有面子的事情，而不是去做我认为对的事情。虽然有很多人都想要得到更多、更高的自尊，但它本身并不是一个基本心理需求。

在第10讲里讲过，基本心理需求涉及自主、胜任和关系，当这三个基本心理需求都被满足之后就有了自尊。所以，自尊只是其他基本心理需求的副产品，我们根本不需要追求它。相反，我们需要追求的是自主、胜任和关系。因此，端恩等人反对用问卷让人去说自己有多少自尊，因为这就等于让大家评估自我价值。端恩等人认为这个问题本身就错了，应该评估的是他们是不是遵循自己内心的价值观和兴趣，是不是有很高的自主、胜任和关系，因为自尊是这一切的副产品。让人评估自我价值，这本身就是对他们美好人生追求的一种伤害，并不能促进他们的个人成长。

那么，自尊与价值观到底是什么关系，现总结如下。

（1）自尊和价值观息息相关。在自己认为重要的领域做得好，自尊会比较高；在重要的领域做得差，自尊就会低；假如有些事情你做得差是因为你不看重它，那不会影响自尊。反过来，如果不按照自己的价值观去努力，明明知道这个事情很重要，却不努力争取，那你就不会得到稳定的高自尊。

（2）有时候价值观超出了自己的能力范围，那你也不会得到稳定的高自尊。很多事情并不是仅凭个人努力就能够做好的，它和运气、环境以及一些偶然因素都相关。结果是难以控制的，但努力是可以控制的；你在这个世界上能够得到多少物质是难以控制的，但是你的心情、怎样看待这些物质是可以控制的；你取得什么样的社会地位、别人对你有多尊重是难以控制的，但是你的品格是自己完全可以控制的；别人对你的喜欢是你难以控制的，但是你对人的爱和友善是你完全可以控制的；你的身材甚至健康水平都是难以控制的，但是运动习惯、认真锻炼是自己完全可以控制的。

由此可见，当你选择那些可以控制的事情：努力、品格、对别人的友善之心、运动习惯、情绪和认知风格，并作为你最重要的事情时，你很可能得到一个稳定的高自尊，因为它们是你自己可以把握的；反之，你选了难以控制结果的事情，比如金钱、权势、别人的认同等会经常遭到挫败，自尊也会受到威胁。长此以往，自尊会变得脆弱、不稳定、不安全。

孔子是一个典型稳定高自尊的人，他倡导尽人事，听天命。外在的东西是天命，做事情的结果在一定程度上取决于别人及一些偶然因素，如果把这些东西作为价值的一个判断标准，那你是很难得到一个高自尊的。

自我是一个过程

"自我"是心理学里面特别重要的概念。从"自我"概念到"自我觉知""自我图式""自我建构"，以及"自我效能""自尊""自我参照效应""自我服务偏差"等，"自我"在心理学里特别重要，出现得也特别频繁。

但是，也有人对自我本身提出了质疑。鲍迈斯特（Roy Baumeister, 1987）写过一篇《自我怎么就成了一个问题》的文章，梳理了历史上"自我"这个概念，发现"自我"在大多数情况下并不是什么大概念，没有人整天在说自尊、自我效能、自恋、自我贬低等。

为什么呢？鲍迈斯特分析后认为，在传统上，自我定义过程非常简单，人一出生就把自我定义了，再加上以前固有的衡量标准，把所做的事情放到这个系统里衡量你是好人还是坏人、应该得到大家的表扬还是批评，就非常明确了。所以在历史上，自我并不是一个大问题，每个人都很清楚地知道自己的自我是什么。

现代社会就不一样了，因为自我定义过程变得复杂和不稳定，对于自我有很多指标，而且每一个指标几乎没有固定的衡量标准。最后共识是，每个人都应该采取自己的标准，我的价值是什么应该由我自己来判断。所以人们随时都可以觉得自我很好、有价值。有时也会觉得自己一点价值也没有，因为没有固定的、稳定的衡量标准。

怎么解决这个问题呢？自我决定理论里面确定有一个"自我"概念，但他们其实认为"无我"，也就是说"自我"这个东西不存在。他们把流行的自我观，叫作"实体自我观"。即"我"是由很多化学分子组成的，在空间中占一块位置；"我"有很多社会关系，还有心理、行为。这些加起来就是一个"自我"。自我决定理论认为，应该采取"过程自我观"：并没有一个固定不变的"自我"在那里控制"我"、驱使"我"，或者在锻造一个"我"。"自我"是一个过程，是"我"跟外界发生互动，是"我"做事情、出想法、对事物进行判断、思考过程中的核心机制。

现代脑神经科学实验发现，当你在决定之前，大脑潜意识里已经做出了决定。他们认为有一个"自我"在大脑里进行着理性的思考，并打理我们的人生。但其实不然，它是潜意识到现在还无法解释的机制决定出来的，所以根本不存在那种固定的自我。

如果"自我"只是个过程，那么怎样才能确认它呢？那并不是对自己进行分析，而是对自己进行觉察。当你做事情或接收外界信息时，你的反应是什么、动机是什么、对这些事情是怎么进行判断的、对你引起了什么样的情绪、对它怎样进行理性的衡量和分析、最后做出什么样的行为、给你带来什么样的感受等，这些加在一起才叫"自我"。

所以，真正"自我"的建立是一个真诚、自发、开放的整合过程，而不是一样东西。这个听上去好像很玄妙，一旦你真正理解，你就会发现它能迸发出巨大的力量，让你不再纠结我是谁了，而真正关注的是我要做什么，此时"自我"从一个名词变成了一个动词。

从这个角度来看，我们对于心理学的一些概念可能有了更好的理解，如"自我建构"（Markus & Kitayama, 1991）。这是文化心理学里面一个很重要的概念，是由心理学家马库斯（Markus）和北山（Kitayama）提出来的。马库斯是一个土生土长的美国人，而北山是在日本长大的。他们认为，西方人更多推崇一种独立型的"自我"，就是把"自我"独立于群体之外，是独一无二的，强调自己的内在属性，强调自己个人的目标。而东方文化更多是把"自我"看成依存型的："我"是依赖于群体的，"我"是谁并不重要，重要的是我的社会角色、社会关系，和别人的关系决定了"我"，"我"要对集体负有责任，在自己应有的位置上表现出合适的行为。

你的"自我"是依存型的还是独立型的呢？我们来做一个小测试。

【练习】

你怎么描述自己？

完成下面五个句子：

我是＿＿＿＿＿＿＿＿＿＿＿＿＿＿＿＿＿＿＿＿＿＿＿＿＿＿＿＿

我是＿＿＿＿＿＿＿＿＿＿＿＿＿＿＿＿＿＿＿＿＿＿＿＿＿＿＿＿

我是＿＿＿＿＿＿＿＿＿＿＿＿＿＿＿＿＿＿＿＿＿＿＿＿＿＿＿＿

我是＿＿＿＿＿＿＿＿＿＿＿＿＿＿＿＿＿＿＿＿＿＿＿＿＿＿＿＿

我是＿＿＿＿＿＿＿＿＿＿＿＿＿＿＿＿＿＿＿＿＿＿＿＿＿＿＿＿

自 我 建 构

请看看你在上面这个练习中，更多写的是对于你个人的描述，还是对于你社会角色的描述呢？

我在第一次做这个练习的时候，写的是"我是中国人""我是工程师"，因为那时我还是一个计算机方面的工程师。

当我把这个练习拿给坐在我旁边的一个美国白人工程师的时候，他写的是"我是斯蒂文"，因为他叫斯蒂文。我说你不能写自己的名字，你得写对自己的描述，他想了想写道"我是一个好人"。

可以看出来，我跟他的描述区别非常大。我写的是我的社会角色，他写的都是对他本人的描述。

你写出的这五条描述，假如更多的是社会角色，说明你的自我建构更多是依存型的；如果更多的是对自己特征的描述："我是一个爱好音乐的人""我是善良的"等，你构建的就是独立型的自我。

但有一位土耳其心理学家（Kagitcibasi，2005）根据土耳其这样一个东西方文化交汇的特殊环境，提出自我建构不应是独立或依存这样的非黑即白的分类，而应该根据自主和联系程度，分成四种不同的类型（见图12.4）。

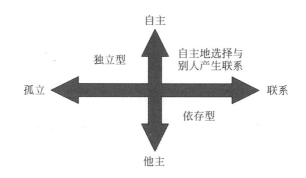

图 12.4　自主—联系双维度的自我建构模型

既自主又孤立，是独立型；既他主又联系，是依存型，他主就是倾向于让别人、权威、家长来做主。这两种都没有"自主联系型"的自我建构更好。自主联系型就是一方面为自己作决定；另一方面又跟别人的联系很紧密。

怎么才能形成"自主联系"的自我建构模式呢？假如把"自我"看成一个过程，那就很简单了。在每天的生活当中，自主地决定跟别人多多产生联系，这便是你的最佳的自我状态。

这位心理学家研究发现，东方国家比较有集体主义文化的人，移民到了个人主义文化环境中，并不会变得非常独立，或者非常依存。在条件允许的情况下，他们都会向更好的方向发展，因为他们是自主联系型的。在自我决定理论的三个基本心理需求——自主、胜任和联系中，经常是环境因素让我们没有办法与其他两者兼得。但只要有可能，人们就会选择自主和联系相结合。其实，只要你不把"自我"看成是固定不变的，而是一个过程，即每天自己选择、自己决定如何帮助别人或接受别人的爱，那就形成自主联系型的自我。

【作业】

请看一看你的 8 周目标,想一想它跟你的自尊有什么样的关系?假如有关系,那么当初你制定的目标是为了提升你的"不稳定自尊"还是"稳定自尊"?

你怎样把它和你的稳定自尊联系起来?比如说,你制定的目标和你的价值观、兴趣、个人成长是个什么样的关系?

请你使用提升自我效能的四个方法——成功经验、他人榜样、正面反馈和身体情绪,来提升完成这个目标的自我效能。

【推荐阅读】

[美]卡罗尔·德韦克:《努力的意义:积极的自我理论》,王芳 译,北京:中国大学出版社,2021。

Kernis, M. H., Grannemann, B. D., & Mathis, L. C. Stability of self-esteem as a moderator of the relation between level of self-esteem and depression. *Journal of personality and social psychology*, 1991 : 61(1), 80.

第13讲 坚毅与自律

坚毅的重要性

美国华裔心理学家杜李惠安是研究"坚毅"的专家（Duckworth, 2016）。她在《坚毅》一书里提出两个公式。第一是"成就"等于"技能"乘以"努力"，即技能越高，成就越高。假如你在技能一定的情况下更努力，成就也会更高。关键在于技能不是不变的，它会随着你的努力而提高。所以她又提出第二个公式，叫作"技能"等于"天赋"乘以"努力"。也就是说，有的人天赋确实高一些，但是如果不努力，那他还不如那些天赋虽然不高却非常努力的人。

如果把这两个公式合并在一起，就得到"成就"等于"天赋"乘以"努力的平方"。天赋和努力都重要，但是哪一个更重要呢？是努力，因为努力的权重是平方。

杜李惠安通过很多研究来证明她的结论（Duckworth et al., 2007）。她调查了所在的宾夕法尼亚大学本科生的坚毅程度，以及他们的学习成绩，发现"坚毅"和学习成绩的相关系数达到了 0.25。这是一个接近中等的显著相关。那么它与这些大学生入学时的高考成绩，也就是美国的 SAT 考试成绩有多大的相关呢？是 0.30，比"坚毅"与他们大学成绩的相关系数稍微高一点点。但当统计 SAT 成绩一样的同学时，"坚毅"跟大学成绩的相关系数是 0.34。所以，"坚毅"与大学成绩是有很大关系的。

不仅是大学，中小学也是一样的。杜李惠安与合作者曾经在芝加哥的 98 所公立学校，对 1.2 万名高三学生做过一个研究（Eskreis-Winkler et al., 2014）。这些公立学校的学生状况非常差，孩子大多数是来自那些不太富裕的家庭，学校也没有足够的经费支持他们，社区也比较破败。在杜李惠安的研究里，1万多名高三学生最后只有4 000多名学生作了有效的回答，可见他们的进取心和助人能力都不算太高。这些学生有45%是西班牙裔，43%是非洲裔，剩下的是白人和亚裔。他们存在一个严重的现象，就是虽然已经上到了高三（公立学校高中一般是四年，所以他们还有一年才毕业），但是很多人却没有办法及时毕业。要怎样才能够预测一个学生能在高四准时毕业呢？杜李惠安发现，"坚毅"能够非常有效地预测一个高三学生是否能在高四时准时毕业。结果表明坚毅程度高的学生及时毕业率要比其他学生高出21%，而且预测效度高于学习责任心、学习动力、标准化的考试成绩等的综合评定。看来，一个学生的考试成绩很好，但是不够坚毅，最后他能够及时毕业的概率还比不上一个考试成绩不算太好，但比较坚毅的学生。

自律的生理基础

怎样才能提升坚毅呢？首先，是要加强自律。罗伊·鲍迈斯特曾经提出过"自律的肌肉模型"（Baumeister et al., 2007）：每个人的自律能力就像肌肉，需要通过不断练习来加强肌肉数量和力量。同样，经常用各种自律任务来锻炼、提升自己，你就会越来越坚毅。其次，肌肉如果用得过度就会疲劳，就像刚刚做了一天很繁重的体力劳动，再轻的东西现在也拿不动了一样。完成一件任务之后你的自律能力也会下降，即当利用意志力来进行自律时，你会损耗掉一部分自律。所以鲍迈斯特才会把自律比喻成肌肉：一方面，是越练越强；另一方面，是使用之后它的能力会下降。

自律并不神秘，只是大脑博弈的表现。在作一个决定时，一方面有杏仁核等情感脑区给出冲动；另一方面，前额叶理智脑区会分析出应该怎么做才是长期利好的。这些会汇总到大脑里的前扣带皮层进行衡量，最后进行决策。当然，实际情况比这还要复杂，它是各种本能和理智在大脑里进行博弈的结果，也就是说，自律就是理智、道德、上进心起了作用；不太自律就是服从了当下放纵的心理和情感冲动。

一、脑神经与自律

如果大脑的理智脑区受到损害,一个人的自律就会下降。在美国有一个很著名的案例,有一个中年男人,是一名兢兢业业的老师,有正常的家庭生活,并和太太、继女生活在一起,一切都很平常。可是从某一天开始,他忽然对其他女性,尤其是女童,产生强烈的性冲动。一开始,他只是上一上恋童网站、看恋童色情杂志。但后来他没有办法控制自己的冲动,甚至想要侵犯继女。他太太忍无可忍,把他赶出了家门,并送他到了矫正所。在矫正所里他也没有改观,明明知道这么做是不对的,而且会有严重的后果,可还是控制不住自己,试图去侵犯那些女护士。结果,他被抓进监狱。但就在被判刑的前一天,他忽然感到头疼得厉害,赶去医院检查,发现他的大脑里面有一个巨大的肿瘤压迫了眼窝前额皮质,而这个部分是与道德自律及决策相关的。也就是说,当肿瘤压迫了这块脑区,使这块脑区的功能不能正常运行之后,他没有办法作出正常的决策,因此才会失去对自己道德的自律。当医生把肿瘤拿掉后,他就恢复了正常,又变成以前那样一个彬彬有礼的守法君子,回归了正常生活。可是没过多久,他发现以前的那种性冲动又回来了。这次他立刻到医院做了检查,果然发现这个肿瘤又开始长出来了。

"自律"其实并不是虚无缥缈的道德上的自我约束,而是由脑神经机制操作的。所以,大脑有一样本领,那就是"神经可塑性"。大脑里神经元之间的连接是高度可塑的,恰恰是这些神经元之间的连接决定了大脑该怎样运转。以前人们认为,一个人成年之后大脑基本上就不变了。但事实远非如此,一个人哪怕到了老年,大脑仍然可以通过学习、练习来改变。

"自律"也是一样,如果经常去做一些自律的训练,经常用理智脑区来约束自己的情感、本能冲动,这部分大脑功能就可以得到更多锻炼,理智脑区就可以对情感脑区有更多掌控,可以在大脑进行决策的时候占据更多的话语权。长此以往,你的大脑就会更加倾向自律,而不是放纵。大脑的这些特性决定了"自律"可以通过练习来加强。

那么,是不是我们每天都给自己各种高强度的自律任务、每天都约束自己,这样自律就会呈指数上升呢?不是。因为"自律"跟肌肉一样,就算是要锻炼,也不能一天到晚泡在健身房里。也就是说,你总是用高强度的任务来锻炼自律,很可能在上午才过了两个小时,就把"自律"耗光了,这个时候,你在后面漫长的一天里反而很难好好地工作和学习。

二、葡萄糖与自律

自律的时候大脑要消耗掉很多葡萄糖。大脑主要靠葡萄糖来运转，很多专家把葡萄糖称为大脑的燃料。鲍迈斯特和盖略特曾经做过这方面的研究（Gailliot & Baumeister, 2007），他们让被试者看一个 6 分钟的视频，其中一些人就是随便看看，而另一些人必须在看的时候忽略掉屏幕下方的字幕。也就是说，他必须控制自己的注意力只往一个方向使。这就是一个自律任务，他们的大脑为此要付出额外的劳动。结果，被要求忽略字幕的人，看完视频之后葡萄糖水平显著下降，而其他参与者则没有，因为他们的大脑是在自动运转，不需要消耗太多的葡萄糖。显然，自律中非常重要的一环就是控制注意力，即把你的注意力集中在当前的任务上，以免受外在的干扰。这个实验证明，自律需要消耗很多葡萄糖。

还有一个有趣的实验——斯特鲁普测试。如果给予两个相互冲突的刺激，大脑就要花费额外的能量来处理这些信息，而不是自动地、快速地给出反应。比如图上的第一个词是"黑色"两个字，但两个字的颜色却是紫色。这时问这个词到底是什么颜色，那你很可能就答错为"黑色"。即使能答出来，你也需要一个更长的时间来回答，因为此时的大脑应该把注意力集中在这个词的颜色上面，而不是它的意义上面。这样的任务也会消耗掉你更多的葡萄糖，因为它需要"自律"。

研究还发现，此前葡萄糖水平比较低的一些人，在测试时犯的错误比较多。而那些还没有好好地自律就来参加这个测试的人，葡萄糖的水平下降得反而不多，但在测试中犯的错误更高。再让不看字幕的被试者参加斯特鲁普测试，他们的表现也变差了。这时，给变差的这些人一杯饮料，一半人给的是葡萄糖饮料，另一半人给的只是溶水的甜味剂。结果，那些真正喝了葡萄糖的人表现变好，可是那些仅仅喝了甜味剂、葡萄糖水平仍然比较低的被试者表现依然较差。这些研究证明，在控制注意力的时候，确实要消耗掉一部分葡萄糖。

对于这些研究也存在一些争议，因为重复实验无法得出同样的结果。为此鲍迈斯特和盖略特总结了这方面的研究，发现那些没有得出类似结果的研究，基本上是因为给出的任务不太有挑战性。如果大脑只是自动地完成任务，葡萄糖是不会下降的；一定是遇到比较难的任务，大脑必须主动地集中注意力，这个时候大脑才要消耗掉更多的葡萄糖。有些研究是因为被试者的葡萄糖水平已经比较高，再补充葡萄糖，自律也不会有明显的提升；相反，必须是在个体葡萄糖已经被消耗掉了一部分，以至于自律可能有明显差异的时候，再给一些葡萄糖补充，才会得到那些实验结果。虽然这项研究仍然处在发展中，但是目前大部分研究结果是支持鲍迈斯特的结论的，就是葡萄糖的水平和一个人的自律息息相关。

三、醉酒与自律

酒精会损害自律，这当然有很多原因。鲍迈斯特和盖略特提出，酒精会损害人体葡萄糖的新陈代谢，喝酒太多的时候，体内的葡萄糖水平就会下降，自律就会变差。这是一个恶性循环，即葡萄糖水平越低，自律越差，戒酒的可能性就越低。这就是戒酒这么难的一个原因。

这些研究成果也被应用在实际生活当中。既然葡萄糖和自律有关系，有人做过实验，在学校不让学生吃早饭，是不是他们的自律就会下降呢？于是，他们就让一组孩子吃早饭，另外一组孩子不吃。结果发现，那些不吃早饭的孩子在课堂上更加捣蛋、更加难以投入学习。在上午过去一半的时候给这些孩子吃顿饭，他们在后一半的课堂上的表现和正常学生的差异就消失了。因此，美国很多学校，尤其是那些贫困地区的公立学校就推出了一个服务项目：免费早餐。结果发现，就是这么一个简单的措施，学生此后上课时候的注意力就非常集中了。

如何提升自律呢？就是让大脑处在最佳的生理状态，这时的自律自然就会提高了。也就是说，并不一定要靠道德教诲、价值观、别人的鞭策，只要通过改变生活习惯，使身体包括大脑处在一个更好的状态，自律就会提升。

另外，还有几个比较重要的因素会影响自律。

（1）睡眠。睡眠是否充足对于大脑有很大的影响。睡眠不足，大脑激活状态要比睡眠充足的情况下差得多，这时大脑不能保持一个最佳的运转状态。不仅如此，睡眠不足对于大脑有一项特别的损害，那就是它会使前额叶和杏仁核之间的连接变得更加脆弱（Yoo et al., 2007）。前额叶是"决策机构"，而杏仁核是情感脑区的核心，并不断地发出一些愤怒、害怕等信号，会让我们作出本能的、满足于短期冲动的决定。平时前额叶和杏仁核连接得比较好时，前额叶就可以更好地遏制杏仁核的冲动，从而作出更加理智的决定；但是在睡眠不足的情况下，前额叶和杏仁核的连接就会变差，这时理智脑区就比较难以控制情感脑区，会在负面情绪、懒惰等影响下作出违背自律的决定。所以，提升自律的方法之一就是保障充足的睡眠，千万不要经常熬夜。

（2）锻炼。这方面的研究非常多，如有一项研究发现（Drollette et al., 2014），假如让一些学生在做题之前出去走20分钟（不是剧烈锻炼），大脑就会发生显著的变化。所以，很多学校为了提升孩子的注意力，都大力开展体育活动。比如，在芝加哥，有一所学校让学生每天来到学校之后先到健身房里跑一跑，结果收到了奇效。上课之前先去运动的学生的成绩，明显比上完课之后去运动的学生提升很多。因为事先运动后，大脑会处于一种比较兴奋、激活的状态，在上课的时候会更加集中注意力，效率也会更高，成绩明显提升。当然，运动对于孩子的好处远远不只限于自控力，还有其他很多好处，而且运动本身其实也锻炼了身体的自控力。

（3）压力。大脑在压力下运转状态会不佳。因此，压力越大，就越要好好地约束自己、激励自己，把事情做好。压力太大的时候自律反而会受到影响，人反而更加容易放纵。

（4）冥想。冥想可以让前额叶和大脑的其他部分连接更多，说明前额叶能够对于大脑其他部分产生更大的影响，从而可以作出更加理智的决定。经常冥想的人的自律一般都比较强，比较理智，很少会冲动。

（5）饮食。自律在很大程度上取决于目前的葡萄糖水平，所以需要保证葡萄糖供应充足。我们平时常说"早饭要吃饱，午饭要吃好，晚饭要吃少"。早饭吃得饱，才能保证早上能够精力充沛并自律地投入工作。但如果晚上正好有一个重要工作，那也不要吃得太少。比如，由于时差，需要在夜间和外国人进行重要的视频会议，或者在晚上12点之前要提交报告，晚饭就不要吃得太少，以确保葡萄糖的供应。

那么，是不是为了自律，就要吃那些能够供应大量葡萄糖的食物呢？也不是，这要看这些食物是低糖食物还是高糖食物。高糖食物是那些能够很快被消化系统分解、吸收、吃完后体内的葡萄糖水平马上上升、又会马上下降的食物。典型的就是精米、精面、精加工食品，其里面很多粗纤维都已经被去掉了，吃完之后很快就会感到自己的葡萄糖上升，可是又会很快降下去。在吃完这些食物的大部分时间里，血糖浓度其实是比较低的。这种高糖食物还包括零食、方便面。我们应该吃更多的低糖食物，它消化吸收得比较慢，吃完之后葡萄糖水平只是缓慢上升，过了很长时间血糖才会达到峰值，下降也是缓慢的。所以在吃完之后的大部分时间里，血糖会维持在一个比较高的水平。比如，那些全麦或粗粮，保持了很多纤维素；大部分的蔬菜、水果、坚果；优质蛋白质，如鱼肉或瘦肉等。这些低糖食物能够更好地使葡萄糖保持在一个长时间的稳定水平。

通过睡觉、锻炼、饮食、冥想等，可以使身体保持在更好的状态，而身体处在更好状态的人，大脑运转也更好，自律也会更强。

坚持的策略

要想提升自律，只是在身体方面用功还不够，还应该采取一些有意识的坚持策略。这里介绍常见的五种策略。

（1）制订一个正确的目标。为什么在很多时候我们没法坚持？因为这个目标本身就让我们难以坚持，比如，挑战太大。有时候我们认为既然要自律，就要提出一个高标准的目标。而那些真正自律的人，虽然有一个很高的目标，但他们都会把那个大目标拆成一个个小的、每天可以做到的、明确的目标。比如，明天就想去跑马拉松，这样的目标是没有办法达到的，应该设计一年之后去跑马拉松，这样才可能达到。也不要定一个"我也不知道今天到底做到了没有"的目标，比如"我今天要做到最好"，可是你到了晚上回顾今天的时候，到底有没有做到最好呢？说不清楚。但如果说"我今天要花两个小时读英语"，这就是一个容易实现并可以检测的目标。同时，你也可以利用第9讲里提到的SMART原则。

（2）构建一个良好的环境，即自律不只是要依靠自己。有一个研究发现，要想让人少吃零食，最简单的方法就是不要把零食放在桌上。研究人员让被试者把零食放在抽屉里，结果发现他们吃零食的概率大为减少，因为诱惑不在眼前了。不要试探心里的魔鬼，人都是软弱的。也就是说，不要拿坏的东西来试探自己。因此，假如你真想有一个更加健康的饮食，就不要把巧克力放在桌上。假如你真想健身，就要制订一个很好的锻炼计划，甚至改变上班路线——本来在上班路上有一家蛋糕店，你每次经过它时总是被诱惑，于是上班时都在想着下班后到这家蛋糕店里面去大吃一顿，那么你为什么不改变上班路线，让你每天都经过一家健身房呢？当每天经过的时候，看到里面的人在挥汗如雨地锻炼，会给你更强的锻炼动力。在看电视的时候，把茶几上摆着的零食换成一根拉力带，这样就可以一边看电视一边锻炼，而不是吃东西。把那些能够激发你做好事的东西放在面前，把心里美好的一面引出来，而不是那些能诱惑你的坏事。

人际环境就是别人和你的关系，从某种程度上讲，这是更重要的环境。当你觉得需要坚持、自律的时候，可以从别人那里得到支持，比如请别人监督，或者与大家一起朝自律目标去努力。你会发现，这样你能够达到目标的概率会大幅提升。再比如，自发地成立一个"自律打卡群"，每个人说出自己当天的目标。大家的目标不一样没有关系，只要每天都在这里面打卡就好。人本质上是社会性动物，孤独地坚持有时候会很难，可一旦有一大群人在一起坚持，这不仅能够增加你坚持下来的动力，而且也会变得更好玩。

（3）预先想好各种情况以及不同的应对场景，使自己变得更自律。有时候定的目标可能是太理想了，在实现这个目标的过程中可能会出现各种意外情况。这时，我们应该用事先已经想好的计划来应对。比如每天都要锻炼脚部力量，计划就是每天早上慢跑半小时。但有时候早上来不及怎么办？那就在下午跑；如果下午也没有时间怎么办？那就在办公室里放一个能站立办公的设备，然后单脚站立办公半小时。如果以上这几点都没有做到怎么办？那就晚上少吃一点，在睡前慢跑。假如这个也做不到，那就晚上再单脚站立……即用很多"如果……就这样"的方式，去应对各种意外情况，这样就不会随着自己心里的一时冲动，去做降低自律的事情。大脑的理智脑区是很听情感话的，当情感和本能需要作出了一个决定时，理智很容易就给它们找一些理由："这么做也是可以的""今天不自律一下也没有关系"……这个时候，以前的自律很可能就前功尽弃了。但在此之前你已经把"如果是这个意外情况，我就这么做""如果是那个情况，我就那么做"都想好，这时大脑也没法说服自己，理智脑区只好强行逼着自己去做那些自律的事情。这个做起来挺烦琐，但习惯就会成自然了。

（4）习惯也一个策略，即依靠习惯的力量。习惯就是大脑的自动反应，不再是由理智脑区进行考量应该这么做、应该那么做，或者是情感脑区和理智脑区为达成一致进行一番大战。一旦形成了习惯，大脑就会对当前的场景作出自动反应。比如，睡觉前你会自然而然地去刷牙。对于孩子来说，他没有这样的习惯，要让孩子养成这样的刷牙习惯是非常难的，但是，一旦习惯养成，你就不用再提醒他，因为如果晚上不刷牙他会觉得难受。习惯一旦养成，它不再损耗你的自控力，你可以把宝贵的自控力腾出来去做其他的事情。这一切还是建立在"神经可塑性"的基础上的，在某种场景下反复做某件事情的时候，大脑就建立了一个回路，下次一旦大脑又接收到同样场景的刺激，它就会自动地做那件事情，而不损耗"自律"。为了建立习惯，应该先易后难，先让大脑对于场景有一个小小的反应。

比如跑步，你可能确实很讨厌跑步，而且一开始跑步能力也不强，跑不长，怎么办？可以每天设一个固定时间，比如，每天早上起来之后去跑步，但不要跑太久，5分钟、10分钟。关键在于让身体开始慢慢形成习惯，就是每天早上都要跑一跑。然后慢慢地跑得越来越多，这个习惯就能建立起来，甚至以后不跑身体还难受。

（5）最后一个策略是不要纠缠小事。"自律"就像肌肉，每次用它都会损耗掉一部分，以至于再做下一件事情就不太"自律"。所以，假如你在小事上面花掉了太多自律，在后面的大事上就可能没有足够的"自律"。比如穿衣服，这个事情看上去很小，但是你每天早上在一堆衣服之间选择的时候，也是信息收集、权衡、判断和决策的过程，也会消耗掉一定的葡萄糖。乔布斯经常是穿一件黑T恤，扎克伯格永远是穿着一件套头衫，他们省掉了一天当中有可能损耗他"自律"的一件小事，从而可以把"自律"更多地用在大事上。鲍迈斯特建议：首先，我们要给那些冗长、乏味的任务严格规定时间。比如收拾房间，可以花一天，也可以只花一个小时。假如有一样任务花费时间可长可短，那还不如干脆给它规定一个比较短的、严格的时间；其次，假如有一件事情非常重要，那么在给这件事情留出的时间里不要再做其他的事情，一旦做其他的事情，很可能就把注意力消耗了，使你没有足够的"自律"来做这件重要的事情；最后，既然知道会在其他事情上消耗"自律"，就应该注意自己的损耗水平，了解自己的极限。比如，你现在忽然之间烦躁了，此前还能够应对各种场景，可是现在轻易就会发怒，或者忽然觉得现在有一个强烈地想去放纵自己的冲动，这很可能就是"自律"消耗到了一定的水平，葡萄糖已经下降到很低了。这时，应该做一些事情来补充自律水平，无论是吃一些东西，还是做一些你喜欢的事情，以便把"自律"补充回来。如果在没有补充的情况下，不要再做那件非常重要的事情了，因为这个时候自律水平比较低，如果再作出重要的决定，很可能将来会让你后悔。

避免过度追求完美主义

完美主义有以下五个维度。

第一个维度：犹豫迟疑。为了达到完美反而没有办法开始做事，即这样做不太对，那样做也不太对，总没有一个完美的方案，因此没有办法开始。

第二个维度：害怕失败。对于完美主义者来说，失败的打击是灾难性的，他什么事情都要做得好，因此任何一点失败都是难以接受的。

第三个维度：过度谨慎和仔细。因为要达到一个完美的结果，所以每个方面都要非常小心地做好，任何方面的失败都是打击。

第四个维度：过度计划和控制。怎样才能完美？当然是把这一切都计划好，然后在控制之内往前推进，最后达到完美的结局。

第五个维度：极高的目标和标准。完美主义者一切都要做得比别人好，恨不得达到世界上最佳的结果，才能够心满意足。

显然，这五个维度对心理健康都不利。图13.1展示了它们和一些负面心理的相关性：焦虑、抑郁、强迫、羞怯、害怕否定、畏惧权威和低自尊。可以看到，这五个维度与负面心理正相关。这五个维度表现越强，就越可能产生这些负面的心理压力。完美主义者经常会出现各种心理问题，这不仅是由情境决定的，而且还来自要把这个任务做好的压力，这与完美主义追求有关。

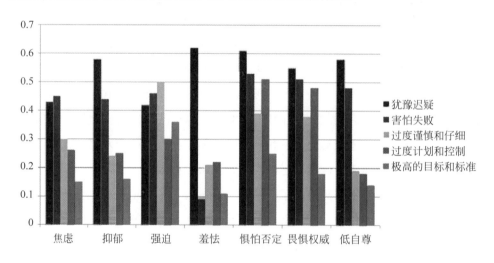

图13.1 完美主义的五个维度与负面心理的相关性

追求完美本身没有错，谁都想把事情给做好，但如果过度了就会造成伤害。哈佛大学积极心理学课的讲师泰勒·本-沙哈尔写过一本书《幸福超越完美》（Ben-Shahar, 2009），他在书中总结说，完美主义者会过度地害怕失败。没有人喜欢失败，但是正常地讨厌失败与极度地恐惧失败是不同的。讨厌失败会激励我们采取必要的预防措施，并且更努力地工作以获得成功。相反，恐惧失败却通常使我们停滞不前，让我们因为害怕失败而放弃挑战对成长很有必要的一些风险。这种恐惧不但令个人表现大打折扣，而且还会损害人们的心理健康。

这方面的例子非常多。比如，一些在我们心目中非常成功的人，在成功之后会更加害怕失败，甚至遇到一点点失败都会让他们作出极端的选择。有人做过调查（Hatoff & Writer, 2012），在哈佛学生中，每10万人就有超过20人自杀，而在美国的同龄人当中，每10万人大概有五六个人自杀。哈佛学生的自杀率是同龄美国人的四五倍，这让人触目惊心。哈佛学生为什么容易自杀？因为他们接受不了失败。哈佛的校刊曾经登过一篇文章专门讨论自杀问题，一开篇就引用了一个试图自杀的学生的话："我觉得，要我接受失败，还不如死了好。"他们此前太成功了以至于引起了完美主义倾向，遇到一点点的失败都会受不了。

这种完美主义倾向显然对人的心理影响是非常不利的。许多心理学家提出了"最优主义"，就是把事情做到当前环境能够允许的、比较好的情况就可以了，并不要求完美。

"完美主义者"和"最优主义者"在很多事情上都有着鲜明的对比（见表13.1）：完美主义者不接受挫折，他认为，我有如此强大的能力，别人如此仰慕我，我要维持我在别人心目中的完美形象只能成功。而最优主义者认为，成就与环境息息相关，别人的支持、环境因素的变化，包括运气都可能对事情造成起伏。所以最优主义者会认为获得成功的途径不是一条直线，而是螺旋式、曲折的。

表 13.1 完美主义者 VS 最优主义者

完美主义者	最优主义者
不接受挫折	螺旋式前进
关注结果	关注结果和过程
害怕失败	接受失败，从失败中学习
非黑即白	灵活、实际、多变通
对批评持防御态度	接受批评
挑剔别人	欣赏别人
苛刻	宽容

完美主义者只关注结果，认为只有结果才能证明自己的强大、完美；最优主义者不仅注重结果，也关注过程，因为在过程中自己才得到提升。

完美主义者害怕失败，而最优主义者会接受失败，并从失败中学习。因为他知道自己这次失败可能只是运气不好，或者受环境因素干扰，并不能否定自己的能力，重要的是要从中吸取教训，明白该怎样才能够做得更好。因此，泰勒·本－沙哈尔引用了他老师艾伦·兰格讲过的一句话："逆境并不总是坏事，它可能显现出更多的选择和启发，这些在顺境中往往无法被意识到。"但完美主义者认为，逆境否定了自己的价值——"原来我不完美"。而对于最优主义者来说，失败反而是一个获得反馈的良机。在完美主义者心里，这个世界是非黑即白的。要么成功，要么彻底失败；要么完美，要么一无是处。在最优主义者眼里，这个世界是灵活多变的。他们对事物的看法更加接近实际，就像白色是由红、橙、黄等七种不同的颜色组成的一样，这个世界其实非常复杂。

完美主义者对于批评带有防御性，他们认为：批评我就是在否认我的价值，我当然要进行反击。而最优主义者会接受批评，并觉得批评是环境对自己的支持因素——我听听有什么道理，这样下次可以做得更好。

完美主义和最优主义对于别人表现的态度也不同。完美主义者在逃避自身缺点的同时，也会经常想办法去挖掘别人同样的缺点，因此对别人更加挑剔。最优主义者会更加欣赏别人，因为他们对自己和对别人往往都是用同等方式，他们对别人会更加宽容。

完美主义者的最终表现也不如最优主义者。他们好像总是在追求完美，但做事的最后结果反而更不完美。

（1）完美主义者不敢冒险。他们总是想要控制好所有事情的每一步，非常谨慎、小心，就怕出乱子。

（2）完美主义者的拖延症更严重。他们总是在预期能得到一个完美的结果时才会动手去做。一旦他们觉得现在这个事情好像还不能够得到最好的结果，那么他们就不会去做。比如，有个心理学专业的学生在写博士论文的时候，总是觉得这个题目太小、那个题目没有意义、其他题目没有突破性，所以他拖了好长时间，也没开始写自己的博士论文。后来他的导师跟他说："你知道吗？博士论文其实只是你人生中第一篇重要的论文，你并不想自己一开始就取得最大的成功，以后总是在走下坡路，对不对？你不应该把博士论文写得尽善尽美，而是只要把它写出来了就行了。"完美主义者总是想一出手就赢得满堂喝彩，能解决世界上所有的问题，结果他们反而更少出手，更少行动。

（3）完美主义者很难从失败中学习。他们从失败中更多地看到的是对自我的否定，而不是从中得到经验教训，更不会接受别人的意见，他们对于别人的意见更多的是反击、防御。完美主义者总是处在非常大的压力之下，总是焦虑，当然没办法达到最佳的表现。

（4）完美主义者不能有效地利用时间，因为他们想在所有的事情上都取得成功。有一个所谓的"80/20 原则"：很多事情只要投入 20% 的精力，就大概能够获得 80% 的成效；但假如你想要达到 100%，那你就要额外付出 80% 的精力。比如，把英语学好，你可能投入 20% 的精力就可以达到班上平均、甚至靠前的水平了。但是假如你想要成为全校第一名，那你就要投入额外的、甚至所有的时间，可能还不一定够。同时，还有数学第一名、语文第一名，这么多目标怎么办？完美主义者往往是在这个目标全心投入，那个目标也全心投入，结果所有的战线都崩溃，或者只在一些小事上做得很好，却忽略掉了更重要的事情，反而最后的表现会更不好。

那么，如何战胜完美主义呢？第一，应该提出合理的目标，不要一下子提出一个能够证明完美的目标。一定要切合实际，不要想着让别人"惊艳"，才更可能开始迎接挑战。第二，合理分配时间，记住"80/20 原则"。把事情分好优先度，对于人生中最重要的事情，可以投入更多的精力把它做到 99%，但是大部分事情投入 20% 的精力，做到 80% 就可以了。如果你要在所有的事情上都想做到 99%，反而都做不到。第三，先不要想太多，做起来再说。不要想着要制订一个完美的计划，并要等到外面所有的环境因素都能够提供完美的支持才开始，那样的"东风"可能永远也不会吹来。先去把事情做起来再说，哪怕是小小的、很不完美的。第四，要意识到没有人是完美的，那些完美的偶像，比如乔丹、林肯、爱迪生，在他们巨大成功的背后都隐藏着无数的失败。

乔丹曾经说过："在我的篮球生涯中，投篮不中的次数超过了 9 000 次；我输掉的比赛超过 300 场；有 26 次我确信将拿下比赛，最后时刻投出关键一球，却没有投中，球队因为我而输掉比赛。我的一生不断地失败、失败、再失败，这就是我成功的原因。"如果他追求完美，他可能早就放弃了。

林肯的失败纪录史就更加惨重。他在 22 岁时失业；23 岁时竞选州立法议员失败；25 岁时做生意惨败；27 岁时得了焦虑症，精神几乎崩溃；34 岁时竞选众议员又失败了；39 岁时再次竞选众议员，还是失败；46 岁时竞选参议员又失败了。这么伟大的政治人物，政治表现也远称不上完美。

爱迪生仅仅发明电灯就使用了 6 000 多种材料，一生中至少失败了 1 万次，但是他说："我并没有失败过 1 万次，只是发现了 1 万种行不通的方法。"这其实就是从最优主义的角度看待事物的证明。

最后，就是拥抱失败。不要把失败看得那么可怕，它不会一下子就摧毁你，不会一下子就让你变得一无是处。艾伦·兰格说："当人们允许自己审视错误，并且看到这些错误可以教会他们的时候，他们会对自己和这个世界更有觉察力。"她建议我们写下一个自己失败的事件或情形，并描述一下当时的感受，以及现在写下它时的感受。这么多年过去了，时间是不是改变了你对这个事情的看法？那次经历让你得到了什么经验教训吗？能不能想出这次失败给你带来的其他好处，这会不会让这次经历变得具有价值？这个失败把你打垮了吗？你因此就变得无法被别人接受了吗？你会发现，这些都不一定。

兴趣的重要性

我们前面讲了坚毅当中的坚持，但杜李惠安认为，坚毅还来源于兴趣。她给自己《坚毅》一书取的副标题是"释放激情与坚持的力量"。也就是说，她认为坚毅不仅仅来源于坚持，同时还来源于激情。我曾经就这个问题采访过杜李惠安，下面是我们的对话。

我：对于"坚毅"，我们需要考虑文化因素吗？比如，好像中国人更关心"毅力"，而美国人更关心"热爱"。

杜李惠安：有很多中国高官、名人跟我讨论过"坚毅"。他们不断地对我说，中国文化已经解决了"毅力"的问题，并有很多榜样。这是一个强调努力的文化，我想没有人会不同意这一点。但据我所知，坚毅地热爱是指你爱上了一件事情，而且一直爱着它，是出于内在动机而想做它，并不是出于顺从别人的意愿和欲望。对于这点我其实很理解，因为我父母都是在中国长大的，所以我可以从中国文化中获益。再探讨一下"热爱"，它是指你出于兴趣和价值而爱上一件事情，而不是出于别人觉得它重要。这里的心理机制是什么？

我：对于中国父母来说，如果他们想要提升孩子的坚毅，他们是否应该更多地关注热爱，关注一件事情的价值和内在动机呢？

杜李惠安：有趣的是，如果你研究兴趣，你会发现"兴趣"出现在艰辛工作之前。所以，如果你想看一个人是如何在成年后变得非常坚毅的——我称之为坚毅榜样，一个在做事时体现了热爱和毅力的人，先让我们把时间拨回到他们的童年。当他们在 6~10 岁的时候，你会发现他们开始探索兴趣。在这个发展兴趣的阶段，他们并不是在没日没夜地干活，也没有超级自律和专注，他们只是爱上一件事情而已，有些科学家称之为"浪漫期"。所以，我想我要强调的是，尤其是对于那些早就知道努力、吃苦重要性的家长，在你要孩子努力、吃苦之前，需要让孩子爱上它。如果你想拔苗助长，而且是你想让你的孩子去做，而他们并没有发展出动机，我认为，从长期看你孩子很可能不会全身心投入，而且不幸福。我有个有趣的发现，就是我采访过很多"坚毅"的榜样，他们中没有哪一个的父母真的是虎妈狼爸，整天给他们下命令。那样长大的孩子是会取得一点成就，但最终不能成为本领域最好的。

我：说到虎妈狼爸，你对《虎妈战歌》书里的育儿哲学怎么看？

杜李惠安：我感觉每个人对虎妈育儿哲学都会有不同的诠释。我要说，有一点我是同意的，就是艰辛付出。《虎妈战歌》里有一句话说："不是说你喜欢一样东西就一定能把它做好。绝大部分人在自己喜欢的事情上其实水平很烂。"我同意你必须努力付出无数小时的练习（经常是乏味枯燥的），才能使一件事变得更好。而当你真的能把一件事做得非常好时，你会产生那种独一无二的满足感。但我不同意的是，至少是从我对这本书的理解上（当然别人可以有不同的解读），她忽略了孩子到底想要什么。你的孩子到底对什么感兴趣？我来说说我自己的女儿，她拉中提琴，13 岁，叫露西。她练中提琴很刻苦，技术越来越好。但我在过去几年里注意到，她对烘焙萌发出了很大的兴趣。你知道，这可不是中国父母所希望的经典方向。那我怎么办呢？我真的鼓励露西把烘焙当成一个热爱来发展。因为她喜欢，到了星期五晚上她就看烘焙视频，星期六早上起来就会琢磨她今天要烤点什么，然后星期天阅读烹调书。对我来说，为什么不让她去努力练习一件她已经爱上的事情呢？这并不是说她就不能练中提琴了，她两个都想要。但我想观察我的孩子，看她对什么感兴趣，这个对我来说，是和让她艰辛付出一样重要的。

我：那么，你对想要提升孩子"坚毅"的中国父母有什么建议吗？最好是实用方法，无论是否在这本书里提到过。

杜李惠安： 我的第一个建议是，自己要做一个"坚毅"的榜样。我有两个孩子，我先生也经常为她们示范"坚毅"。我们有热爱有毅力，我还会跟我的女儿们分享成就，虽然成就不多。比如，我写了一本书，卖得还不错，她们和我一起享受这些成就，而且是近距离、第一手地看见了我那些不那么成功、富有挑战的时刻：我们暑假出去游玩时，我正在写书中很艰难的一章，我都写哭了，她们醒过来就看见我在哭。因为当时我感觉非常挫败，我花了两个星期来写，吃饭时间、周末，我什么都不管不顾，就是写书。她们看见了这些，就是给了她们一个为你热爱的事情努力付出的现实例子，这是第一个重点。我以前提到过，这也很重要，就是要关注你孩子的兴趣并给予尊重。如果他们对医学不感兴趣，就不要因为那是个更现实的职业选择逼他们去医学院，这是第二个重点。第三个重点，我发现这一点非常有益，就是其他成年人，不是我或我先生，而是像老师、教练，他们也能帮助孩子发展出热爱和毅力。因此，非常重要的一点是，我们作为父母，要让孩子能在其他关心他们的人的推动下去做那些他们目前还做不了的事，同时也支持他们在这方面的成长。这在他们离开家以后尤其重要。

杜李惠安在自己家里开展一个叫作"家庭难事"的活动，每个人都要选择一件非常难的事情来做，以此来锻炼毅力。要注意的是这件有难度的事情是每个人自由选择的。自己可以出于兴趣去选择烤蛋糕、跑步、学小提琴等，但是在选择之后到完成之前就不能退出了。比如，要在一年之内去跑马拉松，那在跑完马拉松之前就不能退出，但是在完成之后可以选择是否继续。

我在我家里也用过此法，因为我家老大在成长过程当中也对各种事情表现出极大兴趣，于是我就让她去上各种各样的兴趣班。比如，她有段时间对围棋感兴趣，我就给她报了一个围棋班；对跆拳道感兴趣，我就给她报了跆拳道班。但每次给她报班之前我都跟她说："给你报班的钱，也是爸妈辛苦赚来的，你既然对这个东西感兴趣，就要好好上。同时，在这个班结束之前你是不能退出的，每一堂课没有特殊的理由你都必须要去。当然，上完之后如果发现这个东西不是你的激情所在，那就可以不再去上。"用这样的方法，我们就可以筛选出一个孩子真正的兴趣，因为孩子的兴趣跟后天的培养有很大的关系。怎么样培养呢？是父母选中一个方向，觉得孩子有这方面天赋，就让他往这个方向去发展吗？不一定，因为你的选择很可能是错的，最好的方法是让孩子在各种各样的机会当中都试一试，这样他们才可能找到自己真正感兴趣的事情。

但是，孩子经常会浅尝辄止，遇到一点小困难就容易退出，这个时候就需要父母在后面加一把劲："你对这个东西感兴趣是一件好事。但是在你感兴趣、提升技术的同时，也会遇到困难。在遇到这个困难的时候，爸妈有义务帮你一把，让你克服这个困难。"在第9讲说过，应该保持技术不断上升，挑战也不断上升，这样才一直在福流通道当中，而且这个福流的复杂程度越来越高，会给你带来越来越畅快的感觉。所以这个时候要强迫孩子去做这件事情，因为是他一开始答应的，是他自己的选择。兴趣不仅仅是喜好，也包括坚持，如果对这个事情不能坚持，说明不是真的感兴趣。起初，孩子没有办法坚持，这时需要你的帮助，从外界提供压力，促使他克服困难把这件事情坚持下去。当孩子的技术提高到了一定的程度，在自己努力投入、战胜困难后，也觉得很好玩，这时他对这个事情才会更感兴趣。还有一种可能，他做完这一切之后仍然不感兴趣，那就该放弃了。

价 值 观

为了保持坚毅的激情，不仅要有兴趣，还要有目标。曾经有人采访杜李惠安，问怎样才能够更好地提升孩子的坚毅，她给出了一个建议，就是从更大的图景出发，帮助孩子找到自己更宏大的终极目标。

第一，当看到事情的意义时，就会更加有动力。在第10讲讲过，这会产生更多的认同动机和整合动机，让你知道自己做这个事情不仅是为了目前的一点利益，而且对于这个世界有贡献，这样你会更加愿意坚持；第二，精力和毅力都是有限的，不要把时间和精力消耗在那些对于你的目标根本没有贡献的事情上面，即把所有的精力都集中在最重要的事情上面。这就需要分析每一件事情的目标和性质，然后舍弃那些不重要的，以便集中精力。也就是说，当认识到在目前看来比较烦琐的小事，但今后它会有最重要的贡献时，你会更容易坚持。

在《持续的幸福》这本书里有这样的一个故事：塞利格曼被美国陆军邀请去作积极心理学培训，跟他一起做这件事的是一位叫朗达·康纳姆的准将。他们一起参加活动，别人提了一个要求："用不超过25个字写下你的人生哲学。"塞利格曼是心理学家，并毕业于普林斯顿大学哲学系，但对于这个问题却不知所措，此时他不知道该写什么。这时他发现，康纳姆准将提出一个非常明确而又简短的人生哲学："第一，把你的目标按优先级排序，比如一、二、三。第二，舍弃。"也就是说，他一辈子就只做两件事情。

你留什么目标、舍弃什么目标，尤其是那些最高级的目标，这就又回到了我们以前的话题——价值观。价值观就是在对你的目标进行排序。我们此前也讲过，一个人在工作的时候，如果他从这个工作当中看到了价值观，看到了意义，那这个工作对他来说就是一个使命。假如你从中看到了自己的发展，那只是把它看成了一个职业。假如你只看到了钱，那就只是打工。显然，只有把工作看成使命，才能从工作当中得到最多的满意度，也能够在工作中表现最好。

艾米·瑞斯尼斯基说："人生使命并不是让你找到一个完全成型的东西，它更多是动态的。无论你做什么工作——看门人，还是 CEO，你都可以不断地审视自己，思考如何和其他人连接，如何和更广阔的世界连接，如何展示你内心深处的价值观。"为什么那些把工作看成使命的人，表现会更好，也对工作更满意呢？因为他们在工作当中实现了自己的价值观。"人生使命"是一个动词而不是名词，不是说每天要坐在那里苦思冥想"我的人生使命是什么，如果我找到了，从此人生就会过得很有意义"。不是。它是你每天都在响应自己内心的那种召唤，每天都在做这件事情，这个过程就是你的人生使命。像本书此前经常说的，"幸福"不是一个名词而是个动词，同样"自我""价值观"也是一个动词而不是名词。在每天做事的过程当中，你选择了这个，放弃了那个，在两个机会并存的时候，你决定去做这件事情，而不是做那件，这样的过程就由价值观所导致。如果你认为家庭很重要而钱不重要，可是实际的表现是你每天晚上出去应酬，忽略了你的家人，这种行为才反映了你的真实想法。所以价值观决定了你在做什么，而不是脑中认为什么重要。这一切也都体现在坚毅上面，价值观和使命让你更加能够坚持，让你每天都不停地去选择做那些自认为最有价值的事情。反过来，假如这件事情关乎你的人生使命，当然也就更容易坚持了。

王阳明说："知而不行，只是未知。"认为这个事情重要，却不去行动，说明你并不是真的知道这个事情重要。这就是价值观对于坚毅的重要性。

把价值观和兴趣结合在一起，我们就又回到了自我决定理论，它们构成了内在动机、整合动机和认同动机，综合起来就是自主动机，这一切都来源于激情。坚毅不仅仅来自自律，还来自我们的自主选择，这才是内心真正的召唤，才拥有把一件事情坚持下去的激情。

成长型思维

杜李惠安认为,"成长型思维"对于坚毅有促进作用。

什么叫"成长型思维"?看看你同意下面这两句话中的哪一句:"一个人的智力、才能、优势可以靠自己的努力去大幅提升。""一个人的智力、才能、优势主要是天生的,后天的改变余地不大。"

前一种是"成长型思维"方式,认为一个人的智力、才能、优势可以靠自己的努力来提升、成长。后一种是"固定型思维"方式,认为一个人的智力、才能、优势是固定的,成年之后很难再提升。

具有成长型思维的人觉得自己只要努力,就能够变得更好,就能够改变外界,所以他们更乐观,也就更加坚毅,更加愿意坚持下去。另外一个可能的中介途径就是成长型思维比较强的人有更好的自主动机。他们做事情更多是出于激情,他们会拥有更多的内在动机和整合动机。在这些自主动机的驱使下,他们更容易坚持,从而提升了他们的坚毅。

"成长型思维"是从哪里来的呢?斯坦福大学的卡罗尔·德韦克(Carol S.Dweck)做过很多研究(Mueller & Dweck, 1998),她发现对孩子进行两种不同方式的表扬可以影响他们的思维模式。她把一些孩子放到实验室里来做一些测试,做完之后,夸一组孩子"你真聪明",夸另一组孩子"你真努力"。对于前者是在提示"固定型思维":你表现好是因为你的智力超群,其在短期内不会变。对于后者是在提示"成长型思维":你的表现主要是靠你后天的努力来改变的。在启发了这两组孩子不同的思维模式之后,德韦克就让他们再选择一套题去作答,有难的,有简单的。结果被夸"聪明"的孩子选择了简单的题,因为他们被夸聪明,当然选择一个简单的任务,轻松愉快地把它解出来,以此来显得自己更聪明。但是被夸"努力"的孩子选择了难的题,因为更难的任务就需要投入更多的精力,他们就可以更加努力地去做这件事情,这样他们就觉得"我变得更努力了"。

德韦克还认为,假如再给那些"聪明"的孩子做非常难的题,他们可能会放弃,而那些"努力"的孩子可能会坚持。"聪明"的孩子在遇到难题时的反应是:"这道题太难了,超过了我的聪明范围。所以这道题我解不了,那就放弃吧。"但是"努力"的孩子的反应是:"这道题好难啊,我需要更加努力才有可能把它解开。"所以他们会投入更多的时间去坚持。事后德韦克问所有的孩子:"你喜欢这些难题吗?""聪明"的孩子说不喜欢,因为他们没有解出来,并觉得受到了挫折。但是"努力"的孩子却说"很好玩啊",虽然没有把题解出来,但是他们花了好多时间、精力去做,所以觉得挺有意思。还有一个更有意思的区别,那些"聪明"的孩子会对成绩说谎:"这道题我今天是没有解出来,但是以前我在家里做出来过。"他们为了维持自己在别人心目中聪明的形象,不惜说谎。"努力"的孩子则如实地承认成绩,因为他们的心中想的是:"虽然没有做出来,可是我坚持了,我只要坚持了,那就是有价值的。"

这种思维模式的区别也反映在孩子的大脑里面。比如,让孩子做一套题,做完之后告诉他们有些地方错了。对于固定型思维的孩子,脑区只是在老师宣布答案,看到自己哪儿对、哪儿错的时候感兴趣;当老师再来讲解这道题为什么对、为什么错的时候,他们就失去兴趣了。而成长型思维的孩子在整个过程当中都保持兴趣,不仅想知道这道题自己是对的还是错的,而且想知道自己是怎么错的,这样以后才能够更好地提高。

总结一下。成长型思维的孩子因为希望不断地学习,所以能够不断地提高;固定型思维的孩子最关注的是如何让自己看起来聪明,因此在挑战面前会逃避。成长型思维的孩子勇于接受挑战,会在挫折面前不断奋斗;固定型思维的孩子在挫折面前会轻易放弃。成长型思维的孩子把努力视为精通的途径,就算自己是只努力的笨鸟,取得了好成绩也足以自豪。固定型思维的孩子会觉得那么努力其实没有用,就算取得了好的成绩,他也要装作没有努力。对于批评,固定型思维的孩子会忽视有用的负面意见,他认为这是在否定他的价值。但成长型思维的孩子会觉得批评对他是有用的建议,可以从批评当中得到一些经验教训,使自己变得更好。对于别人的成功,固定型思维的孩子会觉得自己受到威胁。因为别人比自己成功说明别人比自己更聪明,因此他不喜欢看到别人成功。成长型思维的孩子喜欢看到别人的成功,他会认为,别人成功是因为努力,只要自己努力就可以像他那样成功。总之,成长型思维的孩子能够不断地攀登人生的高峰,而固定型思维的孩子可能会在一开始取得一点成就,但是后面很可能就会停滞不前,不能发挥全部的潜力。

如何才能够培养出成长型思维呢?首先,成长型思维可基于前面讲过的

"神经可塑性"来培养，即大脑是一直可以提升的。以前认为，大脑在成年之后就不再变化了，但是现在的科学研究一再证实，大脑可以一直变化，老年人都可以通过学习来改变大脑。这是因为大脑通过神经元之间的连接运转，可以产生新的连接，旧的连接会断掉。也就是说，如果两个神经元经常被同时激活，它们之间就可能形成新的连接；而如果两个神经元很少被同时激活，它们之间的连接就会削弱以至于断开。只要你经常去做一件事情，你就会把两个本来可能不太相关的事物在脑中建立起一个牢固的连接，从而在这个事情上的技能就会大幅提升。反过来，如果你有一个技能本来很厉害，却很少使用，其神经元很少被同时激活，它们之间的连接就会逐渐削弱。所以，只要你在学习、练习、行动，就是在改变大脑。反之，大脑也在改变，它会变得更迟钝了。由于大脑高度可塑，那些曾经认为是固定不变的，比如一个人的智力、才能、甚至品格，都是可以通过努力来提升的。虽然不是想要达到什么程度都可以，但总是有一定的提升。

因此，无论是抚养孩子，还是在自己平常的生活当中，都应该更多地鼓励使用成长型思维。

首先，对孩子应该更多地表扬他的努力，而不是天赋。当孩子做得好时，不是夸"你真聪明、你真棒"，而是说"你真努力""我看你很认真地在解这道题""哎呀！你把这道题解得这么好，一定是下了不少的苦功吧"。

其次，当孩子取得成就或遭遇失败时，你强调的应该是过程而不仅仅是结果。像我曾经举过的例子，孩子算对了一道题，我并不会强调说"你真聪明，你这道题算对了将来就可以上清华、北大了"，而是说"你这道题怎么算的？这个算法挺有意思，下面我们来接受一个更大的挑战，看看这个算法能不能再使用到那道题上"。这就是让他的注意力集中在解题过程上，而不仅仅是结果的对错。

最后，就是奖励进步，而不仅是表现。比如，孩子考取了班级的第一名，就一定很好吗？排名只是中等，就一定不好吗？不一定。这次虽然是中等，但比以前有进步，就应该奖励，这样他才会知道重要的并不是一时一刻的表现，而是自己跟昨天、跟以前相比有多少进步，他才会把注意力放在不断地前进的历程上，而不是这一次说明我有多聪明。

这些方法对成人也适用。你在这个事情当中付出了多少努力、取得了多少进步，你在这个过程当中是如何解决问题的，这些都不仅仅是关注结果，也事关成长型思维的培养。

刻 意 练 习

本讲要讲的最后一个概念叫"刻意练习"，它和"坚毅"非常相关。很多人觉得，只要坚持做一件事情，就一定能够取得进步、取得成功，甚至有人提出了"1万小时定律"：我只要在任何领域里面投入1万个小时，我就会成为这个领域的专家。其实并不一定，哪怕是你很坚毅也不一定就能够取得最好的成果，关键在于在反复练的过程中你是不是刻意练习了。这是安德斯·艾利克森提出的概念（Ericsson & Pool, 2016），他发现，那些音乐学院表现特别好的学生，基本上都在自己的音乐领域里面投入了1万小时左右的时间，最后才会成为出类拔萃的艺术家。

但是，仅强调"1万小时"是不对的。因为：

第一，不同的领域需要的练习时间不同，有的领域需要更长的时间。

第二，"1万小时"就能够成为艺术家，这里忽略了天赋的作用。引用杜李惠安的公式"成就"等于"天赋"乘以"努力"的平方，因此"努力"的权重要比"天赋"更大，但是"天赋"在里面显然也有重要的作用。

第三，并不是每个小时都是一样的效率。有时，你花1万个小时达到的效果，可能还比不上别人花2 000个小时的效果，因为别人可能是采用了"刻意练习"，而你没有。"刻意练习"才能够让你的"毅力"变成最终可见的"成就"。

杜李惠安在她的书里举过一个例子：她问艾利克森，"我也在某些事情上花了很长时间去练习，比如说我每天花一个小时跑步，我到现在跑了也有几千个小时了，可我并没有变成一个跑步健将，我也没有特别好的跑步能力"。艾利克森的回答包含如下三个方面。

第一，你每次跑步的时候是不是专注于一个具体、明确的目标。也就是说，你跑步的目标是什么？杜李惠安说，我跑步的目标是想能够瘦一点。艾利克森说，这不是一个跟你活动相关的具体、明确的目标，比如说，你的目标可能是要在1小时之内跑完10公里，或者是要练好摆臂动作，这才是一个跟你活动相关的具体、明确的目标。具体、明确的目标才是努力的方向。

第二，你有没有全神贯注地去努力？杜李惠安说，我一边跑步一边在听广播，或者想自己的事情。艾利克森说，"刻意练习"要求你在做这件事情的时候，必须全神贯注于你目前的行动，比如你的手臂摆得怎么样，脚落地怎么样，目前是不是能够达到一定的时速等。如果一边做这件事，一边还在想其他的，那当然取得的效果就比较差。

第三，你跑完步之后还做什么？杜李惠安说，什么也不做。艾利克森说，"刻意练习"是练完后必须寻求外界的反馈，尤其是负面反馈。就是别人告诉你，你哪儿做得还不够好，怎样才能提升，或者拍下自己运动的全过程，以发现不够标准的动作，下一次又有一个新的具体、明确的目标，以此循环反复练习。"刻意练习"并不是随意地去做这件事情，而是有意地、有目标地、全神贯注地、有策略地来练习，才能够达到提升。

显然"刻意练习"并不会带来愉快，"坚毅"和"快乐"也不相关。图13.2显示，一个人的坚毅和快乐没有任何关系，但它和一个人的目标倒是正相关。因此坚毅可以帮我们实现目标，让人生变得更有价值。

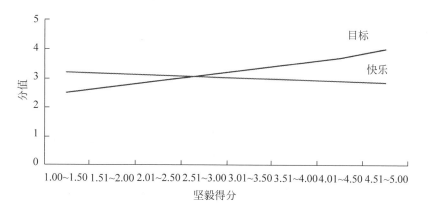

图 13.2　坚毅与快乐、目标的关系

杜李惠安在书中引用的另外一个研究，就是人生满意度和坚毅之间的关系，如图13.3所示。对于那些"坚毅"指数低的人，生活满意度也很低；但在低指数区间（1.00~1.75），"坚毅"的提升反而会使他们的生活满意度下降。过了这个区间，"坚毅"指数越高的人，生活满意度就越高，但他们并不会更加快乐。然而"坚毅"让他们取得了一定的成果，而这让他们更加自豪，觉得人生更有价值,因此也更满意。所以,虽然"坚毅"不能带来更多快乐,但是它却是我们应该追求的人生目标。

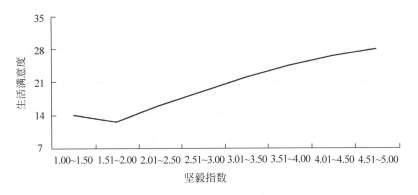

图 13.3 坚毅与生活满意度的关系

【作业】

(1)使用本讲提到的提升自律的策略来增加你实现 8 周计划的可能性。

(2)使用刻意练习的方法提升你的 8 周计划的执行能力。

【推荐阅读】

[美]安杰拉·达克沃斯:《坚毅:释放激情与坚持的力量》,安妮 译,北京:中信出版社,2017。

[美]卡罗尔·德韦克:《终身成长》,楚袆楠 译,南昌:江西人民出版社,2017。

Baumeister, R. F., & Vohs, K. D. Self-Regulation, ego depletion, and motivation. *Social and personality psychology compass*, 2007 : 1(1), 115–128.

第14讲 创造力与美

你有创造力吗？

关于"创造力"，我们首先需要给它去魅。当我们想要创造的时候，都觉得特别神秘，就会想到像爱因斯坦、莫扎特、李白这样的大师，认为他们天生就会创造，而自己显然没有那么多创造力。

其实，人人都有创造力。创造力可以分为两种：一种是"大创造力"，在英文里 Creativity 用大写 C 表示爱因斯坦、莫扎特、李白这个级别的创造力，其创造出让人叹为观止、流传千古的东西；另一种是"小创造力"，creativity 的 c 用小写，代表每一个平凡的人在生活当中其实都在创造。

比如，今天回家没有晚饭，打开冰箱一看有一堆食材，怎么办？你把它搅和搅和，加点调料，最后居然也做出一顿不错的饭菜；你看到屋里很乱，就把它重新布置一下，收拾完之后，一个新的环境让你心情变得更好；你带孩子去逛街，在超市里他又哭又闹，你灵机一动想出一个方法让他安静了……这些都是创造力在起作用。在我们生活当中，创造力无处不在，不只是创造出流传千古的大作品才叫创造。

从定义上说，创造力其实就是做出新颖而且有用的东西的能力。但"创造"和"创意"是需要区分的。"创意"就是新颖的主意，是别人没有想到，我却想出来了。但它不见得有用，因此，"创意"一定要能变成实际的东西才是"创造"。

大创造力和小创造力都是一样的，都是要做出新颖而且有用的东西。它们也有相同的机制，都需要两种思维方式的结合。这两种思维方式是"自发式思维"和"推敲式思维"。

"自发式思维"是指灵机一动，从自己心里自然地涌现出来的那种创造力。但要问怎么想出来的，不太说得清楚。

"推敲式思维"是指一步一步地严谨推算，通过一定的、可以遵循的程序推敲出来的新东西。

"推敲"这个词就是指对一个东西的反复琢磨，来自唐朝诗人贾岛。他当时想到了一个诗句"鸟宿池边树，僧推月下门"。但他又觉得也许是"僧敲月下门"更好。到底是用"推"好呢，还是用"敲"好呢？他陷入沉思之中。不经意之间他冲撞了当时的一个大官韩愈。韩愈本人也是一个大文学家，当知道了贾岛的这个原因之后，他不但没有生气，反而跟贾岛一起来琢磨这个诗句。最后他说用"敲"更好，因为用"敲"的话有一个声音在里面。最后这个诗就变成了"僧敲月下门"。"推敲"这个词就来自这个典故。

唐朝诗人李白是一个典型的"自发式思维"的代表，跟李白齐名的杜甫是典型的"推敲式思维"的代表。杜甫作诗会苦吟、会仔细地思考，比如同样写寂寞，李白会说"举杯邀明月，对影成三人"，一气呵成；但杜甫会说"亲朋无一字，老病有孤舟"，明显是经过仔细加工的。

诗人陆游说："文章本天成，妙手偶得之。"意思是说，这些文章本来是老天写好的，有的人是因为运气好偶然得到了这样的文章。他可能也是"自发式思维"的人吧。

但是推敲式思维不一样，贾岛说，"两句三年得，一吟双目流"，即对诗句要反复地琢磨。陆廷让说，"吟安一个字，捻断数茎须"；杜甫也说，"为人性僻耽佳句，语不惊人死不休"。为了能写出佳句，他们简直是呕心沥血。李白看不过去了，说杜甫"借问别来太瘦生，总为从前作诗苦"，这可能是安慰也可能是嘲讽。在自发式思维的人看来，创造就应该是自然流露的，不应该花那么多功夫去推敲。

但是，纯粹自发真的就能够产生最好的诗吗？不一定。

拿李白最著名的《静夜思》来说，大家熟知的版本其实并不是李白当初写的原诗，原诗是："床前看月光，疑是地上霜。举头望山月，低头思故乡。"其中有两个地方被改了。"床前看月光",是有一个主动的动作,坐在床前来看月亮,然后就开始想起了故乡。但是后人把它改成了"床前明月光",这就变成被动无意中看到了床前的月光,然后勾起了他的思乡之情,这样更加巧妙;"举头望山月"限制住了场景。所以,这首诗被后人改了之后变得更好。

"自发式思维"和"推敲式思维"并不是完全对立的,两种思维能力都很强的人则拥有更强的创造力。

有研究发现,高创造力的人有一个共同特点,即更多地使用了自发式思维,并经常地在两种状态之间转换。比如,阿基米德在泡澡的时候发现了"浮力定律",这是一个自发式思维的典型例子,是在无意中悟得的。为什么我们就没有发现"浮力定律"呢?这是因为阿基米德平时积累了大量的数学知识,而且当时正在思考一个很难的数学问题,这是他通过推敲式思维,仔细、努力地学习得来的。前文把杜甫作为"推敲式思维"的典型代表也是这个道理。但是很多苦吟派诗人也花了很多时间努力地推敲,为什么没写出一句比得上杜甫的诗呢?其实是因为才华不够。所以,高创造力的人需要把两种思维结合起来并经常转换使用。

创造的步骤

创造并不神秘,早在 1926 年的时候,美国心理学家瓦拉斯就把创造的步骤给归纳出来了(Wallas, 1926)(见图 14.1)。

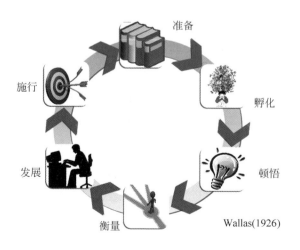

图 14.1 创造的步骤

（1）准备。在创造之前自己要有一定的材料积累。当问题来了，才能够提出一个解决方法。包括对问题本身的分析，只要提出一个好问题，就成功了一半。

（2）孵化。在准备好材料和问题之后，像孵小鸡一样把各种想法在大脑中进行重新组合。

（3）顿悟。忽然之间，几个想法组合到一起，对原来的问题产生了一个新颖的回答，顿悟的你就可能找到了新方法。但是这个方法是不是有用呢？

（4）衡量。确认这个方法是否可靠。假如发现这个方法不可靠，这个时候就又回到准备阶段。

（5）发展细节。使它变成一个切实可行的方案。

（6）施行。把这个新创造的方案施行出去。

以上就是创造的六个步骤。其中"孵化"和"顿悟"主要依靠自发式思维；"准备""衡量""发展"和"施行"主要依靠推敲式思维。所以说创造不仅仅要靠自发，还要靠推敲。

这样的过程在大脑中具体是怎样呈现的呢？自发过程主要是基于大脑默认模式网络。

当大脑处在不工作或休息状态时，也就是在默认模式下，这个网络就被激活了。人什么都不想的时候，大脑并不是关闭了，只不过是不太能够意识到它到底在做什么。这时人经常是处在走神或想象的状态，将想法进行了孵化并在大脑里面进行重新组合。

推敲主要是靠大脑的施行，即有意识地设定一个目标、步骤，因此我们会很谨慎、细心、明确地进行计算、推理。

当默认模式网络在进行想象，将想法重新组合的时候，可能忽然之间组合出了一个新的主意，这时，它该怎样转换到执行网络中去呢？就要靠大脑里的另外一个网络，叫"突显网络"。突显网络用来分配大脑的注意力。比如有个刺激来了，我要不要注意？忽然之间我得到了一个好主意，如果不错，就通知执行网络进行衡量，这就是顿悟时刻。

脑科学研究也确实发现（Jung-Beeman et al., 2004），在顿悟之前的那一小段时间里面，大脑会释放出一种脑波，其实就是突显网络在广播说："发现了一个好的主意，赶快来进行衡量。"这就是顿悟的脑科学机制。

所以，这一切并不神秘，包括我们经常比喻那些创造力强的人说他们脑洞大。

脑洞大，从脑科学的角度说，就是他们能够把更多的主意从自己的默认模式网络传到执行网络。这个过滤的网格洞比较大，以便更多的主意从潜意识里转入到意识中，让我们可以来对它进行衡量。如果发现这是个好主意，这个人就显得比较有创造力。如果过滤的网格洞特别小，虽然你可能有很多主意，但是都被这种过滤网格滤掉了，在它们被大脑真正意识到之前就消失了，所以脑洞比较小的人就显得不太有创造力。

发散性思维和聚敛性思维

为了测试一个人的创造力，人们发明了很多测试方法。

首先是发散性思维测试。一个经典的例子就是：假如你有一个空的可乐瓶，想想它除了装可乐之外，还可以用来干什么呢？试试看在 3 分钟之内，你能写出多少个其他用法。

衡量发散性思维主要有四个指标。

第一个指标叫作"流畅性"：能想出多少个点子。如果一个人想出 20 个点子，另外一个人只想出 10 个，那前者的流畅性就比后者的高。

第二个指标是"灵活性"：点子是不是多种多样。如果想出来 20 个点子全是用空可乐罐装东西——用来装水、奶、油、醋等其他各种各样的液体，这些点子就不能算是高灵活性的。灵活性高必须是内部相互不同。另外一个人虽然只想出 10 个点子，其中只有一个是用可乐罐装液体，其他则是运用了可乐罐别的属性。比如，用来展示什么是红色，这是美术上的价值；或者它是金属的，可以把它拿去卖钱；或者说因为它是冰凉的，可以用来降温等。这些点子的属性彼此不同，说明这个人的"灵活性"比较高。

第三个指标是"原创性"：点子与众不同。拿可乐罐来装水，或者卖钱，是很多人都能想到的。但是有的人就能生出一些非常奇怪的想法，比如，把可乐罐给撕开来，它的边缘就变得很锐利。又如，可乐罐上的英文字很漂亮，可以把它用在美术课上作为一个范例向大家说明怎么样把一个字母写得很漂亮。这些点子就比较有原创性。

第四个指标叫作"精致性"：点子是不是有具体的、可以执行的细节，是不是真的好用。比如，可以把可乐罐发射到太空作为给外星人的礼物，这样外星人一拿到可乐罐就知道地球文明已达到了什么样的高度。这个点子非常有原创性，而且也有灵活性，但是它缺乏精致性，因为它基本上不可操作。

点子既多又与众不同，彼此之间也不相同，而且还可以操作，就说明发散性思维比较强。发散性思维是创造里面的一个关键概念，是指对于一个问题不只想了一个答案，而且想到有很多种可能来解决这个问题。跟"发散性思维"相对的是"聚敛性思维"，是指这个世界虽然有很多复杂问题，但它们只有一个答案，因此最重要的就是找到这个答案，然后解决它们。

发散性思维向外发散，它能产生无穷多的可能性，创造就体现了这一特点。而聚敛性思维是从外界收集各种信息，然后尽量聚集于焦点，最后解决问题。因此，聚敛性思维跟发散性思维很不一样。但我们在真正进行创造的过程当中，如同"自发式思维"和"推敲式思维"一样，要把两个结合起来使用，才能够得到更强的创造力。

在进行创造力提升的一些训练方法中，有一种叫作"属性列举法"。"一个空的可乐罐还有其他什么用处？"也可以用推敲式的聚敛方法来解决：想一想一个空可乐罐到底有多少种物理属性和象征属性，并根据每种属性想出一些新的用途。比如，它的第一个物理属性是金属，可以拿去卖钱，也可以把它做成一个细的长条用来通电。第二个物理属性是圆柱体形状，可以用来做立体几何的教具。第三个物理属性是它的象征属性，它代表着快餐文化或者说美国文化。所以，发散性思维的结果反而可以用聚敛性思维来实现。严谨地列出一样东西可能具有的所有属性，然后根据每一个属性进行可能的新用途想象，最后得出来的结果就会在四个指标上都得高分，以体现出最强的创造力。

在工业界，确实就有使用这种属性列举法来进行创造的一些案例。比如，一家生产微波炉的公司，现在要对微波炉进行重新设计，就可以用这种属性列举法，罗列出微波炉的各种属性。比如，它现在的形状是方的，但有没有可能把它改成圆的？它的材料一般是金属和塑料，有没有可能给它改成木头的？可不可以把箱体换成鲜艳的颜色呢？微波炉结束工作之后，可不可以放一段悦耳的音乐，甚至可以设置成自己喜欢的音乐？它的菜单能不能改成其他好玩的显示方式？开关把手有没有可能装一个遥控器呢？通过半透明的窗口看不清楚里面的东西，可不可以把它换成完全透明的，或者换成一个液晶屏，以便给出一些提示或者进行一些互动？以上这些是不是更好玩呢？这就是把属性列举法用在工业设计中的一个例子。

反过来也一样，推敲式思维也可以用自发式思维来帮助实现。

比如，伟大的数学家高斯，小时候他的老师给他出过一道题，1+2+3……一直加到100等于多少？在我们常人看来这就是一道需要推敲的题，1+2等于3，3+3等于6，你就加加加，一直加到100。但是高斯却想出来一个办法是1+100，2+99……其实就是50个101相加，很快他就算出了结果。他用一个自发式思维解决了一个看上去需要一步一步计算的、推敲式思维的问题。

高创造力的人都有很强的自发式思维和推敲式思维，而且能够经常灵活地交互使用。

高创造力的人有什么特点？

高创造力的人能将自发式思维和推敲式思维经常交互地灵活使用，我们由此可以推导出他们的其他很多特点来。美国心理学家契克森特米哈伊是福流研究领域的权威，他写过一本书叫作《创造力》（Csikszentmihalyi, 2014）。他采访了很多当时非常有创造力的人，总结出这些人有很多有意思的特点。

（1）高创造力的人性格是比较内向还是比较外向呢？

我们的第一反应可能是高创造力的人应该比较内向，因为一想起高创造力的人，就想起那些怪异的科学家或音乐家，他们都是比较孤僻、离群索居的。事实是否如此呢？契克森特米哈伊通过很多访谈发现，创造力高的人确实有他们内向的一面，因为他们需要花时间来仔细地梳理这些念头，或仔细地发展自己的创意。但是他们也需要经常走出去跟别人交流，这样才能够得到足够多的信息，并在自己的大脑里面重新进行组合，才能够学到更多的知识以便对自己的创意进行衡量：这个创意对不对？是不是别人早就做过了？是不是别人早就证明它无用了……因此，高创造力的人性格是内向和外向兼而有之。

比如物理学家戴森（Dyson），他在接受契克森特米哈伊的采访时说，他在做研究的时候会让门开着，想要时常与人交谈，因为总要了解最新的发展状况，让自己知道将要发生什么；但是当他写作的时候会关上门，因为这个时候他需要聚精会神地来想自己心中的念头，"那是一种孤独的游戏"。这就是说，他既内向又外向，只是看在什么时候。

一些创新型的企业，比如谷歌或脸书，办公区域都有开放的设计，大家可以随时交谈，甚至在走廊里也有意创造更多相遇的机会，这样，每个人的信息来源更加丰富、更加灵活。同时，公司也会提供让你独处，一个人关起门来仔细地写代码、想问题这样的空间。因为创造也需要一个人独处并慢慢地去孵化复杂念头。

（2）高创造力的人想象力是比较丰富还是现实感比较强呢？一般人认为，当然是想象力丰富，因为它是创造力的根本来源。契克森特米哈伊发现，高创造力的人既有很强的想象力，同时也有很强的现实感。因为只有很强的想象力却没有现实感，那创造出来的东西很可能是荒诞不经的、脱离现实的，根本就没有用的。因此，创造不仅要新，而且还要有用。

比如，第11讲曾经举过的例子——墨迹测试。在纸上随机造出来一个墨迹，你看它到底像什么？说它像蝴蝶或两个人跳舞，这是个比较常见的想象，其现实感很强，但想象力不够；说它像面具或火山爆发，就有一定的想象力了；假如有人说，看它像个坦克或香蕉，这就更有想象力了。因为这个图案一点也不像坦克或香蕉，他居然能够看出来，真让人佩服。但是现实感就太差了，因为怎么看都看不出图案与这两样东西有什么联系。所以，并不能说他创造力高，而只能说这个人的想象力荒诞不经，有点离谱了。所以契克森特米哈伊总结说："富有创造力的人具有独创性，但不会表现出古怪，他们看到的新鲜形象源于现实。当他们开始进行富有创意的工作时，所有的推断都失效了，艺术家会像物理学家一样严肃、现实，物理学家会像艺术家一样放飞自我。"所以，想象力和现实感相互结合，才是那些创造力比较高的人的特点。

（3）高创造力的人是比较聪明还是比较幼稚呢？你一定认为，高创造力的人当然是非常聪明的人了。但其实，智力和创造力只有一定的相关，仅仅限于智商在120以内。

智商在120以上呢？更高智商的人并不能表现出更高的创造力。假如一个人智商太高，可能他运用现有知识来解决问题就太容易了，那么他也很容易从现实的成就中得到满足，进而失去好奇心，并不会再琢磨更好的方法，或者更新知识从而得到更好的提升。

反过来，从某种角度来说，幼稚对于创造是很重要的。歌德有一句名言："天真是天才最重要的特质。"哈佛大学心理学家、多元智能提出者霍华德·加德纳教授也说过："某种不成熟，包括情感和心智的不成熟与最深刻的洞见密切相关。"可见，如果一个人的心智太过成熟，一点幼稚也没有了，其实他也很难进行创造，因为成熟往往意味着僵化，而创造必须冒险。所以，必须保留一点天真、幼稚，保持一点对这个世界的好奇心，保留着"我其实不太明白那个东西"或"别人虽然都说明白了，但是我就是不太相信"的想法。这样，你可能才会去冒险，从而表现出一定的创造力。

（4）高创造力的人是玩心比较强还是自律比较强呢？凭直觉多数人会说，当然是玩心比较强了，他们挥洒一下就创造出一个艺术品，肯定都是玩出来的。其实并不完全是，一挥洒可能就有一个创意出来了，可是把这个创意变成真正的创造那还需要付出艰苦的劳动，需要自律。

著名的女雕塑家尼娜·霍尔顿在接受契克森特米哈伊的采访时说："当我告诉别人我是一位雕塑家的时候，他们通常会说，'多么令人兴奋，多精彩啊！'而我想说，有什么精彩的，作为一个雕塑家有一半的时间就像一个泥瓦匠或木匠，不过他们不想听到那些。因为他们只想象到雕塑家令人兴奋的那一面……而另一面是雕塑工作充满了辛苦。雕塑就是如此，它是精彩非凡的想法与大量辛苦工作的结合。"

所以高创造力的人并不是说只有玩心就够了，还需要靠很多的自律把创意发展成真正的创造。她继续说道："我们刚才说的内向、想象力、幼稚、玩儿心、外向、一定的现实感、很强的自律、很高的智商，这些东西结合在一起才能够实现更高的创造力。"

（5）创造力高的人是比较像男性那种阳刚的气质，还是女性阴柔的气质呢？其实两种都很强。有研究发现，富有创造力的男孩更有女性气质，也就是说，他更敏感、更少侵略性；反过来，富有创造力的女孩更坚强、更有影响力，她们的男性气质更强。为什么会这样？因为男性气质和女性气质其实都是对这个世界不同的反应策略，具有双向性格的人，便具有双倍的反应策略库，能够以更丰富多变的方式来跟世界互动，他/她不仅拥有自身性别的优势，还具有另外一种性别的优势。这也跟我们曾经讲过的在婚姻当中最理想的角色类似，既有男性角色的优点，又有女性角色的优点，既大胆、独立、有气魄，又温柔、善良、敏感，这样的人最理想。

（6）高创造力的人到底是更加敏感、痛苦，还是有着常人不及的快乐呢？答案也是两个都有。一方面，因为他有很高的创造力，经常能创造出东西来，自然有很多常人不及的快乐；另一方面，因为他在创造力上显得比较强，所以当别人已经习以为常地觉得这个世界就是这样的时候,他却能从中看到不合理,并让他觉得痛苦和敏感。

(7)高创造力的人是反叛性强,还是保守性强呢?其实两者都有,因为他们既要能提出新的方法,又必须保证它是有用的,有用就必须继承一定的传统,遵循一定的评判规则。所以高创造力的人既反叛,又保守。

同时,创造力高的人既对工作充满热情,又能够客观地看待工作。对工作充满热情,全身心地投入,这样才能更有创造力。但是为什么还会需要客观地看待工作呢?因为假如把身心和这个工作完全融为一体,这个时候会有一种危险,那就是你无法接受批评与回应。这其实对于工作反而是不利的,你很可能会创造出比较荒谬的东西出来。

高创造力的人既体力充沛又非常沉静;既比较谦虚又非常骄傲。谦虚才能让他从外界多学一些东西;骄傲能让他对自己的创造更有信心,并以之为荣。这样才能够敢于打破惯例提出新的创意。

因此,契克森特米哈伊在《创造力》里总结说,如果必须用一个词来将高创造力的人与其他人区分开来,那么肯定不是刚才我们提到的所有的词,而应该是"复杂"。高创造力的人既需要使用自发式思维,又需要使用推敲式思维,这两种思维交织在一起,便造就了他们非常复杂的人格。

如果说你有创造力,那么刚才讲的那些人格你肯定有其中的一部分,甚至很可能两部分都有。就算只有一部分,只要有意识地往另外一个方向培养,你就会得到很高的创造力。

提升创造力的方法

如何才能更好地发挥创造力呢?哈佛大学的谢丽·卡森博士写过一本书,叫作《你的大脑会创造》(Carson, 2010),其中提出了很多建议。首先,怎样才能提高发散性思维呢?

(1)可以经常在大自然里漫步。因为这时大脑处于一个比较放松的状态,并不真的在想任何问题,但同时又有各种各样的刺激源源不断地进来,如树、草、小动物、风、声音等,让大脑变得更加灵活,这时在你的大脑潜意识里进行的孵化过程更加活跃。

（2）锻炼。与在大自然里漫步一样，一方面有一个锻炼任务在，但另外一方面又会不断地受到刺激，有不同的身体感觉。锻炼能够使身体和大脑更加活跃，因此能够激发更多的发散性思维。

（3）沐浴。因为在洗澡的时候，人会处在特别放松的状态，但同时又有水点不断地打到身上，注意力有些是被分散的，但是又不完全分散，这个时候比较容易产生发散性思维。著名科学家阿伦·凯是图灵奖获得者，同时还是一位职业的爵士乐手，他很有创造力。他曾经开玩笑地说："公司因为不肯给我办公室装一个价值1万多美元的淋浴装置而损失了数千万美元，因为我的大多数创意都来自淋浴的时候。"

我们什么时候可以更好地利用自己的发散性思维呢？卡森（Carson）博士建议说，是在睡前或初醒的时候。因为那个时候大脑的执行网络功能较弱，脑洞会开得比较大，一些平时被意识所压制的奇怪念头，在那种恍恍惚惚的状态下会从你的大脑里冒出来。此时，发散性思维是比较强的。另外，也可以有意识地来训练自己的发散性思维，比如"正念冥想"。具体在第15讲会讲到。平时多觉察周围正在发生的事情，以收集到更多的信息，这时候更容易对信息进行整合。

（4）小酌。也是最有趣的一个方法，就是去喝上一杯，但不要喝太多。微醺的状态同样有利于打开脑洞，因为酒精对执行功能有抑制作用。注意，如果喝太多，不仅这些念头记不住，还会彻底失去衡量功能。你如果醉酒后产生一些匪夷所思，甚至危险的念头，那就不是创造力了。

（5）调整自己的心态。要知道发散性思维其实人人都有，但为什么很多人看上去好像不太有点子？其实这跟心态有关。①害怕失败或者被批评，主动地缩小了脑洞。即想法虽然比较新奇，但却恐怕没用。这样的心态会把自己很多还没有拿出来的念头扼杀在摇篮里。创造总是要冒险，总是有失败的可能。假如一个创造肯定成功，那它就不是真的创造，只是因循守旧罢了。②害怕与众不同而被人嘲笑。我们应该把想法提出来跟大家一起讨论，不要害怕被别人嘲笑，这样才能够使你的创意真正地实现价值。③害怕浪费时间和资源。契克森特米哈伊采访过的一位创造力很高的人，他说："我现在游手好闲、无所事事，这意味着我正处在富有创造力的阶段，只有到事后才会知道，闲散很重要。有人发现，莎士比亚在写不同的剧本之间会空闲一段时间。我并不是拿自己和莎士比亚进行比较，但总是让自己非常忙碌的人通常是没有创造力的。因此无所事事时我也不会感到羞愧。"教育孩子也如此，我们不要怕他们浪费自己的时间和资源，不要把培训班给他们排得很密；在开车、排队的时候，可以让孩子在那里无所事事，也不要催他们抓紧时间看这、读那。因为这个时候他们启动了默认模式网络，看似无所事事，但大脑里面正在翻江倒海，各种奇奇怪怪的念头正在重新组合。也就是说，此刻正是发展他们想象力的时候，所以不要担心孩子浪费时间。

另外，创造力的高低跟我们的心理有关。

（1）与积极情绪有关。根据弗雷德里克森（Fredrickson）的"建构与拓展"理论，积极情绪可以建构更多的心理资源，形成更多的认知拓展，可以让我们看到更大的一个图景，吸收到更多的信息，从而做出富有创造性的方案。

（2）与动机有关。自主动机能促进我们的创造力。一个人如果外部动机太强，或是为了钱或是为了赞许而创造，他不会持续探索。真正能够持续探索、一直有很高创造力的人，必然主要是受自主动机，也就是受整合动机或内在动机所驱动的。比如凡·高，哥哥是个成功的商人，如果他跟哥哥去做生意，至少能够解决生计问题；曹雪芹出身世家，很有才华，如果去做世俗的工作，至少不至于"举家食粥"。但是，因为他们都有很强的内在动机，愿意为自己钟爱的艺术付出代价，以致穷困潦倒，仍不停地探索和创作，最后为人类创作出伟大的作品。

（3）与知识积累有关。如果脑洞大，潜意识组合出来的新念头就更容易跑到意识里面来，那就是个新点子。怎样才能在潜意识里组合出足够多的新念头呢？需要在大脑里有足够多的信息，这就是平时的知识积累。创造并不是只靠自发性地灵机一动，还要靠推敲式思维，同时也离不开平时的努力、勤奋学习、知识积累。现在有些父母经常觉得自己的孩子很有天赋，就让他自然发展，也不让老师给他那么多管教、灌输。虽不能说完全没有道理，却走到了另外一个极端。这些父母以为创造力就是那样灵机一动，殊不知创造力与平时的知识积累是分不开的。如果孩子只是进行无穷无尽地想象却没有原材料——足够多有用信息的积累，那怎么能够创造出好的东西来呢？真正的创造都是以复杂性为基础的，不仅与众不同，还必须是一个非常复杂的点子。大多数创造都是把似乎没有联系的信息关联起来，形成的新东西自然要比原来的更复杂。

曾经有专家调查过1 790万篇论文（Uzzi et al., 2013），发现那些最有影响力的论文都是既大量引用本领域的经典研究又引用了其他领域的研究。也就是说，那些最有影响力的论文不仅仅是在一个固定领域里面精雕细琢，而且能够开展广泛的联系，以引入其他学科，从而拓展到整个领域。契克森特米哈伊也说，那些真正有创造力的人不仅在自己的领域里面非常有见识，对于其他领域也有浓厚的兴趣。即使其他领域的研究成果并没有被直接整合到创造者的工作中去，它也会在某种程度上对他们的整体心智产生影响。

有人可能会担心，总是让孩子学习知识，那会不会让他们失去创造的兴趣？其实不然。一方面，强调知识的重要性并不是说要重复以前传统学校的题海战术，或者是简单重复地背诵，而是要跟兴趣结合在一起；另一方面，知识掌握得越多越会对创造感兴趣，会越发觉得某个领域原来有这么新奇，这时候的兴趣更高级。就像"福流"那一讲讲过的，人如果对问题的复杂性能够更好地驾驭，这个时候产生的那种美好的感觉、那种"福流"才是更高级的，对创造也会有更高的兴趣。

我们再重复一下契克森特米哈伊说过的那句话：如果必须用一个词将高创造力的人与其他人的人格区分开来，那这个词就是"复杂"。他们不但是在追求人格的复杂，而且也在追求知识的复杂、创造的复杂和兴趣的复杂。

最后，关于怎样提升创造力还有一个建议，就是与生活相结合。因为人类大脑是进化而来的，而不是设计出来的，所以它带来了两个后果。

第一，大脑继承了大概5亿年的动物神经系统的遗传基因。所以目前只能是修修补补，没有办法另起炉灶。典型的例子就是，大脑中影响情绪的杏仁核是哺乳动物早就有的，而抑制冲动的大脑前额叶是后来才进化完善的。所以我们看孩子经常蛮不讲理、胡搅蛮缠，那不是因为他们学坏了，而是因为人类的进化没有到位，使他们的大脑理智赶不上情绪的发展。

第二，大脑是人类为适应环境的压力自然选择进化出来的。也就是说，大脑最擅长解决的是几万年前老祖宗所面对的那些问题，比如打猎、采集、找配偶、养小孩，而不是现在的写字、算题，或者是弹钢琴、读文献。

但是很可惜，很多人认为要想让自己更有创造力，就要模仿那些更有创造力的人。即想要孩子成为爱因斯坦，就要看爱因斯坦小时候的故事；希望孩子成为李白，就要让他背唐诗三百首；想让孩子成为乔布斯，就要让他上少年编程班……但那些天才也不是一上来就能创造奇迹的，他们的创造力也是从生活中发展出来的。爱因斯坦上中学不高兴就退学；李白小时候的四大爱好是作赋、剑术、奇书、寻仙，他后来真的去求仙了；乔布斯在大学时选了书法课，那好像跟赚钱、专业一点关系也没有。他们小时候的做法你能接受吗？

孩子成为爱因斯坦的前兆，可能并不是他物理成绩有多好，而是他对这个世界有好奇心；成为李白的前兆不一定是他五岁就会吟诗，而是他喜欢博览群书。至于怎么样成为乔布斯，满大街的书上都在说，但我还是觉得你自己说的才是最好的，那就是 Stay Hungry, Stay Foolish。对一切始终保持"如饥似渴，充满好奇"。

不要一想到创造力，就联想爱因斯坦、莫扎特那样的大创造力，而忘记了生活中无时无刻不在的那些小创造力。但是，那些似乎"很傻"的事情，可能是从生活出发的创造力的体现。大脑喜欢记忆生活场景，那些与生活相关的东西它记得更牢，调用信息也更快，更能激发创造力。

我们可以更多地结合日常生活场景进行创造力的练习。经典的"发散性练习"就是：一件物品除了它的日常用途之外，还能有什么其他用处。比如，一块砖头除了砌墙之外它还能做什么？一个包子除了被吃掉之外还能有什么用途？我们可能很容易想到的是砖头还可以打人，还可以当作称重的砝码；包子除了被人吃掉之外，可以给狗吃，还可以把它冻硬后去打狗。练习"联系性思维"的方法是：生活中的任何两样东西你都可以联想它们有什么联系，或者找出共同点，或者想想在什么场景下这两样东西都有用。比如，砖头和包子它们有什么共同点？它们都是物质，都是东西而不是概念，都要花钱去买而不是免费的，都对我们的衣食住行有用，对生活有帮助，等等。另外，还有什么场景可以放在一起考虑？比如，用砖头砌灶蒸包子等。这些就是联系性思维的练习。

在进行"想象性思维"练习时，你可以采用一些反事实的想象。比如，假设砖头能说话会怎样？那样，我们就不寂寞了，每天回到家就可以跟墙说话，但是也许你会泄露很多隐私。你还可以想象出各种各样的场景，比如，外面的世界草是红色的，而血是绿色的，那又会怎么样？那红绿灯可能会改一下，变成红灯行，绿灯停。这些其实就是结合我们日常生活中常见的东西、场景进行创造力的练习。

美 的 起 源

美从哪里来？为什么有些东西有人觉得美，而有人觉得丑呢？中国有句古话叫"各花入各眼"。英语说 Beauty is in the eye of the beholder，也是同样的意思。每个人的审美观不一样，但人的审美观念是有共通规律的。比如图 14.2 中这四张图片，你最喜欢哪一张？很显然大家都会觉得左上角那个最漂亮。不仅是你，就连婴儿都会这么认为。专家拿这图片给婴儿看，发现他们都更加喜欢盯着左上角的面孔。为什么婴儿天生就知道什么样的面孔是更美的呢？从进化角度讲，婴儿眼中的"美"，跟生存有关（Slater et.al., 2000）。

图 14.2　婴儿对这些面孔也有偏好程度的区别

美丽往往代表健康。美丽的标准之一就是五官对称、皮肤光洁，说明健康状况良好。不仅如此，美丽也代表身体状况良好，营养充足、精神正常，这些也会使她显得比较善良。因为她处在良好的状态，婴儿本能地会认为她让自己有安全感。因此，孩子也更喜欢和那些目前状态良好的人在一起。另外，美丽也有社会优势。从统计学上讲，美丽的人比那些长得一般的人在社会上占据更加有利的位置。孩子本能地愿意与更有优势的人在一起，这样对他才有帮助。

有专家做过这样的试验，让一岁大的婴儿跟戴着面具的陌生人在一起。这些面具有些比较好看，有些比较丑陋（Langlois et al., 1990）。结果发现，当跟那些戴着比较好看面具的陌生人在一起时，婴儿的声音会更欢快，他们会更加投入地玩耍；反过来，跟那些戴着比较丑陋面具的陌生人在一起时，他们会更加抗拒而且行为更加退缩。这说明，趋美避丑是人的天性。

婴儿如此，成年人其实也是一样的。比如，对于女性美的一个很重要的指标就是腰臀比。有专家让大学生去看那些不同腰臀比的计算机合成人像（Streeter & Mc Burney, 2003），结果发现，不论是男生还是女生，他们都是最喜欢腰臀比为 0.7 的女性（见图 14.3）。维纳斯雕塑就是 0.7 的腰臀比。研究还发现，假如一个女性腰臀比在 0.7 左右，则她有着最佳的雌性激素水平，而且她更少得糖尿病、心血管病和卵巢癌等，她们的怀孕概率也更高。

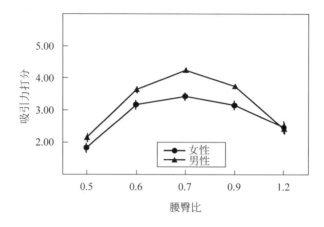

图 14.3 男性和女性对于女性腰臀比的偏好

体重也是一样。有专家把腰臀比和体重结合在一起考虑（Singh, 1993），结果发现，太胖或太瘦对于人的吸引力都不高，人们最喜欢中等体型，这是因为太胖或太瘦都不利于生殖和健康。当然，这也跟社会经济条件有关，假如是在那些比较贫穷的社会，或者女性必须从事繁重体力劳动的社会，更多脂肪、更强壮的四肢就更加有吸引力。

对于男性的审美是什么样的呢？无论是男性还是女性，都觉得是高大强壮，而且运动能力强的男性更美。再具体到面孔上，有研究发现（Buss & Schmitt, 1993），在排卵期的女性最喜欢男性的脸是宽额头、高鼻子、眼部轮廓明显、下巴强壮。有这样脸部特征的男性，他有着更高的睾丸酮水平——有更高的生殖能力。比如，史书上记载汉光武帝刘秀，"身长七尺三寸、美须眉、大口、隆准日角"。这里，"日角"是指额头隆起，好像额头上有一个太阳，即宽额头；"隆准"是指高鼻梁；"大口"就是强壮的下巴；"美须眉"是指眼部轮廓明显；"身长七尺三寸"就是刚才说的高大强壮。所以，东西方人对男性的审美基本类似。

自然审美也是一样。如图 14.4 所示的两幅照片，你更喜欢哪个呢？肯定是更喜欢左边的，它看上去丰饶、富足、平静；而右边的图显得比较压抑危险。

事实上，我们如果去看全世界的那些公园，比如北京的奥林匹克森林公园（见图 14.5）、纽约中央公园（见图 14.6），乃至土耳其的很有名的公园（见图 14.7），它们的设计元素都差不多，有水、树，但又不是森林，视野空旷、

图 14.4　两种不同的风景图

图 14.5　北京奥林匹克森林公园

图 14.6　纽约中央公园

图 14.7　土耳其伊尔地兹（Yidiz）公园

开阔。那么，在这个世界上，不论是哪种文化，无论是在哪个地方，甚至不论是处在哪个历史时期，为什么人类都喜欢这样的场景呢？

因为这样的场景对于人类的进化具有好处。视野开阔，一眼就可以看清有没有猛兽、敌人会不会跑过来袭击我们，这样有利于安全。同时，有花木水草以及食草动物，让人感觉既安全又富足。反过来，图 14.4 右侧的那幅照片里，树木浓密，有着极强的不安全感，不太适合人类生活。人类天生就不喜欢这样的环境。

还有一种是"智力审美"（Rolls, 2005）。著名物理学家费曼说过，"真理是简洁美丽的"。为什么我们看到某些纯粹智力的东西也会感到一种美呢？第一，大脑偏好简洁，可以节省大脑的计算量，让我们直接、明快地使用结论；第二，人类有一种审美技能，即用简洁的答案来解决复杂的难题，其表现出来的高超技能具有生存优势。注意，简洁答案和高超技能并不冲突。虽然技能高超代表着对复杂性的掌握，但并不是说，就必须给出一个复杂的答案。也就是说，事实上对于一个复杂问题人们能够提供一个简洁的答案，像爱因斯坦的质能公式 $E=mc^2$ 一样，极为简洁却能够解决非常复杂的难题，带来的是一种更高极的审美享受。

艺术代表一个人具有高超的技能，其实就具有性选择优势。手斧是用石头打出来的、是像斧头一样的工具，可以用来切割食物或攻击敌人。图 14.8 中左边是比较古老的粗劣手斧，右边这个看上去比较美。当女性看到一个男性做出如此美的手斧时，她会感觉这个人心灵手巧，因此更愿意和这个男人婚配，这就是第一章里讲过的"性选择优势"。把东西做得特别美，表示他拥有特别多的技能和资源，哪怕东西没有真正的实用价值，也会在性选择当中具有优势。

图 14.8 粗糙的手斧和精美的手斧

另外，人类的艺术活动就是在向异性表现自己非常有资源、有能力，不用整天想着衣食住行的俗事，而是可以花大量的时间、金钱和资源从事一些跟这个实际的世界毫无关系的、虚无缥缈的东西，并且制造得还特别美。这就是一种炫耀，表示自己与众不同，这其实是性选择机制的一种产物。

所以，人本能地就会喜欢能够体现更高技能和资源的艺术品。

有一本书叫《求偶心理学》，副标题是"性选择对人性和进化的影响"。书中提出"美等于困难加高成本"。正因为它很困难，所以需要很高的成本。并且没有太多表面上的收益，因此才有了性方面的收益。这样的人能够吸引更多、更好的异性，从而可以更好地繁衍后代。

这是从进化心理学的角度来解释美的缘起，揭示了美在不同的文化、时间、人群里都有的进化规律。但是我们都知道，美和美之间确实存在着巨大的差异。比如文化差异，不同的文化对于美的标准也是不一样的。比如，有些非洲部落的人会以在耳朵上面甚至嘴唇上面放一个大圆盘为美。但是对于这个文化以外的我们不仅不觉得美，而且还觉得很疼，甚至认为很残忍、愚昧。这就是审美文化差异。

另外，也存在着背景的差异，比如，贫富、教育程度、性别等也会造成审美取向的不同。在同一个背景下，个体出现审美差异也很正常。甚至对于同一个人，他十年前喜欢的东西和现在喜欢的东西也可能不一样。

总之，人人都有爱美之心，因为美代表健康、生殖能力，也代表着一定的生存优势。

美者生存，就是说"美"不仅是好看，还可让人愉悦并想接近。美本身就是一种优势，代表这个人有更高超的技能、更多的资源。追求美其实就是在追求更加健康的体魄、更高超的技艺、更多的人生资源。同时，在追求美的过程中，我们也会变得更讲道德和自律，而这些会让我们的人生变得更美好。

人生之美

美和道德密不可分。第11讲强调过道德具有情感成分，审美也一样。比如，看美丽的照片能够激活眼窝前额皮质和前扣带皮层，这两个区域都和情绪有关（Kawabata & Zeki, 2004）；颞极也被激活，颞极也跟情绪有关系（Jacobsen, 2010）。

审美和情感的关系还有一个反面的例证。有一种病被称为"述情障碍"，患者难以辨认和描述自己的情绪（Bagby et al., 1994），但他们并不是天生冷漠。调查发现，有"述情障碍"的人不喜欢有深度的艺术，而是更喜欢轻松的娱乐。他们觉得寻找电影或戏剧中的隐意会妨碍自己的享受。由于不能够很好地描述自己的情绪，他们也不太能很好地描述那些有特别高超创造力的艺术。

另外一类是"快感缺乏"的人，他们很少能够感到正面情绪（Chapman et al., 1976）。这种人倾向认为日落根本没有那么美丽，这其实就是比较缺乏美的感觉。所以，美和情绪是息息相关的。

怎样才能使人生更美？有美的外表形象，或者有艺术追求的人生就是美的人生吗？当然不是。比如，汪精卫是民国时期著名的美男子，但是他的人生却非常丑恶。再比如，王小波在追李银河的时候说："你长得不好看，我长得也不好看，我们俩正好是一对。"但是他的人生是美的。

有些人生美丽而又精致。比如，屈原就是用香草美人来比喻自己一生的。他一辈子过着很精致的生活，哪怕后来被放逐了，也继续吟诗"朝饮木兰之坠露兮，夕餐秋菊之落英"，人生很美。又如鲁智深，根本不识字，但他的一生急公好义、见义勇为，做出了轰轰烈烈的事业，最后毅然出家，听到来潮时圆寂。他的人生其实是相当美的。

康德说美是道德的象征。在他的哲学里面，道德是指一种先天的、不依赖经验的意识，有点像中国人说的"天理"。美的东西为什么美？在康德看来是因为它能够反映世界本质，所以美的东西必然也是道德的。假如一个东西不能反映出这个世界的本质，它必然就不美，你之所以觉得它美是因为它反映出了本质，也就是道德已经在其中了。美国哲学家杜威也说，美学和道德是相通的。他举了一个例子，英文词 fair 最标准的意思是"公平"，但它最常用的意思是"美丽"。杜威说，在我们的认知当中，公平和美丽是相通的。一个东西如果是正义的，那它必然也是美的；一个东西如果是美的，那它必然在道德上也是好的。所以"颜值即正义"，用 fair 这么一个词就能描述出来了。

在中文里面有很多用美来组的词，如美德、美谈、美誉。

追溯到孔子那个时代，在《论语》里"美"有时候代表美丽、好看、艺术价值，有时候代表道德。比如，孔子说"里仁为美"，内在的涵养是美的体现。他说的"五美"是"惠而不费、老而不怨、欲而不贪、泰而不骄、威而不猛"。这些显然都是在讲道德。因此，"五美"是指五种道德。看来，在中国古代美和道德就已经挂钩了。

有专家让 20 名女性来给不同男性照片的吸引力打分，又让她们对这些男性不同的行为进行道德打分（Tsukiura & Cabeza, 2010），并同时扫描她们的脑区。结果发现，在进行吸引力和道德打分时，无论是与情感有关的内侧眼窝前额皮层，还是与具有抑制功能的岛叶，其相关性都非常高。这暗示着审美和道德确实可能遵循同样的大脑机制，说明美的人生也是好的人生。

为什么有些人听过了许多道理，却仍然过不好这一生呢？很多时候对于听来的道理，我们要么把它看成一些科学指南或捷径，一些可以让自己在现实世界中获得更多好处的方法，要么看作道德教诲。我们可能忘了，其实人生不仅要体现这些道理，它还是说不清、摸不着的艺术。美好人生，如果仅是"你有道德、有财富积累"，这还不够，它还应该充满艺术感。当你回顾自己的人生，觉得它具有美感，这才是真正的完全的美好人生。

"知而不行，是为不知"，要实际地创造美好生活，你必须付诸行动。美也是一样，必须体现出更高的技艺。如果这一生都在奋斗，人生自然就会变得更美好。不过，要有思想准备，美好人生可能很贵。因为艺术是贵的，所以成本会高。

比如美好人生的典范王小波，本来可以好好地在美国做一名程序员，过着中产阶级的生活，他却要选择回国进行艰苦的文学创作。因为他喜欢文学，宁愿克服困难，付出更高的成本以实现自己人生的美。于是他把自己的人生过成了一个更高的福流。

屈原只要愿意去奉承楚怀王，完全可以过上和以前一样、甚至更好的富贵生活，但他不愿意，他宁愿选择一条更困难、但也是更美的道路；鲁智深本来是个朝廷命官，为什么要去为一个素不相识的卖唱女打抱不平，最后葬送了自己的大好前途呢？因为他追求的不仅是物质生活，而且是一个美的人生。而美其实就意味着困难和高成本。

所以，"美"的人生也是"难"的人生。但正是因为它"难"，才促使我们去磨炼、提升技艺，以追求人生的"美"。

要追求更大的福流，必须经历更高级的挑战，需要更高超的技能与之匹配，你才能得到更高级的福流。

由此可见，人生的美不仅是过休闲舒适的生活，还在于你为追求美丽人生而勇于迎接挑战，并运用更好的技能去掌控它，最后收获到更好的福流。这就是美好人生真正的含义。

孔子说"君子成人之美"，这不仅是成别人之美，更是成自己之美。希望你能够有更多的美德，有充满艺术感的人生。

【作业】

本讲作业是创造性表达，请你创作一个作品，可以是诗、文、歌、舞、画，也可以是雕塑、手工品、三句半、小品、烹饪、房间装饰……只要是跟前人所做的都不一样又有价值就可以。

【推荐阅读】

[美] 米哈里·契克森米哈赖：《创造力》，黄珏苹 译，杭州：浙江人民出版社，2015。

Buss, D. M. The great struggles of life: Darwin and the emergence of evolutionary psychology. *American psychologist*, 2009：64(2), 140.

第15讲　积极身心

关于积极身心，即身体和心理的关系，主要讲三个话题：运动、冥想和专念。

运　　动

在我收到宾夕法尼亚大学积极心理学研究生录取通知书的同时，学校发给我一堆作业，比如要看的书。其中有两本书让我觉得很奇怪，一本叫作《运动改造大脑》(*Spark*)（Ratey, 2008），还有一本叫作《明年更年轻》(*Younger next year*)（Crowley & Lodge, 2019）。更奇怪的是这门课还要求我买一个计步器，把它佩戴在身上并记录每天的步数。我心想，我上的是积极心理学，不是积极生理学，为什么需要这些东西呢？

开课之后我才恍然大悟：这门课的老师福勒（Ray Fowler）是美国非常著名的心理学家，早期的学术贡献主要涉及物质滥用、犯罪行为和人格测量，1988年他曾当选为美国心理协会主席。卸任后，因为他非常突出的管理能力，美国心理协会留任他做CEO。为表彰他对心理学及心理协会作出的突出贡献，美国心理协会以他的名字命名了三个奖项和一项他发起的活动，即Ray's Race（福勒赛跑）。每次开会之余，大家一起跑或走5公里。福勒赛跑分为3个档次：青年组、中年组和老年组。福勒本人70多岁，属于老年组。但是每次老年组都是福勒得第一名，后来就约定叫"福勒组"了。所以，福勒不仅是教运动和心理关系的老师，还是一个特别喜欢运动的人。

他在上课的时候经常别出心裁，不仅讲很多理论，还要求每个人带上跑步鞋和运动服，课上到一半就带着学生去跑步。许多同学不理解："交了这么贵的学费，居然有一半时间出去走路、跑步，我自己什么时候不能运动？"福勒解释说，锻炼对学习是有促进的，而不是浪费时间。也有很多研究表明（Drollette et al., 2014），凡是砍掉体育课去上更多的语文、数学、英语的学校，学生成绩反而下降了。事实证明，并不是花更多的时间去学习，成绩就一定更好，你花更多的时间去锻炼，反而能够促进你的学习。在"坚毅与自律"那一讲里我讲过，走了20分钟之后大脑更活跃，考试时也会表现得更好。

1. 运动可以提升认知能和自控力

在伊利诺伊州那普维尔学校，对于学习不好的学生，并不是让他们补更多的课，而是让他们加强锻炼。学校研究发现，加了体育课的学生的考试成绩都提升了，尤其是先上体育课然后再去考试的学生，数学成绩比那些考试之后才运动的人提升了93%，英语成绩提升了56%。

另外，运动不仅能够提升大脑的认知能力和活跃程度，而且运动本身也锻炼了自控力，使学生对自己更有信心，自我效能感有所增加，学习成绩显著提高。

这所学校的实践轰动了美国，后来很多学校，包括中国、日本、韩国的传统教育模式的学校都去取经。美国PBS公共电视网专门为此拍了一部纪录片，片中介绍："它们对一些阅读理解和数学成绩不好的学生进行干预，让这些学生在上最难的课程之前提高自己的心率，并保持至少20分钟，每分钟145~185次。学生反映说：'我喜欢早上去健身房，它让我精神焕发，我不再打瞌睡了，所以我能更多地集中注意力在老师、课程和所有的一切上。'"

"平均而言，在阅读理解课前报名参加体育锻炼的学生其阅读进度比起那些不参加锻炼的学生提前了整整半年。在数学方面，学生的进步更引人注目，代数预备课前的体育锻炼对学生成绩的提高表现得非常稳定，在标准化测试中他们的成绩是其他人的2~4倍。"

哈佛大学医学院精神医学专家约翰·雷蒂（John Ratey），刚才提到的《运动改造大脑》的作者，他认为体育锻炼能够增强大脑的功能，使大脑的认知能力更强，使我们学习成绩更好。大脑中有种神奇的肥料叫作"脑源性神经营养因子"，英文简称是"BDNF"。它的功能是建立和保养神经细胞回路，以保护整个大脑的结构。同时还可以增强神经信号的强度，使信号的传输更加有效率。它还可以激活神经细胞内的基因，制造建立突触所需要的血清素和蛋白质，使神经细胞变得更活跃。它还可以提高神经细胞功能，促进神经细胞生长，抵御神经细胞死亡的自然进程。有人做过这样的实验，给培养皿里的神经细胞撒上一些BDNF，结果发现细胞会长得更好。雷蒂把它称为"思想、情感、运动之间至关重要的生物学纽带"。有专家（Oliff et al., 1998）发现让老鼠运动之后，它的海马体内(海马体是和记忆、学习非常相关的一个关键部位)的BDNF就会大幅增加。而且老鼠运动的时间越长，增加的BDNF就越多。解剖之后也发现，这些老鼠的海马体里新干细胞的数量是不运动的老鼠的两倍。

人也一样，虽然我们没有办法直接看人的大脑的变化，但是可以通过外在的一些表现来测量。有专家测量了年龄在50~64岁的14名男性和45名女性（Netz et al., 2007）。专家把他们分为两组，一组是运动组，他们要运动35分钟，达到最大心率的60%~70%（最大心率的算法是220减去年龄）。另外一组是控制组，他们只看电影。之后，专家来测两组人的发散性思维。结果发现，那些运动之后的老年人的讲述速度和认知灵活度比控制组更高。这就说明，运动可以让人的认知变得更强大。

2. 运动可以减少焦虑

运动对于心理也非常有好处，比如可以减少焦虑。有人邀请了54位患有广泛性焦虑症的大学生（Broman-Fulk et al., 2004），把他们分为高运动量组和低运动量组。低运动量组的心率只要达到50%的最大心率就行了，高运动量组则要达到60%~90%。运动两个星期，一共6次，每次20分钟，结果见于图15.1。

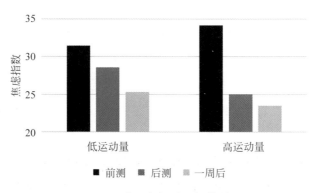

图15.1　高、低运动量组的对比

从图中可以发现，无论是低运动量组还是高运动量组，焦虑程度都降低了，但是高运动量组降低得更多、更明显。

智利专家对 198 名高中生也做过类似实验（Bonhauser et al., 2005），他们让实验组每周上 3 次高强度的、90 分钟的体育课，而对照组每周照常上一次 90 分钟的体育课。结果发现，对照组的焦虑程度只下降了 2.8%，而实验组却下降了 13.7%。由此可见，更多高强度的体育运动能够使焦虑程度下降更多。

雷蒂博士解释这可能出于以下原因。

（1）运动可以分散注意力。焦虑者总是在担心要发生什么事情，并表现得特别着急、特别害怕。其实任何有针对性的活动都能消解焦虑（Ratey & Hagerman., 2008），比如吃饭、聊天、看书、看电影、听音乐等，因为在这个时候注意力已经被转移了。其中，运动的最大好处是减少了焦虑的持续时间。

（2）运动可以缓解肌肉紧张。焦虑者的肌肉纺锤体电信号会过度活跃，而运动可以缓解其活跃程度，使大脑更少受到焦虑和恐慌信号的刺激。

（3）运动可以增加大脑资源。比如，它可以增加血清素，以调节脑干信号，提高前额叶皮层抑制恐惧的功能，同时还能镇定杏仁核。恐惧是由杏仁核发出的，当前额叶皮层感知后，它可以抑制杏仁核的恐惧，以使我们能对世界作一个理性的判断。但是焦虑者的这个功能比较差，有时候还会发生"杏仁核劫持"现象，实在太害怕时，前额叶皮层也没办法抑制它。换句话说，运动可以增加血清素水平，使前额叶皮层告诉杏仁核别害怕，这个事没有你想象得那么可怕，从而让我们不再那么焦虑。

（4）运动可以让我们给身体反应提供一个不同的解释。焦虑经常会让我们感到呼吸加快，或者是心跳加快，甚至心悸。而运动也是呼吸加快、心跳加快。如果经常运动，当我们呼吸加快的时候，对它会有一个正面的联想：我在做一项很积极、很正面、对我有好处的事情——运动锻炼。下一次，当你有焦虑症状时，大脑会在潜意识里作出一个更正面的解释，使你不会害怕。

（5）运动可以改变神经回路，激活交感神经，阻止杏仁核不断强化的受控运作。

（6）运动还可以提高恢复能力。如果我们经常运动并形成习惯，自我掌控感就会升高，就会觉得自己"居然能够坚持锻炼这么久，自己还真棒"。这个时候，就算是遇到一些挫折，或遇到巨大的挑战，或遇到不可预知的危险时，我们也能够有更多的信心去面对它、战胜它，或者在失败之后能够更快更好地使自己恢复过来。

（7）运动还能让我们脱离束缚。因为焦虑的人经常害怕，常蜷缩在自己的空间里不敢出去迎接挑战。而运动让我们必须走出去，到户外，到一个运动场景，从而走出了那个狭小的空间，脱离束缚，获得更多的自由。

3. 运动可以减少抑郁

运动也能够减少抑郁。有专家给患有严重抑郁症的病人做了16周的干预实验（Babyak et al., 2000），他们把病人分为3组（见图15.2）。第一组是运动组，第二组是吃抗抑郁药组，第三组不仅吃药而且还要运动。每周运动3次，每人要达到70%~85%的最大心率。具体做法是10分钟的热身运动，30分钟的快速有氧运动，以及5分钟的舒缓运动。

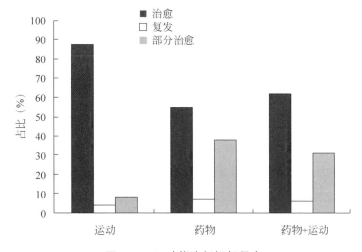

图15.2 运动能降低抑郁程度

从图15.2可以看出，那些参加运动的病人治愈率最高，复发率最低，说明运动比吃药更有效。所以，运动是减少抑郁的一个有效方法。

这个结果还有一个非常有趣的地方：为什么吃药加运动的效果反而不如单纯运动呢？心理学家的解释是，这是因为人的归因。当你发现自己的症状变好的时候，运动的人会想："这是因为我每天运动，保持了良好的习惯，我真行！"此时信心就会增加，这样慢慢地就走出了抑郁。而药物加运动的人就没有这样的归因，他们会想："我症状变好可能并不是因为我运动了，而是因为我吃药了，这药真行！"由此他对自己的信心就会降低，导致吃药加运动的效果反而不如单纯运动好。

运动能够减少抑郁，是因为运动能够改变杏仁核和海马体。杏仁核是情绪中枢，和抑郁息息相关；海马体负责记忆，如果海马体出了问题，记忆就会出现偏差，即记住那些坏事，遇事总往坏的方面去联想。有研究发现，抑郁症患者的海马体萎缩了15%，而且抑郁时间越长，萎缩越厉害。而此前讲到过，运动可以增加海马体内BDNF的含量，它可扭转海马体萎缩的趋势，使海马体能够恢复正常，甚至更强大，以便让我们能够有一个正常的记忆。

运动可以对抗衰老。人衰老后，BDNF就会逐渐减少，在40~70岁之间，大约平均每10年就会损失5%的脑容量。在70岁之后如果生病，这个过程还会加快。但是运动可以延缓这个过程，并促进BDNF的增多，还能使大脑里的血流量增加。有研究发现，运动者大脑里面的血流量在4年里几乎保持同样的水平，而不运动者就会明显减少。血流量一旦减少，神经元细胞会死亡得更快，BDNF和其他神经营养因子也会损失得更多。

4. 运动能保护大脑的认知功能

老年人为什么会出现痴呆，或记忆力变差？那是因为他们的额叶和颞叶在迅速地退化。同时，额叶跟认知和执行能力有关，而颞叶与记忆功能有关。当这两个脑区退化的时候，人会变得痴呆。退休后的老年人与社会的联系变少，变得很孤立，而且生活节奏也会变得越来越慢。如果不运动，相当于助长了脑神经元细胞的死亡。有人做过实验，将60~79岁几乎不运动的老人分为两组，每周运动3次，每次1小时。对照组只是做做伸展操；而实验组是在跑步机上行走或跑步，以达到最大心率的60%或70%。结果发现，在实验期间体能提高的人，他的额叶和颞叶容量也增加了。这说明有效运动之后，大脑的衰老速度，尤其是与认知功能相关的额叶衰老得更慢一些。

5. 运动能使人保持积极情绪

老人的情绪会变差，这和生理因素有关，比如激素水平，还来自大脑结构的改变。运动可以产生一些使人情绪变好的激素，如多巴胺。多巴胺是神经递质，用来传递奖励系统和动机系统的信号。多巴胺越多,大脑的奖励系统和动机系统越活跃,人就越开心,越有动力去做事情。也就是说,运动可以刺激大脑产生更多的多巴胺。

跑步一开始会处于平台期,但是当你过了平台期就会进入兴奋期,跑得畅快极了,根本就不想停下来,这种特别开心的状态称作"Runner's High"(跑上了瘾)。为什么会出现这样奇怪的状态呢?这也和进化有关。我们的祖先在狩猎的时候,既没有尖牙利齿,也没有过人的体力,柔韧性也一般,到底靠什么来狩猎?除了聪明与会合作之外,还有一项技能:人特别能跑。不过,跑步很累、很无聊,于是人类就进化出了一个机制,即在跑步的时候分泌多巴胺,这样就能够激励我们一直跑下去。

6. 运动与积极身心

变老是怎样的一个过程呢?可能是像图 15.3 左图所展示的那样,最开始很健康,到 76 岁左右时,健康完全降到了零。当然,这里是指平均水平。

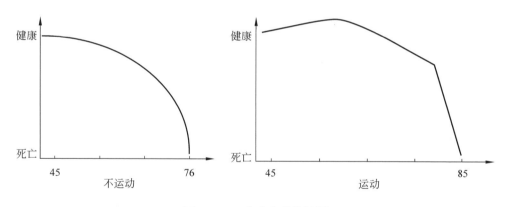

图 15.3　一个人变老的过程

但是,这是一种我们习以为常、司空见惯的"健康衰老"方式,那只是因为没有足够的运动。假如运动,如图 15.3 的右图,即使健康也在变差,但改变的速度很慢。健康大概在 80 岁的时候忽然之间急剧降低,在 85 岁左右去世。虽然仍然会有死亡,但在 80 岁之前,可以保持一个相当高的机能,过着相当不错的人生。由此,运动让人的寿命延长了近 10 年。《明年更年轻》一书中说,90% 的人只要认真地进行锻炼,完全可以达到图 15.3 右图的效果。

福勒教授就是一个活生生的例子。为什么在中年之后他的学术兴趣忽然从物质滥用、心理测量等转到了运动和心理的关系呢？因为他以前是一个很不注意运动的人，49岁才忽然醒悟并开始跑步，之后他的身体机能反而随着年龄的增长在上升。事实上，他在给我们上课的时候已经79岁了，但他的身体机能、大脑反应、情绪状况都跟一个60岁甚至50岁的人差不多。当他带我们出去锻炼的时候，除了那些有运动习惯的人之外，一般的人跟不上他的步伐。但是很不幸，他80岁的时候意外中风，85岁就去世了。他的人生完美地诠释了这张图。福勒教授在我们的课上就沿用了雷蒂博士的一个推荐，每周至少锻炼5天，每次30分钟中等强度的有氧运动。这是最常见的一种推荐。因为当时的专家有点担心，如果把这个标准定得太高，可能会把大部分人都吓走了。有的专家建议每周6天，其中有4天是进行1小时中等强度的运动，两天进行45分钟的高强度运动，这两天不要连续，留一定的时间让身体充分休息。

怎样才能做到呢？可以从轻度运动开始，如走路或慢跑。只要开始，身体就会进入运动的状态，就会慢慢地体验到Runner's High，以后就会越来越上瘾。时间也是一样，并不是说一开始就要达到30分钟，哪怕只有5分钟，只要有时间出去运动，你就会发现自己身心舒畅。

有两个方法可以让身体自然地产生锻炼动力。第一，先从小的、简单的、短的运动开始，让身体慢慢爱上运动。第二，与其他人一起运动。人是社会性动物，和其他人在一起的时候，运动的动力就自然产生了。有研究发现，假如让一些老鼠一起跑，12天之后它们脑神经元细胞的增加明显超过那些单独跑的老鼠。所以我的建议是，可以和朋友一起锻炼，比如一起打球，或者加入一个跑步小组等，一旦有很多人在一起了，你运动的动力、欢乐就会多很多。

最后，怎样才能更好地运动呢？原则是既要坚持又要灵活。坚持才能形成习惯，一旦形成习惯，大脑就会自动接管这些事情，到时候，不去运动你都会感觉难受，所以习惯很重要。但习惯也很难形成，或者由于客观因素没有固定锻炼的时间。因此，须灵活运用时间，见缝插针，哪怕只有5分钟也可以灵活地选择自己喜欢的、好玩的运动。因为一开始锻炼，动力至关重要。如果你喜欢这项运动，就可能坚持下去。这些方式可以帮你慢慢形成一个运动的习惯，慢慢地让身体和心理变得更健康。

所以，穿上运动鞋出去运动吧！

冥想和专念

在你阅读本节之前，请先试着冥想。如果你会，就请使用你感觉最舒服的方法冥想 5 分钟。如果你以前没有冥想的经历，可以扫描二维码打开"正念冥想"的音频，在该音频的指引下进行冥想。再或者，设置一个 5 分钟的闹钟，然后在椅子上坐直，双手放在腿上，闭上双眼，默默地关注自己的呼吸，并关注空气在呼吸之间进出体内的感觉。如果走神了，没关系，只要把注意力拉回到呼吸上就可以了。

正念冥想

做完这个冥想，你是不是感觉头脑被清空，心情也舒畅了，大脑也比较清晰了？冥想确实能够给我们带来很多好处（Brefczynski-Lewis et al., 2006）。

冥想能够改变大脑的状态。戴维森团队邀请过 12 个经常冥想，并在冥想上平均练习了 1.9 万个小时的人，与 12 个跟他们年龄差不多但都是刚刚开始冥想的普通人来进行比较，测试了他们平时和在进行冥想时的大脑活动。结果发现，冥想对任何人都有作用。无论是对于冥想专家还是冥想新手，冥想都能够更多地激活大脑前额叶皮质，以提升情绪的调整能力、监察能力，并提高注意力。同时发现，假如一个人长期冥想，前额叶皮质等各处脑结构都会发生变化，对身体和心理都会有很多好处（Horowitz, 2010）。

比如，对于心血管病患者，冥想能够降低收缩压大概 4.7 个毫米汞柱、舒张压 3.2 个毫米汞柱，从而促进心血管的健康；对于癌症病人，冥想虽不能治愈癌症，但是它可以提升病人对于癌症的心理和社会应对能力；对于那些被病痛长期折磨的人，比如哮喘、颈背痛、并发症等患者，冥想能够减轻他们的疼痛感，以提升病人对于自己健康的满意度；对于中年女性，冥想能够减轻她们的更年期症状；冥想也能够减少成瘾者的物质滥用倾向；还能够缓解失忆，增强大脑血流及记忆功能；对于各种负面情绪，比如压力及焦虑，冥想之后能够显著降低症状。所以，现在非常流行冥想，无论是在一些大公司，还是在学校，甚至军队里面，都在提倡冥想。

那么，怎样进行冥想呢？冥想发源于佛教，从佛教的角度来说，现在的冥想可大略分为两大类：一种是止禅；一种是观禅。止禅就是停止现在脑中分扰的念头。一个人表面好像静坐着，但他脑中的念头可能像瀑布一样滔滔不绝。止禅是说，不要让你的念头四处乱溢，把它们收起，停下来，专注于目前的呼吸，或者专注于一个意象。就好像一杯有沙子的水，浑浊不堪，这时让它静止不动，沙子就会慢慢地沉到水底，水自然就清澈了，这就是止禅。

而观禅是止禅的反向，即不把注意力停止或集中在一个事情上面，而是对周围世界都保持兴致盎然，并留神环境中都在发生什么。现在很多人把观禅叫作"专念"或"正念"。在这方面，哈佛大学的心理学家艾伦·兰格做过很多研究，并写过一本书叫《专念》(*Mindfulness*)(Langer, 1989)。她提出，"专念"是指我们有意识地对外界的信息进行接收和处理。她把那种无意识的、自己也不知道该怎样，就浑浑噩噩地对世界作出反应的状态叫作"潜念"。

潜念会使人产生一个比较狭隘的自我形象：我认定自己是一个什么样的人，当别人让我做什么事情，或者当重要信息来临时，我就根据自己心中对自己的定位浑浑噩噩地作出反应。比如，我是一名家庭主妇，有人邀请我去创业，我想也不想就拒绝了。这说明你有一个狭隘的自我形象。再比如，潜念让我们更加无心、更加冷酷，我们会浑浑噩噩地接收别人的指令，一切并不经过自己理智或者良心的判断就去执行，有时就会伤害到别人。潜念还会让人丧失控制力，并根据环境、信息不知不觉地作出反应，而不是根据理智或者是喜好进行判断，因此就会丧失对自己人生的控制力。对于潜念比较强的人，其潜能也难以发挥，因为他们根本就意识不到自己还有这样的能力，还有资源可以来利用。

反过来，专念能够让人更有创造力，迫使人有意识地去想：我该怎样打破现有的格局，走出一条与众不同的路？要尽快想出新方法来解决这个问题……另外，专念比较强的人也更容易接收新信息。当跟他预期不同的信息到来时，他并不是本能地拒绝或排斥，而是会想一想这个信息是什么意思，跟自己原来的系统如何整合到一起；会从不同的视角看问题，所以他的头脑也更清醒，知道在当前应该怎么做，并注意现实环境给自己传递来的信息，从而作出更加理性的判断。这样的人更加可能去改变看上去无法改变的环境。潜念强的人看到一个环境，可能会觉得太强大了，自己无能为力；而专念强的人会看到，在似乎无法改变的环境中还有可以改变的因素，一旦改变，也许就能撬动整个环节。所以他们敢于挑战那些看上去不能改变的事情，从而改变世界。

专念强的人还有一个特点，即更看重过程，而不是结果。他们并不是想着一定要做成什么样子，而是在这个过程当中吸取外界的信息，保持对外界的关注，及时与外界互动，这个过程就让他们很开心。所以他们知道，该在什么时候对怎样的事情保持关注。如果时机不对，他们会果断地主动放弃那件事情。当有很多事情扑面而来时，他们能够清醒地、有意识地给它们排序，优先去做更重要、更有价值的事情，而不是被各种各样的信息洪流冲昏了头脑，被各种各样的任务压垮。他们会更少倦怠。虽然工作很多，但是由于专念比较强，他们总是能够兴致盎然地去完成，而不是被工作拖得疲惫不堪。

如何获得更强的专念？关键是封闭自己的头脑，对于外界的刺激和信息始终保持警醒的状态，总是知道有怎样的信息在进来，并且对其进行有意识的处理。冥想对于这方面能力的提升是很有帮助的。

最后，在观禅里还有一种叫作"身体扫描冥想"。你可以放松地坐在椅子上，后背微微挺直，双手放在大腿上，慢慢地闭上眼睛，然后把注意力从头部逐渐转移到额头、眉毛和两侧的面颊，再到脖子、肩膀、双臂和双手，再到腰部、双腿、双脚以及脚趾上，慢慢地体会你的感觉，是紧绷还是放松的？不论感觉如何都不要去改变它，只需要静静地感受它的存在。然后，按照从上到下的次序，逐渐扫描你身体的每一个部位，也许某个部位会有特别的感觉，吸引了你的注意，温柔地关注它，不否定也不压抑它，不带任何评价，只是体会它，接受它。

观禅让我们注意到身体给我们传来的信息，那些对我们最重要的，也是经常被我们忽略的信息。

希望大家可以腾出更多的时间来进行运动和冥想练习。

【作业】

运动30分钟。如果你平时就有运动习惯，今天已经运动30分钟了，请在下一个星期里面，额外多运动30分钟。总之，上完这堂课之后，你要比平时多运动30分钟。另外，把刚才我们做的"正念冥想"和"身体扫描冥想"在一周里至少再各做一次。

【推荐阅读】

[美]约翰·瑞迪、埃里克·哈格曼：《运动改造大脑》，浦溶 译，杭州：浙江人民出版社，2014。

[美]艾伦·兰格：《专念：积极心理学的力量》，王佳艺 译，杭州：浙江人民出版社，2012。

第16讲 积极心理学应用

积极心理学最重要的是应用

我毕业于宾夕法尼亚大学的应用积极心理学硕士项目，这个项目的英文名字叫作 Master of Applied Positive Psychology，简称 MAPP。创建这个班的马丁·塞利格曼曾经问我们："你们说 MAPP 的四个字母中到底哪一个更重要？"大部分人都回答说 Positive，即"正面积极"最重要。塞利格曼说不对，其实最重要的是其中的 Applied，也就是"应用"。

因为他觉得积极心理学如果只是一群学者写的文章、做的研究，那没有什么意义，普通人不会去看，更别说会影响他们的生活方式了。他说："你们的主要任务是走出象牙塔，把积极心理学的理论应用到不同的领域当中去，切切实实地去提升人们的幸福感，使大家的人生变得更美好。"这才是他创建这个项目的初衷。

第1讲里彼得森的那句话："积极心理学不是一项观赏运动"，意思和塞利格曼说的完全一样。即不能只是学到一堆理论，而是要亲身应用这些心理学的方法，并将它们推广给更多的人，这样才是学习积极心理学真正的目的。

所以，这一讲将介绍积极心理学在个人、家庭、教育和组织等不同领域的应用。对于个体，主要会讲积极心理教练和积极心理治疗；对于家庭，主要讲优势教养；对于教育领域，主要讲国际积极教育运动和它在中国应用的进展；最后，在组织方面，主要讲欣赏式探寻和工作重塑。

积极心理教练

教练这个职业在国外已经非常广泛，在中国，也在慢慢兴起。教练是在场边给你提出建议、给予鼓励、指出不足、给予反馈，进行理论指导的人。

不只体育、健康领域需要教练，在其他领域，人生教练可以帮助你找到人生目标并且指出实现的路径；高管教练（专门针对企业里的高管）可以帮助你提升领导力，分析企业目标、职业目标，从而让企业以及你自己做得更好；当你有交往恐惧时，关系教练可以来帮忙，如恋爱教练，他可以指导你如何谈一场真正的好的恋爱。

请注意，这些教练并不是心理咨询师或心理治疗师。当一个人出了心理问题，才需要咨询或治疗。就像身体出了问题，你才会去找医生一样。而教练更多的是督促你成长。你可能并没有要解决的严重问题，但是你想变得更好，想进步更快，这时，教练就可以发挥作用。比如健身教练，他可以指导你该怎样通过锻炼让身体变得更健康、更美丽。所以，教练会起到积极的促进作用。

另外，教练跟心理咨询师、心理治疗师相比起来，没有明确的标准和认证体系。这体现在两个方面，首先，教练的认证不像心理咨询师、心理治疗师有那么严格的标准。成为一个心理咨询师或心理治疗师，需要取得一定的学位或者拿到一定的证书，然后有一定的实践经验，才能真正地从业并帮助别人。但是教练的认证标准模糊得多，而且目前还没有一个公认的认证机构。有很多机构都在进行认证，而这些认证在市场上也都有人使用、有人承认。因此，它并没有一个单一的标准。

其次，教练没有一套成体系的科学系统，也就无法取得统一的认识，而是各自为战。马丁·塞利格曼写过一篇文章，提倡积极心理学可以为教练提供一套理论框架、实证依据和培训认证的基础（Seligman, 2007）。也就是说，积极心理学可以成为教练技术背后的科学体系。它不仅能够解释清楚教练技术的作用（也就是理论框架），而且还能够把实证检验过的技术提供给这些教练使用。最后，对这些科学方法和理论进行严格的培训体系认证，让教练获得高标准的、统一的认证。

在这个思路的引导下，很多积极心理学家都投身于教练这样一个职业当中，并发展出了一套积极心理教练的方法。其中做得最突出的是心理学家罗伯特·比斯瓦斯-迪纳。他是"幸福博士"爱德华·迪纳的儿子。他在2010年出版了一本书，叫作《练习积极心理教练》（Biswas-Diener & Dean, 2007），里面提出，积极心理教练第一步是正面诊断。"诊断"经常都是负面的，即你出问题了，你生病了，但其实还可以有正面的诊断，就是找出你的正面资源。他把这种资源分为五种：能力、幸福、希望、情境和使命。

（1）"能力"不仅包括你的品格优势、技能、天赋，也包括你的兴趣和资源。其中，资源包括时间、健康程度、精力、家庭和睦、教育背景等。怎样才能知道一个人的能力有哪些呢？可以观察。比如，客户说起什么来就眉飞色舞，滔滔不绝，这时你可以问一些问题。比如，什么东西让你感到特别自豪？

（2）"幸福"涉及生活满意度、情绪等，但也涉及投入、乐观、自信、意义、道德、人际关系等。

（3）"希望"并不是一厢情愿地乐观，比如"我的未来肯定会更好""我相信我将来有希望"。根据斯奈德的研究，希望受两种思维影响：一种是"动因思维"；另一种是"途径思维"。"动因思维"是"我觉得我是有能力的""我是可以改变我的未来的""我的未来在我的掌控之中"。因此，"动因思维"强的人敢于行动，更能坚持下去。"途径思维"是"当我遇到了困境，我相信能找到办法""为解决这个问题，我能找到一个好的途径"。这种人会更加有创造力，在遇到挫折时会不停地尝试其他方法，直到克服困难为止。所以，希望不仅是一个信念，而且是真的能够让你产生持续不断地尝试的动力。

（4）"情境"对于一个人正面特质的激发也很重要。你需要帮助客户分析，在什么情境下他发挥得最好。比如，他是在独立工作时发挥得更好还是在跟别人合作时？他是按部就班好，还是随意发挥好？他是在比较平淡轻松的情况下发挥得更好，还是在压力很大、马上就要到最后期限的时候发挥得更好？

（5）最后是"使命"，也就是价值观。他到底最想要的是什么？他生活的意义在哪里？他仅仅是为自己积累财富，还是想做出一些超越自我的事情呢？

以上都是一个人的正面资源。把这些资源集合在一起，就可以对一个人提出建议。比如，比斯瓦斯-迪纳提出一个叫作"中年危机教练"的新概念。人到中年时，感觉到自己好像该有的都有了，奋斗目标迷失了。可是自己拥有的这一切好像也没什么意思，再去尝试新的东西又害怕失去现有的生活，于是就陷入了危机。但是，比斯瓦斯-迪纳指出，"中年危机"是一个错误概念。他认为中年并不糟糕，它其实是人生最好的阶段。中年比少年更智慧，又比老年更有活力，它集中了少年和老年的优势。

于是，他首先会跟客户提出，你没有中年危机，人到中年会有一个巨大的机会摆在面前。他还会让对方评估一下对年龄的看法，比如，你是不是认为自己其实是处在最聪明的年龄段，身体还比较健康？然后选出对方认为当前年龄段的强项，再加上价值观、兴趣能力、资源情境、希望和幸福等正面资源，就可以让对方重拾激情。这不仅包括人生激情，更重要的，还包括工作激情以及敢于尝试新的挑战的激情。有很多中年人的危机其实就来自工作太平淡，没有什么挑战。比斯瓦斯 - 迪纳提出，可以从价值观、能力，以及工作重塑这几个方面出发，使其重新充满激情。这不仅使客户能够顺利地度过中年危机，而且还可以利用中年阶段，让人生更上一个台阶，变得更加智慧，更加积极地面对生活，从而有一个更美好的人生。这就是中年危机教练的思路。

积极心理治疗

塞利格曼提出，传统的心理治疗方法主要着重于来访者有什么问题，以及怎样才能减少负面心理。其实我们可以直接提升来访者的正面心理。当正面心理变强之后，负面心理对他的影响就会减少。因此，他和塔亚布·拉希德（Tayyab Rashid）一起发展出了一种叫作"积极心理治疗"的疗法（Seligman et al., 2006）。这种疗法一共有14个疗程：

（1）和来访者讨论他的积极心理资源。一个人假如缺乏积极心理资源，比如积极情绪、品格优势和意义，就会引起心理问题。因此，来访者被要求做"积极自我介绍"，其目的就是让他看到自己身上的闪光点，从而对自己的积极心理资源更有信心。

（2）讨论品格优势。要求来访者从积极心理中找出自己的品格优势，并且讨论这些品格优势曾经对他提供了哪些帮助。回去之后，需要做品格优势测试。

（3）讨论怎样发挥品格优势。可以专注于一些特定的场景，讨论品格优势可以怎样促进积极情绪、投入以及人生意义的培养。这个疗程的作业是每天写出三件好事，同时，要求来访者要在后面的疗程里面一直这样做下去。

（4）对于坏事的讨论。在人生当中，不仅有好事，也有坏事，这很可能是使来访者陷入抑郁、出现心理问题的主要原因。讨论对于坏事和好事的记忆，在抑郁患者当中会起到不同的作用。他们对于怨恨和痛苦往事会念念不忘，这会使抑郁持续，而且会降低幸福感。因此，来访者回去之后需要写下怨恨和痛苦的感受，以及它们是怎样加剧抑郁的。

（5）讨论宽容。向来访者介绍宽容的作用，以将其怨恨和痛苦的感受转变成中性，甚至有时候会变成积极情绪。因此，来访者需要写一份宽恕信，只要写下来就好。

（6）讨论感恩。再一次讨论好的和坏的回忆。然后强调，对于好事的回忆我们该知道如何感恩。回去需要做一次感恩拜访。

（7）进行中期讨论。对于此前的作业和方法进行总结和回顾，并且讨论来访者在疗程中的收获和障碍，以及如何克服这些障碍。回去需要继续完成宽恕和感恩的作业。

（8）讨论两个重要的概念："知足"和"完美"。知足者是"我觉得这个已经够好了，所以做成这样就可以了"。完美者认为"我必须找到最完美的"，这反而让人生失去幸福感。所以，来访者需要设计一个方案，远离自己的完美主义倾向，做一个知足者就好。

（9）讨论"乐观"和"希望"。主要讨论当坏事来临的时候，如何发现其中正面的促进作用。就像老子所说的："祸兮福之所倚，福兮祸之所伏。"即坏事不见得总是坏的。因此，来访者需要回顾三个像"塞翁失马焉知非福"的例子，旨在让他可以看到，有时候坏事其实也可以带来正面的影响。

（10）进行正面沟通，学习积极主动式回应。这次的作业是，来访者需要对别人的好事作出积极主动式的回应。

（11）讨论别人的品格优势。此前，来访者已经看到了自己的品格优势，现在他需要找到并且欣赏家人的品格优势。先从家人开始比较容易，作业就是邀请他的家人做品格优势测试，然后画一个优势树，标出所有家人的品格优势关系。

（12）品味。品味可以防止人们对于好事变得麻木，让一个人可以更多地获得积极情绪带来的好处。所以，作业就是让来访者计划一些愉快的活动，并品味其中的积极情绪。

（13）讨论正面遗产。遗产是一个人死后留给别人的东西，但正面遗产并不是指物质，而是正面影响。因此，这次作业就是要来访者写下他们希望获得的悼词，以及在死后他们想留给世界什么正面的影响。

（14）对于此前所有内容进行总结和讨论。要结合此前讲的积极情绪、投入、意义等所有主题进行讨论。把它们结合在一起，就能描绘出一个更美好的人生。最后，来访者需要设计一下，如何才能使这些正面的变化发生，并且使这个变化一直正面地持续下去。

塞利格曼和拉希德基于简化积极心理疗法做了一些实验（Seligman et al.，2006）。我们可以从图 16.1 中看到进行积极心理疗法的来访者（灰色的）跟对照组（黑色的）的对比情况。两组人在实验前的抑郁指数差不多，但在进行了积极心理疗法之后，参与者的抑郁指数一直比对照组低。

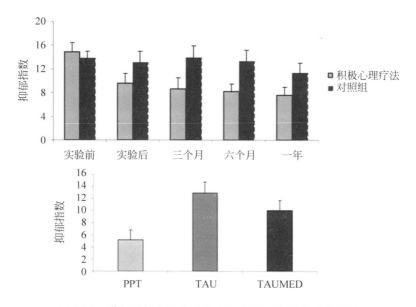

图 16.1　进行积极心理疗法的来访者跟对照组的对比情况

但是，这个方法会不会像是一种安慰剂呢？就是因为有人在给你进行心理治疗，所以你的抑郁指数不管怎样都会降低。为此，塞利格曼和拉希德又在 2006 年进行了另一轮的实验。就是把上面介绍的 14 个疗程都做了一遍。然后，他们把积极心理疗法和传统心理疗法，以及传统心理疗法加上吃药这三种不同的方法进行了一个比较。他们这些心理疗法都是在注册心理治疗师、心理工作者、实习研究生的指导下进行的，都是符合心理治疗规定的。而且，他们将来访者进行了随机分配。最后发现，这三组来访者一开始的抑郁程度是相当的，但是在进行了三种不同的疗法之后，接受积极心理疗法的病人，最后抑郁指数降到了最低，比其他两种都要低。

由此证明，积极心理疗法非常有效。最近，拉希德博士又把积极心理疗法进行了升级，并扩充为 15 个疗程，主题也做了一些微小的调整。

优 势 教 养

积极心理学可以在家庭生活中发挥作用。下面我们将着重讲解积极心理学如何帮助家庭培养优秀的孩子。之前我们提出过一种方法，叫作"优势教养"。家庭在进行"优势教养"之后，发现孩子的行为问题减少了（Sheely-Moore & Bratton, 2010），父母的压力也大幅减少了。"优势教养"的做法主要来自澳大利亚墨尔本大学莉·沃特斯教授写的《优势教养》（Waters, 2017）。她认为，我们需要打开意识中的优势开关，而不是像以前那样，总是看到孩子的不足之处，并要求他改正缺点。要认识到发挥优势比克服缺点更加重要。她发现，让大部分父母去写孩子的优势时，基本上都写不出五个来。这里说的优势，不仅仅局限于前文讲的品格优势，还包括能力、兴趣、天赋、特质等。沃特斯提出，我们需要打开自己意识中的优势开关，从发挥孩子的优势这个角度来更好地培养孩子。

第一，要找到孩子的优势。先从孩子的表现找，比如，他在某个方面做得特别好，这就是他的优势。

第二，看孩子在做事时表现出来的能量。如果他做这件事很开心，眉飞色舞、手舞足蹈，说明他很喜欢，很可能这就是他的优势。

第三，在自主的情况下看孩子怎样选择。他自己选择，愿意做这个事情，说明在这方面潜藏着他的优势。

找到了孩子的优势之后，该怎样培养呢？沃特斯教授提出了以下几个方法。

（1）要注意使用成长型思维。不要看到孩子的现状就认为他将来也如此，"三岁看大"并没有科学依据。要想到将来他可以通过努力变得更好，家长的精心培养能够使他得到成长。

（2）身教大于言传。对孩子，不仅要说"你要发展这个优势"，还一定要亲自展示你希望孩子拥有的优势，并且陪他一起练习。同时，也要告诉他，其实我看重的是你的优势,而不是缺点。这样,孩子才会想到,其实我也可以更多地发展自己的优势,而仅仅是克服自己的缺点。对待别人和对待自己,也同样要用这个优势开关。另外,还可以让孩子向其他拥有这些优势的人去学习,比如亲戚、老师、教练、小伙伴等。

(3)要提供脚手架。脚手架是一个临时的架子,让人站得更高,并在上面进行工作。父母对于孩子,首先要提供支持,并示范如何使用优势,要讲解过程,回答问题。如果要培养孩子的创造力,不能只说"你要自己开动脑筋,发挥创造力去想一想",而需要详细讲述如何使用优势。怎么培养孩子的发散性思维呢?让他看一样东西,然后想想这样东西还有什么其他用途。不要只把这个问题抛给他,还要跟他具体地解释一下怎么做。比如,"想一想砖头还有其他什么性质?它有物理性质、抽象性质。物理性质又分为形状、物质构成、颜色……"然后从这些不同的属性出发让孩子举例。通过属性列举的方法就可以得到更多答案。

需要注意,脚手架是个临时平台,用完了就要拆掉,或者继续搭更高的脚手架。所以,一定要注意下一步工作。比如,孩子对于属性列举的方法已经掌握了,就需要你给他提出更难的创造性问题。如果答不出来,家长就要再搭一个更高的脚手架,让他继续向上。在培育优势时,要给予孩子帮助,这很重要。

(4)用刻意练习来培育孩子的优势。当孩子具有某方面的优势时,你需要提供方法、环境。每次让他专注于一个具体明确的目标,并全神贯注地努力。然后,给他提供反馈,尤其是负面反馈:"你这儿做得不行,需要提升。"再让他反复练习改进,这样做会使孩子更快提升。

这样的教养方法会更多地帮助孩子发展出优势,而不仅仅是克服缺点。

积 极 教 育

本节要解决三个问题。为什么要开展积极教育?积极教育能够教得出来吗?积极教育该怎么教?

传统的教育思路已经引起了很多学生的心理问题。有项调查发现(Lewinsohn et al., 1993),将近 1/5 的美国学生经历过抑郁。而我国学者在对中小学的调查中也发现（Qu et al., 2015），15% 的学生出现过至少持续了 6 个月的心理问题。

遇到心理问题该怎么办呢？传统的思路是，出了心理问题就来治疗它。但是，积极教育提出了一个新思路。它源自一种叫作"积极军队"的方法。

凯西将军在陆军 110 万官兵及其家属中开展了积极心理训练。此后的调查发现，接受了积极心理训练的官兵心理问题更少，同时还减少了物质滥用（如酗酒、吸毒）等问题。

这个方法同样可以用在教育上，即对所有学生进行积极心理的训练，从而使他们的心理向更加好的方向发展，学生们变得更幸福、更健康，人生更加蓬勃。

在这个思路的引导下，塞利格曼等学者发起了"国际积极教育联盟"。图 16.2 为国际积极教育联盟的标识，是一个类似于 DNA 的双螺旋曲线。一条曲线上面写的是 Academics，意思是学业；另一条曲线上面写的是 Character & Well-Being，意思是品格和美好人生。

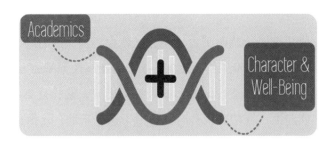

图 16.2　国际积极教育联盟的标识

由此可见，积极教育是通过培养孩子的品格，使他们不仅有更好的成绩，而且还为将来美好人生打下坚实的基础。现在的教育制度是基于工业时代发展出来的，那个时候的教育使命是为车间的流水线提供大量的熟练工人。因此那时候教育具有两项最重要的任务：第一，掌握熟练的技能；第二，遵守纪律。现在，人工智能浪潮已经到来，很多简单重复的工作都将被机器人所取代。当现在的学生长大、走上社会后，更多是依靠创造性的人跟人之间的交流，需要很高的共情能力、情感沟通能力，需要展现个人的独特性和朝气。过去强调简单重复、掌握技能、听话的教育方式已经不再适用了。因此，这个时代特别需要积极教育，教育需要面向未来。这就必须对教育进行改革，使之更加积极。

在这方面进行尝试的一个先驱是澳大利亚最有名的私立学校——基隆语法学校。它邀请了塞利格曼和其他很多积极心理学专家入驻并与老师谈话，对老师进行积极心理学培训。然后大家在一起设计课程，来培养孩子的品格。

这种积极教育模式现在已经传播到世界各地。总结起来有三大类。第一大类叫"讲授式"。比如，学生每周上一次积极心理学课，学一些积极心理学的方法，使自己变得更加蓬勃、积极。第二大类叫"渗透式"。所有的任课老师都要学习积极心理学，并把那些原理应用到课堂上，渗透到每一节课里去。第三大类叫"体验式"。把学校建设成为一个积极教育的大本营，然后延伸到家庭、社区，以学校为中心，为孩子所处的环境营造积极的气氛。这样，积极心理的影响无时无刻不在，从而使学生们发展出更加蓬勃的心理。

比如，开展家校互动，让孩子回家后与家长分享3件好事，让家长来上积极心理学课，并采用优势教养或者是自主教养方式；再比如，跟社区开展更多的互动，设计一些公益活动，让孩子更多地走到社区去作服务、作贡献，让他们看到社区里的人们是怎样在蓬勃积极地生活，学习他们的为人，并规划好自己未来的人生道路；还有学校文化建设，设计一个更加积极向上、蓬勃的校园文化环境。比如利用标语、展示物进行宣传，或者教大家平时怎样交流、互动。所有这一切都是要让孩子体验到积极教育全方位的威力。

可以看出，积极教育对象要包括学生、教师和环境，一个也不能少。不仅学生要去学习，教师也要培训，而且对教师的培训不应只局限于专业知识，更应包括如何教给孩子更多幸福和积极的知识，也包括启发他们的个人生活。很多教师都反映，上完积极教育培训班之后，且不说和学生的关系更为融洽，他们与配偶、与自己孩子的关系也都得到了改善。也就是说，积极教育能够让老师也变得更幸福。

如果整个大环境都变得更积极了，所有的学生、教师和家长都会从中获益。墨尔本大学维拉－布洛德里克等人对基隆语法学校进行了测试（Vella-Brodrick et al., 2014），结果发现，接受了积极教育的学生和对照组相比，对生活更满意，有更多的积极情绪、投入和意义感，抑郁和焦虑更少，有更强的抗挫力、成长型思维和坚持力，更能发挥优势，表达感恩。

在此，我也介绍一下清华大学社会科学学院积极心理学研究中心在中国做的一些积极教育的实践和探索。核心工作集中在测量、培训和教案这三个方面。

首先，我们注重测量学生、教师和家长的幸福、焦虑、抑郁、学习动机、成长型思维、坚毅和韧性等，了解他们目前的心理状态，从而对症下药，并通过追踪调查以探索积极教育是否真提升了孩子的幸福，降低了他们的焦虑、抑郁。

为此，我们设计了一个"6+2积极教育大框架"（见图16.3）。"6"代表"积极自我""积极情绪""积极投入""积极关系""积极意义"和"积极成就"这6个模块。其中有5个来自塞利格曼的PERMA理论。而"自我"又是积极心理中特别重要的一个部分，加入这个模块目的是为了增强学生更加积极的自我观。

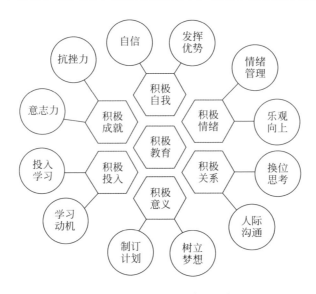

图 16.3　6+2 积极教育大框架

这6大模块不只是讲理论，更重要的是通过学习课程让学生掌握6大模块的应用技能和方法。其中，"积极自我"模块强调的是自信和发挥优势；"积极情绪"模块让孩子学习如何进行情绪管理和乐观向上；"积极关系"模块学习的是换位思考和人际沟通；"积极意义"模块告诉孩子如何树立梦想和制定计划；"积极投入"模块让孩子学习如何提升学习动机，以及怎样更加投入地学习；"积极成就"模块注重提升孩子的意志力和抗挫力这两个品质。

"2"代表什么呢？第一个是"积极品质"，也就是品格优势；第二个是健康，就是一套身心调节的方法，即进行沉静训练，它可以改善孩子的大脑结构，以减少他们的压力和焦虑，提升专注能力，达到放松、愉悦的和谐状态。

我们设计出了从小学一年级直到大学一年级的一系列教案。根据6大模块的主题，每节课都安排了不同的内容，并通过各种教学活动传授知识、技能。

通过在清华大学附属小学做的积极教育实验（见图16.4），我们发现不上积极教育课的学生，从学期之初到学期末的心理幸福感下降了很多。但是上过积极教育课的学生，虽然一个学期只上了8节课，他们的心理幸福感却上升了，他们变得更快乐、更开心。而且，经过一个暑假之后，他们的心理仍维持原来的状态。

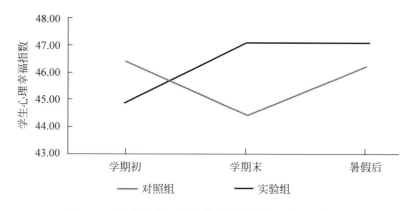

图16.4　清华附小五年级学生积极教育后的心理状况

积极教育不仅能让孩子开心，而且还能提升孩子的学习成绩。我们从对清华附小五年级学生的实验中发现，那些学习动机比较弱的学生，经过积极教育实验，其学习动机有非常显著的增强；而对照班则变化不大。在成绩方面，实验组学习动机比较弱的学生，期末考试成绩有大幅提升；而对照班的提升就小得多。

另外，从对山西省运城职业学院一年级学生做的实验中可以看到，在进行了一学期的积极教育实验后，学生学习的内部动机显著增强；而对照组则没有太大的变化。同样的，在进行了积极教育之后，学生的成长型思维和希望思维都有了更大的提升；而对照组则没有什么变化。反过来，对照组有变化的是他们的韧性降低了；但对于进行积极教育的学生来说，他们的韧性则没什么变化。可见，积极教育能够保护学生的心理韧性。

从另一个角度看，积极教育对于学生的负面心理也有影响。比如，我们从对成都市树德中学做的实验中发现，对照组学生在经过了一学期的学习之后，焦虑、抑郁指数上升；而对于参加积极教育的学生来说，他们的抑郁、焦虑没有太大变化。也就是说，积极教育能够保护学生的心理，使他们不至于太抑郁或太焦虑。

欣赏式探询

积极心理学应用于组织的典型例子叫作"欣赏式探询"。这个方法是由凯斯西储大学的大卫·库珀莱德教授提出的（Cooperrider & Srivastva, 2013），其灵感来自他念博士时候的一段经历。当时他被克里夫兰医学中心聘用，负责解决医学中心住宿的管理问题。克里夫兰医学中心是世界上最权威的心血管病治疗中心，到那儿去的病人很多，因此医学中心自己建了个旅馆以解决家属们的住宿问题。但这个旅馆管理不善，人心涣散，服务质量低下。于是，他们邀请了大卫·库珀莱德博士来帮忙。

按照通常的思路，他应该先调查所有的员工，询问他们对于管理的意见，询问管理层可以怎样解决这些问题等。但库珀莱德采取了一个完全不同的策略，他把这些员工全部送到了一家五星级酒店，那是一家口碑非常好、管理完善而且服务质量很高的酒店。他对这些员工的要求就是在里面好好住着，并观察这家酒店在管理方面的优点。这些员工在里面住了一周，之后每个人都写了一个报告。回来之后，他们很快就自发地把这些方法应用到自己的旅馆里了。现在，他们的旅馆也变成了一个五星级酒店。库珀莱德总结，其实要改变一个机构，不要总是看它有什么问题，不要总是关注如何减少它的负面影响，也可以关注它哪里做得好，并发挥它的优势，以增加它的正面影响。关键是视角，你是把这个组织看成一个问题，千疮百孔，到处都是漏洞，还是把它看成一个待拥抱的生命？就跟一个孩子一样，有一些缺点，但也有着无限的蓬勃生命力，只要给他适当的时机和条件，就能够开花结果，蓬勃成长！这就是欣赏式探询。

具体怎么做呢？

库珀莱德提出一个叫作"4D"的模型（Cooperrider & Whitney., 2001）。即欣赏式探询共有四步骤，其英文都是以字母 D 开头。

第一步是"Discovery"，发现。即要发现我们和别人过去与现在的成功因素，让所有的人都来分享这些优势，我们有过哪些最佳实践，并且找到这些成功因素之间的逻辑关系和根本原因。关键是要带着欣赏的态度来问：是什么带来了生命和活力？

第二步是"Dream"，梦想。即想想我们到底要什么？这可以是公司的终极愿景，也可以是今年的工作目标。

第三步是"Design",设计。即设计出到达梦想的路径。大家可以列出所有资源,并设计出必需的组织结构及工作流程,以便充分发挥优势并实现梦想。同时,大家共同讨论、描绘我们这个组织最理想的样子。

第四步是"Destiny",使命。我们不仅要实施前面所提到的那些设计,还要进一步强化整个组织的欣赏式文化,让成员持续得到提高,最后把组织的愿景变成必然能够实现的使命。这个阶段的关键是"持续",即不因为有了成就就止步不前,而应使我们这个组织越变越好。所以,这时的问题就成了如何向整个组织赋能,使得它能够持续提升。

举个例子,我们在参加 2018 年国际积极教育大会时,在中国代表团内进行了"欣赏式探询"的练习(注:本例由刘家杰提供)。

1. 发现

通过组员相互之间提问和分享的形式来发现哪些我们可以做得更好,哪些已经做得非常好了。这一阶段主要围绕五个方面的问题展开。

第一方面,在小组的分享中,每个人要谈一谈有哪位老师对你产生过非常大的影响?他又是怎么影响你的?你最感恩于这个人和这段经历的是什么?

第二方面,与他人分享你当领导者时的一个故事:你是怎么带领团队迎接挑战的?最终是怎样完成自己的目标的?

第三方面,尝试分享你成功的原因,或者是一件你比较成功的事情的成因是什么?

第四方面,看看周围的环境中有哪些比较成功的教育案例,或者比较成功的创新教育案例?在这些案例中,有哪些是我们在推动积极教育发展时值得借鉴的?

第五方面,尝试描述未来美好的教育场景。比如,你觉得 2028 年理想中的教育是什么样子?并把它进行具体描述和分享。

以上这些就是第一个阶段包括的内容。其中非常重要的一点,就是在相互分享后,每个人可以表达一下感恩。

2. 梦想

梦想一下我们想要的未来,然后把它们视觉化并描述出来。具体包括以下四个步骤。

第一步,每个人都分享 2028 年自己梦想中的积极教育是什么样子,包括学校、教学体制、政府教育政策。这是一种理想的场景，是我们想象中 2028 年的样子。可以用笔、纸把它逐个写下来。

第二步，阐述你对 2028 年积极教育的希望和愿景。和现在相比，哪些是新的，哪些变化了？这个问题的重点是把"新的"和"变化"都说明清楚。

第三步，回顾历史，2018 年全世界都在推进积极教育，我国都做了些什么？你认为会取得哪些进展？因为在推进积极教育的过程中，各个国家会因文化、政策、经济的不同而不同，尝试分析一下我国的文化背景。

第四步，每组最终要总结所有这些梦想，并上台对全场的人进行展示。

3. 设计

按照流程设计出自己组的方案。它具体分为四个步骤。第一步是头脑风暴。每个组员尽可能多地提出想法，其目的是给每个人以平等的机会，并利用好每个人的资源。第二步投票，以便选出这次的主题。第三步是提交设计原型，并介绍本组方案的核心内容是什么。第四步是进行全场展示。

4. 使命

改进上一阶段设计出来的原型，并把实际计划、行动方案罗列出来，最终实现它们。具体分为四个步骤。

第一步，设定长期和短期的目标。

第二步，具体到实施计划。包括财务、团队等。也就是说，就像制作商业计划书一样，对各个环节进行细化。

第三步，也是非常重要的一步，就是当目标和计划都已经列好后，应立即确定第一步行动的具体内容。这样，才真正可以带动后续的行动计划，甚至更远的计划。

第四步，愿景陈述。不只是描述未来我们想要的样子，还要结合现在正在发生的变化来描述未来我们希望的样子。这会给我们带来更多的希望和动力。

工作重塑

"工作重塑"起源于关于工作意义的研究，研究创始者是耶鲁大学艾米·瑞斯尼斯基（Amy Wrzesniewski）教授。

我们在第 10 讲中讲过一个故事，同样是在工地砌墙，把工作看成砌墙，那工作仅仅是打工；把工作看成在造一座漂亮的房子，那工作是职业；认为自己在帮助别人住得更好，则把工作视为了使命。艾米·瑞斯尼斯基的研究发现，如果把工作仅仅看成打工，其工作满意度和人生满意度都会比较低；把它看成使命的人，会把工作做得更好，其人生也会积极蓬勃。

但是，怎样才能把工作看作自己的使命、自己生命的一部分、个人的发展和生活的意义呢？为此她采访了很多把工作看成使命的人。

虽然有些工作看上去确实毫无意义，可就是有些人能从中找到非常积极的意义。比如，瑞斯尼斯基曾经采访过一些医院里的护工，在一般人看来，护理工作很乏味，与乐趣、创造力和意义没有任何关系。但瑞斯尼斯基发现，有些护工不仅能从工作中找到很多意义，而且能额外再去做些事情。比如，她们还会帮助病人布置房间，甚至对那些已经昏迷的病人，也会去帮他们把墙上的照片换了。虽然那些病人完全不知道护工都做了些什么，但是护工认为自己这么做也许会让病人的心情好一点，康复得快一点。有些护工还会帮助病人从病房挪到停车场，虽然这是违反医院规定的，她们可能会被处罚，但还是愿意去做。为什么呢？原因浓缩在某个护工说的一句话上："这不是我工作的一部分，但这是我的一部分。"这就是一个把工作当成了自己人生的一部分，把工作看作自己人生使命的例子。

瑞斯尼斯基和密西根大学的心理学家团队一起设计了一个方法叫"工作重塑"（Berg et al., 2008）。其实每个人都想有一个更满意的工作。但为什么有些人在工作上萎靡不振，只把工作看成一个挣钱的工具，每天来打卡而已？因为，他们并没有从工作当中得到自己真正想要的东西。其实你可以重新设计自己的工作，主动地改变和重塑它，从而提升工作满意度、投入度和韧性。

为此，我们需要从三个方面入手：动机、优势和激情。假如你在工作中既有动机去做，又擅长做，而且做起来又特别喜欢，这就是一个积极的工作状态。把自己的工作往这个方向重塑，你就能够把工作变成使命和职业。

那么，工作重塑怎么进行呢？

它有三个要点，分别是改变任务、改变你和别人的关系，以及改变你对工作的看法。

（1）改变任务。包括：任务的数量、类型、性质和边界等，使这些任务最终更加符合你的兴趣，发挥你的优势，实现你的目标。同时，也要尽量避免或减少那些不能引起你兴趣的事情。

（2）改变你与他人的关系。并不是让你去拉关系、建成关系网等，重要的是如何能在你和别人的关系里更多地发挥你的优势，使你能实现自己的目标。关键是要提升你和别人的关系质量，在工作当中能够真正地形成良性的、互相信任的互动，从而提升你对别人的影响。

（3）改变你对工作的看法。工作不仅是为了赚钱，也是为了个人职业的发展，更是使命召唤。在工作中感觉无聊、没有乐趣时，仔细想一想：那些无聊的工作能否给你带来有趣的事。与此同时，要想到工作并不是各种烦琐的、相互独立的任务的简单堆积，这些任务之间是有联系的。在一个任务之上可能有一个更大的图景和目标存在，并包含深远的意义，同时，你还要看到它的演进。这样，你就可以迎接更高层次的工作。

举个例子。有一位行政助理，他现在有一大堆的工作，他该怎样进行工作重塑呢？

首先，把自己所有的工作都罗列出来，把它们按照耗时耗力的程度分成三类。

第一类"组织各种活动""协调行程""参加会议"。这些最耗时耗力。

第二类"写报告""打印文件""接电话"。这些耗掉中等的时间和精力。

第三类"管理办公用品""联系关键人物"等。这些不太费时费力。

然后，需要把这些任务按照动机、优势和兴趣重新组合（见图16.5）。

图 16.5　工作重塑举例

这里有一个关键点就是角色——我是谁？在一堆工作中，只有我作为一个角色，我可以把所有工作都联系在一起。

因此，要想想自己的角色该如何定义。然后，以新的角色再来定义自己的工作。这里还举刚才那个护工的例子，她对自己的角色理解就不仅是一名护工，她认为自己是医院的大使、疗愈人员，她说："我创建了一个更有利于病人康复的环境，而且我还促进了病人治愈的过程。"这个时候,她对于工作的边界关系和认知全都作了改变。

同样道理,那个行政助理在把自己的工作进行重组之后,就会发现自己主要有两种角色:第一是联结者;第二是支持者。

作为一个联结者,他可以把各种各样的人凝聚起来。这时,他的动机便是建立有意义的人际关系;他的优势便是人际交往能力;他的激情便是建立与他人的联系。当他跟别人发生联系的时候就会感到特别开心。因此,他的任务就是组织各种活动、跟他人交流、联系关键人物和参加会议。这时候,他还可以加深所有的人际关系。

他的另外一个角色是支持者。这个时候,他想的是:"我要成为别人值得信赖的人,并能够帮助、支持别人。"此时,他的动机便是变得让人信赖,帮助别人;他的优势便是注重细节;他的激情便是支持和帮助别人。他认为,"别人会依靠我来帮助他们做很多事情",比如,接电话、协调行程、管理办公用品、训练新助理、打印文件、写报告,等等(见图16.6)。

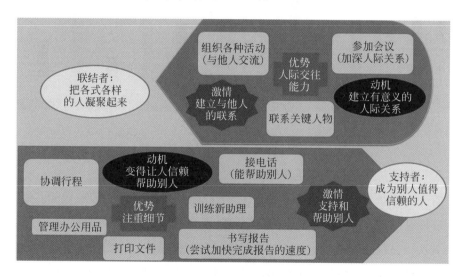

图 16.6 工作重塑的结果

从图中可以看到,他的工作已经变得不一样了。比如,训练新助理这个工作以前是没有的,但他把它加进去了,因为他喜欢成为一个支持者,喜欢跟别人建立连接,所以他可以主动要求来做这个事情。还有一些任务本来就是有的,比如联系关键人物。本来工作强度比较小、不太耗时耗力,但是他喜欢这项工作,所以就把它的优先级放大了，并愿意花更多的时间在上面。这样，他就完成了工作重塑。

那么，这样的工作重塑到底有没有用呢？

谷歌公司进行了一次试验，结果发现，那些参加了工作重塑培训的经理在六个星期后变得更幸福，工作效率更高了。

每一个员工都想使自己的工作变得更令人满意。有的员工会采取行动，并主动地对自己的工作进行调整，主动地改变对工作的看法，主动地改善自己和其他人的关系，这被称为具有"工作重塑倾向"。

我们最近在国内也做了这样一个调查，发现那些比较擅长进行工作重塑的员工和那些不太擅长、不愿意，或者不会进行工作重塑的员工相比，他们的倦怠更少，工作负面情绪更少，疲倦感也更低。反过来，他们的工作满意度更高，能量更强，正面情绪更多。这说明，工作重塑确实可以让一个员工不仅工作做得更好，他本人也会变得更幸福、更蓬勃（见图16.7）。

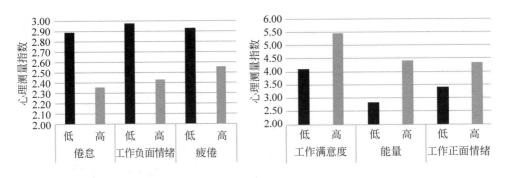

图 16.7 工作重塑的效果

怎样鼓励员工进行工作重塑呢？

首先，给员工提供一个自主的环境。因为在一个僵化的、权威式的、说一不二的环境里，员工没有重塑的空间，不可能对自己的工作进行调整。

其次，公司的管理层也应该鼓励员工进行工作重塑。在跟员工进行讨论的时候，不应只看他的表现，应该更多地关注员工个人，关心他有什么发展计划，将来想成为什么样的人，有什么样的工作调整需求，公司可以怎样帮到他，怎样的调整会对他的工作更有利。

再次，应该经常让员工知晓，公司到底想做什么？战略发展计划是什么？这样的话，员工才能够在一个比较大的图景之下看到自己工作的意义，从而更有动力去进行工作重塑。而重塑之后的工作，也能够更加符合整个公司的利益。

最后，公司应该鼓励在组织里面进行"工作重塑交流会"。从那个行政助理的例子中大家可以看到，工作重塑的时候，你会增加一部分工作，也会减少一部分工作，这便调整了工作的边界。因此，召开工作重塑交流会可以提高重塑效率。

在清华大学社科学院积极心理学研究中心，我们就经常一起聊，聊每个人希望对自己的工作有什么调整。大家可以开诚布公地说，以求各取所需。就算是某个人的希望没办法达到，大家也可以一起讨论，看大家怎样更好地支持他，使他对工作变得更令人满意。从这个角度出发，最后大家都可以得到一个具有使命感的工作，一个能够支持自己职业发展的、蓬勃美好的工作。

【赠言】

不知不觉，就到了本书16讲内容的结尾。在学堂在线"积极心理学"课程的最后，我写了一首歌，自己配吉他弹唱送给上课的同学。在这里，也把歌词作为临别赠言，送给亲爱的你：

亲爱的兄弟姐妹　　　我祝贺你们
修完这门课　　　　　拿到这学分
从此你们就是　　　　清华美好人
我祝愿你们从此　　　过上美好人生
前路仍然会有　　　　艰难和打击
但你知道人生　　　　因此才更有意义
前路仍然会有　　　　欺骗和陷害
但你不会再放弃　　　心中的爱

所以再见了　　　　　亲爱的同学们
我会怀念我们一起　　走过的路程
愿你将来想起　　　　这段时间
你忘了学到什么　　　但却莫名觉得温暖
愿你早日忘记　　　　所有这些理论
愿它们早日成为　　　你身体的一部分

愿你早日忘记	所有这些内容
愿它们早日成为你	日常的行动
愿你厚德载物	把人生活成艺术
愿你帮助人人	也有人人帮助
愿你自强不息	人生充满意义
愿你朝着星空搭起	日日新的天梯
愿你身体健康	情感饱满
愿你看见许多美好	等着你实现
愿你人生如歌	总在吟唱
愿你历尽风霜	心花怒放

【作业】

我在第 9 讲里让你设定了一个目标。现在，请你回顾一下，这个目标实现了吗？你是如何把这 8 项内容应用在你实现各模块目标的过程里的？它对你有什么帮助？你运用的时候会有什么困难？你有什么经验教训和心得分享？

请你把这些写下来，作为最后的作业。

【推荐阅读】

彭凯平、闫伟：《活出心花怒放的人生》，北京：中信出版社，2020。

赵昱鲲：《无行动，不幸福》，沈阳：万卷出版公司，2020。

参 考 文 献

胡卫平, 王兴起. 情绪对创造性科学问题提出能力的影响 [J]. 心理科学, 2010,33(3).

(汉) 司马迁, 史记 [M]. 北京：中华书局, 2013.

王弼注. 楼宇烈校释. 老子道德经注 [M]. 北京：中华书局, 2013.

杨伯峻. 论语译注 [M]. 北京：中华书局, 2006.

Aknin, L. B., Dunn, E. W., Helliwell, J. F., et al. (2013). Prosocial spending and well-being: Cross-cultural evidence for a psychological universal. *Journal of Personality and Social Psychology*, 104(4), 635–652. https://doi.org/10.1037/a0031578.

Algoe, S. B., & Haidt, J. (2009). Witnessing excellence in action: The "other-praising" emotions of elevation, gratitude, and admiration. *Journal of Positive Psychology*, 4(2), 105–127. https://doi.org/10.1080/17439760802650519.

Amodio, D. M., & Showers, C. J. (2005). 'Similarity breeds liking' revisited: The moderating role of commitment. *Journal of Social and Personal Relationships*, 22(6), 817–836. https://doi.org/10.1177/0265407505058701.

André, C., & Lelord., F. (2011). *L'estime de soi: s' aimer pour mieux vivre avec les autres*. Odile Jacob.

Aron, A., Dutton, D. G., Aron, E. N., et al. (1989). Experiences of Falling in Love. *Journal of Social and Personal Relationships*, 6(3), 243–257. https://doi.org/10.1177/0265407589063001.

Association, A. P. (2013). *Diagnostic and Statistical Manual of Mental Disorders (DSM-5®)*.

Babyak, M., Blumenthal, J. A., Herman, S., et al. (2000). Exercise treatment for major depression: Maintenance of therapeutic benefit at 10 months. *Psychosomatic Medicine*, 62(5), 633–638. https://doi.

org/10.1097/00006842-200009000-00006.

Bachner-Melman, R., Gritsenko, I., Nemanov, L., et al. (2005). Dopaminergic polymorphisms associated with self-report measures of human altruism: A fresh phenotype for the dopamine D4 receptor [3]. In *Molecular Psychiatry* (Vol. 10, Issue 4, pp. 333–335). Nature Publishing Group. https://doi.org/10.1038/sj.mp.4001635.

Bagby, R. M., Parker, J. D. A., & Taylor, G. J. (1994). The twenty-item Toronto Alexithymia scale-I. Item selection and cross-validation of the factor structure. *Journal of Psychosomatic Research*, 38(1), 23–32. https://doi.org/10.1016/0022-3999(94)90005-1.

Bandura, A. (1993). Perceived Self-Efficacy in Cognitive Development and Functioning. *Educational Psychologist*, 28(2), 117–148. https://doi.org/10.1207/s15326985ep2802_3.

Bandura, A. (2003). *Self-efficacy: the exercise of control.*

Baron, J. (1997). The Illusion of Morality as Self-Interest: A Reason to Cooperate in Social Dilemmas. *Psychological Science*, 8(4), 330–335. https://doi.org/10.1111/j.1467-9280.1997.tb00448.x.

Bartal, I. B. A., Decety, J., & Mason, P. (2011). Empathy and pro-social behavior in rats. *Science*, 334(6061), 1427–1430. https://doi.org/10.1126/science.1210789.

Batson, C. D., Engel, C. L., & Fridell, S. R. (1999). Value Judgments: Testing the Somatic-Marker Hypothesis Using False Physiological Feedback. *Personality and Social Psychology Bulletin*, 25(8), 1021–1032. https://doi.org/10.1177/01461672992511009.

Baumeister, R. F. (1987). How the self became a problem: A psychological review of historical research. *Psycnet.Apa.Org.* https://psycnet.apa.org/journals/psp/52/1/163.html?uid=1987-15569-001.

Baumeister, R. F., Bratslavsky, E., Finkenauer, C., & Vohs, K. D. (2001). Bad is Stronger than Good. *Review of General Psychology*, 5(4), 323–370. https://doi.org/10.1037/1089-2680.5.4.323.

Baumeister, R. F., Campbell, J. D., Krueger, J. I., & Vohs, K. D. (2003). Does High Self-Esteem Cause Better Performance, Interpersonal Success, Happiness, or Healthier Lifestyles? *Psychological Science in the Public Interest : A Journal of the American Psychological Society*, 4(1), 1–44. https://doi.org/10.1111/1529-1006.01431.

Baumeister, R. F., Smart, L., & Boden, J. M. (1996). Relation of Threatened Egotism to Violence and Aggression: The Dark Side of High Self-Esteem. *Psychological Review*, 103(1), 5–33. https://doi.org/10.1037/0033-295X.103.1.5.

Baumeister, R. F., Vohs, K. D., Aaker, J. L., & Garbinsky, E. N. (2013). Some key differences between a happy life and a meaningful life. *Journal of Positive Psychology*, 8(6), 505–516. https://doi.org/10.1080/17439760.2013.830764.

Baumeister, R. F., Vohs, K. D., & Tice, D. M. (2007). The Strength Model of Self-Control. *Current Directions in Psychological Science*, 16(6), 351–355. https://doi.org/10.1111/j.1467-8721.2007.00534.x.

Bechara, A., Damasio, A. R., Damasio, H., & Anderson, S. W. (1994). *Insensitivity to future onsequences following damage to human prefrontal cortex*. Cognition.

Beck, M. (2010). Thank you. No, thank you. *Wall Street Journal*.

Ben-Shahar, T. (2007). *Happier: Learn the secrets to daily joy and lasting fulfillment*.

Ben-Shahar, Tal. (2009). *The pursuit of perfect*.

Berg, J. M., Dutton, J. E., & Wrzesniewski, A. (2008). *What is job crafting and why does it matter*.

Biswas-Diener, R., & Dean, B. (2007). *Positive psychology coaching: Putting the science of happiness to work for your clients*.

Blittner, M., Goldberg, J., & Merbaum, M. (1978). Cognitive self-control factors in the reduction of smoking behavior. *Behavior Therapy*, 9(4), 553–561. https://doi.org/10.1016/S0005-7894(78)80128-2.

Bonhauser, M., Fernandez, G., Püschel, K., et al. (2005). Improving physical fitness and emotional well-being in adolescents of low socioeconomic status in Chile: results of a school-based controlled trial. *Health Promotion International*, 20(2), 113–122. https://doi.org/10.1093/heapro/dah603.

Boothby, E. J., Clark, M. S., & Bargh, J. A. (2014). Shared Experiences Are Amplified. *Psychological Science*, 25(12), 2209–2216. https://doi.org/10.1177/0956797614551162.

Brefczynski-Lewis, J. A., Lutz, A., Schaefer, H. S., et al. (2006). Neural correlates of attentional expertise in long-term meditation practitioners. *Proceedings of the National Academy of Sciences of the United States of America*, 104(27), 11483–11488. https://doi.org/10.1073/pñas.0606552104.

Broman-Fulks, J. J., Berman, M. E., Rabian, B. A., & Webster, M. J. (2004). Effects of aerobic exercise on anxiety sensitivity. *Behaviour Research and Therapy*, 42(2), 125–136. https://doi.org/10.1016/S0005-7967(03)00103-7.

Brown, K. W., & Ryan, R. M. (2003). The Benefits of Being Present: Mindfulness and Its Role in Psychological Well-Being. In *Journal of Personality and Social Psychology* (Vol. 84, Issue 4, pp. 822–848). American Psychological Association Inc. https://doi.org/10.1037/0022-3514.84.4.822.

Burns, G. W. (2009). *Happiness, healing, enhancement: Your casebook collection for applying positive psychology in therapy.* https://www.google.com/books?hl=zh−CN&lr=&id=M9qyiIupoAsC&oi=fnd&pg=PP14&dq=Happiness,+healing,+enhancement:+Your+casebook+collection+for+applying+positive+psychology+in+therapy.&ots=74ZAO1erDM&sig=ldJruNLoijGBIzXCk10OfJoMpQM.

Buss, D. M., & Schmitt, D. P. (1993). Sexual Strategies Theory: An Evolutionary Perspective on Human Mating. *Psychological Review, 100*(2), 204–232. https://doi.org/10.1037/0033−295X.100.2.204.

Byrne, D., & Nelson, D. (1965). Attraction as a linear function of proportion of positive reinforcements. *Journal of Personality and Social Psychology, 1*(6), 659–663. https://doi.org/10.1037/h0022073.

Cantwell, L. (2006). *A comparative analysis of strengths-based versus traditional teaching methods in a freshman public speaking course: Impacts on student learning and.* http://search.proquest.com/openview/6ac208b074443253fe02f79122ff68f1/1?pq−origsite=gscholar&cbl=18750&diss=y.

Carson, S. (2010). *Your creative brain: Seven steps to maximize imagination, productivity, and innovation in your life.*

Cela-Conde, C. J., Marty, G., Maestú, F. et al. (2004). Activation of the prefrontal cortex in the human visual aesthetic perception. *Proceedings of the National Academy of Sciences of the United States of America,* 101(16), 6321–6325. https://doi.org/10.1073/pnas.0401427101.

Chapman, L. J., Chapman, J. P., & Raulin, M. L. (1976). Scales for physical and social anhedonia. *Journal of Abnormal Psychology,* 85(4), 374–382. https://doi.org/10.1037/0021−843X.85.4.374.

Clifton, D. O., & Harter, J. K. (2003). INVESTING IN STRENGTHS. *In strengthszone.com.* www.bkconnection.com.

Cohen, B., Waugh, G., & Place, K. (1989). At the movies: An unobtrusive study of arousal−attraction. *Journal of Social Psychology,* 129(5), 691–693. https://doi.org/10.1080/00224545.1989.9713786.

Cohen, S., Doyle, W. J., Turner, R. B. et al. (2003). Emotional style and susceptibility to the common cold. *Psychosomatic Medicine,* 65(4), 652–657. https://doi.org/10.1097/01.PSY.0000077508.57784.DA.

Cohen, S., & Pressman, S. D. (2006). Positive Affect and Health. *Current Directions in Psychological Science,* 15(3), 122–125. https://doi.org/10.1111/j.0963−7214.2006.00420.x.

Cooperrider, D. L., & Srivastva, S. (2013). Appreciative inquiry in organizational life. *Advances in Appreciative Inquiry,* 4, 9–67. https://doi.org/10.1108/S1475−9152(2013)0000004001.

Cooperrider, D. L., & Whitney., D. (2001). *A positive revolution in change: Appreciative inquiry.* Public administration and public policy.

Council, C. L. (2002). Building the high performance workforce. A Quantitative Analysis of the Effectiveness of Performance Management Strategies. *Washington, DC.*

Crocker, J., & Park, L. E. (2004). The costly pursuit of self-esteem. *In Psychological Bulletin* (Vol. 130, Issue 3, pp. 392–414). https://doi.org/10.1037/0033-2909.130.3.392.

Crowley, C., & Lodge, H. S. (2019). *Younger Next Year: Live Strong, Fit, Sexy, and Smart—Until You're 80 and Beyond.*

Csikszentmihalyi, M. (1975). *Optimal experience: Psychological studies of flow in consciousness.* Cambridge University Press.

Csikszentmihalyi, M. (2015). *The systems model of creativity: The collected works of Mihaly Csikszentmihalyi.* Springer.

Cummings, E. M., Davies, P. T., & Simpson, K. S. (1994). Marital Conflict, Gender, and Children's Appraisals and Coping Efficacy as Mediators of Child Adjustment. *Journal of Family Psychology*, 8(2), 141–149. https://doi.org/10.1037/0893-3200.8.2.141.

Daniel Kahneman, & Tversky, A. (1979). Prospect Theory: An Analysis of Decisions under Risk. *Econometrica*, 47(2), 263–292. https://ci.nii.ac.jp/naid/10021872180/.

Danner, D. D., Snowdon, D. A., & Friesen, W. V. (2001). Positive emotions in early life and longevity: Findings from the nun study. *Journal of Personality and Social Psychology*, 80(5), 804–813. https://doi.org/10.1037/0022-3514.80.5.804.

Deci, E. L. (1971). Effects of externally mediated rewards on intrinsic motivation. *Journal of Personality and Social Psychology*, 18(1), 105–115. https://doi.org/10.1037/h0030644.

Deci, E. L., & Ryan, R. M. (2000). The "what" and "why" of goal pursuits: Human needs and the self-determination of behavior. *Psychological Inquiry*, 11(4), 227–268. https://doi.org/10.1207/S15327965PLI1104_01.

Deci, E. L., & Ryan, R. M. (2012). Self-determination theory. *In Handbook of Theories of Social Psychology: Volume 1* (pp. 416–437). SAGE Publications Inc. https://doi.org/10.4135/9781446249215.n21.

Diener, E, & Biswas-Diener, R. (2011). *Happiness: Unlocking the mysteries of psychological wealth.* https://www.google.com/books?hl=zh-CN&lr=&id=7GlqKE_s4vwC&oi=fnd&pg=PT11&dq=Happiness:+Unlocking+the+Mysteries+of+Psychological+Wealth&ots=LHjGoYYeDt&sig=26Hvo0pOP8

BxUNn2h72e5Jb-G24.

Diener, Ed, Emmons, R. A., Larsem, R. J., & Griffin, S. (1985). The Satisfaction With Life Scale. *Journal of Personality Assessment*, 49(1), 71–75. https://doi.org/10.1207/s15327752jpa4901_13.

Diener, Ed, Nickerson, C., Lucas, R. E., & Sandvik, E. (2002). Dispositional affect and job outcomes. *Social Indicators Research*, 59(3), 229–259. https://doi.org/10.1023/A:1019672513984.

Diener, Ed, & Seligman, M. E. P. (2002). Very happy people. *Psychological Science*, 13(1), 81–84. https://doi.org/10.1111/1467-9280.00415.

Diener, Ed, & Seligman, M. E. P. (2004). Beyond Money: Toward an Economy of Well-Being. *Psychological Science in the Public Interest : A Journal of the American Psychological Society*, 5(1), 1–31. https://doi.org/10.1111/j.0963-7214.2004.00501001.x.

Drollette, E. S., Scudder, M. R., Raine, L. B. et al. (2014). Acute exercise facilitates brain function and cognition in children who need it most: An ERP study of individual differences in inhibitory control capacity. *Developmental Cognitive Neuroscience*, 7, 53–64. https://doi.org/10.1016/j.dcn.2013.11.001.

Duckworth, A. (2016). *Grit: The power of passion and perseverance.* Scribner.

Duckworth, A., Peterson, C., Matthews, M. D., & Kelly, D. R. (2007). Grit: Perseverance and Passion for Long-Term Goals. *Journal of Personality and Social Psychology*, 92(6), 1087–1101. https://doi.org/10.1037/0022-3514.92.6.1087.

Dunn, E. W., Aknin, L. B., & Norton, M. I. (2008). Spending money on others promotes happiness. *Science*, 319(5870), 1687–1688. https://doi.org/10.1126/science.1150952.

Dutton, D. G., & Aron, A. P. (1974). Some evidence for heightened sexual attraction under conditions of high anxiety. *Journal of Personality and Social Psychology*, 30(4), 510–517. https://doi.org/10.1037/h0037031.

EASTERLIN, R. A. (1974). Does Economic Growth Improve the Human Lot? Some Empirical Evidence. *In Nations and Households in Economic Growth* (pp. 89–125). Elsevier. https://doi.org/10.1016/b978-0-12-205050-3.50008-7.

Emmons, R. A., & McCullough, M. E. (2003). Counting blessings versus burdens: Experimental studies of gratitude and subjective well-being. *Journal of Personality and Social Psychology*, 84(2), 377–389.

Erel, O., & Burman, B. (1995). Interrelatedness of marital relations and parent-child relations: A meta-analytic review. *Psychological Bulletin*, 118(1), 108–132. https://doi.org/10.1037/0033-2909.118.1.108.

Ericsson, A., & Pool, R. (2016). *Peak: Secrets from the new science of expertise.* https://www.google.com/books?hl=zh-CN&lr=&id=GmcpCgAAQBAJ&oi=fnd&pg=PP1&dq=Anders+Ericsson+peak&ots=aShg0lmR12&sig=d51_VhydbV2-89nGfPTLasje8dY.

Eskreis-Winkler, L., Shulman, E. P., Beal, S. A., & Duckworth, A. L. (2014). The grit effect: predicting retention in the military, the workplace, school and marriage. *Frontiers in Psychology*, 5(FEB), 36. https://doi.org/10.3389/fpsyg.2014.00036.

Festinger, L., Schachter, S., & Back, K. (1950). Social pressures in informal groups; a study of human factors in housing. *Harper*.

Fredrickson, B. L. (1998). What Good Are Positive Emotions? *Review of General Psychology*, 2(3), 300–319. https://doi.org/10.1037/1089-2680.2.3.300.

Fredrickson, B. L. (2001). The role of positive emotions in positive psychology: The broaden-and-build theory of positive emotions. *American Psychologist*, 56(3), 218–226. https://doi.org/10.1037/0003-066X.56.3.218.

Fredrickson, B.(2009). Positivity. *The Journal of Positive Psychology*, 4(6), 578–580, https://doi.org/10.1080/17439760903157109.

Fredrickson, B. L. (2013). *Love 2.0: Finding Happiness and Health in Moments of Connection.* https://search.proquest.com/docview/2359049952/34ED04DB21C847A1PQ/14?accountid=14426.

Fredrickson, B. L., Cohn, M. A., Coffey, K. A. et al. (2008). Open Hearts Build Lives: Positive Emotions, Induced Through Loving-Kindness Meditation, Build Consequential Personal Resources. *Journal of Personality and Social Psychology*, 95(5), 1045–1062. https://doi.org/10.1037/a0013262.

Fredrickson, B. L., & Losada, M. F. (2005). Positive affect and the complex dynamics of human flourishing. *In American Psychologist* (Vol. 60, Issue 7, pp. 678–686). American Psychological Association Inc. https://doi.org/10.1037/0003-066X.60.7.678.

Froh, J. J., Emmons, R. A., Card, N. A. et al. (2011). Gratitude and the Reduced Costs of Materialism in Adolescents. *Springer*, 12(2), 289–302. https://doi.org/10.1007/s10902-010-9195-9.

Gable, S. L., Impett, E. A., Reis, H. T., & Asher, E. R. (2004). What do you do when things go right? The intrapersonal and interpersonal benefits of sharing positive events. *Journal of Personality and Social Psychology*, 87(2), 228–245. https://doi.org/10.1037/0022-3514.87.2.228.

Gaertner, S. L., & Dovidio, J. F. (1977). The subtlety of White racism, arousal, and helping behavior. *Journal of Personality and Social Psychology*, 35(10), 691–707. https://doi.org/10.1037/0022-3514.35.10.691.

Gailliot, M. T., & Baumeister, R. F. (2007). The physiology of willpower: Linking blood glucose to self-control. *Personality and Social Psychology Review*, 11(4), 303–327. https://doi.org/10.1177/1088868307303030.

Garfield, C. A., & Bennett., H. Z. (1984). Peak performance: Mental training techniques of the world's greatest athletes. *JP Tarcher*.

Gilovich, T., Kumar, A., & Jampol, L. (2015). A wonderful life: Experiential consumption and the pursuit of happiness. *Journal of Consumer Psychology*, 25(1), 152–165. https://doi.org/10.1016/j.jcps.2014.08.004.

Glenn, N. D., & Weaver, C. N. (1981). The contribution of marital happiness to global happiness. *Journal of Marriage and the Family*, 161–168. https://www.jstor.org/stable/351426.

Gottman, J. M., & Levenson, R. W. (1999). What Predicts Change in Marital Interaction Over Time? A Study of Alternative Models. *Family Process*, 38(2), 143–158. https://doi.org/10.1111/j.1545-5300.1999.00143.x.

Gottman, J., Silver, N. P., & Speed, T. (2015). *The seven principles for making marriage work: A practical guide from the country's foremost relationship expert.*

Grant, A. M. (2014). *Give and take: Why helping others drives our success.* https://www.google.com/books?hl=zh-CN&lr=&id=Q16JDQAAQBAJ&oi=fnd&pg=PA1&dq=Give+and+Take+:+Why+Helping+Others+Drives+Our+Success&ots=IKuQXoKqs9&sig=KDoZgoKatRC5E6lJKeLhiGJl1F8.

Greene, J. D., Sommerville, R. B., Nystrom, L. E. et al. (2001). An fMRI investigation of emotional engagement in moral judgment. *Science*, 293(5537), 2105–2108. https://doi.org/10.1126/science.1062872.

Gruber, J., Mauss, I. B., & Tamir, M. (2011). A Dark Side of Happiness? How, When, and Why Happiness Is Not Always Good. *Perspectives on Psychological Science : A Journal of the Association for Psychological Science*, 6(3), 222–233. https://doi.org/10.1177/1745691611406927.

Haidt, J. (2001). The emotional dog and its rational tail: A social intuitionist approach to moral judgment. *Psychological Review*, 108(4), 814–834. https://doi.org/10.1037/0033-295X.108.4.814.

Haidt, J. (2006). *The happiness hypothesis: Finding modern truth in ancient wisdom.* https://search.proquest.com/docview/621069348/793DF3F1A625457FPQ/2?accountid=14426.

Hamlin, J. K., Wynn, K., & Bloom, P. (2007). Social evaluation by preverbal infants. *Nature*, 450(7169), 557–559. https://doi.org/10.1038/nature06288.

Harbaugh, W. T., Mayr, U., & Burghart, D. R. (2007). Neural responses to taxation and voluntary giving reveal motives for charitable donations. *Science*, 316(5831), 1622–1625. https://doi.org/10.1126/science.1140738.

Harvard Second Generation Study. (2019). Harvard Second Generation Study. https://www.adultdevelopmentstudy.org/.

Hatoff, Q. D., & Writer, C. S. (2012). *Donning a Mask: Suicide at Harvard | News | The Harvard Crimson*. https://www.thecrimson.com/article/2012/12/10/suicide-harvard-mental-health/.

Henrich, J., Boyd, R., Bowles, S. et al. (2001). In search of Homo economicus: Behavioral experiments in 15 small-scale societies. *American Economic Review*, 91(2), 73–84. https://doi.org/10.1257/aer.91.2.733.

Horowitz, S. (2010). Health benefits of meditation: What the newest research shows. *Alternative and Complementary Therapies*, 16(4), 223–228. https://doi.org/10.1089/act.2010.16402.

Howell, R. T., & Hill, G. (2009). The mediators of experiential purchases: Determining the impact of psychological needs satisfaction and social comparison. *Journal of Positive Psychology*, 4(6), 511–522. https://doi.org/10.1080/17439760903270993.

Inagaki, T. K., & Eisenberger, N. I. (2012). Neural Correlates of Giving Support to a Loved One. *Psychosomatic Medicine*, 74(1), 3–7. https://doi.org/10.1097/PSY.0b013e3182359335.

Inglehart, R., Foa, R., Peterson, C., & Welzel, C. (2008). Development, Freedom, and Rising Happiness: A Global Perspective (1981–2007). *Perspectives on Psychological Science : A Journal of the Association for Psychological Science*, 3(4), 264–285. https://doi.org/10.1111/j.1745-6924.2008.00078.x.

Inglehart, R., & Welzel, C. (2005). *Modernization, Cultural Change, and Democracy: The Human Development Sequence*. Cambridge University Press.

Isen, A. M., Rosenzweig, A. S., & Young, M. J. (1991). The influence of positive affect on clinical problem solving. *Medical Decision Making*, 11(3), 221–227. https://doi.org/10.1177/0272989X9101100313.

Isen, Alice M., Daubman, K. A., & Nowicki, G. P. (1987). Positive Affect Facilitates Creative Problem Solving. *Journal of Personality and Social Psychology*, 52(6), 1122–1131. https://doi.

org/10.1037/0022-3514.52.6.1122.

Isen, Alice M., & Levin, P. F. (1972). Effect of feeling good on helping: Cookies and kindness. *Journal of Personality and Social Psychology*, 21(3), 384–388. https://doi.org/10.1037/h0032317.

Jacobsen, T. (2010). Beauty and the brain: culture, history and individual differences in aesthetic appreciation. *Journal of Anatomy*, 216(2), 184–191. https://doi.org/10.1111/j.1469-7580.2009.01164.x.

Jourden, F. J. (1992). *The influence of feedback framing on the self-regulatory mechanisms governing complex decision-making.*

Jung-Beeman, M., Bowden, E. M., Haberman, J. et al. (2004). Neural Activity When People Solve Verbal Problems with Insight. *PLoS Biology*, 2(4), e97. https://doi.org/10.1371/journal.pbio.0020097.

Kagitcibasi, C. (2005). Autonomy and Relatedness in Cultural Context. *Journal of Cross-Cultural Psychology*, 36(4), 403–422. https://doi.org/10.1177/0022022105275959.

Kahneman, D., & Deaton, A. (2010). High income improves evaluation of life but not emotional well-being. *Proceedings of the National Academy of Sciences of the United States of America*, 107(38), 16489–16493. https://doi.org/10.1073/pnas.1011492107.

Kawabata, H., & Zeki, S. (2004). Neural Correlates of Beauty. *Journal of Neurophysiology*, 91(4), 1699–1705. https://doi.org/10.1152/jn.00696.2003.

Keltner, D. (2009). *Born to be Good: The Science of a Meaningful Life.*

Keltner, D., & Haidt, J. (2003). Approaching awe, a moral, spiritual, and aesthetic emotion. *In Cognition and Emotion* (Vol. 17, Issue 2, pp. 297–314). Taylor & Francis Group . https://doi.org/10.1080/02699930302297.

Kernis, M. H. (2003). Optimal self-esteem and authenticity: Separating fantasy from reality. *In Psychological Inquiry* (Vol. 14, Issue 1, pp. 83–89). Lawrence Erlbaum Associates Inc. https://doi.org/10.1207/S15327965PLI1401_03.

Kernis, M. H., Lakey, C. E., & Heppner, W. L. (2008). Secure versus fragile high self-esteem as a predictor of verbal defensiveness: Converging findings across three different markers. *Journal of Personality*, 76(3), 477–512. https://doi.org/10.1111/j.1467-6494.2008.00493.x.

Kiley Hamlin, J., Wynn, K., Bloom, P., & Mahajan, N. (2011). How infants and toddlers react to antisocial others. *Proceedings of the National Academy of Sciences of the United States of America*, 108(50), 19931–19936. https://doi.org/10.1073/pnas.1110306108.

Killingsworth, M. A., & Gilbert, D. T. (2010). A wandering mind is an unhappy mind. In *Science* (Vol.

330, Issue 6006, p. 932). American Association for the Advancement of Science. https://doi.org/10.1126/science.1192439.

Kirkpatrick, L. A. (2005). *Attachment, Evolution, and the Psychology of Religion*. New York: Guilford Press.

Kumar, A., & Gilovich, T. (2013). Talking About What You Did and What You Have: the Differential Story Utility of Experiential and Material Purchases. *Advances in Consumer Research*, 41, 34. https://doi.org/43008804.

Langer, E. J. (1989). *Mindfulness*.

Langlois, J. H., Roggman, L. A., & Rieser-Danner, L. A. (1990). Infants' Differential Social Responses to Attractive and Unattractive Faces. *Developmental Psychology*, 26(1), 153–159. https://doi.org/10.1037/0012-1649.26.1.153.

Layous, K., Lee, H., Choi, I., & Lyubomirsky, S. (2013). Culture Matters When Designing a Successful Happiness-Increasing Activity. *Journal of Cross-Cultural Psychology*, 44(8), 1294–1303. https://doi.org/10.1177/0022022113487591.

Lewinsohn, P. M., Rohde, P., Seeley, J. R., & Fischer, S. A. (1993). Age-Cohort Changes in the Lifetime Occurrence of Depression and Other Mental Disorders. *Journal of Abnormal Psychology*, 102(1), 110–120. https://doi.org/10.1037/0021-843X.102.1.110.

Loehr, J. (1982). *Mental toughness training for sports: Achieving athletic excellence*. Plume.

Lyubomirsky, S. (2007). *The how of Happiness: A Scientific Approach to Getting the Life You Want*. https://books.google.com/books?hl=zh-CN&lr=&id=dqQwhLVZCTEC&oi=fnd&pg=PA1&dq=Lyubomirsky,+S.+(2007).+The+How+of+Happiness:+A+New+Approach+to+Getting+the+Life+You+Want.+New+York:+Penguin+Books。&ots=0fQBRl4xMu&sig=twiaU84v5Die9nZki_tbTs8M6fY#v=onepage&q=Lyu.

Lyubomirsky, S. (2008). *The How of Happiness: A Scientific Approach To Getting The Life You Want*. 1(1). https://doi.org/10.1080/17521880701878182.

Lyubomirsky, S. (2014). *The myths of happiness: What should make you happy, but doesn't, what shouldn't make you happy, but does*. https://www.google.com/books?hl=zh-CN&lr=&id=TSCMDQAAQBAJ&oi=fnd&pg=PA1&dq=The+Myths+of+Happiness:+What+Should+Make+You+Happy,+But+Doesn%27t,+What+...&ots=K2cVOld2-9&sig=iPMq1RlVRLqKoUVz0lYcEK6iCKw.

Lyubomirsky, S., King, L., & Diener, E. (2005). The benefits of frequent positive affect: Does happiness lead to success? *Psychological Bulletin*, 131(6), 803–855. https://doi.org/10.1037/0033-2909.131.6.803.

Markus, H. R., & Kitayama, S. (1991). Culture and the self: Implications for cognition, emotion, and motivation. *Psychological Review*, 98(2), 224–253. https://doi.org/10.1037/0033-295X.98.2.224.

Martela, F., & Steger, M. F. (2016). The three meanings of meaning in life: Distinguishing coherence, purpose, and significance. *Journal of Positive Psychology*, 11(5), 531–545. https://doi.org/10.1080/17439760.2015.1137623.

Maslow, A. H. (1981). *Motivation And Personality*.

Mauss, I. B., Tamir, M., Anderson, C. L., & Savino, N. S. (2011). Can Seeking Happiness Make People Unhappy? Paradoxical Effects of Valuing Happiness. *Emotion*, *11*(4), 807–815. https://doi.org/10.1037/a0022010.

McCraty, R., & Childre, D. (2004). 12 The Grateful Heart The Psychophysiology of Appreciation. *The Psychology of Gratitude*, 203.

McCrea, S. M. (2008). Self-Handicapping, Excuse Making, and Counterfactual Thinking: Consequences for Self-Esteem and Future Motivation. *Journal of Personality and Social Psychology*, 95(2), 274–292. https://doi.org/10.1037/0022-3514.95.2.274.

Meston, C. M., & Frohlich, P. F. (2003). Love at First Fright: Partner Salience Moderates Roller-Coaster-Induced Excitation Transfer. *Archives of Sexual Behavior*, 32(6), 537–544. https://doi.org/10.1023/A:1026037527455.

Miller, G. (2000). *The mating mind: How sexual choice shaped the evolution of human nature*.

Miller, R., Perlman, D., & Brehm, S. (2007). The building blocks of relationships. *Intimate Relationships*, 3–39.

Moll, J., Krueger, F., Zahn, R., Pardini, M., De Oliveira-Souza, R., & Grafman, J. (2006). Human fronto-mesolimbic networks guide decisions about charitable donation. *Proceedings of the National Academy of Sciences of the United States of America*, 103(42), 15623–15628. https://doi.org/10.1073/pnas.0604475103.

Moreland, R. L., & Beach, S. R. (1992). Exposure effects in the classroom: The development of affinity among students. *Journal of Experimental Social Psychology*, 28(3), 255–276. https://doi.org/10.1016/0022-1031(92)90055-O.

Mueller, C. M., & Dweck, C. S. (1998). Praise for Intelligence Can Undermine Children's Motivation and Performance. *Journal of Personality and Social Psychology*, 75(1), 33–52. https://doi.org/10.1037/0022-3514.75.1.33.

Murayama, K., Matsumoto, M., Izuma, K., & Matsumoto, K. (2010). Neural basis of the undermining effect of monetary reward on intrinsic motivation. *Proceedings of the National Academy of Sciences of the United States of America*, 107(49), 20911–20916. https://doi.org/10.1073/pnas.1013305107.

Myers, D. G. (2000). The funds, friends, and faith of happy people. *American Psychologist*, 55(1), 56–67. https://doi.org/10.1037/0003-066X.55.1.56.

Netz, Y., Tomer, R., Axelrad, S. et al. (2007). The effect of a single aerobic training session on cognitive flexibility in late middle-aged adults. *International Journal of Sports Medicine*, 28(1), 82–87. https://doi.org/10.1055/s-2006-924027.

Newcomb, T. M. (1956). The prediction of interpersonal attraction. *American Psychologist*, 11(11), 575–586. https://doi.org/10.1037/h0046141.

Oliff, H. S., Berchtold, N. C., Isackson, P., & Cotman, C. W. (1998). Exercise-induced regulation of brain-derived neurotrophic factor (BDNF) transcripts in the rat hippocampus. *Molecular Brain Research*, 61(1–2), 147–153. https://doi.org/10.1016/S0169-328X(98)00222-8.

Park, N., Peterson, C., & Seligman, M. E. P. (2004). Strengths of character and well-being. *Journal of Social and Clinical Psychology*, 23(5), 603–619. https://doi.org/10.1521/jscp.23.5.603.50748.

Pchelin, P., & Howell, R. T. (2014). The hidden cost of value-seeking: People do not accurately forecast the economic benefits of experiential purchases. *Journal of Positive Psychology*, 9(4), 322–334. https://doi.org/10.1080/17439760.2014.898316.

Peterson, C. (2006). *A primer in positive psychology*. Oxford university press.

Peterson, C. (2013). Pursuing the good life: 100 reflections on positive psychology. In *Pursuing the good life: 100 reflections on positive psychology*. https://search.proquest.com/docview/1466097008/E3E21A123BE04170PQ/1?accountid=14426.

Peterson, C., & Seligman, M. E. P. (2004). Character Strengths and Virtues: A Handbook and Classification. *American Psychological Association Oxford University Press, Washington New York, DC NY*, 162(4), 800–Chapter xiv, 800 Pages. http://eproxy2.lib.tsinghua.edu.cn:80/rwt/75/https/PNTXC6UDNAYHA6UQPF4XK65VF3SX85B/docview/620376016?accountid=14426%0Dhttp://www.yidu.edu.cn/educhina/educhina.do?artifact=&svalue=Character+strengths+and+virtues%3A+A+handbook+and+classification&stype=2&s=.

Pileggi, Pawelski, S., & Pawelski, J. O. (2018). *Happy together: Using the science of positive psychology to build love that lasts.* https://www.google.com/books?hl=zh-CN&lr=&id=ZPC5DgAAQBAJ&oi=fnd&pg=PA1&dq=Happy+Together:+Using+the+Science+of+Positive+Psychology+to+Build+Love+That+Lasts&ots=H6F9XKl9R5&sig=T21yLmGemu9FBkCCjHPvLTcHn-I.

Piliavin, J., Dovidio, J., Gaertner, S. L., & Clark, R. D. . H. (1981). Emergency Intervention. *New York: Academic Press, 743*, 4–5.

Plutchik, R. (1991). *The emotions.* https://www.google.com/books?hl=zh-CN&lr=&id=JaQauznPoiEC&oi=fnd&pg=PP5&ots=EEEi4C6kHl&sig=ERegIc8quOuAs95fsCEEyDpkLDw.

Post, S. G. (2011). *The hidden gifts of helping : how the power of giving, compassion, and hope can get us through hard times.* https://www.google.com/books?hl=zh-CN&lr=&id=CgDhJ-_sqFcC&oi=fnd&pg=PP11&dq=The+hidden+gifts+of+helping:+How+the+power+of+giving,+compassion,+and+hope+can+get+us+through+hard+times&ots=NQVN6YFihC&sig=pL8kaEXgAqxHRrol0RmWl9YJazc.

Post, S., & Neimark, J. (2008). *Why Good Things Happen to Good People: How to Live a Longer, Healthier, Happier Life by the Simple Act of Giving.* https://www.google.com/books?hl=zh-CN&lr=&id=9c0oj5_UN8UC&oi=fnd&pg=PR12&dq=Why+good+things+happen+to+good+people:+How+to+live+a+longer,+healthier,+happier+life+by+the+simple+act+of+giving&ots=Rjxe9hLEs_&sig=ZppPHyYLTRHdcUUE1iiJQiMFMPk.

Privette, G., & Bundrick., C. M. (1991). Flow Experience in the Daily Lives of Older Adults: An Analysis of the Interaction between Flow, Individual Differences, Serious Leisure, Location, and Social Context. *Journal of Social Behavior & Personality, Special Issue: Handbook of Self-Actualization 6.5*, 169–188.

Proctor, D., Williamson, R. A., De Waal, F. B. M., & Brosnan, S. F. (2013). Chimpanzees play the ultimatum game. *Proceedings of the National Academy of Sciences of the United States of America, 110*(6), 2070–2075. https://doi.org/10.1073/pnas.1220806110.

Qu, S., Song, W., Yang, X., Wang, J., Zhang, R., Zhang, Z., Zhang, H., & Li, H. (2015). Microarray expression profile of circular RNAs in human pancreatic ductal adenocarcinoma. *Genomics Data, 5*, 385–387. https://doi.org/10.1016/j.gdata.2015.07.017.

Rashid, T. (2015). Positive psychotherapy: A strength-based approach. *Journal of Positive Psychology, 10*(1), 25–40. https://doi.org/10.1080/17439760.2014.920411.

Ratey, J. J. (2008). *Spark: The revolutionary new science of exercise and the brain.* Hachette.

Reuter, M., Frenzel, C., Walter, N. T. et al. (2011). Investigating the genetic basis of altruism: The role of the COMT Val158Met polymorphism. *Social Cognitive and Affective Neuroscience*, 6(5), 662–668. https://doi.org/10.1093/scan/nsq083.

Rolls, E. T. (2005). *Emotion explained*. Oxford University Press.

Rosenberg, M. B., & Chopra, D. (2015). *Nonviolent communication: A language of life: Life-changing tools for healthy relationships*. PuddleDancer.

Russell, J. A. (2003). Core Affect and the Psychological Construction of Emotion. *Psychological Review*, *110*(1), 145–172. https://doi.org/10.1037/0033-295X.110.1.145.

Ryan, R. M., & Connell, J. P. (1989). Perceived Locus of Causality and Internalization: Examining Reasons for Acting in Two Domains. *Journal of Personality and Social Psychology*, 57(5), 749–761. https://doi.org/10.1037/0022-3514.57.5.749.

Ryan, R. M., & Deci, E. L. (2001). On Happiness and Human Potentials: A Review of Research on Hedonic and Eudaimonic Well-Being. *Annual Review of Psychology*, 52(1), 141–166. https://doi.org/10.1146/annurev.psych.52.1.141.

Ryan, R. M., & Deci, E. L. (2017). *Self-determination theory: Basic psychological needs in motivation, development, and wellness*. https://www.google.com/books?hl=zh-CN&lr=&id=Bc_DDAAAQBAJ&oi=fnd&pg=PP1&dq=Ryan+%26+Deci,+2017&ots=QIfbnfmQ-l&sig=gkpAfGq8czTwRobXdbzj5IHFERI.

Ryan, R. M., Koestner, R., & Deci, E. L. (1991). Ego-involved persistence: When free-choice behavior is not intrinsically motivated. *Motivation and Emotion*, 15(3), 185–205. https://doi.org/10.1007/BF00995170.

Ryff, C. D., & Keyes, C. L. M. (1995). The Structure of Psychological Well-Being Revisited. *Journal of Personality and Social Psychology*, 69(4), 719–727. https://doi.org/10.1037/0022-3514.69.4.719.

Sandvik, E., Diener, E., & Seidlitz, L. (2009). Subjective Well-Being: The Convergence and Stability of Self-Report and Non-Self-Report Measures. In *Social Indicators Research Series* (Vol. 39, pp. 119–138). Springer, Dordrecht. https://doi.org/10.1007/978-90-481-2354-4_6.

Schuster, E., & Elderton, E. M. (1907). The Inheritance of Psychical Characters. *Biometrika*, 5(4), 460. https://doi.org/10.2307/2331692.

Schwartz, C. E., & Sendor, R. M. (1999). Helping others helps oneself: Response shift effects in peer support. *Social Science and Medicine*, 48(11), 1563–1575. https://doi.org/10.1016/S0277-

9536(99)00049-0.

Schwartz, S. (2013). Value priorities and behavior: Applying. In *The psychology of values: The Ontario symposium*.

Seligman. (2004). *Authentic happiness: Using the new positive psychology to realize your potential for lasting fulfillment*.

Seligman, M. E., & Csikszentmihalyi, M. (2000). Positive psychology. An introduction. *The American Psychologist*, 55(1), 5–14. https://doi.org/10.1037/0003-066X.55.1.5.

Seligman, M. E. P. (1975). *Helplessness: On Depression, Development and Death*. https://search.proquest.com/docview/60830863/227B521BF1D34252PQ/2?accountid=14426.

Seligman, M. E. P. (2006). *Learned optimism: How to change your mind and your life*. https://www.google.com/books?hl=zh-CN&lr=&id=JYxIDwAAQBAJ&oi=fnd&pg=PA5&dq=Learned+Optimism&ots=LTJuNgGVEN&sig=BuGlmlO0pPKq4eYCiUk25-gBcIk.

Seligman, M. E. P. (2007). Coaching and Positive Psychology. *Australian Psychologist*, 42(4), 266–267. https://doi.org/10.1080/00050060701648233.

Seligman, M. E. P. (2012). Flourish: a visionary new understanding of happiness and well-being. In *Simon and Schuster*.

Seligman, M. E. P. (2015). Chris Peterson's unfinished masterwork: The real mental illnesses. *Journal of Positive Psychology*, 10(1), 3–6. https://doi.org/10.1080/17439760.2014.888582.

Seligman, M. E. P., Ernst, R. M., Gillham, J., Reivich, K., & Linkins, M. (2009). Positive education: Positive psychology and classroom interventions. *Oxford Review of Education*, 35(3), 293–311. https://doi.org/10.1080/03054980902934563.

Seligman, M. E. P., Rashid, T., & Parks, A. C. (2006). Positive psychotherapy. *American Psychologist*, 61(8), 774–788. https://doi.org/10.1037/0003-066X.61.8.774.

Seligman, M. E. P., Steen, T. A., Park, N., & Peterson, C. (2005). Positive psychology progress: empirical validation of interventions. *The American Psychologist*, 60(5), 410–421. https://doi.org/10.1037/0003-066X.60.5.410.

Sheely-Moore, A. I., & Bratton, S. C. (2010). A Strengths-Based Parenting Intervention with Low-Income African American Families. *Professional School Counseling*, 13(3), 2156759X1001300. https://doi.org/10.1177/2156759x1001300305.

Sigmund, K., Fehr, E., & Nowak, M. A. (2002). *The economics of fair play* (pp. 286(1), 82–87). Scientific American.

Silvers, J. A., & Haidt, J. (2008). Moral Elevation Can Induce Nursing. *Emotion*, *8*(2), 291–295. https://doi.org/10.1037/1528-3542.8.2.291.

Singh, D. (1993). Adaptive Significance of Female Physical Attractiveness: Role of Waist-to-Hip Ratio. *Journal of Personality and Social Psychology*, *65*(2), 293–307. https://doi.org/10.1037/0022-3514.65.2.293.

Slater, A., Bremner, G., Johnson, S. P. et al. (2000). Newborn Infants' Preference for Attractive Faces: The Role of Internal and External Facial Features. *Infancy*, *1*(2), 265–274. https://doi.org/10.1207/S15327078IN0102_8.

Slovic, P. (2007). "If I look at the mass I will never act": Psychic numbing and genocide. In *Judgment and Decision Making* (Vol. 2, Issue 2).

Small, D. A., Loewenstein, G., & Slovic, P. (2007). Sympathy and callousness: The impact of deliberative thought on donations to identifiable and statistical victims. *Organizational Behavior and Human Decision Processes*, *102*(2), 143–153. https://doi.org/10.1016/j.obhdp.2006.01.005.

Stajkovic, A. D., & Luthans, F. (1998). Self-Efficacy and Work-Related Performance: A Meta-Analysis. *Psychological Bulletin*, 124(2), 240–261. https://doi.org/10.1037/0033-2909.124.2.240.

Sternberg, R. J. (1986). A Triangular Theory of Love. *Psychological Review*, 93(2), 119–135. https://doi.org/10.1037/0033-295X.93.2.119.

Streeter, S. A., & McBurney, D. H. (2003). Waist-hip ratio and attractiveness. New evidence and a critique of "a critical test." *Evolution and Human Behavior*, 24(2), 88–98. https://doi.org/10.1016/S1090-5138(02)00121-6.

Tough, P. (2012). *How children succeed: Grit, curiosity, and the hidden power of character.* Houghton Mifflin Harcourt.

Tsukiura, T., & Cabeza, R. (2010). Shared brain activity for aesthetic and moral judgments: Implications for the Beauty-is-Good stereotype. *Social Cognitive and Affective Neuroscience*, 6(1), 138–148. https://doi.org/10.1093/scan/nsq025.

Uzzi, B., Mukherjee, S., Stringer, M., & Jones, B. (2013). Atypical combinations and scientific impact. *Science*, *342*(6157), 468–472. https://doi.org/10.1126/science.1240474.

van Baaren, R. B., Holland, R. W., Steenaert, B., & van Knippenberg, A. (2003). Mimicry for money: Behavioral consequences of imitation. *Journal of Experimental Social Psychology*, 39(4), 393–398.

https://doi.org/10.1016/S0022-1031(03)00014-3.

Vartanian, O., & Goel, V. (2004). Neuroanatomical correlates of aesthetic preference for paintings. *NeuroReport*.

Vella-Brodrick, Dianne A., N. S. R., & Chin, T. C. (2014). *An evaluation of positive education at Geelong Grammar School: A snapshot of 2013*. Melbourne, Australia: The University of Melbourne.

Von Soest, T., Kvalem, I. L., & Wichstrøm, L. (2012). Predictors of cosmetic surgery and its effects on psychological factors and mental health: A population-based follow-up study among Norwegian females. *Psychological Medicine*, 42(3), 617–626. https://doi.org/10.1017/S0033291711001267.

Wallas, G. (1926). *The art of thought*.

Walster, E., Walster, G. W., Piliavin, J., & Schmidt, L. (1973). "Playing hard to get": Understanding an elusive phenomenon. *Journal of Personality and Social Psychology*, 26(1), 113–121. https://doi.org/10.1037/h0034234.

Waters, L. (2015). The relationship between strength-based parenting with children's stress levels and strength-based coping approaches. *Scirp.Org*. https://www.scirp.org/html/4-6901461_56129.htm.

Waters, Lea. (2017). *The strength switch: How the new science of strength-based parenting can help your child and your teen to flourish*.

Watson, D., Clark, L. A., & Tellegen, A. (1988). Development and Validation of Brief Measures of Positive and Negative Affect: The PANAS Scales. *Journal of Personality and Social Psychology*, 54(6), 1063–1070. https://doi.org/10.1037/0022-3514.54.6.1063.

Whillans, A. V., Weidman, A. C., & Dunn, E. W. (2016). Valuing Time Over Money Is Associated With Greater Happiness. *Social Psychological and Personality Science*, 7(3), 213–222. https://doi.org/10.1177/1948550615623842.

White, G. L., Fishbein, S., & Rutsein, J. (1981). Passionate love and the misattribution of arousal. *Journal of Personality and Social Psychology*, 41(1), 56–62. https://doi.org/10.1037/0022-3514.41.1.56.

Wills, T. A., Weiss, R. L., & Patterson, G. R. (1974). A behavioral analysis of the determinants of marital satisfaction. *Journal of Consulting and Clinical Psychology*, 42(6), 802–811. https://doi.org/10.1037/h0037524.

Wong, P. T. P. (1998). *Implicit theories of meaningful life and the development of the personal meaning profile*. Lawrence Erlbaum Associates Publishers.

Wright, R. A., & Contrada, R. J. (1986). Dating Selectivity and Interpersonal Attraction: Toward a Better Understanding of the 'Elusive Phenomenon'. *Journal of Social and Personal Relationships*, 3(2), 131–148. https://doi.org/10.1177/0265407586032001.

Wrzesniewski, A. (2003). *Finding positive meaning in work.* Positive organizational scholarship: Foundations of a new discipline.

Yoo, S. S., Gujar, N., Hu, P. et al. (2007). The human emotional brain without sleep – a prefrontal amygdala disconnect. In *Current Biology* (Vol. 17, Issue 20, pp. R877–R878). Cell Press. https://doi.org/10.1016/j.cub.2007.08.007.

Zhang, J., Yang, Y., & Wang, H. (2009). Measuring subjective well-being: A comparison of China and the USA. *Asian Journal of Social Psychology*, 12(3), 221–225. https://doi.org/10.1111/j.1467-839X.2009.01287.x.